贯彻十八届四中全会精神系列专题研究丛书

黄　进　总主编

中国民法典总则编草案
建议稿及理由 | ZHONGGUO MINFADIANZONGZEBIAN CAOAN JIANYIGAO JI LIYOU

（中国政法大学版）

李永军　主　编

刘家安　副主编

中国政法大学出版社

2016·北京

图书在版编目（ＣＩＰ）数据

中国民法典总则编草案建议稿及理由:中国政法大学版/李永军主编. —北京:中国政法大学出版社，2016.9
　ISBN 978-7-5620-7011-5

Ⅰ. ①中… Ⅱ. ①李… Ⅲ. ①民法－总则－中国Ⅳ. ①D923.1

中国版本图书馆CIP数据核字(2016)第217700号

出 版 者	中国政法大学出版社
地　　址	北京市海淀区西土城路 25 号
邮寄地址	北京 100088 信箱 8034 分箱　邮编 100088
网　　址	http://www.cuplpress.com（网络实名：中国政法大学出版社）
电　　话	010-58908437(编辑室)　58908334(邮购部)
承　　印	固安华明印业有限公司
开　　本	720mm×960mm　1/16
印　　张	31.25
字　　数	510 千字
版　　次	2016 年 10 月第 1 版
印　　次	2016 年 10 月第 1 次印刷
定　　价	99.00 元

全面推进依法治国
走中国特色社会主义法治道路
（总序）

黄　进

　　党的十八届四中全会审议通过的《中共中央关于全面推进依法治国若干重大问题的决定》（以下简称《决定》），指明了中国特色社会主义法治道路，进一步丰富了中国特色社会主义法治理论，而且强调要完善以宪法为核心的中国特色社会主义法治制度，加快建设中国特色社会主义法治文化，从而坚定了我们的道路自信、理论自信、制度自信、文化自信。

一、　明确中国特色社会主义法治道路

　　坚定不移走中国特色的社会主义法治道路，是十八届四中全会《决定》释放出来的最明确的信号。在一个有着十三亿人口的超大规模国家里，如何完成社会转型的法律治理、如何实现法治自身的现代化，世界上尚无成功先例可资借鉴。为此，中国共产党在治理中国的伟大实践中开创了中国特色社会主义法治道路。

　　准确理解"中国特色社会主义法治道路"的科学内涵。十八届四中全会《决定》强调，中国特色社会主义法治道路，是社会主义法治建设成就和经验的集中体现，是建设社会主义法治国家的唯一正确道路。中国特色社会主义法治道路，核心要义包括三个方面：一是坚持党的领导；二是坚持中国特色社会主义制度；三是贯彻中国特色社会主义法治理论。党的领导是中国特色社会主义最本质的特征，是社会主义法治最根本的保证；中国特色社会主义制度是中国特色社会主义法治体系的根本制度基础，是全面推进依法治国的

根本制度保障；中国特色社会主义法治理论是中国特色社会主义法治体系的理论指导和学理支撑，是全面推进依法治国的行动指南。只有牢牢把握住这三个方面，才能确保中国特色社会主义法治体系的制度属性和前进方向，才能立足中国实际建设好社会主义法治国家。

必须坚持中国共产党的领导。党的领导是社会主义法治最根本的保证。宪法确立了中国共产党的领导地位，要把党的领导贯彻到社会主义法治建设的全过程和各方面。在全面推进依法治国、加快建设社会主义法治国家的历史进程中，党是最坚强的领导核心，党的领导是最根本的保证，党的作用是最大的法治优势，党领导下的人民群众法治实践是最大的法治本土资源。党的领导地位由宪法确立，这是历史和人民的选择，反映了党带领人民进行革命、建设、改革取得的成功。党是社会主义现代化建设的领导核心，也是建设社会主义法治国家的根本政治保证。从形成中国特色社会主义法律体系到建设中国特色社会主义法治体系，从贯彻依法治国基本方略到把法治作为治国理政的基本方式，建设法治中国的历史经验充分证明，只有在党的领导下依法治国、厉行法治，人民当家作主才能充分实现，国家和社会生活法治化才能有序推进，我们国家作为世界政治文明大国的最终崛起才有政治保障。一方面，要坚持党的领导核心作用，统筹依法治国各领域工作；另一方面，要改善党对依法治国的领导，党员干部要提高法治思维和依法办事能力，不得违法行使权力，更不能以言代法、以权压法、徇私枉法。

必须坚持人民主体地位。坚持人民主体地位的实质是人民当家作主，即人民是国家的主人，国家的一切权力属于人民，人民依法管理国家事务，管理经济和文化事业，管理社会事务。人民当家作主，决定社会主义法治的性质、方向与内涵，社会主义法治是人民当家作主的重要实现方式和手段。要以提高立法质量为重点，在立法过程中，要充分发扬人民民主，拓展人民有序参与立法途径，强化面向人民群众的立法论证、调研和评估，切实增强法律的可执行性和可操作性，坚持科学立法，民主立法。在法律实施过程中，要坚持法律面前人人平等的基本原则，严格执法、公正司法、依法行政，切实尊重人民群众权利，保护人民群众合法财产；加强对法律实施情况的监督，坚决纠正违反宪法和法律的行为；要坚持公正司法，增强司法公信力，让人民群众在每一个司法案件中都感受到公平正义。

必须坚持从中国实际出发。中国特色社会主义法治道路不同于西方资本主义法治道路，这是中国的客观实际所决定的。依法治国，蕴含着基于当代人类法律治理经验的普遍性和基于各国不同国情的特殊性的辩证统一。从中国实际出发全面推进依法治国，就是从中国的历史文化出发、从中国的具体国情出发、从中国革命建设实践出发，创造性地完成中国所面临的法治任务。扎根中国土壤、立足中国实际，吸收和借鉴包括西方文明在内的世界各民族文明的法治思想和法治体系成果，以高度的历史责任感和政治自觉性，坚持依法治国和以德治国相结合，走出了一条中国特色社会主义法治道路，同时也是实现中国特色社会主义现代化和中华民族伟大复兴的必由之路。

二、　丰富中国特色社会主义法治理论

十八届四中全会《决定》指出，中国特色社会主义道路、理论体系、制度是全面推进依法治国的根本遵循。必须从我国基本国情出发，同改革开放不断深化相适应，总结和运用党领导人民实行法治的成功经验，围绕社会主义法治建设重大理论和实践问题，推进法治理论创新，发展符合中国实际、具有中国特色、体现社会发展规律的社会主义法治理论，为依法治国提供理论指导和学理支撑。汲取中华法律文化精华，借鉴国外法治有益经验，但决不照搬照抄外国法治理念和模式。可以说十八届四中全会《决定》为进一步丰富中国特色社会主义法治理论指明了新的前进方向，更应成为中国特色社会主义法治理论发展的强劲动力。

首先，丰富中国特色社会主义法治理论，必须从我国的基本国情出发。党的十八大报告指出，我们必须清醒认识到，我国仍处于并将长期处于社会主义初级阶段的基本国情没有变，人民日益增长

的物质文化需要同落后的社会生产之间的矛盾这一社会主要矛盾没有变,我国是世界最大发展中国家的国际地位没有变。在任何情况下都要牢牢把握社会主义初级阶段这个最大国情,推进任何方面的改革发展都要牢牢立足社会主义初级阶段这个最大实际。同样,丰富和发展我国的法治理论也离不开这一基本国情,必须立足于社会主义性质和社会主义初级阶段这一最大的实际,认真总结和研究党领导人民建设社会主义法治理论已经取得的经验和成果,并且同改革开放的进程相呼应,不断深化和解决新时期遇到的各种法治建设难题。

其次,丰富中国特色社会主义法治理论,必须推进法治理论的创新。党的十八大报告指出,解放思想、实事求是、与时俱进、求真务实,是科学发展观最鲜明的精神实质。实践发展永无止境,认识真理永无止境,理论创新永无止境。因此,与时俱进、理论创新是我们党一以贯之的优良传统。在法治建设方面,十八届四中全会《决定》更是明确提出了创新社会主义法治理论的要求。所谓创新,就是在法治建设方面有所发现,有所发明,有所创造,有所前进,就是在法治建设方面发现问题、筛选问题、分析问题、研究问题,最终解决问题的过程。但创新不能脱离中国的实际,要围绕社会主义法治建设重大理论和实践问题进行创新。

再次,丰富中国特色社会主义法治理论,必须古为今用、洋为中用。习近平总书记多次深情地指出:"博大精深的中华优秀传统文化是我们在世界文化激荡中站稳脚跟的根基。抛弃传统、丢掉根本,就等于割断了自己的精神命脉……我们不仅要了解中国的历史文化,还要睁眼看世界,了解世界上不同民族的历史文化,去其糟粕,取其精华,从中获得启发,为我所用。"可以说,总书记的真情告白,也为我们丰富中国特色社会主义法治理论提供了最为基本的目标模式,即坚持"古为今用、洋为中用"。我国古代文化蕴含丰厚的法治思想和治国理念,从国家与法最初产生于夏朝,后经商周时期逐渐完备,再经春秋战国时期法律制度的大变革,到秦朝时法律体系有了雏形,直至隋唐时期发展成熟,从而最终形成了闻名于世的中华法系,代表着人类农业社会时代法律文明的最高成就,其在历史上不但影响了中国古代社会，而且对古代日本、朝鲜和越南的法制也产生了重要影响。因此，丰富中国特色社会主义法治理论必须先从我国古代法律的传统中汲取优秀的素养。同时，我们也要清醒地看到，近代以来，我国在法治建设方面落后了，我们是在学习、借鉴西方法治文明过程中逐渐成长起来的。我们要构建中国特色社会主义法治理论，我们要复兴中华法系，必须立足中国，放眼世界，勇于并善于对世界一切法治文明成果兼收并蓄，借鉴扬弃。令人欣喜的是，经过近代以来百年激荡，今天的中国重新走上了文明发展的追赶路程。

最后，丰富中国特色社会主义法治理论，必须形成中国自己的特色。习近平总书记指出，中华民族创造了源远流长的中华文化，中华民族也一定能够创造出中华文化新的辉煌。独特的文化传统，独特的历史命运，独特的基本国情，注定了我们必然要走适合自己特点的发展道路。因此，在社会主义法治理论建设方面也不例外，我们既不能走封闭僵化的老路，更不能走改旗易帜的邪路，必须走出一条符合中国实际和中国未来发展的特色之路。具体而言，中国特色社会主义法治理论的形成，必须从坚持我国的基本国情出发，推进法治理论的创新，坚持古为今用、洋为中用的基本思路，只有将这三方面有机结合起来，通过"不断学习他人的好东西，把他人的好东西化成我们自己的东西，这才形成我们的民族特色"。

三、 完善中国特色社会主义法治制度

中国特色社会主义法治制度是坚定不移走中国特色社会主义法治道路的物质基础、制度基础，是实现全面推进依法治国的基本前提之一。对中国特色社会主义法治制度应当从多维度、立体的视觉来理解：首先，中国特色社会主义法治制度应当是以坚持中国共产党领导为首要原则的法治制度。十八届四中全会《决定》明确指出党在立法和制度建设中的领导地位："加强党对立法工作的领导，完善党对立法工作中重大问题决策的程序。凡立法涉及重大体制和重大政策调整的，必须报党中央讨论决定。"第二，中国特色社会主义

法治制度是以宪法制度为核心建立起来的法治制度。十八届四中全会《决定》指出，要"完善以宪法为核心的中国特色社会主义法律体系，加强宪法实施"健全宪法实施和监督制度"，并强调坚持依法治国首先要坚持依宪治国，坚持依法执政首先要坚持依宪执政。这对全国各族人民、一切国家机关和武装力量、各政党和各社会团体、各企业事业组织均提出了明确要求，坚决维护宪法尊严，保护宪法的实施。因此，在完善中国特色社会主义法治制度的进程中处于核心地位的，当属完善我国的宪法制度，包括宪法的修改、实施和监督制度。同时，十八届四中全会《决定》确定以 12 月 4 日为国家宪法日、建立"宪法宣誓制度"，都是维护宪法尊严、完善宪法制度建设、推进宪法实施的重要举措。第三，完善中国特色社会主义法治制度应当是以法律为载体的制度建设完善，有法可依是有法必依的前提，只有不断加强重点领域的立法，实现科学立法、民主立法，才能真正实现良法善治。

中国特色社会主义法治制度是一个适应依法治国需要的制度群概念。从十八届四中全会精神来看，在全面开展完善中国特色社会主义法治制度的同时，应当重点推进以下基础性制度建设。首先，应当在法律层面上完善确保中国共产党在立法、重大事项决策中领导地位的制度，坚持"依法执政"是坚持党的领导的首要原则，完善相关法律制度，可以确保党在领导、参与立法和决策工作时有法可依，带头依法办事。第二，应当完善、落实宪法实施和监督等制度，强调依宪治国是依法治国的前提是十八届四中全会的重要精神，如何将宪法从纸面上落实到党政机关的工作中，深入到人民群众的生活中，则需要依靠切实可行的宪法实施和监督制度以及坚定不移地宪法实践。第三，完善法治政府建设各项工作制度。十八届四中全会《决定》提出"深入推进依法行政，加快建设法治政府"，其中明确提出了依法全面履行政府职能，完善行政组织和行政程序法律制度，推进机构、职能、权限、程序、责任法定化的要求。健全依法决策机制是十八届四中全会《决定》的明确要求，公众参与、专家论证、风险评估、合法性审查、集体讨论决定等重大行政决策程序的制度化是实现依法决策的必然路径。同时，责任追究制度是法治政府建设和依法行政的制度保障，行政决策责任制和行政执法责任制的完善、落实同样是十八届四中全会提出的重要要求之一。

完善中国特色社会主义法治制度绝非仅仅停留在上面提出的几点之中，而是应当深入依法治国、依法执政、依法行政的方方面面，是在依法治国实践中不断发展、完善的过程性努力。十八届四中全会《决定》为中国今后的法治实践指明了一条由点及面，从重点推进到全面开展的完善中国特色社会主义法治制度的道路。

四、 建设中国特色社会主义法治文化

中国特色社会主义法治文化意指与中国特色社会主义法治紧密关联的，充分体现中国特色社会主义法治精神和理念、原则和制度、运作实践和生活方式，与传统人治文化相对立而存在的一种与时俱进的进步文化形态，其实质和核心是一种在中国共产党领导下、在建设中国特色社会主义法治实践中形成的当代中国人的法治文化共识、价值取向和行为方式。习近平总书记早在召开中央全面深化改革领导小组第六次会议时就强调，"全面深化改革需要法治保障，全面推进依法治国也需要深化改革"，而法治离不开与其相适应的法治文化。中国特色社会主义法治文化既是具有人类法治文化共有属性的法治文化，又是从中国国情实际出发，具有中国特殊个性特点的法治文化，必须将其放在与中国特色社会主义法治理念、世界法治文明成果、中华传统文化、五位一体的建设实践、社会主义初级阶段的具体关联中来加以确定。中国特色社会主义法治文化在法治实践中，坚持在党的领导下全面推进依法治国战略，努力构建完善的中国特色社会主义法治体系；坚持依法治国，落实依宪治国；坚持依法执政，特别是依宪执政；应坚定不移地坚持文化自觉与创新的理念，务求实效地继续推进全民法治宣传教育；保障公民人身权、财产权、基本政治权利等各项权利不受侵犯，保障公民经济、文化、社会等各方面权利得到落实。"法治"的本意是法的统治，而不是"使用法律手段进行统治"，它不只是一种形式、一套法律规定，更是一种精神，一种文明的精神，一种现代文明的生活方式，体现着

人们追求的社会规范和理想。从某种意义上说，十八届四中全会提出全面推进依法治国，就是要遵照公民的共同利益和意志，遵照全体人民共同认定的规则和程序来管理国家，而不是将"法治"作为管理者的工具、手段，甚至是特权。

文化来源于生活，在生活中提炼浓缩；文化也是一个民族精神的皈依。只有当一国国民的生活方式日积月累，积淀为该国国民的一定传统和生活习惯时，才能称之为真正的文化，才能成为一个民族精神特质的组成部分。中国特色社会主义法治文化的形成，必然会是一个长期的、艰难的过程，而不是几条宣言、几个命令就可以完成的。法治文化的打造，必然最终依赖、表现于法治精神在生活实践的方方面面、事事处处的贯彻和体现。全面推行依法治国，就是坚持法治国家、法治政府、法治社会一体建设，实现科学立法、严格执法、公正司法、全民守法，促进国家治理体系和治理能力现代化。每一个公民都应该做社会主义法治的忠实崇尚者、自觉遵守者、坚定捍卫者，使法律成为每一个普通公民的精神支柱，从而崇尚法律，懂得法律的神圣；遵守法律，懂得用法律来维护自己的权益；捍卫法律，监督政府和公职部门，依法参与公共管理。

法治文化作为一种先进文化形态，在追求法治价值目标的过程中，其价值目标是与时俱进的，其内容也会随着时代的发展变化而变化。但只要我们始终如一地坚持在党的领导下，弘扬社会主义法治精神，高扬社会主义的法治理念，在全社会形成尊重法律、遵守法律、严格依法办事的法律意识，那么法治国家的坚实根基必将牢固树立，法治文化的良好氛围，也将在润物无声中细细内化为我们每一个公民的自觉行动。

对草案的说明（代序言）

　　民法典为国之重器，自然会引起全国各界之关注。中国政法大学乃中国法律研究之重镇，对于民法典立法十分重视。在中国政法大学校领导的直接关心下，在社会各界的大力支持下，中国政法大学民商经济法学院民法研究所的各位同仁本着对民法典立法的高度热情、对学术的执着，完成了今天大家所看到的中国政法大学版民法总则专家建议稿及立法理由书。

　　我们中国政法大学民法研究所关于民法总则的专家建议稿具有自己鲜明的特点，绝非是随波逐流或者是对他人稿子的简单模仿。对其特点，说明如下：①关于立法目的。我们稿子中对法典的目的写得非常清楚，就是要为裁判案件提供裁判规范。我们认为，这是法律的最基本的目的。②关于基本原则。我们的建议稿没有写民法典的基本原则，这种考虑主要是基于以下几个原因：一是，基本原则不符合"法律规范"的基本特征，我们恰恰认为，法律应该是由规范组成的，要么是规范，要么是辅助规范，但基本原则都不能归入其中，因此，不能直接写入法典中。二是，从比较法上看，几乎没有任何一个国家和地区的民法典将基本原则直接写入其中。我们所说的基本原则，也多是学理从法典的规范中总结出来的。三是，现实中也确实有法官适用基本原则裁判案件，但这种自由裁量权太大，对基本原则的解释和掌握很不一致，引起很大的争议。③关于自然人部分，有以下几个问题需要特别说明：一是自然人的行为能力问题。我们认为，自然人的行为能力仅仅与其从事法律行为有关，因此，没有必要将其规定在自然人部分，而应将其规定在"法律行为"部分。二是自然人的自然权益问题。我们认为，自然人既有人格权，又有人格利益。例如，姓名权当然是人格权，因为它直接可以作为请求权基础。而其他的，如生命、健康、身体等，应属于一种法律保护的利益，而不是权利。因此，我们规定了"自然人的人格权益"。当然，我们坚决认为，人格权益仅仅为自然人所享有，而法人无此权益。三是自然人的"宣告死亡"问题。我们对宣告死亡的后果作了明确的限定："对于婚姻关系的终止及继承的开始，宣告死亡发生与自然死亡相同的法律效果，但配偶反对宣告死亡申请的，其婚姻关系不受宣告死亡影响。"也就是说，宣告死亡与自然死亡的效果并不完全相同。例如，如果有人根据宣告死亡请求民事赔偿的，应根据侵权责任的构成要件来认定。四是自然人的监护问题。我们认为，应将监护与亲权的重叠部分区分开来，被亲权覆盖的部分应当从监护中剔除，因此，建议稿第37条规定："本节所规定的监护，是指亲权之外对无行为能力人或者限制行为能力人的监护。基于亲权而形成的监护，本法亲属编另有规定的，从其规定；没有规定的，可以准用本节规定。"④关于法人与非法人团体的问题。关于法人，我们认为，民法典应以社团法人与财团法人的基本分类作为构建民法典法人制度的基础，而不应以营利法人与非营利法人的分类作为基础。这是因为，法人首先是组织体，应该从组织体的结构来构建法人制度，才能够找到统一的规则。而营利与非营利法人则是从目的来分类的，这种分类与我们现在《民法通则》中关于法人的分类没有任何差别——都是以目的来进行分类的。这种分类不可能构建出一般规则。因此，世界各国和地区的民法典都没有采取这种分类方式来构建自己的法人制度。另外，从《德国民法典》来看，营利与非营利法人仅仅是社团法人之下的一种分类，即法人首先分为社团与财团法人，社团法人中再分为营利与非营利法人。特别需要说明的是，民法典中的法人应主要规定私法人，公法人的成立、运行和解散基本与民法无关，仅仅是有些活动涉及民法，适用民法关于法人的规定而已。关于非法人团体，我们认为，对于非法人团体，应该承认其现实存在性，即法典应规定具备什么条件就应认定人的组合成为非法人团体，从而承担连带责任。建议稿第86条规定："具备下列条件的，可以认定为非法人团体：（一）有自己的名称和组织机构；（二）有自己的章程或组织规则；（三）有必要的财产或经费。"⑤关于法律行为的问题。首先，民法总则应该是各个部分的"公因式"，为了达到与合同部分的和谐，专门规定了"双方法律行为"，特别是"合意"的形成。其次，对于法律行为中的意思表示进行了比较详细的规定。

当然，以上仅仅是关于主要问题的说明。建议稿还有许多特点，希望出版后能够引起大家的共鸣。在此，衷心感谢中国政法大学校长黄进教授、李树忠副校长、时建中副校长、科研处处长施正文教授、比较法学院高祥院长等对于民法典立法项目的关心和支持，感谢中国政法大学民法研究所全体教师的热情参与，也感谢社会各界对建议稿所提出的宝贵意见和建议。

该草案建议稿及立法理由书分工如下：

第一章：李永军、于飞；

第二章：于飞、陈汉；

第三章：费安玲、刘智慧、刘家安；

第四章：田士永、迟颖；

第五章：戴孟勇、尹志强、翟远见、席志国。

李永军

2016 年 6 月 8 日

目录

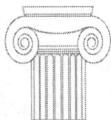

第一章
一般规定

第一条 【立法目的】

为给民商事案件的审理提供裁判依据，正确处理私法主体之间的纠纷，特制定本法。

【条文含义与立法理由】

本条规定的是民法典的立法目的。

根据不同的标准，可以对立法目的作出不同的分类。例如，以社会关系领域为标准，可以将立法目的区分为法律目的、政治目的、经济目的、社会目的、文化目的甚至生态目的，等等；以目的层次为标准，可分为直接目的、间接目的；以目的实现方式为标准，还可分为积极目的与消极目的，等等。[1]

对作为立法背景意义的立法目的与立法目的条款应予区分。立法目的条款是表达立法目的的方式之一，其他还有立法理由书、起草说明、立法审议报告、立法背景与观点等。与其他方式相比，立法目的条款是对立法目的进行的集中、规范、技术性的表述。因此，立法目的条款应该表达的是法律文本的法律目的、规范目的、直接目的，至于立法的政治、社会、经济目的以及间接目的，应借助立

---

[1] 参见刘风景："立法目的条款之法理基础及表述技术"，载《法商研究》2013年第3期。

法过程中的其他文本予以宣示。故就立法目的条款的表述而言，应舍弃政治性、口号性的内容，也应删去笼统的宣示性表达。

《民法通则》及《合同法》等现行民事法律文本中，第 1 条立法目的条款多表述为"保护当事人（公民/民事主体）合法权益"，"维护社会主义市场经济秩序"，"促进现代化建设"甚至"促进社会和谐稳定"等。[1]就其内容属性而言，多为间接目的、政治目的、社会目的的表述，与立法目的条款应有的旨趣相去甚远。

立法目的条款之表述，首先应探究法律文本的规范属性。民法虽兼有裁判规范与行为规范的双重属性，[2]但应看到的是，随着民事立法的专业化、抽象化、精细化，即使是法律专业人士，对不同法律部门也有隔山相望之感。民法的抽象与体系性特征尤为显著，非经专业训练，难以把握一二，以民法作为人的行为规范，只是理想状态而已。因此，作为法官处理民商事纠纷时必须依据的民法规范，首先是裁判规范，其次才是行为规范。[3]

民法以私法自治理念为其基石。以裁判法而非行为法定位民法典，恰恰是对私法自治的尊重，法典在此所要表达的不过是：民众生活关系由民众自由意志形成，法典无意于事先干预和塑造，仅止于事后出现纠纷时的妥当处理。

因此，立法目的条款之表达，应在内容上保持中立性（独立性），舍弃立法者政治（政策）上之意图，而代之以法律技术上之形

---

〔1〕 在内容表达的顺序上，不同法律文本也有着"由抽象到具体"与"由具体到抽象"的区分。例如，《民法通则》第 1 条（"为了保障公民、法人的合法的民事权益，正确调整民事关系，适应社会主义现代化建设事业发展的需要，根据宪法和我国实际情况，总结民事活动的实践经验，制定本法"）、《合同法》第 1 条（"为了保护合同当事人的合法权益，维护社会经济秩序，促进社会主义现代化建设，制定本法"）、《侵权责任法》第 1 条（"为保护民事主体的合法权益，明确侵权责任，预防并制裁侵权行为，促进社会和谐稳定，制定本法"）在表达顺序上采用的是由具体到抽象的模式，而《物权法》第 1 条（"为了维护国家基本经济制度，维护社会主义市场经济秩序，明确物的归属，发挥物的效用，保护权利人的物权，根据宪法，制定本法"）则相反。

〔2〕 参见梁慧星：《民法总论》（第 4 版），法律出版社 2011 年版，第 35～36 页。

〔3〕 参见韩世远："裁判规范、解释论与实证方法"，载《法学研究》2012 年第 1 期。

式理性。[1] 有鉴于此，本条意在强调：就法律技术而言，民法典的立法目的在于为民商事案件的审理提供裁判依据。

第二条　【调整对象】

本法调整自然人的人身关系以及自然人、法人和非法人团体之间在民商事活动中形成的财产关系。

【条文含义与立法理由】

本条规定的是民法典的调整对象。

调整对象的确定，旨在界定民法的调整范围，是区分各法律部门适用领域的依据。从内容上来看，调整对象包含主体对象与法律关系对象两部分。就主体对象来看，民法上的主体包括自然人、法人及非法人组织三种类型；而就法律关系而言，民法调整的主要是人身关系与财产关系。依本条规定，民法调整对象包括：①自然人的人身关系；②自然人、法人及非法人组织间的财产关系。

民法上所称财产关系，指私法主体间的财产归属关系及财产流转关系，前者旨在维护财产归属秩序（"静的安全"），后者旨在维护财产交易秩序（"动的安全"）。所谓人身关系，指与人身不可分离、以人身利益为内容、不直接体现财产利益的社会关系，包括人格关系与身份关系两类。人格关系系基于自然人人格利益而产生的私法关系；而身份关系则是基于一定的身份而产生的私法关系，如亲属、监护等。财产关系可发生于自然人、法人及非法人组织之间，对此并无疑义。但就人身关系的认定，学界认识不一，争议巨大，尤以人格权的主体归属为甚。

民法上所称人格，多指法律上的人格，在此之外，尚有自然人格，即基于自然法则（人性）的人格，后者是自然人享有主体资格的伦理根源。法律人格系自然人格在实证法上之替代，以确认自然人格为其宗旨。故自然人格作为"人（自然人）之所以为人（主体

---

[1] 关于法律的形式理性，请参见李永军：《民法总论》（第 2 版），法律出版社 2009 年版，第 18 页以下。

资格之人）"的伦理基础，是法律人格存在的基石。而出于满足经济生活的需求，传统民法通过抽象拟制方法，塑造了所谓"团体人格"，使"适于成为交易主体之团体"具有形式上的"人"之内涵。[1]由此，产生法人是否具有人格之问题。实则，所谓"法人人格"之出现，系区分团体有无民法上独立财产主体地位的法技术产物。作为一种人为拟制的法律人格，"法人人格"并不具有伦理属性，绝不包含自由、平等、尊严等内涵；究其本质，"法人人格"系无精神利益的财产权，其意义仅限于财产关系领域，而不应扩及人格利益范畴。[2]

《民法通则》第 2 条将民法调整范围界定为"平等主体的公民之间、法人之间、公民和法人之间的财产关系和人身关系"，对此，我们认为存在如下不妥之处：其一，就语词而言，"公民"为公法用语，与民法作为私法的属性不相符；其二，就主体对象而言，《民法通则》第 2 条仅包含公民与法人，而在此之外，民法中尚存在非法人性质的组织，亦应将其包含在内；其三，肯定法人也能产生"人身关系"，系对法人作为权利主体本质的误认。据此，本条将民法典调整范围表述为：自然人的人身关系以及自然人、法人和非法人团体之间在民商事活动中形成的财产关系。

另外，如何在法典中处理民法与商法的关系，也是此次民法典编纂中的重要问题。对此，我们的立场是，民商合一既是自清末变法以来的民法传统，也是新中国成立以来的民法传统，这一民商合一的模式在我国实践中一直妥当运转，并无不适与冲突，也无刻意转轨的必要。尤其是在当下经济社会中，商人与商行为的边界都已模糊，独特性难以证明，再将商人、商行为单独界定并予以特殊调整，法价值上既难说明，法技术上亦难实现。因此，本建议稿坚持民商合一的体例，将民法典作为私法的一般法来界定，也即：凡商事领域无特别规定者，当然适用民法典。这就是本条在调整对象上

〔1〕 参见［德］迪特尔·梅迪库斯：《德国民法总论》，邵建东译，法律出版社2000 年版，第 815 页。

〔2〕 参见尹田："论法人人格权"，载《法学研究》2004 年第 4 期。

强调"民商事活动"的原因。

第三条　【法律渊源】

人民法院裁判案件，本法及其他法律有规定的，从其规定；没有规定的，依习惯；没有习惯的，依法理。

前款所称习惯，以不违背公共秩序和善良风俗为限。

【条文含义与立法理由】

本条规定的是民法的法律渊源。

法律渊源，指法院裁判案件时，应从何处寻求作为裁判准据的法律规范，其所展示的是法律规范借以表现和存在的形式。就各国和地区立法例而言，有成文法与不成文法之分。在成文法国家和地区，法律是最重要的法律渊源，是法院在裁判案件时最重要的裁判准据。然而成文法一经公布，其稳定性也带来滞后性、缺乏弹性之缺陷，易于僵化，尤其是在面临社会新现象时，容易出现法无明文规定之情形。为克服成文法此一弊端，成文法国家和地区多将民法渊源扩及习惯与法理。[1]

所谓习惯，指多数人就同一事项，长时间、反复而为同一行为之事实。习惯与习惯法不同，后者系经国家承认之习惯。[2]习惯作为民法法源而成为法院裁判准据，须满足如下要件：其一，须现行法所未规定之事项，否则即无习惯适用之余地；其二，须确有习惯之存在；其三，所肯认之习惯不得悖于公序良俗。民法上所称法理，指经由民法基本理念及原则演绎所得之一般原理。[3]我国现行法虽不承认法理作为法律渊源，但有权解释机关在进行法律解释时以及

---

〔1〕 如《瑞士民法典》第 1 条第 2 款："本法无规定时，法官须依习惯法裁判；若无此习惯法，则依据若自己作为立法者时应将制定之规则裁判。"我国台湾地区"民法典"第 2 条："民事，法理所未规定者，依习惯；无习惯者，依法理。"

〔2〕 参见梁慧星：《民法总论》（第 4 版），法律出版社 2011 年版，第 28 页。

〔3〕 参见魏振瀛主编：《民法》（第 5 版），北京大学出版社 2013 年版，第 16 页；马俊驹、余延满：《民法原论》（第 2 版），法律出版社 2005 年版，第 31 页；梁慧星：《民法总论》（第 4 版），法律出版社 2011 年版，第 27 ~ 28 页。

法官在裁判实践中，常以法理作为解释或裁判之依据。有鉴于此，参照比较法之先例，本条特将法理作为民法渊源之一。唯在适用法理时，须仅限于现行法未作规定之事项，且该项法理为学界多数观点所认可，居通说地位。此外，习惯不得有悖于公序良俗。此处所称公序良俗，即指现行法中的"社会公德""社会公共利益""社会经济秩序"等。就概念内涵而言，公序良俗包括社会公共秩序及善良风俗，其范围较现行法前述用语更广。且我国学说表述多借鉴比较法经验，以"公序良俗"称之。故就概念的科学性而言，本条采纳传统民法及现行学说见解，以"公序良俗"作为习惯适用的限制。

第四条 【权利行使的一般准则】

行使权利、履行义务，应当遵循诚实与信用方法。

【条文含义与立法理由】

民事权利产生之后，就会面临应当如何行使的问题。权利的行使是民法上一项一般问题，应当在民法总则中予以说明。

权利的自由行使是一般原则，但自由必然有其界限。权利行使自由的边界就是诚实信用原则。

在比较法上，《法国民法典》在契约部分规定："契约应以善意履行之。"此所谓善意，即指诚实信用。《德国民法典》将诚信从契约法提升至债法总则，在债法第 242 条规定："债务人应依诚实信用之要求，并顾及交易习惯，履行其给付。"《瑞士民法典》进一步将诚信原则扩张到一切权利的行使和义务的履行，其第 2 条第 1 款规定："任何人行使权利、履行义务，均应依诚实信用为之。"二战之后，我国台湾地区"民法典"及《日本民法典》在修订时均将诚信原则提升至民法总则之中，以明确诚信原则对民法所有领域适用，被称为"世界最新之立法"。[1]

本建议稿在权利行使的控制上采纳当今比较法上的成例，以诚

---

[1] 参见梁慧星：《民法总论》（第 4 版），法律出版社 2011 年版，第 267~268 页。

实信用作为权利行使、义务履行的一般限制与一般准则。须注意，当权利行使违背诚实信用的要求时，该权利并不因此而被否定，被否定的只是这一次具体的权利行使行为，权利本身并不消灭，下一次调整行使方式并符合诚信要求时，权利仍得继续行使。在这一点上，诚信原则与一旦违反法律行为即归于无效、权利也被否定的公序良俗原则判然有别。[1]

由于诚实信用并非贯穿于民法的每一个角落，与其他民法概括条款存在分工，因此不宜表述为"民事活动应当遵循诚实信用原则"之类，因为这样就把解决某一特定领域中的特定问题（一个既存的权利如何行使）的规范笼统化了。能够表述清楚之处没必要刻意模糊。当然，诚信原则在其他方面也有作用，如产生先合同义务及附随义务、情事变更中调整权利义务内容、格式条款的特殊无效等，但这些都已经被法定化了，不再需要概括性规定。因此，本建议稿借鉴多数典型立法例，将诚信原则表述为对权利行使、义务履行的限制。

在比较法上，常认为禁止权利滥用是诚实信用的反面规定，即权利行使违反诚信要求的，即构成权利滥用。德国法上甚至认为在已有诚信条文的情况下，禁止权利滥用在规范上"已属赘文"。[2]我们认为，以诚实信用为权利行使的根本准则，在法技术上已经足够，无须再于反面设置"禁止权利滥用"的重复性规定。

第五条　【权利保护的私力救济方式】

为保护自己或他人的合法权益，可以实施正当防卫、紧急避险、自助行为，但以不超过必要程度为限。

【条文含义与立法理由】

在权利的保护问题上，公力救济是一般原则，私力救济是例外。

---

[1] 参见于飞："公序良俗原则与诚实信用原则的区分"，载《中国社会科学》2015年第11期。

[2] 杜景林、卢谌：《德国民法典——全条文注释》（上册），中国政法大学出版社2015年版，第150页。

由于公力救济无须在民法典中规定，故在此仅规定权利的私力救济方式，包括自卫行为与自助行为。

自卫行为包括正当防卫与紧急避险。正当防卫，指对于现时的不法侵害，为防卫自己或他人权利或公共利益所为的行为。此种行为，在不超过必要限度的范围内，行为人虽致他人损害亦不负赔偿责任。紧急避险，指为避免自己或他人生命、身体、自由、财产的急迫危险所为躲避危险的行为。此种行为，在不超过必要限度的范围内，行为人虽致他人损害亦不负赔偿责任。《民法通则》第129条、《侵权责任法》第31条对紧急避险设有规定。

自助行为，指为保护自己的权利而对他人的自由或财产施以拘束或毁损的行为。自助行为在不超过必要限度的范围内，行为人不负赔偿责任。

权利保护的私力救济方式在法理上具有共通性，本建议稿将以上方式约为一条，放置于"一般规定"之中，同时强调"不逾越必要程度"这一共通要求。

第六条 【一般法与特别法的关系】

同一法律关系，本法与其他特别民商事法律规范有不同规定的，适用特别规定。

【条文含义与立法理由】

本条规定的是民事一般法与特别法的关系。

根据法的适用范围不同，可将法律分为一般法与特别法。前者指针对一般人、一般事、一般时间普遍适用的法律，后者指仅针对特定人、特定事或在特定地区、特定时间内适用的法律。[1]特别法规定的内容多为一般法所未涉及者，或其虽有涉及但较为原则、笼统、抽象，或为对一般法规定之变通，故在法律适用上，特别法具有优先于一般法的地位。需注意的是，根据法的效力层次规则，所

---

[1] 参见张文显：《法理学》（第3版），法律出版社2007年版，第141页。

谓"特别法优于一般法"，须为同一制定主体所制定的法律（包括同一制定主体授权其他机关制定的法律）。

我国系采民商合一之体例，在民法典之外，尚存在大量商事单行法，后者系针对商事领域法律关系所做特别规定，往往是基于商事关系之特殊性，对一般民事关系规定的变通。依一般法与特别法适用之原则，应优先适用特别法之规定。

第七条　【法院不得拒绝裁判】

人民法院不得以本法及其他民商事法律规范没有规定为由，拒绝案件的受理与裁判。

【条文含义与立法理由】

本条规定的是法院的裁判义务。

司法机关是国家司法权力的行使主体，承担着国家司法职能。作为处理社会纠纷的最后一道防线，法院是调解社会关系的稳定器。法院不得拒绝裁判，是终局解决社会纠纷的现实需要。法院不得拒绝审判之规则，最早见于《法国民法典》第4条："审判员借口没有法律或法律不明确、不完备而拒绝受理者，得依拒绝审判罪追诉之。"作为现代法治的基本原则与要求之一，法院不得拒绝裁判得到了世界各国的广泛承认。在我国司法实践中，仍然存在法院以法律没有规定或其他理由拒绝受理或裁判民事纠纷的现象。[1]

任何民事纠纷都必须得到终局性的解决。本建议稿前述将法律渊源规定为法律、习惯及法理，从而排除了"法律没有规定"作为拒绝裁判的理由。换言之，法官不得拒绝裁判的规则已经具有制度上的保障。故本条将法院不得拒绝受理与裁判的规则予以明确规定，以确保民事主体得到公法救济。

---

〔1〕 参见吴良志："法官为什么说'不'：拒绝裁判权的失范与规范——对一万五千份'不予受理'、'不予处理'裁判文书的分析"，载贺荣主编：《全国法院第二十六届学术讨论会论文集：司法体制改革与民商事法律适用问题研究》（上），人民法院出版社2015年版，第711页以下。

第八条 【时间效力】

本法的效力不溯及既往。

本法实施之前的民商事活动，当时的法律没有规定的，适用本法，但法律另有规定的除外。

【条文含义与立法理由】

本条规定的是民法的时间效力。

法的时间效力，即法的溯及力，指新的法律颁布后，对其生效前的事件和行为是否适用，如果适用，则有溯及力；若不适用，则无溯及力。[1] 法不溯及既往是现代法治的基本原则之一，其内在依据在于：不得要求人们以将来的法律作为先前行为的规范准则，否则有违法律的可预测性，不利于法律关系的稳定，并最终会损害法律的权威性。因此，在先前行为有相应规范时，应当适用先前规范，而非适用新法。故本条第 1 款规定：本法的效力不溯及既往。

民事法律规范的形成，往往是经过大量的民事实践成为交易惯例、习惯，最终上升为成文法规定的。就此而言，民事立法并非创设规范，毋宁于发现规范和表述规范。且自法律发展的一般规律角度观之，新法往往在行为自由方面给予民事主体更广泛的空间，在先前行为无相应规范时，以新法作为先前行为的裁判规范，不会对行为主体带来额外的不利。因此，在先前行为无相应规范时，应当适用新法。故本条第 2 款规定：本法实施之前的民商事活动，当时的法律没有规定的，适用本法，但法律另有规定的除外。

第九条 【地域效力】

本法适用于中华人民共和国领域内发生的民商事活动，但法律另有规定的除外。

---

[1] 参见张文显：《法理学》（第 3 版），法律出版社 2007 年版，第 147 页。

【条文含义与立法理由】

本条规定的是民法的地域效力。

法的地域效力，也称空间效力，指法在哪些地域、空间范围内发生效力。一般而言，法的地域效力取决于法律制定机关之管辖范围。制定、颁布法律的机关不同，其适用空间也不同。例如，全国性立法机关制定的法律，其空间效力及于国家主权及主权所及之范围；地方性立法机关制定的法律，其空间效力及于特定地方管辖之范围等。民法典作为我国基本民事法律，其制定主体为全国人民代表大会，[1]故民法典之地域效力及于中华人民共和国领域（包括领土、领空、领海）。当然，考虑到国内法与国际法的关系，我国批准参加的国际条约、双边协定可能就法律地域效力作出另外约定，民法典的地域效力可能因此有所变通。《民法通则》第 8 条第 1 款规定："在中华人民共和国领域内的民事活动，适用中华人民共和国法律，法律另有规定的除外。"故本建议稿规定：本法适用于中华人民共和国领域内发生的民商事活动，但法律另有规定的除外。

第十条　【对人效力】

本法关于主体的规定，适用于中华人民共和国领域内的本国主体、外国主体和无国籍自然人，但法律另有规定的除外。

【条文含义与立法理由】

本条规定的是民法的对人效力。

法的对人效力，也即法的对象效力，其回答的是法适用于哪些人。法的对人效力，包括对自然人与法律拟制的人（法人）之效力。

关于法的对人效力，比较法上主要有四种立法例：其一，属人主义，即凡是本国人，无论身处国内国外，均受本国法约束，而在本国的外国人则不受本国法约束；其二，属地主义，即本国法对领

---

〔1〕《立法法》第 7 条第 2 款："全国人民代表大会制定和修改刑事、民事、国家机构的和其他的基本法律。"

土范围内的一切人均有约束力，无论其是否有国籍、国籍为何，而本国人在领土外则不受本国法约束；其三，保护主义，即不论任何人，只要损害本国利益，无论其国籍为何、地域为何，均受本国法约束；其四，结合主义，即以属地主义为主，与属人主义、保护主义相结合。近代以来，多数立法例采结合主义。[1]

现行《民法通则》第8条第2款规定："本法关于公民的规定，适用于在中华人民共和国领域内的外国人、无国籍人，法律另有规定的除外。"该条基本确立属地主义立法例，符合我国实际情况，司法实践对此亦认可。同时，外国法人在中国活动时，同样有权利能力、法定代表人、法人机关、分支机构、责任承担的问题，以上同样应当适用民法典法人部分的规定。故本条规定：本法关于主体的规定，适用于中华人民共和国领域内的本国主体、外国主体和无国籍自然人，但法律另有规定的除外。本条所称"法律另有规定"，指依照我国批准参加的相关国际条约、双边协定，对民法之对人效力作出特别约定者，适用该特别规定。

第十一条 【举证义务】

当事人对其主张有提供证据的义务，法律另有规定的除外。

【条文含义与立法理由】

本条规定的是当事人的举证义务。

举证义务，指作为裁判基础的重要而又无法澄清的案件事实若未得到证明，由何方当事人负担由此所生的不利裁判结果。[2]

就举证义务，比较法上存在不同立法例：其一，在民法典中规定举证责任分配原则。例如，《法国民法典》第1315条规定："请求履行债务的人应当证明债之存在。与此相对应，凡主张已经清偿债务的人，应当证明其已经进行清偿或者证明有引起债务消灭的事

─────────

〔1〕 参见张文显：《法理学》（第3版），法律出版社2007年版，第145页。

〔2〕 参见［德］迪特尔·施瓦布：《民法导论》，郑冲译，法律出版社2006年版，第161页。

实。"《意大利民法典》[1]《瑞士民法典》[2]也有类似规定。其二，在诉讼法中规定举证责任分配原则。如我国台湾地区现行"民事诉讼法"第277条规定："当事人主张有利于己之事实者，就其事实有举证之责任。但法律别有规定，或依其情形显失公平者，不在此限。"其三，法律未明文规定举证责任分配原则，而由个别条文就特定情形的举证责任加以规定，一般性举证责任原则交由学说发展，如德国。[3]

如何在双方当事人之间合理地分配举证责任，对于当事人实体权利能否实现影响巨大。我们认为，有必要在民事实体法中对当事人举证责任加以规定。我国民事实践中，亦有这种强烈要求。

本条规定确立的是"谁主张、谁举证"的举证责任分配规则。具体而言，其内容包括：其一，主张权利或法律关系存在的一方当事人，须就产生该权利或法律关系的法律事实承担举证义务；其二，主张权利或法律关系存在阻碍事由的一方当事人，须就阻碍事由承担举证义务；其三，主张权利或法律关系变更或消灭的当事人，须就该变更或消灭事实承担举证义务；其四，主张权利或法律关系之变更或消灭事由不存在的当事人，须就该事由之不存在承担举证义务。

考虑到在某些特殊情形，依前述举证责任分配之规则，对负有举证责任一方而言极为不公，尤其是在一些复杂的侵权案件中，如环境侵权、产品责任等，受害人几无可能就其诉请承担举证责任，对此，法律可能就举证责任之分配作出例外规定（如举证责任倒置）。此时，当事人间证明责任之分配，应优先适用该例外规定。

---

[1]《意大利民法典》第2697条："在诉讼中主张权利的人，应当对权利依据的事实进行举证。就上述事实提出抗辩的人或者提出主张的权利已经变更或者撤销抗辩的人，应当就其抗辩依据的事实进行举证。"

[2]《瑞士民法典》第8条："法无相反规定的，当事人须证明其主张的能够推导出其权利的事实之存在。"

[3] 参见李浩："《民事诉讼法》修订中的举证责任问题"，载《清华法学》2011年第3期。

第十二条 【法律解释】

只有立法机关有权对本法及其他民商事法律作出具有普遍约束力的解释。

人民法院裁判案件，应当兼顾法律文义、法律体系以及法律目的，在宪法确定的价值体系内，对法律条文含义不明确之处进行解释。

【条文含义与立法理由】

本条规定的是民法的法律解释。

法律解释，指阐明法律规范的确切含义、真实意旨、适用范围、构成要件及法律效果。在成文法国家，法律一经制定便具有了相对客观的地位，法律条文所使用的语词本身可能具有多义性特征，且随着社会条件变迁，对法律条文语词的理解也发生变化，故在理解上难免产生疑义及不确定性。法律解释是衔接立法与法律适用的重要环节。从方法论角度看，法律解释是正确适用法律之必要前提。

依据不同标准，可区分不同的法律解释类型，如有权解释与无权解释、广义解释与狭义解释，等等。本条所称解释，指有权解释，即有法律解释权限的机关对法律适用作出具有约束力的解释。有权解释主要包含两种类型：立法解释与司法解释。

立法解释，指有立法权的机关对法律规范所做的解释。根据我国《宪法》〔1〕及《立法法》〔2〕规定，全国人民代表大会常务委员会拥有立法法律解释权，有权对宪法及一切法律进行解释。此外，依《立法法》规定，国务院、地方各级人民代表大会及其常务委员会分别有权制定行政法规、地方性法规等规范性文件，享有对此规范性文件的解释权。立法者所做的法律解释，与法律具有同等效力，具有普遍约束力。

司法解释，指最高人民法院对法律所做的解释。根据《人民法

---

〔1〕《宪法》第 67 条："全国人民代表大会常务委员会行使下列职权：（一）解释宪法，监督宪法的实施；……（四）解释法律；……"

〔2〕《立法法》第 45 条第 1 款："法律解释权属于全国人民代表大会常务委员会。"

院组织法》第 32 条的规定，最高人民法院进行司法解释的情形，须限于"在审判过程中如何具体应用法律、法令的问题"。从文义上看，该条规定包含两层含义：其一，最高人民法院进行司法解释，须针对"具体应用法律、法令的问题"。换言之，必须是在审理具体案件时，发现可能适用的条文存在多种含义或歧义，需要对法律具体条文进行解释，以使之适用到具体案件之中。其二，最高人民法院进行司法解释，须针对发生"在审判过程中"的具体法律适用问题。从语法上看，该条所称"审判过程中"，应仅指最高人民法院审判过程中，而非各级人民法院审判过程中。

本条第 1 款规定的是立法解释，即只有立法者有权对法律作出具有普遍约束力的解释。而依本条第 2 款之规定，人民法院所做司法解释，须限于审理案件过程中，对具体条文之理解适用模糊、不清晰时。换言之，司法解释须有明确的条文指向，而不得以整部法律作为解释对象，否则有超越司法机关权限，名为解释、实为立法之嫌，违反我国《宪法》及《立法法》《人民法院组织法》的相关规定。

就法律解释方法而言，主要包括文义解释、体系解释、目的解释、合宪性解释等。所谓文义解释，指按照法律条文用语之通常含义阐释法律条文之内容、意义。文义解释是法律解释的起点与直接依据，尊重法律条文文义是维护法律尊严及其安定性之要求。体系解释，指依照具体条文在法律体系上之地位，兼顾法律文本内在体系逻辑，阐释具体条文之规范旨趣。法律是由诸多条文统一组成的有机体，立法者是依照法律自身的逻辑对条文进行体系编排的，理解法律条文之含义，离不开对法律体系之认识。目的解释，指解释法律文本含义时，须寻求法律规范之旨趣，探究立法者制定法律目的何在。目的解释是法律解释之重要准则依据，是贯彻、实践立法旨趣之重要途径。进行目的解释时，须充分把握立法资料，对立法过程进行考察。合宪性解释，指进行法律解释时，须贯彻宪法规范之价值判断，在宪法所确立之价值体系内进行，以维护法秩序之同一性。法律解释须遵循合宪性，是法律效力层阶之要求。[1]

---

〔1〕 参见梁慧星：《民法总论》（第 4 版），法律出版社 2011 年版，第 290～293 页。

第二章
自然人

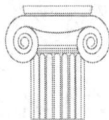

第一节　权利能力

第十三条　【权利能力的存续】

自然人的权利能力，始于出生，终于死亡。

自然人的权利能力一律平等。

【条文含义与立法理由】

本条规定的是自然人的权利能力。

关于自然人权利能力的定义，本条并未作规定，而将其付诸学说及实践发展。通说认为，自然人的权利能力是自然人享受民事权利、承担民事义务的资格。民法上"权利能力"一词，源自《德国民法典》第 1 条之规定。[1]我国现行法沿袭《苏俄民法典》之概念[2]，称其为"民事权利能力"[3]，以区别于法理学上所称一般的权利能

---

〔1〕《德国民法典》第 1 条："人之权利能力，始于出生之完成。"

〔2〕《苏俄民法典》第 9 条："苏俄和其他各加盟共和国的一切公民，都平等地具有享受民事权利和承担民事义务的能力（民事权利能力）。"

〔3〕《民法通则》第 9 条："公民从出生时起到死亡时止，具有民事权利能力，依法享有民事权利，承担民事义务。"

力。〔1〕"权利能力"一词，乃传统民法惯用术语；民法上称权利能力者，皆指私法上之权利义务，并无异议，无须增添"民事"以示区分。此外，我国现行法所称"公民"一词，属公法概念；"自然人"之称谓更符合民法典之私法属性，且为我国《合同法》所采纳，本条从之。

本条第 1 款规定的是自然人权利能力的存续期间。出生与死亡是确定自然人权利能力有无及其存续期间的重要时间点。〔2〕何谓出生，学说上有一部露出说、全部露出说及独立呼吸说三种主要见解，通说采全部露出说。〔3〕本条规定权利能力须始于"出生"，包含如下含义：其一，须胎儿与母体完全分离，至于系由自然抑或人工分娩，在所不问；其二，胎儿与母体分离时须为活体，至于其存活期间长短、有无生活力、是否具有常人之形，亦非所问。

依本条规定，权利能力"终于死亡"，至于死亡原因为何，在所不问。自然人因死亡而丧失权利能力，故死亡时间在法律上意义重大，如决定继承之开始、婚姻关系之消灭，等等。死亡包括宣告死亡与自然死亡。宣告死亡是法律推定制度，若被宣告死亡之人实际上仍然存活，则其权利能力不受宣告死亡影响。自然死亡的认定受医学发展影响。我国现今通说将呼吸消灭且脉搏停止作为自然死亡之时间点。〔4〕

---

〔1〕 参见魏振瀛主编：《民法》（第 5 版），北京大学出版社 2013 年版，第 52 页。

〔2〕 就比较法观之，规定出生与死亡作为权利能力存续期间的时间点，亦属通论。《德国民法典》仅规定权利能力始于出生之完成，并未规定以死亡为结束时点。实则权利能力之开始与结束在法律上具有同等重要的意义。《德国民法典》之所以如此规定，在于立法者认为权利能力终于死亡乃当然之理，无须特别指出；且在死亡之时，死亡确切时间点的认定并无疑问。Vgl. Protokoll Band I, S. 4; Münkom/J. Schmitt, 6. Aufl., München 2012, §1, Rn. 2f.

〔3〕 参见梁慧星主编：《中国民法典草案建议稿附理由·总则编》，法律出版社 2004 年版，第 23 页；王利明主编：《民法》（第 3 版），中国人民大学出版社 2007 年版，第 64 页。

〔4〕 参见梁慧星主编：《中国民法典草案建议稿附理由·总则编》，法律出版社 2004 年版，第 23 页；王利明主编：《民法》（第 3 版），中国人民大学出版社 2007 年版，第 65 页；马俊驹主编：《民法学》，清华大学出版社 2007 年版，第 70 页。比较法上，如德国采"脑死亡说"（Hirntod），即大脑、小脑及脑干之整体功能终局性、不可逆转地消失。该说得到《德国器官移植法》之明文肯定（Vgl. Münkom/J. Schmitt, 6. Aufl., München 2012, §1, Rn. 21.）。我国学者亦有持类似主张者，参见刘士国："脑死亡的立法问题"，载《烟台大学学报（哲学社会科学版）》2004 年第 1 期。

第 2 款规定的是自然人权利能力平等之原则，此处所称平等，指抽象上之平等（取得权利可能性），而非具体（权利）平等。[1] 自然人权利能力平等，是法律面前人人平等原则在私法领域的具体体现。法律面前人人平等并非亘古以来之共识，在古代社会，中西方法律、社会制度均构造了不同等级之人格。及至法国大革命《人权宣言》，人人平等之原则方为世人所接受，成为各国民法典之基石。民法上权利能力系自然人实施法律行为之前提，是其权利得以实现与义务得丧变更的基础，是自然人人格的体现。承认自然人权利能力平等，是对自然人平等人格的确认、对人生而为人之尊严的尊重。该款以《民法通则》第 10 条"公民的民事权利能力一律平等"为基础，对自然人权利能力平等的原则予以确认。

第十四条 【出生与死亡的时间】

户籍上登记的出生时间，推定为出生时间。有证据证明户籍登记的出生时间错误的，以证据证明的出生时间为准。

死亡证明上记载的死亡时间，推定为死亡时间。有证据证明死亡证明上记载的死亡时间错误的，以证据证明的死亡时间为准。

【条文含义与立法理由】

本条规定的是出生与死亡的时间。

出生与死亡系认定自然人权利能力有无及其存续期间的重要时间依据，对自然人意义重大。出生与死亡时间的认定受医学技术与理念发展的影响。自法律视角观之，现阶段我国实行户籍登记制度，户籍登记簿上记载的自然人个人信息具有法律所认可的效力。本条第 1 款第 1 句规定，户籍上登记的时间，推定为自然人出生的时间。该句规定的是户籍登记簿在认定自然人出生时间时的法律推定效力。依最高人民法院《关于贯彻执行〈中华人民共和国民法通则〉若干问题的意见（试行）》（以下简称《民通意见》）之规

---

[1] 参见李永军：《民法总论》（第 2 版），法律出版社 2009 年版，第 199 页。

定[1]，户籍所登记的出生时间为认定自然人出生时间的绝对依据，仅在户籍登记时间缺失时，方考虑医院出生证明及其他证明作为认定自然人出生时间之依据。考虑到户籍登记簿上可能的误差，第1款第1句明确指出，户籍登记的时间仅具法律推定效力。本款第2句规定，有证据证明户籍登记时间错误的，则以证据证明的出生时间为准。该句之规定，是对户籍登记簿法律推定力之推翻。该句所称"证据"，包括但不限于医院出生证明。自生理意义观之，医院出生证明与自然人实际出生时间最为接近，较户籍登记簿而言更为准确。此外，在举证责任分配上，主张户籍登记时间有误者，应负举证责任。

本条第2款规定，死亡证明是自然人死亡时间的推定依据。死亡证明是由医疗卫生单位、居（村）委会、公安司法部门或殡葬部门出具的证明公民死亡的法律文件，是依法定程序做出的、记载自然人死亡时间的法律依据。[2]本款第1句明确了死亡证明在认定自然人死亡时的法律推定效力。当然，死亡作为一种事实，若能证明实际死亡时间与死亡证明时间不一致，则应以实际死亡时间为准。故本款第2句规定，有证据证明死亡证明记载的死亡时间错误的，应以证据证明的死亡时间为准。在举证责任分配上，主张死亡证明时间有误者，应对实际死亡时间承担举证责任。

第十五条 【胎儿利益的保护】

涉及胎儿利益保护时，视为胎儿已出生，但胎儿娩出时为死体者除外。

【条文含义与立法理由】

本条规定的是胎儿利益的保护，而且保证其只能作为原告而不

---

〔1〕《民通意见》第1条："公民的民事权利能力自出生时开始。出生的时间以户籍证明为准；没有户籍证明的，以医院出具的出生证明为准。没有医院证明的，参照其他有关证明认定。"

〔2〕参见国家卫生计生委、公安部、民政部《关于进一步规范人口死亡医学证明和信息登记管理工作的通知》（国卫规划发〔2013〕57号）。

能作为被告。

依前述规定，自然人的权利能力始于出生，自逻辑角度观之，胎儿不具权利能力，不得成为权利义务的载体。但若全部否定胎儿的权利能力，则不利于胎儿利益保护，有违人类尊严的伦理。[1]就胎儿利益之保护，比较法上有三种主要立法模式：其一，总括保护主义，即凡涉及胎儿利益，视其为已出生；其二，个别保护主义，即胎儿原则上无权利能力，但例外情形视为有权利能力；其三，绝对主义，即绝对否认胎儿具有权利能力，仅在继承中为胎儿保留一定份额。[2]通说认为，我国现行法仅在继承中就胎儿继承份额有特别规定，不利于胎儿利益之保护[3]，应采总括保护主义，以使胎儿利益之保护更为周全。[4]本条规定从之。

依本条第1句规定，涉及胎儿利益的保护时，将胎儿视为具有权利能力，其地位相当于无行为能力人，由其法定代理人行使相应权利，如就其所受侵害主张损害赔偿请求权、在其父亲被害致死时

---

[1] 在罗马法时代，对胎儿利益之保护即获认可。Vgl. Motiv. Band I, S. 29; Paul. D. 1, 5, 7; 50, 16, 231; Ulp. D. 37, 9, 1, 17. zitiert nach Kaser/Knütel, Römisches Privatrecht, 20. Aufl., München 2014, §13, Rn. 7.

[2] 就比较法观之，《瑞士民法典》、我国台湾地区"民法"采总括保护主义立法例，《德国民法典》《日本民法典》采个别保护主义，《苏俄民法典》采绝对主义。参见梁慧星：《民法总论》（第4版），法律出版社2011年版，第88～89页；崔建远等：《民法总论》（第2版），清华大学出版社2013年版，第100～101页。

[3] 就我国现行法之规定究为个别主义抑或绝对主义，学者存在不同见解：梁慧星、崔建远教授认为，《继承法》第28条所规定的"特留份"，表明我国否定胎儿权利能力，系采绝对主义立场［参见梁慧星：《民法总论》（第4版），法律出版社2011年版，第89页；崔建远等：《民法总论》（第2版），清华大学出版社2013年版，第101页］；但马俊驹教授主张，"无论是利益还是民事权利，只能为民事主体所享有，而要成为民事主体必须具有民事权利"，故其认为，我国现行法对胎儿利益之保护，采取的是列举（个别）保护主义［参见马俊驹、余延满：《民法原论》（第2版），法律出版社2005年版，第78页］；魏振瀛、王利明教授赞成后说［参见魏振瀛主编：《民法》（第5版），北京大学出版社2013年版，第54页；王利明主编：《民法》（第3版），中国人民大学出版社2007年版，第54页］。

[4] 参见梁慧星：《民法总论》（第4版），法律出版社2011年版，第88～89页；崔建远等：《民法总论》（第2版），清华大学出版社2013年版，第100～101页；王利明主编：《民法》（第3版），中国人民大学出版社2007年版，第55页；魏振瀛主编：《民法》（第5版），北京大学出版社2013年版，第54页；另参见梁慧星主编：《中国民法典草案建议稿附理由·总则编》，法律出版社2004年版，第24～26页。

行使抚养费赔偿请求权、基于利他契约行使给付请求权，等等。同时，本条第2句就胎儿利益之保护规定了法定解除条件，即胎儿自受孕之时起便视为具有权利能力，若分娩时为死体，则其权利能力溯及消灭。[1]因此，若在出生前其法定代理人行使胎儿请求权，但其出生时为死体者，则法定代理人所受领之给付须依不当得利规定返还。[2]

第二节　宣告失踪、宣告死亡

第十六条　【宣告失踪的要件】

自然人下落不明满两年的，利害关系人可以向人民法院申请宣告其为失踪人。

前款所称利害关系人，包括被申请宣告失踪人的配偶、父母、子女、兄弟姐妹、祖父母、外祖父母、孙子女、外孙子女以及其他与被申请宣告失踪人有民商事权利义务关系的人。

【条文含义与立法理由】

本条规定的是自然人宣告失踪的要件。

自然人宣告失踪制度，旨在以法定程序确定自然人失踪的事实，尽快结束失踪人财产关系上的不稳定状态，维护失踪人合法利益及相关法律关系的稳定性。各国和地区立法多就失踪人之财产管理有所规定，然就失踪之宣告，存在不同立法模式：其一，自然人下落不明时，利害关系人即可在必要时申请设定财产管理人，无须以诉讼方式进行失踪宣告；其二，自然人下落不明时，利害关系人须

---

〔1〕 就胎儿民事权利能力起始时间之认定，有法定停止条件说与法定解除条件说，前者实际不承认胎儿具有民事权利，后者更符合胎儿利益全面保护之旨意。参见梁慧星：《中国民法典草案建议稿附理由·总则编》，法律出版社2004年版，第26页；胡长清：《中国民法总论》，中国政法大学出版社1997年版，第61页。

〔2〕 参见崔建远等：《民法总论》（第2版），清华大学出版社2013年版，第101页。

经法定程序，由法院作出失踪宣告。[1]自《民法通则》现行规定观之[2]，我国系采第二种立法模式。此种立法模式得到我国司法实践认可，符合我国实际情况，本条规定从之。

依本条第 1 款之规定，宣告失踪要件有三：其一，须有自然人下落不明满两年的事实；其二，须经利害关系人申请，法院不得依职权提起[3]；其三，须向人民法院提出申请，由人民法院依法定程序作出宣告。

宣告失踪制度旨在维护失踪人及利害关系人的合法利益，利害关系人范围的确定，涉及申请人资格的认定，对相关方利益影响重大。本条第 2 款采纳《民通意见》的做法[4]，将利害关系人限于失踪人的配偶、父母、子女、兄弟姐妹、祖父母、外祖父母、孙子女、外孙子女以及其他与被申请宣告失踪人有民商事权利义务关系的人，且宣告失踪之申请不受上述人员顺序限制，可由任意一人或多人提起。此外，申请人本人须具备完全行为能力，限制行为能力人及无行为能力人须由其法定代理人代为提起申请。

第十七条 【宣告失踪期间的起算】

自然人下落不明的时间，从其离开住所地或最后居住地的次日开始起算；战争期间下落不明的，从战争结束之日开始起算；意外事故中下落不明的，从意外事故发生的次日开始起算。

---

[1] 如德国即采第一种立法模式，仅在《德国民法典》中规定了失踪人财产管理制度（第 1911 条），财产管理人之确定，无须经法院作失踪宣告，瑞士、我国台湾地区立法从之。

[2] 《民法通则》第 20 条第 1 款："公民下落不明满二年的，利害关系人可以向人民法院申请宣告他为失踪人。"

[3] 比较法上，有规定检察机关亦可依职权提起申请之立法例（如《意大利民法典》第 48 条），本建议稿认为，宣告失踪涉及失踪人及其利害关系人财产利益之维护，纯属私法空间，不宜使公权力机关过分介入。另参见梁慧星主编：《中国民法典草案建议稿附理由·总则编》，法律出版社 2004 年版，第 55~57 页。

[4] 《民通意见》第 24 条："申请宣告失踪的利害关系人，包括被申请宣告失踪人的配偶、父母、子女、兄弟姐妹、祖父母、外祖父母、孙子女、外孙子女以及其他与被申请人有民事权利义务关系的人。"

【条文含义与立法理由】

本条规定的是下落不明期间的起算。

所谓下落不明，指自然人离开住所或最后居住地后杳无音讯的情形。因宣告失踪须符合下落不明满两年的要件，故下落不明期间起算时间点对宣告失踪申请及其认定至关重要。依本条规定，一般情况下发生的下落不明，应从失踪人离开住所地或最后居住地的次日开始起算，当日尚不能构成杳无音讯。战争中下落不明者，在战事持续期间，可能面临通讯等诸多困难，失踪人行踪难以确定，其下落不明期间自战争结束之日开始起算。在意外事故中下落不明者，从意外事故发生次日开始起算。在此情形，自然人失踪原因系意外事故之发生，以意外事故发生次日开始起算下落不明期间更为合理。

第十八条 【宣告失踪的公告】

人民法院审理宣告失踪的案件，应当依照民事诉讼法的相关规定发出公告。公告期间届满，人民法院根据被宣告失踪人失踪的事实是否得到确认，作出宣告失踪的判决或者终结审理的裁定。

【条文含义与立法理由】

本条规定的是宣告失踪的公告。

宣告失踪须以下落不明满一定期间为要件，下落不明事实的认定并非易事。宣告失踪作为一种法定制度，对当事人利益影响较大，我国现行法就宣告失踪设置了法院公告程序，体现立法者的审慎态度与立法的严肃性。公告具有面向不特定多数人的特征，将失踪宣告向社会公告，既可使失踪人尽快知晓相关事项，也可能发现失踪人的线索。

宣告失踪公告是由人民法院依法定程序发出的法律公告，公告期间届满，即发生相应法律后果。宣告失踪公告系属程序法律上之问题，不宜由实体法明确规定。故本条第 1 句规定，人民法院在受理宣告失踪案件时，须依照民事诉讼法相关规定发出公告。[1]同时，本条第 2 句明确规定了公告期间届满后的法律效果：若公告期间届满，被宣告失踪人仍无音讯，人民法院应作出宣告失踪判决；若公告期间，失踪人重新出现或确知失踪人音讯，则由人民法院作出终结案件审理的裁定。

《民事诉讼法》第 185 条第 2 款规定："公告期间届满，人民法院应当根据被宣告失踪、宣告死亡的事实是否得到确认，作出宣告失踪、宣告死亡的判决或者驳回申请的判决。"驳回申请、终结案件审理属于程序性事项，应当以裁定为之。

第十九条 【宣告失踪的法律效果】

人民法院在宣告自然人失踪的同时，应当根据有利于保护失踪人财产的原则，指定失踪人的财产代管人。

前款所称财产代管人，可以是失踪人的配偶、父母、成年子女或其他关系密切的亲属；没有以上规定的人或以上规定的人不能、不愿代管的，人民法院可以指定其他人或组织担任代管人。

失踪人有意定代理人的，财产代管人的职责不得与意定代理人的代理权限相冲突。

【条文含义与立法理由】

本条规定的是宣告失踪的法律效果。

宣告失踪制度旨在维护失踪人及其利害关系人的财产利益。在被宣告失踪期间，失踪人主体资格仍然存在，其身份关系（如婚姻）及与身份关系密切之财产关系（如继承）不受宣告失踪制度影响。在失踪人失踪期间，其财产处于无人照管状态，其与利害关系人的财产关系亦处于不稳定情形。宣告失踪并非目的，而是结束财产关

---

[1]《民事诉讼法》第 185 条第 1 款："人民法院受理宣告失踪、宣告死亡案件后，应当发出寻找下落不明人的公告。宣告失踪的公告期间为三个月，宣告死亡的公告期间为一年。因意外事故下落不明，经有关机关证明该公民不可能生存的，宣告死亡的公告期间为三个月。"

系不稳定状态、维护失踪人及其利害关系人合法利益之法律途径。故本条第 1 款明确规定，人民法院在作出宣告失踪判决的同时，须指定失踪人的财产代管人。指定何人为财产代管人，须由人民法院结合具体情况，根据最有利于失踪人的原则，作出最终判断。

从有利于失踪人的原则出发，财产代管人之范围，原则上应首先考虑被宣告失踪人的近亲属，尤其是其配偶、父母、子女，以及与之关系密切的其他亲属。当然，在没有上述人员或上述人员不能或不愿代管被宣告失踪人财产时，法院仍可根据有利于失踪人的原则，指定其他人或组织（如失踪人所在工作单位、居委会、村委会）为代管人。

本条第 3 款规定，若失踪人在宣告失踪前业已委任意定代理人，则前述财产代管人职责不得与意定代理人冲突。人民法院在指定失踪人财产代管人时，即须站在失踪人立场、自失踪人角度判断其利弊。在失踪人业已就其财产事务委任意定代理人时，人民法院不得违背失踪人之真实意思。若人民法院认定，该意定代理人尚能恪尽职守，妥善处理受托事务，亦可将其指定为财产代管人，从而扩大意定代理人之权限；反之，若人民法院在本条第 2 款规定的范围内选择财产代管人，则该财产代管人之管理权限不得与意定代理人相冲突。

第二十条　【财产代管人的职责】

财产代管人应当妥善保管失踪人的财产，维护失踪人的财产利益，了结失踪人的债权债务，建立必要的账目，并在有关失踪人的诉讼中担任法定代理人。

财产代管人因故意或重大过失造成失踪人财产损害的，应当承担赔偿责任。

【条文含义与立法理由】

本条规定的是财产代管人的职责及其违反的后果。

财产代管人系由人民法院依职权指定，其法律地位与法定代理人相当。[1]就财产代管人之职责,现行法仅规定其支付失踪人所欠税款、债务及其他费用,[2]并未赋予其他权限。依本条第 1 款规定,财产代管人职责须以维护失踪人财产利益为核心,了结失踪人相关债权债务,建立必要账目,并在相关诉讼中担任失踪人代理人。在比较法上,对财产代管人权限之限制,亦非罕见。如日本及我国台湾地区立法即对财产代管人权限有较为严格之限定。究其原因,在于其财产代管人之设立无须经过失踪宣告程序,财产代管较容易成立。为防止损害失踪人利益,立法在财产代管人权限上予以限制。[3]本建议稿就失踪宣告及财产代管人之指定有更为严格之规定,故本条第 1 款不就财产代管人之权限作更多限制,赋予其较大代管权限,以更好地维护失踪人的财产利益。

财产代管人享有较大的财产代管权限,其在行使财产代管权时,应从维护失踪人财产利益出发,不得滥用代管权限、损害失踪人利益,否则须承担相应的后果。但考虑到财产代管人所实施的是一种无偿代管行为,自利益衡量角度观之,就财产代管人违反代管职责的后果规定不宜严苛。故本条第 2 款规定,财产代管人仅就其故意或重大过失之致损行为,对失踪人承担损害赔偿责任。

第二十一条 【财产代管人的变更】

财产代管人不履行代管职责、侵害失踪人财产利益或丧失代管能力的,失踪人的利害关系人可以向人民法院申请变更财产代管人。

【条文含义与立法理由】

本条规定的是财产代管人的变更。

财产代管人的职责在于管理失踪人的财产,若出现其不适宜履

---

[1] 参见史尚宽:《民法总论》,中国政法大学出版社 2000 年版,第 105 页。
[2] 《民法通则》第 21 条第 2 款:"失踪人所欠税款、债务和应付的其他费用,由代管人从失踪人的财产中支付。"《民通意见》第 31 条:"民法通则第二十一条第二款中的'其他费用',包括赡养费、扶育费、抚育费和因代管财产所需的管理费等必要的费用。"
[3] 参见梁慧星主编:《中国民法典草案建议稿附理由·总则编》,法律出版社 2004 年版,第 38 页。

行该职责之情事，应准许对财产代管人进行变更，以更好地维护失踪人及其利害关系人的财产利益。财产代管人可能在三种情况下不再适宜继续担任财产代管人：其一，财产代管人怠于履行代管职责，放任失踪人财产利益受损或使之处于可能受损的状态；其二，财产代管人故意侵害失踪人财产，对此，无论侵害结果是否发生，只要证明财产代管人有侵害之故意，即可视为变更之事由；其三，财产代管人客观上丧失财产代管能力，如丧失行为能力、因身体状况恶化不能胜任代管事务，等等。

财产代管人系经法定程序产生，为维护法律程序权威性及稳定性，财产代管人之变更不得肆意为之。就变更程序而言，财产代管人之变更须满足如下要件：其一，出现上述不适宜继续担任财产代管人之事由之一；其二，利害关系人向人民法院提出变更申请；其三，人民法院依法定程序作出变更的决定。

第二十二条　【失踪宣告的撤销】

被宣告失踪的人重新出现或者确知其下落的，本人或者利害关系人可以向人民法院申请撤销失踪宣告。

失踪宣告被撤销后，失踪人的财产代管人应当停止代管行为，及时向本人移交相关财产及财产账目、报告代管情况，但代管行为仍显有必要的除外。

【条文含义与立法理由】

本条规定的是失踪宣告的撤销及其法律后果。

宣告失踪是对自然人下落不明状态作出的法律上的确认，其效果在于为失踪人设定财产代管人，结束其财产关系不稳定的状态，从而维护失踪人及其利害关系人的利益。若下落不明的事实状态消失，则宣告失踪失去事实基础，故有必要就失踪宣告的撤销作出规定。

本条第1款规定的是失踪宣告的撤销要件，据此，撤销失踪宣告须满足如下要件：其一，被宣告失踪的人重新出现或确知其下落，此即下落不明状态之结束。其二，须本人或利害关系人提出申请。

本人得知其被宣告失踪后，显然可以提起撤销失踪宣告之申请；此处利害关系人之范围，与前述申请宣告失踪利害关系人范围一致。其三，人民法院依申请作出撤销失踪宣告判决。宣告失踪系由人民法院依法定程序作出的法律判决，就其撤销而言，亦须经法定程序，由法院作出撤销判决。需说明的是，人民法院不得依职权径直作出撤销判决，而须经由本人或利害关系人提出申请，在对其申请进行审查后，方可作出撤销判决。

财产代管人之权限源自法院的宣告失踪判决，失踪宣告一经撤销，财产代管人之代管权限便失其依据，故本条第 2 款前段规定，代管人须：①停止其代管行为；②及时向本人移交代管财产、相关账目，并将代管事宜向本人报告，以便本人更好地了解其财产状况。因代管行为产生的相关费用，应从代管财产中予以扣除，失踪人不得请求由财产代管人负担；唯因财产代管人故意或重大过失发生致损后果时，失踪人方可依前述条文向财产代管人主张损害赔偿责任。此外，考虑到在具体情形中，代管行为即刻停止可能对失踪人财产利益造成不利影响，故本条第 2 款后段规定，如代管行为仍有其必要，可不受同款前段规定之拘束。换言之，在有必要时，财产代管人仍可继续行使其代管权限、实施必要代管行为。

第二十三条 【宣告死亡的要件】

自然人有下列情形之一的，利害关系人可以向人民法院申请宣告其死亡：

（一）下落不明满四年的；

（二）因意外事故下落不明，自事故发生之日起满两年的；经有关机关证明该自然人不可能生存的，不受两年期限限制。

战争期间下落不明的，适用前款第（一）项规定。

【条文含义与立法理由】

本条规定的是宣告死亡的要件。

宣告死亡，是指自然人下落不明达到法定期限，经利害关系人申请，由人民法院依法定程序宣告其死亡的法律制度。宣告死亡制度的价值在于：自然人下落不明期间达到一定长度时，依社会共同生活经验判断，其生还可能微乎其微，此时，对其利害关系人利益之保护，优于对失踪人利益之保护。[1]

依本条规定，宣告死亡制度包含如下要件：

其一，须有自然人下落不明状态持续一定时间之事实。对此，须说明者有三：①本条所规定的"下落不明"含义，与前述宣告失踪制度中的"下落不明"一致。比较法上，有立法例（如瑞士）就宣告死亡要件规定得较为苛刻，仅在"生死不明"（极有可能已经死亡）情形，方可宣告死亡。[2]但以此作为宣告死亡要件，于实践认定而言，殊为不便，不如以单纯下落不明时间作为推定失踪人死亡依据简洁、易于实行。当然，鉴于宣告死亡所引起的法律后果较宣告失踪更为重大，有必要就其下落不明设置更长的期限。故此，本条第1款第1项规定，一般情形下的下落不明须满四年期限，起算时间应为自然人离开住所地或最后居住地的次日。此种见解，符合我国现行法及司法实践操作。②特殊情形下，发生危险意外事故时（如重大地震、海难、空难），在事故中下落不明自然人生还的可能性极低。此时，为尽快结束法律关系不确定之状态，法律应做变通考量，就其下落不明期间为特殊规定。本条第1款第2项将意外事故中下落不明期间规定为两年；同时规定，经有关机关证明其不可能生还者，不受两年期限限制。③战争期间下落不明者，考虑到战争结束后至恢复正常秩序须经较长时间，对于因战争而下落不明者，本条第2款规定其适用4年期间，以显慎重。

其二，须利害关系人提出申请。宣告死亡事涉被宣告人人身、财产关系之变动，与其利害关系人之利益关系密切，属私法空间，法院等公权力机关不得依职权主动提起，而须经利害关系人申请。

---

〔1〕 参见张俊浩主编：《民法学原理》（修订三版，上册），中国政法大学出版社2000年版，第101～102页。

〔2〕 王利明教授在其主持的草案建议稿中的说明，表明其也倾向于此种立场。参见王利明主编：《中国民法典学者建议稿及立法理由·总则编》，法律出版社2005年版，第93页；王利明：《民法总则研究》，中国人民大学出版社2003年版，第357～358页。

其三，须经法院受理、审查，并作出判决。

第二十四条 【申请宣告死亡的利害关系人】

申请宣告死亡的利害关系人，包括被申请宣告死亡人的配偶、父母、子女、兄弟姐妹、祖父母、外祖父母、孙子女、外孙子女，以及其他与宣告死亡有密切关系的人。

申请宣告死亡不受前款所列人员顺序的限制。

【条文含义与立法理由】

本条规定的是申请宣告死亡的利害关系人范围。

被申请宣告死亡人的利害关系人，是与被申请宣告死亡人有法律上权利义务关系的人。本条第 1 款规定的利害关系人范围，继受了现行法的规定[1]，将其限为被申请宣告死亡人的配偶、父母、子女、兄弟姐妹、祖父母、外祖父母、孙子女、外孙子女，以及其他与宣告死亡有密切关系的人。在被申请宣告死亡人近亲属外，本条第 1 款尚规定，与宣告死亡有密切关系的人亦可作为利害关系人，提出宣告死亡之申请。这里涉及债权人能否提出宣告死亡申请之疑问。[2]从平等保护各方当事人合法利益角度出发，只要与被申请宣告死亡人存在密切关系，即可列入利害关系人之范畴。密切关系成立与否，宜赋予法官自由裁量空间，亦赋予法条一定弹性空间，以应对实践中可能出现的新问题。

本条第 2 款规定，上述利害关系人申请宣告死亡时，并无顺序限制。该款规定与我现行法（《民通意见》第 25 条第 1 款）相反。就是否应对申请宣告死亡的利害关系人顺序予以限制，学者间分歧很大。主张有顺序限制的观点认为，前一顺序申请人未提出申请，

---

[1]《民通意见》第 25 条第 1 款："申请宣告死亡的利害关系人的顺序是：（一）配偶；（二）父母、子女；（三）兄弟姐妹、祖父母、外祖父母、孙子女、外孙子女；（四）其他有民事权利义务关系的人。"

[2] 例如有学者认为，申请宣告死亡将导致身份关系的变化，而这超出了债权效力之范畴。故债权人原则上不得作为宣告死亡申请人；债权人利益之保护，可通过宣告失踪制度实现。参见王利明：《民法总则研究》，中国人民大学出版社 2003 年版，第 359 页。

则后顺序申请人不得提出申请，但同一顺序人不受影响，其意义主要在于维护配偶的身份权。[1]反对观点则从维护继承人继承权角度出发，认为各利害关系人在地位上一律平等，均有同等申请权；且为避免在前顺序申请人基于不正当目的不提出申请，致使在后顺序申请人合法利益受损，不应对利害关系人申请设置先后顺序之限制。[2]折中观点则主张，被申请宣告死亡人的近亲属间原则上无先后顺序之限制，但其配偶反对申请时，为尊重配偶的婚姻自主权（作为一种人格利益），婚姻关系继续存续。[3]据上可知，对于是否应限制利害关系人申请顺序，主要争议点在于配偶身份关系的维护。本建议稿认为，人身关系与财产关系均属民法调整对象，二者在民法上地位平等，不宜对利害关系人加以顺序限制，否则有悖于各利害关系人法律地位之平等；至于配偶身份利益之维护，可以通过本建议稿第 27 条的规定实现。

第二十五条　【宣告失踪与宣告死亡的关系】

自然人下落不明符合申请宣告失踪和申请宣告死亡条件，利害关系人中有人申请宣告失踪，有人申请宣告死亡的，人民法院应当受理宣告死亡的申请。

【条文含义与立法理由】

本条规定的是宣告失踪与宣告死亡的关系。

宣告失踪与宣告死亡在构成要件上，均以自然人下落不明满一定期间为前提，二者存在重叠可能。须明确的是，二者在制度功能上各有不同，宣告死亡不以宣告失踪为前置程序。只要满足相应要件，利害关系人可不申请宣告失踪，直接提起宣告死亡之申请。

---

〔1〕参见马原主编：《中国民法教程》，人民法院出版社 1989 年版，第 64～65 页。

〔2〕参见梁慧星：《民法总论》（第 4 版），法律出版社 2011 年版，第 114 页；魏振瀛主编：《民法》（第 5 版），北京大学出版社 2013 年版，第 72 页。

〔3〕参见王利明：《民法总则研究》，中国人民大学出版社 2003 年版，第 359 页；王利明主编：《中国民法典学者建议稿及立法理由·总则编》，法律出版社 2005 年版，第 96～97 页。

此外，在后果上，宣告死亡比宣告失踪更为彻底地了结被宣告人及其与利害关系人间的法律关系，且二者在逻辑上无法并存（宣告死亡发生与实际死亡同样之效果，在法律上排除了失踪可能）。故本条规定，在利害关系人中有人申请宣告失踪，有人申请宣告死亡时，人民法院应当宣告死亡。

第二十六条 【死亡时间的确定】

人民法院应当在宣告死亡的判决中确定死亡的时间：

（一）根据本法第二十三条第一款第（一）项的规定被宣告死亡的，其死亡时间为法定期间届满之日；

（二）根据本法第二十三条第一款第（二）项的规定被宣告死亡的，其死亡时间为意外事故结束之日；

（三）战争期间下落不明被宣告死亡的，其死亡时间为战争结束之日。

【条文含义与立法理由】

本条规定的是宣告死亡时死亡时间的确定。

宣告死亡发生与实际死亡同样的法律效果。死亡是自然人权利能力消灭的事由，死亡时间的确定对自然人利益影响巨大，如婚姻关系消灭、继承开始、遗产范围的确定，等等。自然死亡时间之确定与医学发展关系密切；相较之下，宣告死亡时间之确定纯属法律技术问题。对此问题，学者间争议颇大[1]，比较法上也各有迥异[2]，

---

〔1〕 详见梁慧星：《民法总论》（第4版），法律出版社2011年版，第112页；魏振瀛主编：《民法》（第5版），北京大学出版社2013年版，第72页；王利明：《民法总则研究》，中国人民大学出版社2003年版，第359页。

〔2〕 比较法上，主要存在如下四种立法例：①以最后音信或灾难发生之日为死亡时间，如《瑞是民法典》第38条第2项、《土耳其民法典》第34条第2项；②以裁判宣告或宣告确定之日为死亡时间，如《苏俄民法典》第12条第2项；③以法官认定之日为死亡时间，如《法国民法典》第130条、《比利时民法典》第129条；④以法定期间最后终止日为死亡时间，如旧《德国民法典》第18条第1项、《日本民法典》第31条、《泰国民商法典》第62条。参见胡长清：《中国民法总论》，中国政法大学出版社1997年版，第69~70页。

相关规定对此认识亦前后不一[1]。宣告死亡并非对死亡事实的确认，毋宁是对死亡的法律推定。依本条之规定，宣告死亡时，死亡时间的认定应区分不同的宣告死亡事由：

其一，对于一般情形的下落不明，失踪人死亡原因难以推知，对失踪人死亡的预期只能建立在长时间下落不明之上。对此，本建议稿规定了 4 年的法定期间，故以该法定期间届满之日作为其死亡时间更符合当事人预期。

其二，因意外事故下落不明，失踪人死亡原因极可能为该意外事故，以意外事故结束之日作为死亡时间是最接近事实的一种判断。

其三，在战争期间下落不明，战争与失踪人死亡原因更为接近，以战争结束之日作为死亡时间，相较而言，更为合理。

第二十七条 【宣告死亡的法律效果】

对于婚姻关系的终止及继承的开始，宣告死亡发生与自然死亡相同的法律效果，但配偶反对宣告死亡申请的，其婚姻关系不受宣告死亡影响。

自然人的权利能力及其在宣告死亡期间实施的法律行为效力，不受宣告死亡的影响。

【条文含义与立法理由】

本条规定的是宣告死亡的法律效果。

宣告死亡发生何种法律效果，比较法上有不同立法例[2]，《民

---

〔1〕 最高人民法院《关于贯彻执行〈中华人民共和国继承法〉若干问题的意见》[法（民）发〔1985〕22 号] 第 1 条第 2 款："失踪人被宣告死亡的，以法院判决中确定的失踪人的死亡日期，为继承开始的时间。"1988 年的《民通意见》第 36 条第 1 句："被宣告死亡的人，判决宣告之日为其死亡的日期。"当然，根据法律解释规则，当最高人民法院就同一事项有不同解释时，应以时间在后的解释为准。

〔2〕 如德国普通法时代及《泰国民商法典》（第 75 条）规定，身份关系不受死亡宣告影响。有立法例规定，死亡宣告效力原则上及于一切关系，但婚姻除外，如法国规定，婚姻关系不曾消解，纵使配偶再婚，亦得请求撤销其再婚；德国则规定，婚姻关系非当然消解，但配偶若再婚，则婚姻关系消解。参见梁慧星主编：《中国民法典草案建议稿附理由·总则编》，法律出版社 2004 年版，第 71~72 页。

法通则》对此未作规定[1]，学者对此见解不一[2]。依本条第 1 款规定，宣告死亡仅在婚姻关系及继承方面发生与自然死亡同样之法律效果，而其他方面则不是本条关注的问题。具体而言，主要表现为财产关系与身份关系两方面：其一，宣告死亡判决一经作出，被宣告死亡人财产成为遗产，开始产生继承效力，即有遗嘱依遗嘱继承，无遗嘱依法律规定继承。其二，宣告死亡判决一经作出，被宣告死亡人与配偶的婚姻关系消灭，配偶可以再婚；在符合法律规定情形，被宣告死亡人的子女可以被收养。在宣告死亡申请人无次序的前提下，为保护配偶的身份利益，本条特别规定配偶反对宣告死亡申请的，其婚姻关系不受宣告死亡影响。

由于宣告死亡是对自然人死亡的法律上之推定，故其可能与真实情况不一致。若被宣告死亡人实际上并未死亡，依本条第 2 款之规定，被宣告死亡人在宣告死亡期间实施的法律行为效力不受宣告死亡的影响。对此，需说明者有二：其一，宣告死亡制度旨在结束被宣告死亡人法律关系不确定之状态，而非剥夺被宣告死亡人之权利能力。故宣告死亡判决虽经法院作出，但被宣告死亡人之权利能力不因此而受限，其在此期间所为之法律行为效力，取决于其行为时之权利能力，不因宣告死亡而无效。其二，宣告死亡判决一经作出即具备法律上之效力，被宣告死亡人因宣告死亡而发生的人身、财产关系变动，仍受法律保护，并非当然无效；仅在依法定程序提起宣告死亡撤销申请、经法院受理判决后，方可依撤销判决主张相应权利。

---

〔1〕 唯《民通意见》就婚姻关系作出相应解释，其第 37 条规定："被宣告死亡的人与配偶的婚姻关系，自死亡宣告之日起消灭。死亡宣告被人民法院撤销，如果其配偶尚未再婚的，夫妻关系从撤销死亡宣告之日起自行恢复；如果其配偶再婚后又离婚或者再婚后配偶又死亡的，则不得认定夫妻关系自行恢复。"

〔2〕 有学者主张，宣告死亡仅在"以失踪人原住所地为中心"范围内发生与自然死亡同样之效果［参见梁慧星主编：《民法总论》（第 4 版），法律出版社 2011 年版，第 113页］；有学者主张，宣告死亡仅使被宣告人部分丧失权利能力，主要针对婚姻关系、财产关系的了结（参见王利明：《民法总则研究》，中国人民大学出版社 2003 年版，第 359 ~360 页）；有学者认为，宣告死亡与自然死亡在规范意旨、法律性质、构成要件、法律效力及死亡日期等方面均有不同，二者仅发生相似而非相同之法律效果［参见张俊浩主编：《民法学原理》（修订三版，上册），中国政法大学出版社 2000 年版，第 112 页］。

第二十八条 【死亡宣告的撤销】

被宣告死亡的人重新出现或确知其没有死亡的，本人或利害关系人可以向人民法院申请撤销对他的死亡宣告判决。

【条文含义与立法理由】

本条规定的是死亡宣告的撤销。

宣告死亡是对被宣告死亡人可能死亡的推定，此种推定可因与真实状态不一致而被推翻。本条规定了死亡宣告的撤销要件：其一，被宣告死亡的人重新出现或确知其下落，此即与死亡推定相反之真实事实，足以推翻死亡推定。其二，须本人或利害关系人提出申请。本人得知其被宣告死亡后，可以提起撤销死亡宣告之申请；此处利害关系人之范围，与前述申请宣告死亡之利害关系人范围一致。其三，人民法院依申请作出撤销死亡宣告判决。宣告死亡系由人民法院依法定程序作出的法律判决，就其撤销而言，亦须经法定程序，由法院作出撤销判决。需说明的是，人民法院不得依职权径直作出撤销判决，而须经由本人或利害关系人提出申请，在对其申请进行审查后，方可作出撤销判决。

第二十九条 【死亡宣告撤销的财产法律后果】

被撤销死亡宣告的人有权请求返还财产。依照继承法取得他的财产的自然人或组织，应当返还原物；原物不存在的，应当返还尚存利益。但合法取得财产的第三人不负返还义务。

【条文含义与立法理由】

本条规定的是死亡宣告撤销后的财产法律后果。

宣告死亡发生与自然死亡相同的法律效果。从财产关系看，宣告死亡后，被宣告死亡人之遗产开始继承，遗产所有权由继承人取得。死亡宣告之撤销具有溯及效力，在财产关系上，其溯及力体现在：撤销判决一经作出，因宣告死亡所引发的财产后果溯及无效。

因此，本条第 1 句规定，被撤销死亡宣告的人有权请求返还财产。

具体而言，宣告死亡后，依继承法而取得被宣告死亡人财产所有权的，自始不发生物权变动后果，被宣告死亡人仍为其财产的所有权人。故因继承法取得财产之人，仅获得财产之占有，因死亡宣告被撤销，其占有之正当性丧失，构成无权占有人，被宣告死亡人得对其行使物权返还请求权，请求返还原物。

本条第 2 句后半句所称"原物不存在"，应区分不同情形而论：其一，原物物理上不存在，如发生毁损、消耗等情形。此时，因标的物灭失，所有权消灭，死亡宣告虽经撤销，但被宣告死亡人对标的物之所有权因物灭失而消灭。故被宣告死亡人不享有原物返还请求权。其二，原物因转让而移转至第三人。此种情形下，因继承人业已丧失占有，被宣告死亡人对继承人之原物返还请求权亦不成立。[1]须注意的是，原物虽不存在，然因物之消耗或转让，继承人（作为占有人）可能受有利益。此时，被宣告死亡人对继承人享有不当得利返还请求权。就返还范围而言，应适用不当得利返还之基本规则。[2]对此，本条第 2 句后半句规定，原物不存在的，应当返还尚存利益。对此应作限缩解释：该句规定仅限于继承人为善意之情形，若继承人为恶意（明知或因重大过失而不知存在撤销死亡宣告之情形），则其返还义务不受尚存利益之限定。而依现行法之规定，原物不存在的，须给予适当补偿。[3]"适当补偿"之表述，语焉不详，易产生歧义，与不当得利返还之规则可能存在冲突，且逻辑上亦不尽合理，故本建议稿不采。

---

〔1〕原物返还请求权包含两项构成要件：其一，请求权主体须为所有物的所有人；其二，相对人为现在的无权占有人。标的物因转让而移转至第三人，现时占有人为该第三人而非继承人，要件二不满足；且第三人极可能因善意取得而成为所有人，要件一亦不满足。关于原物返还请求权之构成要件，参见梁慧星主编：《中国物权法研究》（上册），法律出版社 1998 年版，第 106 页以下。

〔2〕《物权法》第 244 条："占有的不动产或者动产毁损、灭失，该不动产或者动产的权利人请求赔偿的，占有人应当将因毁损、灭失取得的保险金、赔偿金或者补偿金等返还给权利人；权利人的损害未得到足够弥补的，恶意占有人还应当赔偿损失。"

〔3〕《民法通则》第 25 条："被撤销死亡宣告的人有权请求返还财产。依照继承法取得他的财产的公民或者组织，应当返还原物；原物不存在的，给予适当补偿。"

在标的物被转让给第三人时，继承人（作为出让人）纵属无权处分，在满足善意取得构成要件时，第三人亦可取得标的物所有权。故本条第 3 句规定，合法取得财产的第三人不负返还义务。此处所称"合法"，即指满足物权法上善意取得之要件。

第三十条 【恶意利害关系人的责任】

利害关系人隐瞒真实情况使他人被宣告死亡而取得财产的，应返还原物及孳息；造成损害的，应承担损害赔偿义务。

【条文含义与立法理由】

本条规定的是恶意利害关系人的责任。

此处所谓"恶意"，指利害关系人明知或应当知道失踪人并未死亡，但故意隐瞒该真实情况，使失踪人被宣告死亡，并由此取得失踪人财产。对此，恶意利害关系人须依不当得利返还之规则，向被宣告死亡人承担返还义务，即返还原物及其孳息，包括其实际所收取之孳息及应收取而怠于收取之孳息。若原物不存在，如毁损、灭失或转让于第三人，则该恶意利害关系人须依损害赔偿之规则，就被宣告死亡人所遭受之全部损失承担损害赔偿义务。

第三十一条 【死亡宣告撤销的身份法律效果】

死亡宣告被人民法院撤销，其配偶尚未再婚的，夫妻关系从撤销死亡宣告之日起自行恢复，但其配偶反对的除外；其配偶再婚的，夫妻关系自再婚之日起消灭。

被宣告死亡人在被宣告死亡期间，其子女被他人依法收养的，在死亡宣告被撤销后，不得仅以未经本人同意而主张解除收养关系，但收养人和被收养人同意的除外。

【条文含义与立法理由】

本条规定的是撤销死亡宣告的身份关系法律效果。

死亡宣告撤销后，财产关系原则上可以恢复原状，不存在特别问题；但与财产关系不同的是，身份关系具有强烈的伦理属性，很难通过恢复原状予以处理。

依本建议稿前述规定，宣告死亡发生婚姻关系消灭的效果。在认定撤销死亡宣告对婚姻关系的影响时，应区分被宣告死亡人之配偶是否再婚：其一，若其配偶并未再婚，死亡宣告之法律后果因撤销溯及无效，自始不影响婚姻效力。此时认可撤销之溯及力，并不违背当事人利益。但是，实际生活中，可能会发生这种情况，即配偶虽然没有再婚，但正在建立婚姻关系中。这时，应尊重配偶的选择：如果其不反对，婚姻关系恢复；反对者，不恢复。其二，若其配偶再婚（包括再婚后离婚或再婚后配偶死亡），则撤销之溯及力在逻辑上难以圆满：依"一夫一妻"原则，任何人不得同时存在两项以上婚姻关系，配偶经法定程序再婚，再婚效力受法律保护，故应认为，原婚姻关系自此绝对、终局地消灭。故本条第 1 款规定，撤销死亡宣告对婚姻关系之效力，应区分被宣告死亡人之配偶是否再婚：其配偶尚未再婚的，夫妻关系从撤销死亡宣告之日起自行恢复，但配偶反对的作为例外；其配偶再婚的，夫妻关系自再婚之日起消灭。此种规定与《民通意见》第 37 条一致，且得到了我国司法实践的认可。

被宣告死亡人与其子女间的关系，不因宣告死亡而受影响。子女未被他人收养时，撤销死亡宣告后，亲权关系（父母子女间权利义务关系）不受影响。本条第 2 款规定了撤销死亡宣告对子女收养关系的效力。收养关系是一种依法定要件及程序成立的合同关系，一经成立，即在收养人与被收养人间成立法律上之亲权关系。为维护此种亲权关系之稳定性，在无法定事由时，不得将其任意撤销。依《民通意见》第 38 条之规定，被宣告死亡人在被宣告死亡期间，其子女被他人依法收养的，在死亡宣告被撤销后，不得仅以未经本人同意而主张收养关系无效，但收养人和被收养人同意的除外。此种立法模式维护了收养关系的稳定性，同时也尊重了当事人意志，故本条第 2 款继受了这一规定。

第三节　自然人的人格权益

第三十二条　【自然人的人格利益】

自然人的生命、身体、健康、自由、肖像、名誉、隐私等人格利益受法律保护。

【条文含义与立法理由】

本条规定的是自然人的人格利益。

人格在私法意义上包含两层含义：人的主体资格与人的尊严。[1]就作为主体资格的"人格"而言，在民法上表达为"权利能力"，是人格去伦理化的结果。而就人之尊严而言，在于人作为目的而非手段地位的尊重。而为了充分尊重此种"目的性"，在立法技术上，将此种尊严各个侧面化作"权利"加以保护，即人格权。[2]就此而言，"人格权"并不表达人之主体地位，毋宁揭示人之主体地位受保护之状态。[3]

"人格权"虽有权利之名，但与其他存在于人之主体资格以外的各项权利（如物权、债权）有本质不同（如不得处分之特性）。[4]权利的性质在于主体对特定客体的意思支配，该客体系处分标的并具有财产价值。但"人格权"一词，显然不具此种含义。在此意义下，"人格权"之表述使主体与客体发生混淆，忽视了人格之伦理属性。[5]因此，本条并未直接使用"人格权"一词，而以"人格利益"代之。据此，本条规定：自然人的生命、身体、健康、自由、

---

〔1〕参见李永军：《民法总论》（第2版），法律出版社2009年版，第235~236页；朱庆育：《民法总论》，北京大学出版社2013年版，第390页。

〔2〕参见朱庆育：《民法总论》，北京大学出版社2013年版，第391页。

〔3〕参见李永军：《民法总论》（第2版），法律出版社2009年版，第237页。

〔4〕参见朱庆育：《民法总论》，北京大学出版社2013年版，第391~392页。

〔5〕萨维尼进而指出，这将导致人有"自杀权"的结论，不可接受。受此影响，《德国民法典》中并未出现人格权这一表述。参见（台）王泽鉴：《人格权法：法释义学、比较法、案例研究》，北京大学出版社2013年版，第44页。

肖像、名誉、隐私等人格利益受法律保护。

此外，作为一种自然权利，人格利益在内容上具有开放性的特征，其范围随社会变迁、个人人格觉醒及不法侵害形态而变化。故本条在列举生命、身体、健康、自由、肖像、名誉、隐私具体人格利益外，以"等"字兜底表述，保持人格利益保护之开放性。

第三十三条 【自然人人格利益的利用】

自然人利用其人格利益，不得违反法律及公序良俗。

【条文含义与立法理由】

本条规定的是自然人人格利益的利用。

传统民法观念中，人的伦理价值的法律意义就是"不可侵犯性"，因此只要法律对侵害者施加相应的责任即可。当人的价值中的财产利益产生之后，它在法律上的意义，除了固有的"不可侵犯性"之外，又出现了"支配性"，即人对于可以带来财产利益的人格利益产生了使用及收益的要求。[1]因此，随着现代社会中对人格利益中财产利益的支配需求的出现，法律应当从正面回应这一趋势。本建议稿由此出发，肯定了自然人有权利用其人格利益。须再次强调，这里的人格利益指人格利益中的财产利益部分。

对权利的支配利用都有其边界，对人格利益的支配利用尤其如此。不得违反法律是理所当然，而在人格利益的支配利用中，尤其需要强调不得违背公序良俗。

第三十四条 【自然人的姓名权】

自然人享有姓名权，有权决定、使用和依法改变自己的姓名，有权排除他人干涉、盗用、假冒其姓名或对其姓名进行侮辱、贬损、不正当称呼。

达到与姓名同等识别程度的笔名、艺名、网名等，适用前款规定。

---

〔1〕 参见李永军：《民法总论》（第2版），法律出版社2009年版，第245页。

【条文含义与立法理由】

本条规定的是自然人的姓名权。

姓名权，是对姓名之标记符号独占而不可让与之权利，属于绝对权的一种。[1]姓名权是自然人人格利益的具体体现之一。与生命、健康、身体等不同，姓名权虽具人身属性，但与自然人人身之关联性相对较小，具有某种可处分之特性，如自然人可以自由决定、变更及使用自己的姓名。[2]而人格权之保护方式与其他人格利益也有所不同：其不但可援引侵权法上之救济，亦可类推适用所有权之物权保护（妨害排除、停止侵害）。因此，本条在自然人部分，对姓名权加以规定，以示其与其他人格利益之区分。

姓名是确定自然人身份之符号，表征自然人个人之独立人格。作为一种符号标示，姓名不仅是自然人从事法律交往之需要，也有表彰家族伦理之功能。因此，本条第1款从两个层面规定姓名权之保护：其一，自积极角度观之，自然人有权决定、使用和依法改变自己的姓名；其二，自消极角度观之，在姓名权受侵害时，自然人得主张排除该侵害。故本条第1款规定，自然人享有姓名权，有权决定、使用和依法改变自己的姓名，有权排除他人干涉、盗用、假冒其姓名或对其姓名进行侮辱、贬损、不正当称呼。

此外，姓名权之保护乃基于标示符号与自然人人格之关联，除姓名（本名）外，尚有笔名、艺名及网名等标示符号，与自然人之人格属性相关联。只要其达到与姓名同等之识别程度，即能负载自然人之人格，均应受保护。故本条第2款规定，达到与姓名同等识别程度的笔名、艺名、网名等，适用前款规定。

---

[1] 参见史尚宽：《民法总论》，中国政法大学出版社2000年版，第127页；朱庆育：《民法总论》，北京大学出版社2013年版，第391~392页。

[2]《民法通则》第99条："公民享有姓名权，有权决定、使用和依照规定改变自己的姓名，禁止他人干涉、盗用、假冒。"

第四节　自然人的住所

第三十五条　【住所的确定】

自然人以其户籍所在地的居住地为住所。

经常居住地与住所不一致，或户籍所在地不明以及不能确定其户籍所在地的，经常居住地视为住所。自然人离开户籍地最后连续居住一年以上的地方，为经常居住地，但住院治疗的除外。

自然人由其户籍所在地迁出后至迁入另一地之前，无经常居住地的，仍以原户籍所在地为住所。

【条文含义与立法理由】

本条规定的是自然人的住所。

自然人的住所是自然人发生法律关系的中心场所。住所地的确定，是决定监护、宣告失踪、宣告死亡，决定债务履行地、诉讼管辖地以及决定涉外法律适用之准据法等的重要因素，在法律上意义显著。住所地之确定，比较法上有主观主义与客观主义两种立法模式。[1] 考虑到我国实行户籍管理制度，本条第 1 款规定，自然人以其户籍所在地的居住地为住所。这一规定与现行《民法通则》第 15 条相契合，主要采纳客观标准确定自然人的住所地。

确定住所地的事实基础在于自然人实际生活及发生法律关系的地域。符合生活事实、便于法律适用，是确定自然人住所地的基本出发点。在当前社会经济发展情势下，我国人口流动频繁，户籍所在地与自然人实际生活地域常常不尽一致。此外，在户籍所在地不明或不能确定户籍所在地时，仍有确定自然人住所地之必要。故在

---

〔1〕 所谓主观主义，须自然人有常住之意思，如德国、瑞士；而客观主义，依事实上生活中心之场所为已足，不以定住意为必要，如法国、日本及韩国。参见史尚宽：《民法总论》，中国政法大学出版社 2000 年版，第 131 页。

参酌《民法通则》[1]及《民通意见》[2]相关规定基础之上，本条第2款第1句规定，经常居住地与住所不一致，或户籍所在地不明以及不能确定其户籍所在地的，经常居住地视为住所。同时，本款第2句规定，所谓经常居住地，指自然人离开户籍地最后连续居住一年以上的地方，但住院治疗的除外。

此外，自然人由其户籍所在地迁出后至迁入另一地之前，往往存在时间上之间隔。在此期间，仍有确定自然人住所地之必要。本条第3款规定，自然人由其户籍所在地迁出后至迁入另一地之前，无经常居住地的，仍以原户籍所在地为住所。这与现行规定一致[3]，在实践中适用妥当，本建议稿予以采纳。

第三十六条 【无行为能力人、 限制行为能力人的住所】

无行为能力人、限制行为能力人以其法定代理人的住所为其住所。

【条文含义与立法理由】

本条规定的是无行为能力人、限制行为能力人的住所。

依本条规定，无行为能力人、限制行为能力人的住所，为其法定代理人之住所。其理由主要有：其一，从实践情况来看，无行为能力人、限制行为能力人多与其法定代理人生活在一起，以其法定代理人之住所为其住所，符合确定住所地的事实依据；其二，以法定代理人之住所作为无行为能力人、限制行为能力人之住所，有助于涉及无行为能力人、限制行为能力人相关法律关系的认定、处理；其三，以法定代理人之住所作为无行为能力人及限制行为能力人之住所，是便于法定代理人照顾、监护的需要。从比较法上来看，各

----

[1]《民法通则》第15条："公民以他的户籍所在地的居住地为住所，经常居住地与住所不一致的，经常居住地视为住所。"

[2]《民通意见》第9条第1款："公民离开住所地最后连续居住一年以上的地方，为经常居住地。但住医院治疗的除外。"

[3]《民通意见》第9条第2款："公民由其户籍所在地迁出后至迁入另一地之前，无经常居住地的，仍以其原户籍所在地为住所。"

国规定与之一致。此种规定与我国社会传统及司法实践相符合，故本条作此规定。

第五节　监　护

第三十七条　【适用范围】

本节所规定的监护，是指亲权之外对无行为能力人或者限制行为能力人的监护。基于亲权而形成的监护，本法亲属编另有规定的，从其规定；没有规定的，可以准用本节规定。

【条文含义与立法理由】

本条规定的是监护的法律适用。

本条的主旨在于确定亲权之外的监护。监护制度是民法对特定主体的一项重要的保护制度，即对无行为能力人与限制行为能力人进行保护的制度。

民事主体不因欠缺行为能力而丧失参与民事活动的可能性。未成年人原则上处于亲权的保护之下，并且基于亲权人之间紧密的关系，因此在立法中区分亲权与狭义监护。狭义的监护仅指在亲权之外的监护。亲权的内容比监护更为丰富，其中也有与狭义监护类似的法律关系需要调整。因此本条确定了亲属编相关内容的优先适用性，同时亲属编未特别规定的，则可以适用本节的内容。

我们将监护放入了民法总则编而不是民法亲属编，原因有二：首先，监护关系并不限于亲属之间，因此有理由将之从亲属编中脱离出来；其次，遵循了《民法通则》的做法，将监护规定于总则之中，作为自然人法律制度内容之一。

【学理争议与立法例】

亲权制度源于罗马法的家父权，发展于近现代欧陆民法，是大陆法系特有的制度。大陆法系国家立法对于未成年人的保护通常从父母的角度出发，即首先用亲子关系调整，只有在无父母任亲权人之时，才会适用监护制度调整。

我国《民法通则》"创造性"地将亲权纳入监护，以此形成了"大监护"体例，没有将亲权与监护进行区分，这并不算一种成功的立法例。首先，从制度功能看，亲权制度与监护制度的社会功能不同，前者具有全方位保护未成年人利益且维护家庭共同生活秩序之功能；而监护则是为弥补未成年人和成年人行为能力之不足、保护其利益而设。其次，亲权与监护产生的基础不同。亲权产生的基础是亲子之间的血缘关系，监护则不同，监护人不限于有血缘关系的自然人，社会组织和政府部门也可担任。最后，两者的性质不同。亲权兼具权利义务性质，是权利义务的综合体。监护尽管过去多以"监护权"的形式存在，但它本质上更是一种责任或者义务。亲权人无权要求获得报酬，而监护则不同，监护人依法享有就自己的监护活动请求报酬的权利。因此，将监护规定于民法总则中，用于弥补自然人行为能力之不足，而将亲权规范于民法亲属编中，是本建议稿的选择。

从各国及地区立法例来看，将监护与亲权分别规定是常见立法例。

我国台湾地区"民法典"在第四编亲属之第三章规定了"父母子女"，其中涵盖了亲权的内容，特别是在第 1090 条规定了"亲权滥用之禁止"。而紧接其后的则是第四章监护。《德国民法典》也区分了亲权（即第四编第二章"亲属"）与监护（即第四编第三章"监护、法律上的照管、保佐"）。

第三十八条　【监护人】

无行为能力人或限制行为能力人，由下列人员按照顺位担任监护人：

（一）配偶；

（二）父母；

（三）成年子女；

（四）其他近亲属。

没有上述四类监护人的，由民政部门或社会福利机构担任监护人。

对担任监护人有争议的，由被监护人所在单位，或住所地的居民（村民）委员会、民政部门在上述人员中选任。对选任不服提起诉讼的，由人民法院根据有利于被监护人生活的原则进行裁决。

同一顺位有多位具有监护人资格的，应当由其中一人担任监护人，但父母担任监护人的除外。

【条文含义与立法理由】

本条规定的是法定监护人制度。

第1款明确了法定监护人，并且根据亲属的亲疏关系明确了顺位。

第2款明确了非自然人的机构担任监护人的前提，即只有在没有上述四类监护人之时才能适用。

第3款明确了解决监护权争议的裁判标准，即明确了"有利于被监护人生活"这一基本原则，填补了此前《民法通则》中缺乏明确裁判标准的漏洞。

第4款明确了原则上只能指定一位监护人，但是父母作为监护人可以作为例外。该款避免了同一顺位多人要求担任监护人之时监护职责履行的冲突，也避免了多人担任之时的相互推诿。

本条基本延续了《民法通则》的规定，删除了自愿监护条款，将本条定性为法定监护人。在第3款与第4款中，吸收了实务经验及国外的立法例。

从内容上看，本条的规定类似于我国台湾地区"民法典"之第1094条，只是后者只规定了父母之亲权或缺之时对未成年人的监护，不包括对成年无行为能力人的监护。但是二者所确定的基本规则是一致的。

【学理争议与立法例】

本条规定的法定监护人制度，在学理中争议并不多，属于一项在司法实务中适用较少同时争议也较少的条款。

从立法例来看，本条与我国台湾地区"民法典"第 1094 条的规定非常类似。第 1094 条（法定监护人）内容如下：

"父母均不能行使、负担对于未成年子女之权利义务或父母死亡而无遗嘱指定监护人，或遗嘱指定之监护人拒绝就职时，依下列顺序定其监护人：

一、与未成年人同居之祖父母。

二、与未成年人同居之兄姊。

三、不与未成年人同居之祖父母。

前项监护人，应于知悉其为监护人后十五日内，将姓名、住所报告法院，并应申请当地直辖市、县（市）政府指派人员会同开具财产清册。

未能依第一项之顺序定其监护人时，法院得依未成年子女、四亲等内之亲属、检察官、主管机关或其他利害关系人之申请，为未成年子女之最佳利益，就其三亲等旁系血亲尊亲属、主管机关、社会福利机构或其他适当之人选定为监护人，并得指定监护之方法。

法院依前项选定监护人或依第一千一百零六条及第一千一百零六条之一另行选定或改定监护人时，应同时指定会同开具财产清册之人。

未成年人无第一项之监护人，于法院依第三项为其选定确定前，由当地社会福利主管机关为其监护人。"

在《德国民法典》中，上述内容规定于不同的法条之中。例如《德国民法典》第 1791a 条规定的社团监护制度，就类似于我国的机构监护。

本条第 3 款中关于监护权争议的裁判标准，即"有利于被监护人生活"，类似于我国台湾地区"民法典"第 1094 条之 1 所确定的"受监护人之最佳利益"规则。第 1094 条之 1（选定或改定监护人之审酌事项）内容如下：

"法院选定或改定监护人时，应依受监护人之最佳利益，审酌一切情状，尤应注意下列事项：

一、受监护人之年龄、性别、意愿、健康情形及人格发展需要。

二、监护人之年龄、职业、品行、意愿、态度、健康情形、经济能力、生活状况及有无犯罪前科纪录。

三、监护人与受监护人间或受监护人与其他共同生活之人间之情感及利害关系。

四、法人为监护人时，其事业之种类与内容，法人及其代表人与受监护人之利害关系。"

本条第4款规定的是限制多人监护制度，与之类似的条款有：

《日本民法典》第843条：监护人应为一人。

《德国民法典》第1775条：家庭法院可以将夫妻共同选任为监护人。除此以外，以不存在选任一个以上监护人的特殊原因为限，家庭法院应为被监护人只选任一个监护人，并且，兄弟姐妹须予监护的，为所有被监护人只选任一个监护人。

可见，比较法上都倾向于限制多人监护，只有父母作为例外。

综上，本条以《民法通则》为蓝本，吸收了比较立法例的规定，填补了《民法通则》的立法漏洞。

第三十九条 【自愿监护人】

如依据上条未确定自然人监护人，关系密切的其他亲属、朋友拟自愿承担监护责任的，经被监护人的所在单位或住所地的居民（村民）委员会、基层民政部门同意后可以成为监护人。

【条文含义与立法理由】

本条规定的是自愿监护。

相对于前条的法定监护，本条规定了自愿监护。法定监护是法律上的一项职责与义务，而自愿监护则以意思自治为前提。本条源于《民法通则》第16条第1款第3项的内容。考虑到自愿监护产生的法律基础不一样，因此本建议稿将该款进行了独立规定。

由于监护涉及被监护人的利益，因此自愿监护应当有个"检验"程序，即设立一个"批准同意的主体"。

【学理争议与立法例】

本条规定的自愿监护在实践中不多，在学理中争议亦不多，属于对法定监护进行补充的制度。

从比较法看，设定自愿监护的较少，但是中国特定的社会生活现实决定了在未来的民法典中设计此项制度是具有特定意义的。不同于其他国家特别是发达国家中成熟的社会福利机构及非政府组织的存在，在我国，如果法定监护人范围内的自然人基于主观或者客观原因不能或者不想监护，与其让机构监护，还不如让自愿监护人进行监护，让被监护人生活在普通的家庭中可能更有利于保护该被监护人的利益。

此条并无其他立法例可以作为参考。

第四十条　【监护人的变更】

未经全体有资格的监护人同意，不得自行变更监护人。擅自变更的，由原被选任的监护人和变更后的监护人共同承担监护责任。

监护人死亡，或者因主客观原因不履行监护职责，或者侵害了被监护人的合法权益，或者其他有监护资格的人或者单位认为自己更适合担任监护人的，可以向人民法院起诉要求变更监护人。

监护人本人也可以向人民法院起诉要求变更监护人。在人民法院判决变更之前，原监护人仍应履行其监护职责。

【条文含义与立法理由】

本条规定的是监护人的变更规则。

第1款规定了法定监护人在变更监护人之时，必须经过全体有资格的监护人同意，旨在明确监护是一种责任，不得随意变更。我国立法并未设置监护监督人，因此由其他全体有资格的监护人行使监护监督人的"监督职能"，避免被监护人因为变更而遭受不利。

第2款规定了基于原监护人的原因而变更监护人，具体规定了申请变更的若干事由及变更的方式，即向人民法院起诉。

第3款则规定了监护人的辞任，即本人启动变更程序的规则。本款的核心在后半款，即对监护人辞任的限制，以避免被监护人陷入无人照顾的不利境地。

本条规定，主要是因为在长期的监护过程中，出现了特定的情形导致最初选定的监护人不能履行监护人职责，因此需要明确监护变更的规则及程序。本条充分贯彻了包含被监护人利益的基本规则，特别是在限制监护人辞任方面。

【学理争议与立法例】

本条规定的监护人之变更，在学理上争议不多。

本条综合了《民通意见》中关于监护人变更的相关规定。

各国和地区立法对于监护人的变更、辞任都持有开放态度，这是考虑到监护可能是个长期的过程，监护人的稳定性有利于保障被监护人的利益，但同时允许有条件的变更、辞任，以避免僵化。类似的立法例有：

1. 《日本民法典》第844条 [监护人的辞任]

监护人有正当事由时，经家庭法院许可，可以辞去其任务。

《日本民法典》第854条 [监护人的解任]

监护人有不正事由、显著劣迹或其他不适任监护的事由时，家庭法院可以因监护监督人、被监护人的亲属或检察官的请求或者依职权，将其解任。

2. 中国台湾地区"民法典"第1095条 [监护人辞退之限制]

监护人有正当理由，经法院许可者，得辞任其职务。

第四十一条 【监护人的监护职责】

监护人的监护职责包括：

（一）照顾被监护人的生活；

（二）管理和保护被监护人的财产；

（三）代理被监护人实施法律行为；

（四）代理被监护人诉讼或者仲裁；

（五）其他职责。

【条文含义与立法理由】

本条规定的是监护人的职责。

在传统的表述中,我们常常使用"监护权",这一术语具有一定的合理性,也具有偏差性。从被监护人的角度看,监护人承担的更多的是职责;对外而言,监护人的地位更体现为一种"权利属性",即法定代理权。

本条列举五项,其中第1、2项要求监护人对被监护人进行保护,主要是内部关系;而第3、4项则体现了监护人的"法定代理权"内容;第5项属于兜底条款。

监护制度之价值,一则在于直接保护行为能力欠缺者,以使其免于困境,因此需要明确监护人照顾其生活与财产;二则在于弥补被监护人之行为能力,以使其有可能融入社会生活,因此需要赋予监护人法定代理权。这也是本条立法的逻辑所在。

【学理争议与立法例】

关于监护人的职责,学理上并无重大的争议。

比较法上,类似的立法例有:

1. 中国台湾地区"民法典"第1097条 [监护人之职务]

除另有规定外,监护人于保护、增进受监护人利益之范围内,行使、负担父母对于未成年子女之权利、义务。但由父母暂时委托者,以所委托之职务为限。

监护人有数人,对于受监护人重大事项权利之行使意思不一致时,得申请法院依受监护人之最佳利益,酌定由其中一监护人行使之。

法院为前项裁判前,应听取受监护人、主管机关或社会福利机构之意见。

中国台湾地区"民法典"第1098条 [监护人之法定代理权]

监护人于监护权限内,为受监护人之法定代理人。

监护人之行为与受监护人之利益相反或依法不得代理时,法院得因监护人、受监护人、主管机关、社会福利机构或其他利害关系人之申请或依职权,为受监护人选任特别代理人。

2.《日本民法典》第859条第1款

(一)监护人管理被监护人的财产,并就有关财产的法律行为代表被监护人。

3.《德国民法典》第 1793 条

监护人有照顾被监护人的人身和财产的权利义务，尤其有代理被监护人的权利义务。……

关于监护人的职责，各国及地区虽然在立法体例上略有区别，大部分立法例在不同的条款中进行了分散式规定，但是其核心内容并不存在本质性的区别。为了进一步明确监护人职责，我们在建议稿中进行了统一规定。

第四十二条 【财产管理】

被监护人有个人财产的，监护人应当在担任监护人之日起造具清册，在监护关系终止时清算。

监护人不得处分被监护人的财产，但是为了被监护人的直接利益目的进行的处分除外。

监护人管理被监护人的财产时，不得进行风险性投资。

【条文含义与立法理由】

本条规定的是监护人在财产管理中所负担的义务。

相对于亲权，监护人与被监护人之间的关系较远，因此有必要明确监护人管理被监护人财产之时的行为准则，共计三项。

第一项是对财产造具清册的义务，这是一项持续性的义务，主要是制作并保存财产清单，并保留好所有的交易记录。这是为未来评价监护人的行为留下客观的证据。

第二项是"限制处分"规则，即只有为了被监护人的直接利益目的，才能处分。所谓直接利益目的，通常是指为了履行法定义务，或者为了被监护人的疾病治疗等。相较于过去的立法，本建议稿特意强调了"直接"，避免被扩大解释而架空了此项规定。

第三项是"保守管理"规则。通常而言，风险与收益成正比，但是监护人的职责并不在于使得被监护人的财产获得较高收益。因此第 3 款明确排除了风险性投资。

监护人的权限过大，不利于保护被监护人的利益，即使监护人本身并无侵犯被监护人利益之主观意图。设置本条，立法目的在于限制监护人在管理财产之时的权限。

【学理争议与立法例】

在学理上，对于监护人的财产管理权限进行限制并无争议。《民法通则》第 18 条第 1 款也有类似规定，即"监护人应当履行监护职责，保护被监护人的人身、财产及其他合法权益，除为被监护人的利益外，不得处理被监护人的财产"。《民法通则》使用了"处理"这样非专业化的术语，我们在建议稿中改成了"处分"这一更为准确的术语。

关于编制财产目录，大陆法系诸多国家及地区都有规定。

1. 《日本民法典》第 853 条第 1 款

监护人应从速着手调查被监护人的财产，于一个月内完结其调查并制作财产目录。但是，家庭法院可以延长此期间。

2. 《德国民法典》第 1802 条第 1 款

监护人必须将在命令监护时现存的或后来归属于被监护人的财产编著目录，并在对目录附加正确性和完备性的保证后，将它递交给家庭法院。

3. 中国台湾地区"民法典"第 1099 条第 1 项

监护开始时，监护人对于受监护人之财产，应依规定会同遗嘱指定、当地直辖市、县（市）政府指派或法院指定之人，于二个月内开具财产清册，并陈报法院。

可见，编制财产清单是一个普遍被认可的做法，同时也是监护人的一项程序性义务。在设立有家庭法院的国家，编制的财产清单还需要提交给家庭法院。由于我国并未设立家庭法院，因此编制财产清单的意义，主要在于未来监护终止之时便于履行清算与移交义务。

第四十三条 【意定监护】

成年人可以依照自己的意思选择监护人，并与其签订书面委托监护合同，将本人的人身、财产监护职责全部或者部分授予监护人。意定监护人在该成年人丧失或者部分丧失行为能力后承担监护人职责。

意定监护人的职责范围，仅限于委托监护合同中有明确约定的部分。

意定监护人必须亲自履行其监护职责。

【条文含义与立法理由】

本条规定的是意定监护制度。

所谓意定监护，是指完全行为能力人事先通过签署委托监护合同的形式，在诸多有法定监护资格的人中或者其他人中选定一位作为自己的监护人。意定监护是意思自治原则的体现，明确了意定优先于法定的私法规则。

意定监护人的职责范围并不直接适用本建议稿第 41 条的规定，而是应当以委托监护合同中明确约定的内容为准。意定监护是指定事项的监护，不是概括性的监护。对于委托监护合同没有明确约定的事项，则仍然由法定监护人或者自愿监护人行使监护职责。

由于意定监护基于信赖关系，因此委托监护合同必须亲自履行，不得转委托。

【学理争议与立法例】

传统的民法典对此鲜有规定。但是，英国 2005 年颁布的《行为能力法》（Mental Capacity Act），对此项制度做了较为详细的规定。我国对此项制度的规定最初是在《老年人权益保障法》中，即该法第 26 条第 1 款："具备完全民事行为能力的老年人，可以在近亲属或者其他与自己关系密切、愿意承担监护责任的个人、组织中协商确定自己的监护人。监护人在老年人丧失或者部分丧失民事行为能力时，依法承担监护责任。"

第四十四条 【本人意愿优先】

如果被监护人在丧失行为能力之前关于在特定情况下是否继续治疗、是否捐献器官、遗体等有明确意愿的，此等意愿对知晓的法定监护人、意定监护人、医院都有约束力。

【条文含义与立法理由】

本条规定的是被监护人本人意愿优先原则。

本条规定在于明确被监护人在具有完全行为能力之时作出的与自己的健康、器官、遗体相关的决定，对此知晓的其他主体应当尊重此等意愿。本条的法理基础在于自然人对自己身体等事项的自决权。

本条规定主要是应对实践中监护人以各种理由改变被监护人意愿的情形。

【学理争议与立法例】

本条规定，一方面强调监护人行使监护职责不得违背明知的被监护人的意愿，另一方面也肯定了自然人对自己的身体、健康的自决权。关于自然人的自决权，学理上的主要争议是自然人是否有权选择安乐死，即生命是否属于自决权的课题。对此问题，学理上相互冲突的观点很多，在此不再赘述。本条并未涉及安乐死的问题，而只是规定了被监护人有权事先作出是否继续治疗的决定，即可以在特定情况下事先确定放弃治疗，例如预见出现成为家人医疗费及精神负担的植物人的状况，可以事先拒绝做特定的生命维持性的治疗。但无论如何，本条规定不能被解读为被监护人可以在特定情况下事先选择安乐死。

尚未发现其他国家或地区在民法典中有类似规定。我们认为，此项规定涉及自然人的自决权，应当在民法典中有所回应与规定。

第四十五条 【遗嘱指定】

父母一方死亡后，生存方可以在遗嘱中为未成年子女指定监护人。

【条文含义与立法理由】

本条规定的是遗嘱指定监护人。

前条规定的是预计未来可能丧失行为能力之时自己为自己选定监护人，避免适用法定监护人或者自愿监护人；而本条的规定则是父母为未成年子女事先指定监护人，指定的方式为遗嘱。本条的立法目的是给予父母一项选择：为子女选择万一父母都去世而其尚未成年之时的监护人，避免多位有监护资格的人为了利益争抢担任监护人，也避免先顺位的法定监护人可能相对不利于被监护人利益的情况。

【学理争议与立法例】

从比较法上看，这是一条相对成熟的规则，学理争议并不大。

类似的立法例如下：

1. 《法国民法典》第 397 条

个人选择亲属或者非亲属为监护人的权利，仅属于后死之父或母。

2. 《德国民法典》第 1776 条

被监护人的父母指定为监护人的人，有做监护人的资格。

父和母已指定不同的人的，以最后死亡的父母一方的指定为准。

3. 中国台湾地区"民法典"第 1093 条第 1 项

最后行使、负担对于未成年子女之权利、义务之父或母，得以遗嘱指定监护人。

从比较法的立法来看，有关遗嘱指定监护人的规定大同小异，只是在措辞上有所区别，但从制度上看，并无二致。

第四十六条 【监护关系的终止】

有下列情形之一的，监护关系终止：

（一）被监护人取得完全行为能力的；

（二）被监护人死亡的；

（三）监护人死亡或丧失监护能力的；

（四）监护人有正当理由辞去监护职责的；

（五）经被监护人近亲属请求，监护人被人民法院撤销其监护资格的。

【条文含义与立法理由】

本条规定的是监护关系的终止，并根据终止的原因分列了五项：第1~2项，指向的是基于被监护人的原因客观不需要监护了，属于监护关系的自然终止情形；第3项是指监护人客观无法监护的情形；第4项赋予了监护人辞任的可能性，具体参见本建议稿第40条关于"监护人变更"的规定；第5项属于变更监护人的情形，具体参见本建议稿第37条的规定。

在上述第3~5项的情况下，监护关系的终止同时也意味着新的监护关系的开始，即应当保护被监护人，以确保其始终处于特定监护人的监护之下。

【学理争议与立法例】

此项规定较为明确，在学理上并无争议。从比较法角度看，各国及地区都规定了监护关系的终止事由，不同的是有些国家是零散式规定，即分别列入其他条款，也有部分国家是单列一条进行规定。我们的建议稿选择的也是单列的方式，以期更为明确。

第四十七条 【监护终止时的财产清算与移交】

监护关系终止，监护人应对被监护人的财产进行清算，并根据不同的终止原因将财产移交下列人员：

（一）被监护人取得完全行为能力的，移交给被监护人；

（二）被监护人死亡的，移交给被监护人的继承人；

（三）监护人死亡或丧失监护能力的，移交给新监护人；

（四）变更监护人的，移交给新监护人。

监护人死亡的或者被宣告失踪的，其清算及移交义务由其继承人或财产代管人履行。

【条文含义与立法理由】

本条规定的是监护关系终止后的财产法上的法律后果，或者说监护终止后监护人的义务，即财产清算与移交的义务。

本条与本建议稿第 42 条造具清册的规定相对应。造具清册，即保存各种可能的财产交易的凭证，有助于财产清算。监护人清算并移交完毕之后，其作为监护人对被监护人负担的责任才真正解除。

本条第 1 款还分列在不同的解除监护情形下财产移交的对象。

本条第 2 款是一项补充条款，即明确了在监护人死亡或者被宣告失踪之时，上述清算与移交义务的责任人。

监护不同于亲权，是一种相对疏远关系下的人身照顾与财产管理制度。明确监护人的清算与移交义务，有利于督促监护人在长期的监护关系中规范履行自己的监护职责。

在《民法通则》中并无类似的规定，导致监护关系有始无终。只有在清算并移交财产之后，监护关系才算真正终止。

【学理争议与立法例】

此项规定较为明确，在学理上并无争议。从比较法角度看，各国及地区都规定了监护关系终止时的财产清算与移交义务。

类似的立法例包括：

1.《日本民法典》第 870 条

监护人的任务终止后，监护人或其继承人，应于两个月以内进行管理计算。但是，家庭法院可以延长此期间。

2.《德国民法典》第 1892 条第 1 款

监护人必须在向监护监督人出示计算书后，将它递交给家庭法院。

3.《法国民法典》第 469 条

一切监护人在监护终了时，均应为管理的计算。

由于我国未设立家庭法院，也无监护监督人的历史传统，因此在移交的对象方面，本建议稿设置了更为直接的接受主体。而比较法上，验证清算结果与移交财产，往往由家庭法院来核实。这是程序性的区别，并不影响财产清算并移交的义务设定的意义。

第六节　个体工商户、个体承包经营户

第四十八条【个体工商户】

自然人在法律允许范围内，依法经核准登记从事工商业经营的，为个体工商户。

【条文含义与立法理由】

本条规定的是个体工商户。

个体工商户是我国特殊经济发展体制下的产物，也是我国民法主体制度中的特殊现象。[1]个体工商户的存在，既有实证法依据，也有现实实践，本条在现行法规定基础之上，对其予以规定。

《民法通则》第 26 条第 1 句规定："公民在法律允许的范围内，依法经核准登记，从事工商业经营的，为个体工商户。"据此，个体工商户有如下特征：①个体工商户虽有"户"之名，但现行法并未在法律上创设"户"之主体地位，其法律主体仍为自然人（公民）；②个体工商户须从事工商业之经营；③个体工商户须依法核准登记。

对此，须说明者有二：其一，关于个体工商户之主体性质。个

---

〔1〕参见李友根："论个体工商户制度的存与废——兼及中国特色制度的理论解读"，载《法律科学》2010 年第 4 期。

体工商户不具有企业或其他组织之性质，而是自然人主体的特殊存在形态，这一特殊形态的出现有其历史原因。从实证法上看，除上揭《民法通则》规定外，从《民通意见》第 41 条[1]、最高人民法院《关于适用〈中华人民共和国民事诉讼法〉的解释》（以下简称《民诉法解释》）第 59 条第 1 款第 1 句[2]均可找到依据，《个体工商户条例》第 29 条[3]之规定更明确否定其企业之属性。对此，本条予以确认。其二，关于个体工商户的设立。个体工商户虽为自然人主体，但其成立须经登记程序。《民法通则》规定，个体工商户的设立，须经工商机关核准，采取的是许可主义。而《个体工商户条例》则无核准要求，转为准则主义立场。[4]自法政策而言，此种转变降低了管制程度，有利于管理经营，值得赞同。[5]本条接纳此种立场转变，将其在民法典总则中予以确立。因此，本条规定，自然人在法律允许范围内，依法经登记从事工商业经营的，为个体工商户。

第四十九条 【个体工商户的住所】

个体工商户在登记机关登记的经营场所为其住所。

【条文含义与立法理由】

本条规定的是个体工商户的住所。

住所地的确定，主要意义在于法律关系处理之便利。就法律主体属性而言，个体工商户虽为自然人，但其法律关系往往以个体工

---

[1]《民通意见》第 41 条："起字号的个体工商户，在民事诉讼中，应以营业执照登记的户主（业主）为诉讼当事人，在诉讼文书中注明系某字号的户主。"

[2]《民诉法解释》第 59 条第 1 款第 1 句："在诉讼中，个体工商户以营业执照上登记的经营者为当事人。"

[3]《个体工商户条例》第 29 条："个体工商户申请转变为企业组织形式，符合法定条件的，登记机关和有关行政机关应当为其提供便利。"

[4]《个体工商户条例》第 4 条第 2 款："申请办理个体工商户登记，申请登记的经营范围不属于法律、行政法规禁止进入的行业的，登记机关应当依法予以登记。"

[5] 当然，从法技术上看，《个体工商户条例》作为国务院制定的行政法规，效力层级相对较低，违反了下位法不得改变上位法之原则。

商户名义（字号）为之。确定住所地的事实基础在于实际生活及发生法律关系的地域。就个体工商户而言，其法律关系发生之地域多为所登记之经营场所。实践中，自然人之住所多与个体工商户所登记之经营场所一致，而在二者不一致时，相较而言，以个体工商户所登记之经营场所为其住所，更能显现住所在法律上之意义。据此，本条规定，以登记机关登记之经营场所为个体工商户之住所。

第五十条　【农村承包经营户】

农村集体经济组织的成员，在法律允许的范围内，按照承包合同规定从事商品经营的，为农村承包经营户。

【条文含义与立法理由】

本条规定的是农村承包经营户。

农村承包经营户是与个体工商户并列的"两户"之一，也是特殊时期下计划经济体制的产物。从法律地位上来看，农村承包经营户的作用在于促进农村商品经济发展，与城市中的个体工商户相对应，二者地位相当。[1] 故就其法律主体之性质而言，农村承包经营户亦应归入自然人之列。需说明的是，本条所称农村承包经营户，与所谓"农户"并非同一概念，后者是计算宅基地使用权[2]及土地承包经营权[3]之主体（以户为治理单位，是户籍制度的逻辑结果），非指商事主体。[4]

《民法通则》第 27 条规定："农村集体经济组织的成员，在法律允许的范围内，按照承包合同规定从事商品经营的，为农村承包经营户。"对此，说明如下：其一，作为集体经济的发展形式之一，农

---

[1] 参见朱庆育：《民法总论》，北京大学出版社 2013 年版，第 461 页。

[2]《土地管理法》第 62 条第 1 款："农村村民一户只能拥有一处宅基地，其宅基地的面积不得超过省、自治区、直辖市规定的标准。"

[3]《农村土地承包法》第 15 条："家庭承包的承包方是本集体经济组织的农户。"

[4] 当然，在概念上，二者区分界限清楚，并无疑义。但在实践中，二者往往均以家庭名义行为，且农村承包经营户也以取得相应土地承包经营权为基本内容，二者存在广泛重叠。

村承包经营户须为本集体经济组织成员；其二，农村承包经营户须以从事商品经营为主要内容；其三，农村承包经营户无须登记，也没有字号，须通过订立承包合同取得相应承包权。《民法通则》上述规定符合我国国情，在实践中操作得当，本条继续采纳。

第五十一条 【个体工商户、农村承包经营户的债务】

个体工商户、农村承包经营户的债务，个人经营的，以个人财产承担；家庭经营的，以家庭财产承担。

【条文含义与立法理由】

本条规定的是"两户"的债务承担。

个体工商户虽有"户"之名，但其法律人格往往与投资人高度重合，故其在法律交往上所产生的权利义务，宜由投资人承受。从所有权角度来看，个人经营时，因经营所生之财产增益由个人享有，由此所生之债务，也应该由个人承担；反之，若由家庭共同经营，则须以家庭财产承担因经营所生之债务。由此，体现所有权收益与风险一致原则。当然，在个体工商户个人与家庭财产发生混同，难以证明系个人经营时，其债务须由家庭财产共同承担，此即共有人之连带责任。农村承包经营户与之相同，当然，实践中，农村承包经营户多以家庭经营，须以家庭共有财产承担因经营所生之债务。故本条规定：个体工商户、农村承包经营户的债务，个人经营的，以个人财产承担；家庭经营的，以家庭财产承担。本条继受了现行《民通意见》第42、43条之规定。

第三章
法人、非法人团体

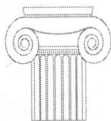

第一节 一般规定

第五十二条 【法人的定义】

法人是依法设立的独立享有民事权利和承担民事义务的组织。

【条文含义与立法理由】

本条规定的是法人的定义。

在社会生活中，除自然人外，法人也是参与民事活动的重要主体。法人以客观存在的社会组织作为其表现形式。不同于自然人是依生命而存在的个体，法人既可以是其成员的变更与其存在没有关系的人的联合体，也可以是为着一定目的并具有为此目的而筹集的财产，因此而组建起来的组织体。[1]虽然因鼓励投资和促进公司设立的需要，我国承认一人有限责任公司的法律地位，但这并不是对由人的集合而形成的"组织"的否定，只是社团型法人的一种例外。

法人必须是依法设立的组织。法人资格或法律地位不是其自身固有的或者自由取得的，而是法律承认的结果。无论是何种法人类

---

[1] [德]卡尔·拉伦茨：《德国民法通论》（上册），王晓晔等译，法律出版社2013年版，第178页。

型，其设立均须依照法律规定的不同条件和程序进行。要求法人的
设立符合法定条件是为了有效规范法人的运转和经营，从而促进市
场经济发展，维护社会公共利益。

法人是一种社会组织，但并非所有的社会组织都享有民事主体
地位。就主体资格而言，法人的权利能力与自然人一样，是团体独
立享有民事权利、承担民事义务的资格。[1]同时法人与自然人的权
利能力存在区别，某些人格权和身份权，如生命权、健康权、配偶
权等专属于自然人享有，法人不得享有。法人的"人"并不是从
"人"这个字的原始意义和伦理意义说的人，只是在法人的形式化意
义上说的，它只是意味着权利能力而已。[2]一些专属于法人的权
利，如某项特种经营权，自然人亦不得享有。法人既然具有这样一
种从事民事活动的主体资格，便可以享有民事权利，并与此相对应
地承担一定的民事义务。法人享有民事权利和承担民事义务的"独
立"体现在法人与其成员人格的分离，即法人具有独立于其成员的
财产，能够独立地形成自己的意思，独立地参与民事活动，独立地
承担责任而不与其成员的责任相混同。这种"独立"既是法人进行
正常经营活动的物质基础，也是法人民事主体地位最为显著的特征。

【学理争议与立法例】

一、学理争议

"法人"一词最早出现在 1896 年的《德国民法典》，但该法典
以及此后许多国家和地区颁行的民法典中并未对"法人"作出明确
的定义。学者们因对法人本质的认识不同，对法人的定义也有所争
议。关于法人本质，主要有拟制说、否定说和实在说。法人拟制说
认为，民事主体必须有自由意志和意思表达能力，因而只有自然人
才具有法律上的人格，而法人能够取得人格，只是法律将其拟制为
自然人的结果。法人否定说不承认法人的存在，认为法人不过是多

---

〔1〕 尹田："论法人的权利能力"，载《法制与社会发展》2003 年第 1 期。
〔2〕 ［德］卡尔·拉伦茨：《德国民法通论》（上册），王晓晔等译，法律出版社
2013 年版，第 181 页。

数个人的集合或财产的集合。法人实在说认为，法人并不是法律虚构的，也并非没有团体意识和利益，而是一种客观存在的主体。其中，法人实在说又分为有机体说和组织体说。有机体说认为民事主体资格与意思能力联系在一起，法人是具有团体意思的社会有机体；组织体说认为法人的本质不在于其作为社会的有机体，而在于其具有适合为权利主体的组织，即法人具有区别于其成员的团体利益，具有表达和实现自己意志的组织机构。[1]

本条对法人的定义采纳了"法人实在说"中的"组织体说"。虽然拟制说体现了自然人和法人之间的差异性，但该学说把不相同的东西看作相同，并没有回答法人的本质是什么以及这种本质在哪些方面和多大程度上与（自然）人是相同的。[2]否定说因为从根本上否认了法人的存在而与社会发展的现实需要不符。有机体说和组织体说都认为法人并非法律所拟制的空虚体，而是有具体的社会实体存在。但有机体说将民事主体资格和意思能力完全挂钩难免牵强，因为不具有意思能力的自然人也可能是民事主体，而具有意思能力的团体未必都能够成为民事主体。因此，将法人认定为能够通过由个人组成的机关独立从事民事行为的组织体更具有合理性，既承认了法人与自然人相区别，又为法人独立承担责任提供了理论支撑，组织体说也因此为大多数大陆法系民法学者及许多国家和地区的民商立法所认可。我国《民法通则》第36条第1款"法人是具有民事权利能力和民事行为能力，依法独立享有民事权利和承担民事义务的组织"之规定也采纳了"组织体说"。

二、立法例

通过考察世界各国和地区的民法典对法人的定义，可以发现既有从不同法人类型中抽象出一般特征的概括式定义，也有根据不同分类标准或法人特征进行的列举式定义，还有通过概括和列举的双

---

[1] 马俊驹、余延满：《民法原论》（第4版），法律出版社2010年版，第112~113页。

[2] ［德］卡尔·拉伦茨：《德国民法通论》（上册），王晓晔等译，法律出版社2013年版，第180页。

重方式对法人进行的界定。此外，有的国家虽未对法人进行较为明确的概念界定，但在法人的制度适用范围、权利能力、设立准则等相关方面也有规定体现。

（一）概括式定义

1.《俄罗斯民法典》第48条第1款

凡对独立财产享有所有权、经营权或业务管理权并以此财产对自己的债务承担责任，能够以自己的名义取得和实现财产权利和人身非财产权利并承担义务，能够在法院起诉和应诉的组织，都是法人。

2.《蒙古国民法典》第21条第1款

凡具有自己所有或占有、使用、处分的独立财产，能以自己的行为取得权利和承担义务，并能对自己的行为后果承担财产责任，以自己的名义在仲裁机构或法院起诉和应诉的组织，都是法人。

3.《西班牙民法典》第35条

所谓法人：

1 依法承认的为公共利益设立的机构、协会和机关。其民事能力始于依法有效设立之时。

2 法律赋予民事权利的因私人利益成立的民事、商事或工业机构，其民事权利独立于设立或加入其机构的各自然人。

4.《最新阿根廷共和国民法典》第32条

一切实体如果能取得权利或承担义务，且不是实际存在的人，则为观念上存在的人或法人。

5.《马耳他民法典》第3条

（1）法人是被赋予法律人格的组织。法律人格通过国家的正式承认而取得。……

（二）列举式定义

1.《阿尔及利亚民法典》第49条

法人包括：国家、省、市镇；具备法定条件的公立公益机构和政府机关；社会主义企业和集体企业、社团及法律赋予法人资格的其他组织。

2. 《巴西民法典》第40条

法人可分为内国的或外国的公法法人以及私法法人。

3. 《越南社会主义共和国民法典》第41条第1款

以下是内国的公法法人：

（1）联邦；

（2）州、联邦区和大区；

（3）市；

（4）地方自治团体包括公共社团；

（5）其他由法律创立的具有公共性质的实体。

《越南社会主义共和国民法典》第44条

以下为私法法人：

（1）社团；

（2）合伙（公司）；

（3）财团；

（4）宗教组织；

（5）政党。……

（三）概括+列举式定义

1. 《越南社会主义共和国民法典》第94条

符合以下全部条件的组织得确认为法人：

（1）由有权国家机关设立、批准设立、登记或鉴证；

（2）有严格的组织机构；

（3）有独立于个人、其他组织的财产，并以自己的财产独立承担责任；

（4）以自己的名义独立参加各种法律关系。

《越南社会主义共和国民法典》第110条

1. 法人包括以下类型：

（1）国家机关、武装部队；

（2）政治组织、政治社会组织；

（3）经济组织；

（4）社会组织、社会行业组织；

（5）社会基金会、慈善基金会；

（6）具备本法典第94条规定的全部条件的其他组织。

2. 各类法人的组织和活动规则由法律根据各类法人的活动目的作出规定。

2. 美国《路易斯安那民法典》第24条第2款

法人是被法律赋予人格的实体，如公司和合伙。法人的人格独立于其成员。

（四）其他

1.《葡萄牙民法典》第157条

本章之规定适用于非以社员的经济利益为宗旨的社团和社会利益社团，且在应作类似处理之情况下，亦适用于合营组织。

《葡萄牙民法典》第160条

一、法人之能力范围包括对实现其宗旨属必要或适宜之一切权利及义务。

二、上述范围不包括法律禁止或不能与自然人之人格分割之权利及义务。

2.《瑞士民法典》第52条

（一）团体组织以及有特殊目的的独立机构，在商事登记簿上登记后，即取得法人资格。……

（三）违背善良风俗或有违法目的的机构、团体组织，不能取得法人资格。

《瑞士民法典》第53条

法人享有除以自然人的本质为要件的，如年龄、性别或亲属关系以外的一切权利及义务。

3.《日本民法典》第33条

法人非依本法及其他法律的规定，不得成立。

《日本民法典》第43条

法人依法令规定，于章程或捐助章程所定目的范围内，享有权利，承担义务。

4.《韩国民法典》第31条

法人的成立，须依法律规定。

《韩国民法典》第 34 条

法人在其根据法律的规定以章程所确定的目的范围内，为权利与义务的主体。

5. 中国台湾地区"民法典"第 25 条

法人非依本法或其他法律之规定，不得成立。

中国台湾地区"民法典"第 26 条

法人于法令限制内，有享受权利、负担义务之能力。但专属于自然人之权利义务，不在此限。

本条对法人的定义之所以采用了概括式定义，是因为这样既可以非常鲜明地体现法人的本质与特征，又能够避免因列举式定义所造成的规定不周延或难以适应社会变化需要的弊端。此外，与其他采用概括式定义的立法例相比，本条对法人的定义具有高度概括性，在力求概括精准的同时保证了语言简洁，一目了然。

第五十三条 【法人的设立】

申请设立法人，应当符合下列条件：

（一）有自己的名称、组织机构和场所；

（二）有自己的章程；

（三）目的事业不违反法律、不危害公序良俗；

（四）有符合法律规定的独立财产或经费；

（五）履行法律规定的法人设立程序。

非依本法或者其他法律的规定，不得设立法人。

【条文含义与立法理由】

本条规定的是法人的设立条件。

法人的设立是按照法定的条件和程序使社会组织获得法人资格的一系列活动。与自然人通过出生这一事实获得法律人格不同，法人资格的取得须经设立，在程序上包括申请、受理、审查、核准、登记等流程。

本条规定的是法人设立的一般条件。规定法人设立申请条件和程序的法律不仅包括本法，还包括其他民商事法律。在我国社会主义市场经济中活跃着各种类型的法人，一些特殊类型法人的设立，除了要满足本条规定的条件外，还需要满足特别法的规定，如商业银行的设立还需要满足《商业银行法》中注册资本最低限额的条件。

在民法典总则中规定法人设立的一般条件，一方面是立法技术的考虑，避免分则条文与特别法条文的重复；另一方面是在特殊类型的法人设立无特别法可依时，可直接依据民法典总则的规定申请设立。[1]

本条第 1 款规定的五项条件中，前四项是实体条件，第 5 项是程序条件。

实体条件中第 1 项、第 4 项的内容与我国《民法通则》规定的条件相同。法人拥有自己的名称、组织机构和场所，并拥有符合法律规定的独立财产或经费，是法人作为民事主体维持正常活动，对外独立承担责任，并与其他民事主体相互区别的必要条件。

第 2 项之所以要求法人必须有自己的章程，是因为法人的章程事关法人的权利能力，法人的一切活动都以其章程作为准则。如果把法人比作一个国家，那么其章程就是这个国家的"宪法"。

第 3 项规定法人的目的事业不得违反法律、不得危害公序良俗，是法人依法设立的实质要求。法人组织的设立合法，不仅要求程序上符合规定，其设立的目的、宗旨也要符合国家和社会公共利益的要求。法人组织是市场经济中主要的民事主体，但是在市场经济发展过程中，法人组织却呈现出良莠不齐的特点，目的事业有违法律或悖于公序良俗的法人组织时常出现。市场经济是法治经济，公序良俗原则是民法的基本原则，为促进市场经济健康发展，维护良好的社会风尚，保护国家和社会公共利益，有必要将法人的目的事业不违反法律、不危害公序良俗作为设立法人的实质要件。

第 5 项规定的是法人设立的程序条件，这是法人依法设立的形式要求。设立法人必须经过法定的程序，即设立行为本身合法。不

----

〔1〕 王利明主编：《中国民法典学者建议稿及立法理由·总则编》，法律出版社 2005 年版，第 132 页。

同的法人组织适用的设立程序也不同，具体的设立程序由特别法予以规定。

本条第 2 款强调的是法人的设立基础。设立的某类法人，必须是现行法律加以确认的。如果现行法律尚未确认，设立人不得自行创立一种类型加以设立。[1]

【学理争议与立法例】

关于是否应当在民法典总则中规定法人设立的一般条件，我国法学界没有争议，现行《民法通则》中法人一章也对此作出了一般规定，但在世界上制定民法典的国家和地区中，立法例却有所不同，其中具体的设立条件也有所不同，详述如下：

在总则中法人部分明确规定法人设立条件的立法例包括《德国民法典》《瑞士民法典》《意大利民法典》《葡萄牙民法典》《越南社会主义共和国民法典》《蒙古国民法典》和《中国澳门特别行政区民法典》等。

1.《德国民法典》第 57 条［社团章程的最低要件］

（1）章程必须记载社团的目的、名称和住所，并载明社团应进行登记。

（2）名称应与在同一地点或在同一乡镇存在的登记社团的名称有明确的区别。

《德国民法典》第 64 条［社团登记簿登记的内容］

在登记时，社团的名称和住所地、章程的制定日期和董事会成员及其代理权必须在社团登记簿上予以说明。

2.《意大利民法典》第 14 条［设立］

社团和财团必须以公证的方式设立。财团也可通过遗嘱的方式设立。

《意大利民法典》第 16 条第 1 款［设立文件和章程］

应当在设立文件和章程中载明机构的名称、宗旨、资产、住所、组织和管理规则；社团在设立文件和章程中还应当载明社团成员的

---

〔1〕　魏振瀛主编：《民法》（第 5 版），北京大学出版社 2013 年版，第 93 页。

权利和义务以及加入社团的条件。财团在设立文件和章程中还应当载明受益分配的标准及其方式。

3.《葡萄牙民法典》第 158 条 [人格之取得]

一、以具备第 167 条第 1 款所指内容之公证书形式设立之社团，享有法律人格。

二、财团经认可而取得法律人格；认可系个别给予，且属行政当局之权限。

《葡萄牙民法典》第 167 条第 1 款 [设立文件]

设立社团之文件，须详细列明社员为社团财产所提供之资产或劳务，以及社团法人之名称、宗旨、住所、运作形式以及如为非无限期设立的社团，其存续期。

4.《越南社会主义共和国民法典》第 94 条 [法人]

符合以下全部条件的组织得确认为法人：

（1）由有权国家机关设立、批准设立、登记或鉴证；

（2）有严格的组织机构；

（3）有独立于个人、其他组织的财产，并以自己的财产独立承担责任；

（4）以自己的名义独立参加各种法律关系。

《越南社会主义共和国民法典》第 95 条 [法人的成立]

法人可以由个人、经济组织、政治组织、政治社会组织、社会组织、社会行业组织、社会基金会、慈善基金会自主成立，或根据有权国家机关的决定成立。成立法人必须遵守法律规定的手续。

5.《蒙古国民法典》第 23 条 [法人的设立和设立文件]

1. 公民、国家及其授权的机关、其他法人、法律有规定情况下的包括无国籍人在内的外国公民和组织，可依法定程序设立法人。

2. 设立法人，应当制作设立文件。设立文件的种类、形式、制作程序，由法律规定。

3. 法人的设立文件可以是主管机关的批件、章程、设立法人的合同。

4. 法人章程，应由其设立者（参加者）或其授权的机关通过。

5. 法人章程应载明法人的名称、住所、活动目的、法人的机关及其权力，以及依法律规定同类法人章程必备的其他事项。

6. 法律有规定的，应订立设立法人的合同。……

6. 《中国澳门特别行政区民法典》第 141 条［人格之取得］

一、以具备第 156 条第 1 款所指内容之法定形式设立之社团，享有法律人格。

二、财团经认可而取得法律人格；认可系个别给予，且属法律指定之行政当局之权限。

《中国澳门特别行政区民法典》第 156 条第 1 款［设立文件］

设立社团之文件，须详细列明社员为社团财产所提供之资产或劳务，以及社团法人之名称、宗旨及住所。

上述立法例中，有的是将设立的条件具体列举，如《越南社会主义共和国民法典》；另外一些是将设立条件规定在法人章程或设立文件当中，申请设立时须提交满足法定条件的章程或设立文件，如《德国民法典》《意大利民法典》《葡萄牙民法典》《蒙古国民法典》等，其中《德国民法典》规定的是社团法人设立的条件。在具体设立条件上，上述立法例包括了名称、场所或住所、财产以及组织机构的要求，除《越南社会主义共和国民法典》外，均明确将法人的宗旨或目的作为法人设立的条件。

未就法人设立的条件作一般规定的立法例有《日本民法典》和我国台湾地区"民法典"等。《日本民法典》第 33 条规定："法人非依据本法及其他法律的规定，不得成立。"我国台湾地区"民法典"第 25 条规定："法人非依本法或其他法律之规定，不得成立。"第 30 条规定："法人非经向主管机关登记，不得成立。"

该种立法例对于法人的设立没有规定一般条件，只是较笼统地规定了设立法人须有法律依据的原则，即法人须依法设立。

本条采用的是明确列举的方式规定法人设立的一般条件。在目的事业的条件上，与《瑞士民法典》的规定类似。《瑞士民法典》第 52 条（人格）第 3 款规定："违背善良风俗或有违法目的的机构、团体组织，不能取得法人资格。"

此外，需要说明的是，我国《民法通则》第 37 条规定的法人设立条件中，"能够独立承担民事责任"一项在制定民法典时应当予以排除。原因在于，能够独立承担民事责任是法人作为民事主体的特征，而非其设立的条件。满足设立条件的法人获得法律人格后，才能够独立承担民事责任，故该项实为法人设立的后果而非条件。

第五十四条 【法人的能力】

法人的权利能力自法人成立时产生，至法人终止时消灭。

【条文含义与立法理由】

本条规定的是法人权利能力的产生和终止。

法人的权利能力是指法人依法享有民事权利和承担民事义务的资格。法人的权利能力是法人参与民事活动、实施民事行为的前提，是法人具有法律上之人格的表现。因此，法人的权利能力自其成立时产生，至其终止时消灭。这里需要注意的是成立与设立的区别。法人的设立是一种准备行为，而法人的成立属于法人的形成阶段，是法人成功设立的结果。[1]关于设立中的法人是否具有民事权利能力的问题，后面将详细讨论。关于法人成立的具体时点，不同类型的法人有所不同。有独立经费的机关法人从成立之日起具有法人资格；具备法人条件的事业单位、社会团体，依法不需要办理法人登记的，从成立之日起具有法人资格；依法需要办理法人登记的，经核准登记，取得法人资格，企业法人具备法人条件的，经主管机关核准登记，取得法人资格。而法人权利能力的终期，应是法人清算完结登记注销之日，终止的原因包括被撤销、解散、宣告破产等。关于清算中法人的权利能力，后面亦将详细讨论。

【学理争议与立法例】

法人的权利能力始于成立，至终止时消灭，关于该点，学理上没有争议，有民法典的国家和地区也是此种做法，区别只是成立和

---

〔1〕 魏振瀛主编：《民法》（第 5 版），北京大学出版社 2013 年版，第 86 页。

终止的标志不同。但关于是否有必要将法人的行为能力同时规定在本条中，却有不同的观点。我国《民法通则》第 36 条第 2 款规定："法人的民事权利能力和民事行为能力，从法人成立时产生，到法人终止时消灭。"在我国民法典草案的学者建议稿中，大部分学者也是将二者同时规定。[1]而在世界各国和地区的立法例中，大部分只规定法人的权利能力，或统称为法人的能力。

1.《德国民法典》第 21 条［非经济社团］

非以经济上的营业经营为目的的社团，因登记于有管辖权的区法院的社团登记簿而取得权利能力。

《德国民法典》第 22 条［经济社团］

在没有特别的联邦法律规定的情况下，以经济上的营业经营为目的的社团因国家的授予而取得权利能力。授予的权利为社团所在地州所享有。

《德国民法典》第 43 条［权利能力的剥夺］

其权利能力以授予为基础的社团追求章程所规定目的以外的目的的，它可以被剥夺权利能力。

2.《日本民法典》第 43 条［法人的权利能力］

法人依法令规定，在章程或捐助章程所定目的范围内，享有权利，承担义务。

3.《葡萄牙民法典》第 160 条［能力］

一、法人之能力范围包括对实现其宗旨属必要或适宜之一切权利及义务。

二、上述范围不包括法律禁止或不能与自然人之人格分割之权利及义务。

4.《越南社会主义共和国民法典》第 96 条［法人的民事法律能力］

1. 法人的民事法律能力是法人享有与自己的活动目的相适应的民事权利，并承担民事义务的能力。法人必须依确定的目的从事活

---

〔1〕 参见王利明主编：《中国民法典学者建议稿及立法理由·总则编》，法律出版社 2005 年版，第 129 页；梁慧星主编：《中国民法典草案建议稿附理由·总则编》，法律出版社 2013 年版，第 133 页。

动；变更活动目的时，必须向有权国家机关提出申请，并须办理变更登记手续。依有权国家机关的决定而成立的法人，在变更活动目的时，必须遵守该有权机关的决定。

2. 法人的民事法律能力自有权国家机关决定成立该法人之日或批准成立该法人之日产生；法人必须办理登记的，其民事法律能力自登记之日产生。法人的法定代表人或委托代表人，在民事关系中以法人的名义进行各项民事活动。

3. 法人的民事法律能力随法人的终止而终止。

5.《蒙古国民法典》第 22 条 [法人的权利能力]

1. 法人依设立文件中规定的活动目的，享受权利和承担义务。

2. 法人可从事一切与其活动目的不抵触且法律不禁止的活动。

3. 法人从事法律规定的某些活动时，须经主管机关的特别授权。

4. 依法定的根据和程序，可限制法人的权利。

6.《韩国民法典》第 34 条 [法人的权利能力]

法人在其根据法律的规定以章程所确定的目的范围内，为权利与义务的主体。

7.《俄罗斯联邦民法典》第 49 条 [法人的权利能力]

1. 法人能够享有符合其设立文件所规定的活动宗旨的民事权利并承担与该活动有关的义务。商业组织，除单一制企业和法律规定的某几种组织外，可以享有为进行法律不予禁止的任何类型的活动所必需的民事权利并承担民事义务。对法律明文列出的某些种类的活动，法人须取得专门许可（执照）方能从事。

2. 只有在法律规定的情况下和依照法律规定的程序，法人的权利才能受到限制。对限制其权利的决定，法人有权向法院提起申诉。

3. 法人的权利能力自其成立之时起产生并在其清算完成之时终止。法人进行须领取执照方能从事的活动的权利，如果法律或其他法律文件未作不同规定，则自取得该执照之时产生或在执照规定的期限内产生，并在执照有效期届满时终止。

8. 中国台湾地区"民法典"第 26 条

法人于法令限制内，有享受权利、负担义务之能力。但专属于自然人之权利义务，不在此限。

9. 《中国澳门特别行政区民法典》第 144 条 [能力]

一、法人之能力范围包括对实现其宗旨属必要或适宜之一切权利及义务。

二、上述范围不包括法律禁止或不能与自然人之人格分割之权利及义务。

上述立法例均在民法典中规定了法人的权利能力或能力，并未特别规定行为能力。当然也有少数立法例同时作出了规定或只规定行为能力。

1. 《瑞士民法典》第 52 条 [人格] 第 1 款、第 2 款

（一）团体组织以及有特殊目的的独立机构，在商事登记簿上登记后，即取得法人资格。

（二）公法上的团体组织及机构、非经济目的的社团、宗教财团、家庭财团，不需经上述登记。

《瑞士民法典》第 53 条 [权利能力]

法人享有除以自然人的本质为要件的，如性别、年龄或亲属关系以外的一切权利及义务。

《瑞士民法典》第 54 条 [行为能力要件]

法人依照法律或章程设立必要的机关后，即具有行为能力。

2. 《阿根廷共和国民法典》第 35 条

为了其成立的各项宗旨，法人可以通过其规章或章程所设定的代表人机构而取得本法典规定的权利，并实施不被禁止的一切行为。

3. 《阿尔及利亚民法典》第 50 条

法人依法享有除专属自然人享有的权利之外的一切权利。

法人应具有：财产；法定范围内实施民事行为的行为能力；……

4. 《埃塞俄比亚民法典》第 454 条 [行为能力]

（1）社团可从事所有符合其性质的民事行为。

（2）它得通过其管理机关从事此等行为。

5. 《西班牙民法典》第 38 条第 1 款

法人可依法和其章程取得和拥有各类物、缔结合同的权利、实施民事和刑事行为。

在这里只规定权利能力的原因在于，区分法人的权利能力和行为能力并没有对自然人区分两者的意义大。自然人的民事行为能力受到法定年龄和精神状况的限制，具体分为无民事行为能力、限制民事行为能力和完全民事行为能力，而法人却不存在年龄和精神状况的问题，故不存在这种区分。法人的权利能力和行为能力在存续期间和范围上都是一致的。此外，法人权利能力与自然人权利能力的重要区别，还在于法人不享有与自然人的人身不可分割的权利，如健康权、继承权等。上述立法例中，《葡萄牙民法典》《瑞士民法典》《阿尔及利亚民法典》及我国澳门和台湾地区"民法典"均对此有明确规定。

第五十五条 【设立中的法人】

设立中的法人仅能从事与其设立目的相适应的民事活动。

设立人应当对法人设立过程中的债务承担责任；设立人为两人以上的，承担连带责任。

法人成立后，设立中法人从事民事活动产生的法律后果由法人承受。

【条文含义与立法理由】

本条规定的是设立中的法人。

法人设立是一系列法律行为的总称，是指设立人在法人成立之前，为组建法人而进行的、目的在于取得法律主体资格的活动。[1]设立中的法人即在此阶段的主体形态。本条规定了设立中的法人的权利能力范围和法人设立过程中法律后果的承担问题。第 1 款对设立中法人的权利能力范围予以规定，即设立中法人的权利能力范围仅限于与法人设立目的相适应的民事活动。关于在设立法人过程中法律后果的承担，在法人未成立或设立失败的情形下，设立人应对法人设立过程中的债务承担责任；法人成立后，设立法人

---

[1] 参见赵旭东主编：《公司法学》（第 3 版），高等教育出版社 2012 年版，第 105 页。

过程中的法律行为的法律后果由法人承继，设立人不再对此承担责任。

根据本建议稿第 54 条"法人的能力"的规定，法人的权利能力自法人成立时产生，而设立中的法人处在法人有效成立之前的阶段，应当认为其没有权利能力。但作为例外，如果设立中的法人从事与其设立目的相适应的民事活动，应当认为它具有权利能力；如果绝对否定设立中法人的权利能力，则其以自己名义所做出的设立行为，如进行设立登记等，将无法解释。这实际上意味着：其一，设立中的法人具有权利能力；其二，设立中的法人权利能力的范围限于从事设立行为。

关于法律后果的承担，设立中的法人由于还未获得法律主体资格，不具备完全的民事行为能力和民事责任能力，因此不具备承担民事责任的资格，只能由设立人代为承担设立过程中的债务。由于设立中的法人与成立后的法人其实体是同一的，所以由设立人之设立行为所生的权利义务自然归属于将来成立的法人。

【学理争议与立法例】

一、学理争议

对于设立中的法人，学理上的争议主要体现在以下两方面：设立中的法人的法律性质，及设立人的法律地位。以下分别论述。

我国学者关于设立中公司法律性质的学说，有具有自身特性的非法人团体说、准法人说和设立中社团说。具有自身特性的非法人团体说认为："从法律形式上看，虽然设立中公司未进行设立登记，不具有独立的法律人格，但从实际上看，它已具有行为能力、意思能力、责任能力，能够实际做出一定行为，承担一定责任，因而它又处于不完全权利能力状态，即设立中公司在本质上应是一种非法人团体，具有有限的法律人格，可以以自己的名义从事设立公司的活动，在设立公司过程中是享有权利，并在一定范围内承担义务和责任的主体。但基于设立中公司与一般的非法人团体在设立程序、财产的独立性、名称、机关和责任上的区别，所以认定设立中公司是一种具有自身特性的非法人团体。"[1]

准法人说认为:"设立中公司是'准法人',设立中公司存在的目的在于使自身获得法人资格,具有明显的'准法人'性质。'准法人'应当是介乎于团体与法人之间的一种民事主体形式,它接近于法人团体的属性,因此也可以称之为'准法人'。"[2]

设立中社团说认为:"设立中社团是以一定的人和财产为基础,具有一定的权利能力和行为能力,享有一定的权利,承担一定的义务,能承担一定的责任,但不具有独立承担责任的能力,应当认为是设立中的法人社团。"[3]

上述三种学说中,设立中社团说将设立中的法人也视为法人社团,未免有失合理,因为设立中的法人并未取得法人资格,不可被视为法人社团。至于准法人说,由于其未界定清楚设立中法人的权利义务,因此也不具有实际意义。我们赞同具有自身特性的非法人团体说,该学说比较清晰地界定了设立中法人的地位为非法人团体,但又考虑到设立中公司已经具备成立后公司的基本形态,赋予设立中公司一定的权利能力是商事实践所需,因此认为设立中的法人具有有限制的权利能力和行为能力。本条文即符合这种学说。

关于设立人的法律地位,学界主要有无因管理说、为第三人利益契约说、设立中的法人机关说及当然继承说。无因管理说认为,设立人与设立中的法人之间属于一种无因管理关系,在法人成立后,因设立人的设立行为所产生的权利义务,依无因管理的法理移归于法人。为第三人利益契约说认为,设立人因设立行为而与他人间所成立的法律关系,是以将来成立的法人为第三人(受益人)而订立的为第三人契约。设立中的法人机关说认为,设立人为设立中法人

---

[1] 范健:"设立中公司及其法律责任研究",载王保树主编:《商事法论集》(第2卷),法律出版社1997年版,第150页。

[2] 周友苏:《新公司法论》,法律出版社2006年版,第167页。

[3] 参见曹顺明:"设立中公司法律问题研究",载《政法论坛》2001年第5期。

的机关。当然继承说认为,设立人是未经登记成立的法人代理人。[1]

以上四种观点都具有片面性,均不能全面说明设立人的法律地位。从设立中法人与设立人的关系来讲,设立人应当属于设立中法人的机关,由于设立中法人与成立后法人其实体是同一的,所以由设立人之设立行为所生的权利义务自然归属于将来成立的公司;从设立人之间的关系来看,他们之间为合伙关系,所以如果公司未能合法成立,他们应当对设立行为产生的义务向第三人负连带责任。[2]

二、各国和地区立法例比较分析

从各国和地区的立法例来看,其民法典对法人设立中权利义务的规定有所不同,如《蒙古国民法典》第 23 条第 11 款规定:"设立者应依法承担法人在成立前的行为引起的责任。"而《阿根廷民法典》第 47 条规定:"如果机构的依法核准是在其设立之后获得,则其作为法人而合法存在,其效力追溯至设立之时。"由此,《阿根廷民法典》规定由成立后的法人承担设立时产生的法律责任,而《蒙古国民法典》则规定由设立人对此承担责任。

《中国澳门特别行政区民法典》与《葡萄牙民法典》的规定类似,均是规定了法人设立行为无效的认定。《葡萄牙民法典》第 158 条、第 280 条之规定适用于法人之设立,而检察院则应促使法院宣告设立行为之无效。《中国澳门特别行政区民法典》第 142 条、第 273 条之规定适用于法人之设立,而检察院则应促使法院宣告设立行为之无效。两法典涉及的相关条款均为法律行为无效的认定,意即设立行为作为法律行为的一种,也应当遵从认定法律行为无效条款的规定。考虑到两地的历史渊源,出现类似的规定不足为奇。

还有一些国家的民法典规定了设立法人的具体事项,如设立文

---

[1] 参见赵旭东主编:《公司法学》(第 3 版),高等教育出版社 2012 年版,第 112 页。

[2] 参见赵旭东主编:《公司法学》(第 3 版),高等教育出版社 2012 年版,第 113 页。

件的制定、设立登记的申请等。如《俄罗斯联邦民法典》第 52 条详尽规定了法人设立文件应当包含的内容与如何制定该文件,《日本民法典》第 45 条规定了设立登记的地点、方式等。

本条文仅认定了设立中法人的有限权利能力范围和设立行为引起的法律责任的承担,并未规定其他事项。应当认为,设立行为作为法律行为,可适用民法典中关于法律行为的一般规定,不必另行规定。同时,本建议稿在第三章第二节、第三节对社团法人、财团法人具体的设立条件和设立行为都有规定,不必在一般规定条款过多提及。

第五十六条 【法人机关和法定代表人】

法人机关应当依据法律和章程行使职权。

依照法律或者章程规定,代表法人行使职权的负责人,是法人的法定代表人。

【条文含义与立法理由】

本条规定的是法人机关和法定代表人。

本条第 1 款是关于法人机关的规定。法人机关是指根据法律或者法人章程的规定,形成法人的意思,并代表法人从事民事活动,实现其权利能力和行为能力的一定机构或者个人的总称。"法人为一组织体,组织必有其构成组织之各种部分,此各种部分,即为法人之机关。一般而言,法人有社员总会为其意思机关,有董事为其代表及执行机关,有监察人为其检察机关,然斯三者非必各种法人均须必备,易言之,社员总会仅为社团法人所独具,而监察人则为法人得设机关。"[1]法人机关为法人维持其法律人格所不可或缺的组成部分,存在于法人内部,为与法人不可分离的抽象概念。担当法人机关之自然人,或为一人,或为数人,且具有独立的法律人格,但法人机关本身却不会因担当者数量的改变而发生变更,且不具备

---

[1] (台)郑玉波:《民法总则》,台北三民书局 1998 年版,第 135 页。

独立的法律人格，[1]其行使职权应当依据法人设立时所根据的法律或者章程。法人的设立均有其目的，而该目的可由法人设立时所根据的法律或者章程确定。为了使法人的目的得以实现，需要通过自然人的活动将根据具体情况形成的法人的意思予以呈现，并将法人的意思转化为具体的实际行动，而且接受相应的法律监督，其前提便是法人设立时所根据的法律或者章程。

本条第 2 款是关于法定代表人的规定。法定代表人是法人机关的一种，单一法定代表人制是我国法人制度所独有的。法定代表人与法人为同一法律人格，法定代表人的身份赋予其实施法律行为的地位和权利，无须法人另行授权。该款规定，代表法人行使职权的负责人只能根据法律规定产生，或者根据法人的章程产生。

法人为社会组织体，法人机关为抽象概念，法人自身不能为行为，须通过自然人的活动为之。法定代表人与法人之间是代表法律关系，代表权由法律或者章程规定，以法人的名义，代表法人行使职权、对外实施法律行为，其职务行为即为法人的行为，其法律后果当然归属于法人。除法定代表人之外，在特殊情况下，法人的代表权也有可能为法定代表人之外的人享有。依法具有代表权的人在其代表权限范围内，与法定代表人地位相同，其以法人名义进行的民事活动，仍然被视为法人的行为，由此产生的法律后果也当然归属于法人。[2]

【学理争议与立法例】

一、学理争议

关于法人机关的性质，基于对法人本质的不同认识，存在代理说和代表说两种学说。代理说系基于法人拟制说，即法人主体地位系来自于法律拟制，法律上拟制仅在赋予法人主体地位，使其具有权利能力，法人并不具有意思能力及行为能力，其对外活动须借助

---

〔1〕 参见梁慧星：《民法总论》（第 2 版），法律出版社 2001 年版，第 169 页。

〔2〕 参见梁慧星主编：《中国民法典草案建议稿附理由·总则编》，法律出版社 2013 年版，第 137 页。

代理制度通过代理人的行为进行。代表说系基于法人实在说，即法人作为一个具有意思能力和行为能力的独立主体，其通过机关形成自己的意思和做出一定的行为，机关对外的行为即视为法人自身的行为，其效果当然由法人承受，无须援引代理理论。基于本建议稿采纳了法人实在说，对法人机关的性质亦采代表说。

二、立法例

关于如何代表法人，存在共同代表制、单独代表制、单一代表制三种立法例。[1] 共同代表制如德国，由董事会代表社团，董事会具有法定代理人的地位。单独代表制下，法人的每个董事或者理事对外都可以代表法人，如我国台湾地区。单一代表制则为我国大陆地区的法定代表人制度，由单一的法定代表人作为法人机关代表法人从事民事活动。

（一）关于法人机关的立法例

1.《德国民法典》第 26 条

（1）社团须设置董事会。董事会可以由数人组成。

（2）董事会在诉讼上和在诉讼外代表社团；其具有法定代理人的地位。其代表权的范围可以章程加以限制，此种限制对第三人有效。

2.《瑞士民法典》第 55 条第 1 款

法人的意思，由其机关表示。

3.《日本民法典》第 53 条

理事就法人的事务均代表法人，但不得违反章程规定或捐助章程的宗旨。在社团法人，则应服从全会决议。

《日本民法典》第 55 条

理事以章程、捐助章程或全会决议所不禁止者为限，可以将特定行为的代理委任于他人。

《日本民法典》第 56 条

于理事缺员情形，因迟滞将有产生损害之虞时，法院则因利害

---

[1] 参见李永军：《民法总论》（第 2 版），法律出版社 2009 年版，第 316 页。

关系人或检察官的请求，选任临时理事。

《日本民法典》第 57 条

关于法人与理事间利益相反的事项，理事无代表权。于此情形，应依前条规定，选任特别代理人。

4.《蒙古国民法典》第 25 条第 1 款

法人通过自己的机关参加民事法律关系。

《蒙古国民法典》第 25 条第 2 款

法人机关的法律地位，由法律或法人的设立文件确定。

5.《葡萄牙民法典》第 162 条

法人之机关由其章程指明，其中须包括一个合议制之行政管理机关及一个监事会，两者均由单数成员组成，其中一人为主席。

6. 中国台湾地区"民法典"第 27 条第 1 项

法人应设董事。……

中国台湾地区"民法典"第 27 条第 4 项

法人得设监察人，监察法人事务之执行……

7.《中国澳门特别行政区民法典》第 145 条第 1 款

法人之机关由其章程指明，其中须包括一个合议制之行政管理机关及一个监事会，两者均由单数成员组成，其中一人为主席。

（二）关于法定代表人的立法例

1.《中华人民共和国民法通则》第 38 条

依照法律或者法人组织章程规定，代表法人行使职权的负责人，是法人的法定代表人。

2.《中华人民共和国公司法》第 13 条

公司法定代表人依照公司章程的规定，由董事长、执行董事或者经理担任，并依法登记。公司法定代表人变更，应当办理变更登记。

第五十七条　【法人的分支机构】

分支机构经法人授权，可以自己的名义从事民事活动，由此产生的债务，由法人承担责任。法律有特别规定的，依据特别规定。

【条文含义与立法理由】

本条规定的是法人的分支机构。

法人的分支机构是法人在某一区域设置的完成法人部分职能的业务活动机构。[1]通常来讲，法人的分支机构不拥有独立的财产经费，不具备独立承担民事责任的基础，不能独立承担民事责任。但在实践中，由于许多大型公司的业务分布于各个地方，甚至不同国家，直接从事这些业务的许多就是公司内部所设置的分支机构，即法人的分支机构从事民事活动的现象大量存在，为了促进市场交易，保护交易安全，就必须承认法人的分支机构在一定条件下可以以自己的名义对外从事民事活动，这就表现为经过法人授权，办理营业登记，领取营业执照。由于法人的分支机构并不具有法人资格，其对外从事民事活动所产生的法律效果应由法人承担，即由法人对其分支机构的债务承担责任。如果法律对分支机构对外从事民事活动及责任承担有特别规定，则依据特别规定。

【学理争议与立法例】

一、学理争议

关于法人分支机构的民事主体地位有三种学说：①否定说。该说认为，法人的分支机构不是法人，不具备独立的民事主体地位。②肯定说。该说认为，法人的分支机构具有权利能力，具备独立的民事主体地位。③折中说。该说认为，法人的分支机构虽非法定民事主体，但可以成为具体民事活动的主体和诉讼主体，可以在营业登记所确定的范围内从事各种民事活动。[2]在这里，我们采折中说，系考虑到实践中法人分支机构以自己名义对外从事民事活动的现象大量存在，故有必要承认分支机构的主体地位，同时法人分支机构并非独立法人，本质上还属于法人的组成部分，故其对外行为须获得法人授权。

---

[1] 江平主编：《法人制度论》，中国政法大学出版社1994年版，第101页。
[2] 江平主编：《法人制度论》，中国政法大学出版社1994年版，第110页。

二、关于法人分支机构的立法例

1. 《中华人民共和国企业法人登记管理条例》第 35 条第 1 款

企业法人设立不能独立承担民事责任的分支机构，由该企业法人申请登记，经登记主管机关核准，领取《营业执照》，在核准登记的经营范围内从事经营活动。

2. 《俄罗斯民法典》第 55 条第 3 款第 1 项

代表机构和分支机构不是法人。它们拥有由设立它们的法人划拨的财产并根据该法人批准的条例进行工作。

3. 《越南社会主义共和国民法典》第 100 条第 1 款

法人可在法人住所以外的地方设立分支机构。

《越南社会主义共和国民法典》第 100 条第 3 款

分支机构是法人的附属单位，其任务是执行法人的全部或部分职能，包括依授权的代表职能。

《越南社会主义共和国民法典》第 100 条第 4 款

分支机构不是法人。分支机构的负责人根据法人的授权履行其职能。

《越南社会主义共和国民法典》第 100 条第 5 款

分支机构设立、实施民事交易所产生的民事权利义务，由法人享有和承担。

4. 《蒙古国民法典》第 26 条第 1 款

法律或设立文件中有规定的，法人可按法定程序开设分支机构。

《蒙古国民法典》第 26 条第 2 款

法人的分支机构是位于法人营业地以外的其他地点，并执行法人的全部或部分职能的专门单位。

《蒙古国民法典》第 26 条第 4 款

分支机构的权利和义务，由其章程规定。

《蒙古国民法典》第 26 条第 5 款

分支机构的负责人，在法人作出的授权基础上从事其活动。

《蒙古国民法典》第 26 条第 6 款

分支机构可以有法律人格。

第五十八条 【法人的住所】

法人以其登记的住所为住所；无须登记住所的，以其主要办事机构所在地为住所。

【条文含义与立法理由】

本条规定的是法人的住所。

住所是法人设立的重要条件之一，也是一个法人的重要组成部分。本条文的意义在于指导确定法人的住所。在确定法人的住所时，如果该法人有登记过的住所，那么应当以登记的住所为该法人的住所。如果该法人在成立与变更过程中，无须向行政主管机关登记它的住所，那么就应当将该法人主要办事机构所在地确定为该法人的住所。一个法人只能有一个住所，如果一个法人无须登记住所，又同时具有多个在不同地区的办事机构，那么应该认定该法人主要的办事机构所在地为其住所。

法人的住所不同于法人的场所。法人的住所是一个具有法律意义的概念，是指法人依法向主管行政部门登记的地点，或者在无须登记的情况，其主要办事机构所在的地点。"法人的场所就是法人从事业务活动或生产经营活动的处所。法人必须要有自己的场所，既包括法人的机关所在地，也包括法人的生产经营场所及其他分支机构所在地。"[1]两者概念既有联系又有区别，"一个法人可能只有一处场所，也可能有多处场所，但一个法人只能有一个住所"。[2]

因为法人的住所是一个法律概念，所以确立法人的住所具有重要法律意义。"法人的住所在法律上具有重要意义，如决定债务履行地、决定登记管辖、决定诉讼管辖，决定法律文书送达的处所，决定涉外民事关系的准据法等。"[3]确立法人的住所的法律意义主要有以下几点：①充分体现了尊重当事人意思自治原则。法人的住所

---

[1] 江平主编：《民法学》，中国政法大学出版社 2000 年版，第 129 页。
[2] 江平主编：《民法学》，中国政法大学出版社 2000 年版，第 130 页。
[3] 江平主编：《民法学》，中国政法大学出版社 2000 年版，第 130 页。

以该法人向行政主管部门申报的地点为准，给予法人更多的选择自己住所地的权利，是民法学中意思自治原则的体现。②法人的住所是判断法人国籍的重要标志之一。在民商事案件中，常常依据法人的住所来判断法人的国籍。③确立法人的住所有助于解决国内法律纠纷。法人的住所作为一个法律概念，与民事诉讼法关于案件管辖、法律文书送达等的内容密切相关。确立法人的住所有利于明晰国内民事诉讼中的程序问题，从而有利于提高司法效率，节约司法资源。④确立法人的住所有助于解决国际法律纠纷。法人的住所地是国际私法当中一个重要的连接点，而"属人法是以法律关系当事人的国籍、住所或惯常居所作为连接点的系属公式"，[1]因此确立法人的住所对于快速高效解决国际民商事案件具有重要意义。⑤确立法人的住所，有助于民商事交往的双方当事人获得更加丰富的信息，提醒当事人注意防范法律风险，有助于市场交易更加公正透明，从而有利于维护市场交易的安全。

【学理争议与立法例】

法人的住所具有重要的法律意义，各国对于法人住所的规定主要有登记对抗主义和登记要件主义。"各国对法人的住所，建立公示机制，登记事项中，包括法人住所，住所或事务所如有变更，应当登记。多数国家，采取登记对抗主义，非经登记，不得对抗第三人。如日本采取了对抗主义，这显然是基于外部观点的考虑结果，以维护第三人的信赖利益，满足交易安全的需要。另一些国家，则采取登记要件主义，非经登记，一律视为没有发生变更。我国对法人（尤其是企业法人与社会团体法人）的住所登记，采登记要件主义。"[2]

---

〔1〕 赵相林主编：《国际私法》（第4版），中国政法大学出版社2014年版，第91页。

〔2〕 龙卫球：《民法总论》，中国法制出版社2001年版，第442~443页。

一、登记对抗主义

1. 《日本民法典》第 46 条

法人设立登记中应登记的事项如下：①目的；②名称；③事务所的所在地；④设立许可年月日；⑤定有存续时期时，其时期；⑥资产总额；⑦定有出资方法时，其方法；⑧理事的姓名及住所。

前项各号所列举事项发生变更时，必须在两周以内在主要事务所所在地或三周以内在其他事务所所在地进行变更登记。各自在其登记以前，不得以其变更对抗第三人。

停止理事执行职务或者选任代行理事职务之人等假处分，抑或假处分被变更或撤销时，必须在其主要事务所及其他事务所所在地登记。此项登记准用前项后段的规定。

《日本民法典》第 50 条

法人的住所，以其主事务所所在地为准。

2. 《意大利民法典》第 46 条

法律规定以居所或住所为发生法律效力的依据的，法人的住所系指法人确定的主要活动场所所在地。

第 16 条确定的住所或登记的住所与法人业务的实际实施地不一致的，第三人亦可将法人业务实施地视为法人的住所。

《意大利民法典》第 47 条

法人可以为特定的活动或事务选择特别住所。

该选择应当以书面形式明确做出。

3. 美国《路易斯安那民法典》第 44 条

有临时办公地点和住所的人，办公地点临时且不稳定，或者随时迁徙的人，如果没有表明相反意图，则其原住所为其住所。

4. 《西班牙民法典》第 41 条

法人住所未依法设立或法律不承认的，且法人成立时没有确定其住所的，法人代表的住所或主要业务的经营地为其住所。

二、登记要件主义

1. 《德国民法典》第 24 条

如不另规定，则社团的管理被执行的地方视为社团所在地。

2. 《巴西民法典》第 75 条

法人的住所如下：

①作为法人的联邦，其住所是联邦区；

②作为法人的州和大区，其住所是各自的首府；

③作为法人的市，其住所是市政府运行的地方；

④其他法人的住所是它们各自的指挥和管理机构的所在地，或者是其章程或创设文件中选择作为特别住所的地方。

第 1 款 法人在不同的地点有不同的机构的，对于在此等地点进行的行为，它们中的每个都视为其住所。

第 2 款 如其管理或指挥机构在国外，对于其任何一个代理处缔结的债务，属于它的位于巴西的机构的住所视为此等法人的住所。

3. 《葡萄牙民法典》第 159 条

法人的住所由其章程订定；章程无订定者，以主要行政管理机关惯常运作地为住所。

4. 《阿尔及利亚民法典》第 50 条

法人依法享有除专属自然人享有的权利以外的一切权利。法人应具有：财产；法定范围内是民事行为的行为能力；住所即管理机构所在地。其所在地在外国但在阿尔及利亚从事活动的公司，根据内国法，被视为在阿尔及利亚拥有住所；为意思表示的代表人；在法院进行诉讼的权利。

5. 《越南社会主义共和国民法典》第 98 条 [法人的住所]

法人的管理机关所在地是法人的住所。

法人可选择其他地点作为法人的联络地址。

6. 《蒙古国民法典》第 24 条第 5 款

法人的主办事处的所在地为法人的营业地。

7. 《埃塞俄比亚民法典》第 453 条

（1）社团以社团规约或章程确定的总部所在地为其主要居所。

（2）社团以其长久占有不动产的地点为附属居所。

8. 《韩国民法典》第 36 条

法人以其主要办事机构所在地为住所。

9.《俄罗斯民法典》第 54 条第 2、3 款

2. 法人的住所地以其国家注册地为准。法人应在其常设执行机关所在地进行国家注册，而如果没有常设执行机关，则应在有权无需委托书而以法人的名义进行工作的其他机关或人员的所在地进行国家注册。

3. 法人的名称和住所地在其设立文件中予以载明。

10.《马耳他民法典》第 4 条第 3 款

任何法人均应在马耳他有一个就其活动可以进行通讯和获得信息的地址。

11.《中国澳门特别行政区民法典》第 143 条

法人之住所由其章程订定；章程无订定者，以主要行政管理机关惯常运作地作为住所。

第五十九条 【法人的责任承担】

法人以其全部财产承担民事责任，法律另有规定的除外。

【条文含义与立法理由】

本条规定的是法人的民事责任。

根据本法规定，法人是依法设立的独立享有民事权利和承担民事义务的组织，其本质特征有二：一是它的团体性；二是它的独立人格性。[1]因此，法人作为拥有独立人格的民事主体，具有其独立的权利能力和行为能力。依据民事责任的一般原则，任何民事主体均应以其全部财产承担清偿债务的责任，故当法人作为债务人时，亦应以其全部财产承担民事责任。但是相比一般的民事主体，法人所承担的责任在通常情况下为一种"有限责任"。这里的"有限"，并不是指法人之债权人只能就法人的部分财产请求清偿，或是法人作为债务人可以只用部分财产进行清偿，而是说在法人资不抵债时，法人之债权人只能就法人自身的全部财产请求清偿债务，不得要求

---

〔1〕 江平主编：《法人制度论》，中国政法大学出版社 1994 年版，第 1 页。

法人的发起人（参加人）对法人的债务承担责任。

首先，因为法人具有独立的人格，亦具有权利能力，所以以自己的名义和自己的财产对外承担责任是法人作为独立民事主体的基本特征。《民法通则》将"能够独立承担民事责任"作为法人成立的要件之一，导致法人人格与独立责任之间似乎存在着必然的联系，即法人具有独立人格，则法人应承担起独立责任。但是，从法人制度的历史发展以及当代各国和地区关于法人及其责任的法律规定来看，法人的独立责任的确立并非法人人格的必然结果。[1]现有的法人的责任形态并不一致，如一般的有限责任公司的责任形态是责任独立，而公法人的财产却是由国家预算所拨付，其民事责任有时并不只由公法人本身承担。可见，虽然法人主要的责任形态是独立责任，但它不是唯一的责任形态。故于此规定"法人以其全部财产承担责任"，而不是"法人以其全部财产独立承担民事责任"。[2]

其次，法人的独立责任仅意味着权利主体以自己的名义和自己的财产对外承担责任，并不意味着所有的责任都由自己承担，其他人在任何时候都不对此承担责任。[3]我国《公司法》规定，公司作为法人以其全部财产对公司债务承担责任，股东承担有限责任。与此同时，《公司法》在第20条规定，公司股东滥用公司法人独立地位和股东有限责任，逃避债务，严重损害公司债权人利益的，应当对公司债务承担连带责任；第63条规定了一人有限责任公司的股东

---

〔1〕 任尔昕："我国法人制度之批判——从法人人格与有限责任制度的关系角度考察"，载《法学评论》2004年第1期。作者在论文的第一部分探讨了法人人格与有限责任制度的历史与理论渊源，最后得出一个结论："当一个组织或实体得到国王、议会、政府的许可或法律的承认因而可以以其名义实施法律行为、拥有法律利益，进行诉讼与被诉讼的自我保护，并以此与其成员或任何第三人相区别时，即可称该主体为法人，亦可认为该法人拥有法律上可以独立存在的、与其成员或任何第三人不同的人格。即可认为该法人拥有法律上的独立的人格。而法人独立责任并不是法人人格独立的必然结果，二者无必然关系。"

〔2〕 王利明主编：《中国民法典学者建议稿及立法理由·总则编》，法律出版社2005年版，第143页。

〔3〕 柳经纬："民法典编纂中的法人制度重构——以法人责任为核心"，载《法学》2015年第5期。

承担连带责任的情形。众所周知，在实际生活中，一些股东为了一己私利，滥用公司的独立法人地位，损害公司利益以及债权人利益。这个时候就需要"揭开公司面纱"，否认相关公司的独立法律人格，将它视为合伙或无限公司；其股东自然不再享有有限责任的特权。[1]本条中"法律另有规定的除外"正是为此种情况预留了空间。

【学理争议与立法例】

在法人承担民事责任的问题上没有学理争议，各国及地区立法上的区别在于有无将此内容列为法律条文加以明确规定。

立法参考如下：

1.《俄罗斯民法典》第 56 条第 1 款

除由财产所有人拨款的机构外，法人以属于它的全部财产对自己的债务负责。

2.《蒙古国民法典》第 27 条第 1 款

法人可以以其全部资产承担责任。

3.《越南社会主义共和国民法典》第 103 条第 1、2 款

（1）法人对其代表人以法人名义设立、实施的民事权利义务承担民事责任。

（2）法人以自己的财产承担民事责任；对于其成员不以法人名义设立、履行的民事义务，法人不承担民事责任。

第六十条 【法定代表人和其他工作人员职务行为致人损害的责任承担】

法定代表人和其他工作人员执行工作任务致人损害，由法人承担民事责任。

法人承担民事责任之后，有权依据法律规定或法人章程或者组织规章的规定，向有过错的法定代表人及其他工作人员追偿。

---

〔1〕 高旭军："论'公司人格否认制度'中之'法人人格否认'"，载《比较法研究》2012 年第 6 期。

【条文含义与立法理由】

本条第 1 款是关于法人对其法定代表人和其他工作人员执行工作任务致人损害的责任的规定。"民事责任指违反私法之义务，侵害或者损害他人之权利或法益，因致必须承担私法关系之不利益之谓。"[1]民事责任依发生依据不同，又分为契约责任、侵权责任。即在通常情况下，责任是由于行为人实施了违法或违约行为，进而导致该行为人或其监护人应承担不利的法律后果。该条文表明，在法定代表人和其他工作人员实施致人损害的行为时，如果该行为乃执行工作任务的行为，其损害后果将由法人承担。

本条第 2 款是关于法人对其法定代表人和其他工作人员的追偿权的规定，其目的在于，使法人在承担因法定代表人和其他工作人员执行工作任务致人损害的民事责任之后，有权依据法律规定或法人章程或者组织规章，向有过错的法定代表人或者其他工作人员追偿。

在讨论法人承担法定代表人和其他工作人员执行工作任务致人损害的民事责任之前，需要先明确法人是否有侵权行为能力。法人的侵权行为能力因法人拟制说和实在说而有所区别。据法人拟制说，法人不具有行为能力和意思能力，相当于无行为能力自然人，并不能为其侵权行为承担责任，故不具有侵权行为能力。据法人实在说，法人为一实在主体，具有行为能力和意思能力，当然能为其行为承担责任，故具有侵权行为能力。本建议稿采法人实在说，故法人具有侵权行为能力。

本条第 2 款为第 1 款的自然延伸。由于法人承担了法定代表人和其他工作人员执行工作任务致人损害的责任，故其有权利依据法律、章程或组织规章追究有过错的法定代表人和其他工作人员的责任。

---

[1] 沈宗灵主编：《法理学》，北京大学出版社 2000 年版，第 504 ~ 505 页。

【学理争议与立法例】

一、学理争议

法人对其法定代表人和其他工作人员执行工作任务致人损害的责任在学理上存在着一定的争议。有学者认为我国对于法人制度应采用法人实在说，从而认为在讨论法人对其法定代表人和其他工作人员执行工作任务致人损害的责任问题上，应当将法定代表人与其他工作人员区分开，其认为："法人承担法定代表人侵权行为的原因应当依据'代表理论'，直接由法人承受，而对于其他工作人员则应当依据'代理理论'由法人承受。"[1]亦有学者认为应当采用法人拟制说，从而认为"法人机关对法人居代理人的地位，对外发生代理与被代理的关系"，[2]那么法人的法定代表人及其他工作人员与法人之间的关系应当一视同仁。

二、立法例

法人对其工作人员执行职务行为的责任为雇主责任。关于该责任，各国有不同的立法例，分别为无过错责任和过错推定责任两种。基于我国民事立法一直对雇主责任采用无过错责任原则，且大多数国家采此原则，为强化法人的监督管理职责，保护受害人利益，本建议稿采无过错责任。

（一）"无过错责任"立法例

1. 《法国民法典》第 1384 条第 3 款

主人与雇佣人对仆人与受雇人因执行受雇的职务所致的损害，应负赔偿的责任。

2. 《韩国民法典》第 35 条

（1）法人对理事或者其他代表人因职务行为导致他人的损害负赔

---

[1] 王利明主编：《中国民法典学者建议稿及立法理由·总则编》，法律出版社 2005 年版，第 146 页。

[2] 焦娇："论公司代表人的法律性质"，载《河南财经政法大学学报》2014 年第 2 期。

偿责任。但理事或其他代表人，不得因此免除自己的损害赔偿责任。

（2）因法人目的范围外的行为致他人损害的，赞成或执行该事项的决议的社员、理事或者其他代表人，应承担连带赔偿责任。

3.《日本民法典》第44条

（1）法人对于理事及其代理人因执行其职务给他人造成的损害，负赔偿责任。

（2）超越法人目的范围的行为对他人造成损害时，赞成就该行为相关事项的决议的社员、理事及履行该项决议的理事以及其代理人对损害负连带赔偿责任。

4.《巴西民法典》第43条

内国的公法法人对其工作人员在质权范围内对第三者造成损害的行为承担民事责任，但如此等工作人员有过失或故意，此公法法人享有对他们的追索权。

5.《德国民法典》第31条

社团对董事会、董事会成员之一或其他依章程选人的代理人以在执行其有权执行的业务中实施的、引起损害赔偿义务的行为所加给第三人的损害，负其责任。

6.《瑞士民法典》第55条第2款

法人对其机关的法律行为及其他行为承担责任。

7.《中国澳门特别行政区民法典》第150条

法人机关据位人须就担任职务时所造成之损害，按照一般规定对第三人负责。

（二）"过错推定责任"立法例

1.《德国民法典》第831条第1款

为某事务而使用他人的人，对该他人在执行事务中所不法加给第三人的损害，负赔偿义务。使用人在挑选被使用人时，并且，以使用人须置办机械器具或须指挥事务的执行为限，使用人在置办或指挥时尽了交易上必要的注意，或者纵使尽此注意也会发生损害的，不发生赔偿责任。

2. 中国台湾地区"民法典"第28条

法人对于其董事或其他有代表权之人因执行职务所加于他人之

损害，与该行为人连带负赔偿之责任。

第六十一条 【超越法人目的的法律行为】

法人实施的法律行为不因超越章程规定的目的范围而无效，但法律另有规定的除外。

【条文含义与立法理由】

本条规定的是法人实施超越目的范围法律行为的效力。

法人应当在目的范围之内从事民事活动。法人实施的法律行为超越了章程所规定的目的范围时，不因超越目的而无效。但是法律另行规定法人目的外行为无效的，应当依照该法律的规定。

目前我国法律未见"法人目的"之措辞，只在关于营利法人的规定中使用"经营范围"的表述。"经营范围"与"法人目的"皆意在划定法人的交往领域，而诸如公司之类的营利法人系私法法人之典型，在此意义上，将二者作概念对应基本没有问题。[1]不过，"经营范围"与"法人目的"背后的理念有一定的不同。《民法通则》中"经营范围"更多意味着计划经济体制下的国家管控，是对法人纵向的经济管理。在市场经济环境下，随着《公司法》的修改、最高人民法院《关于适用〈中华人民共和国合同法〉若干问题的解释（一）》（以下简称《合同法司法解释（一）》）的出台，法人目的设定更加自由，国家干预色彩大为淡化。因此本条采用"法人目的"的称谓，以区别于国家核准之下的"经营范围"。

法人目的设立的宗旨随着时代的推移而不断演进，由最初完全体现国家意志、有限制地体现设立人的意志，到现代社会在符合国家法律规定的条件下，主要反映设立人的意志，由设立人自由设定，同时保护第三人，维护交易安全。在社会主义市场经济时代，法人的目的范围由法人自定，无须国家审批，不属于法定资格范围。特别是营利性法人的目的在于营利，非在于实现国家计划。[2]法人超

---

〔1〕 朱庆育：《民法总论》，北京大学出版社 2013 年版，第 454 页。

〔2〕 蔡立东："论法人行为能力制度的更生"，载《中外法学》2014 年第 6 期。

越目的范围的经营不应再被认为是对国家经济体制的破坏。在日益扩大的营业自由需求之下，法人目的规定需要更加灵活。因此，不能认为法人目的外行为缺少主体资格，而采取一律认定其无效的做法。如果将超越目的范围的行为一律认定为无效，一方面不利于法人适应市场经济的发展形势，促进法人事业和成员利益的发展；另一方面也不利于保护交易安全和保护第三人。

当然，对法人目的外行为还要进行区分。如果超越目的范围的行为是属于法律禁止经营、限制经营或者特许经营的行为，为了维护社会利益，就必须对此加以限制。此外，为了维护社会公共秩序和公共利益，对机关法人、事业单位法人也应当另行对待。从目前世界各国和地区立法看，对营利性法人目的外行为有一种从宽解释的倾向。我国《合同法》第 50 条、《合同法司法解释（一）》以及《公司法》都迎合了这一趋势。[1]基于以上理由，本条规定：法人实施的法律行为不因超越章程规定的目的范围而无效，但法律另有规定的除外。

【学理争议与立法例】

一、学理争议

关于法人目的范围对法人行为效力的影响，学界主要有以下几种观点：

第一，权利能力限制说。该说认为，法人目的范围的限制，乃是对法人权利能力的限制。权利能力限制说又因关于法人本质立场的不同而分为两派：其一，基于法人拟制说的权利能力限制说，认为法人本非实在，只是因为法律的拟制而成为权利主体，法人无行为可言，因此认为法人目的范围限制法人权利能力，而不产生对法

---

〔1〕《合同法》第 50 条："法人或者其他组织的法定代表人、负责人超越权限订立的合同，除相对人知道或者应当知道其超越权限的以外，该代表行为有效。"《合同法司法解释（一）》第 10 条："当事人超越经营范围订立合同，人民法院不因此认定合同无效。但违反国家限制经营、特许经营以及法律、行政法规禁止经营规定的除外。"2005 年《公司法》修订之时，删去了"公司应当在登记的经营范围内从事经营活动"的规定。

人行为能力的限制问题；其二，基于法人实在说的权利能力限制说，认为法人是一种社会存在，既有权利能力，也有行为能力，因此法人目的事业范围限制法人的权利能力，也因此使法人的行为受到限制。[1]权利能力限制说存在着诸多缺陷：其一，法人目的事业范围不同而导致各个法人权利能力不同，这显然与民法平等原则相悖。其二，法人目的外行为因无权利能力而无效，将非常不利于维护交易安全，使第三人合理的期待利益落空，亦助长不诚实的交易行为，导致社会资源巨大浪费。这与法人目的范围的设立宗旨完全背道而驰。

第二，行为能力限制说。[2]该学说认为，法人的目的事业范围限制的是法人的行为能力。权利能力限制与行为能力限制的区别在于，对前者而言，"法人目的外行为当然无效，不可补正"；对后者而言，"法人目的外的行为似应视为一种未确定的无效"。[3]该学说存在一定缺陷。从语义上看，"未确定的无效"是效力待定。在我国法律中，效力待定的情形之一是限制民事行为能力人实施了超越其智力、年龄的法律行为。如果认为法人目的是对法人行为能力的限制，那么意味着在目的范围之外，法人是无民事行为能力人，而非限制民事行为能力人，其实施的法律行为应当是确定无效。

第三，代表权限制说。该学说认为法人的目的范围不过是划定法定代表人的对外代表权的范围而已。依此说，法定代表人超越目的范围的行为属于超越代表权的行为，在处理上应与欠缺代表权的行为相同。若第三人不知道或不应当知道法定代表人超越代表权，即第三人为善意，则构成表见代表，否则行为无效。依照该学说，首先，法人目的外行为原则上作有效处理，这样更有利于保护交易相对人的利益和提高交易效率。其次，法人目的范围之外不再是法

---

〔1〕 余延满、冉克平、郭鸣："企业法人目的范围外行为新探"，载《安徽大学法律评论》2004 年第 1 期。

〔2〕 赞成该学说的主要有梁慧星：《民法总论》（第 4 版），法律出版社 2011 年版，第 129 页；马俊驹、余延满：《民法原论》（第 4 版），法律出版社 2010 年版，第 124 页。反对该学说的主要有朱庆育：《民法总论》，北京大学出版社 2013 年版，第 457 页；王卫国主编：《民法学》，中国政法大学出版社 2007 年版，第 90 页。

〔3〕 梁慧星：《民法总论》（第 4 版），法律出版社 2011 年版，第 128 页。

人的禁地，有利于及时适应市场形势，实现法人利益和成员利益的最大化。最后，法人目的作为法定代表人的权限，有利于在代表人滥用代表权时追究代表人的责任。本建议稿采取这一学说。

第四，内部责任说。又称内部关系说，是日本法学界在批判立法坚持权利能力限制说的过程中所形成的主流学说。该说认为，法人的目的事业范围限制，不过是划定法人、机关在法人内部的责任而已，对外并无效力，因而法人目的外行为宜在法人内部加以处置。[1] 该说对法人和法人成员的利益存在重大忽视，世界各国及地区立法鲜有采纳此说者。

二、相关立法例

1. 《俄罗斯民法典》第 49 条

法人能够享有符合其设立条件所规定的活动宗旨的民事权利并承担与该活动有关的义务。

商业组织，除单一制企业和法律规定的某几种组织外，可以享有为进行法律不予禁止的任何种类的活动所必需的民事权利并承担民事义务。……

2. 《德国民法典》第 43 条

其权利能力以授予为基础的社团追求章程所规定目的以外的目的的，它可以被剥夺权利能力。

3. 《韩国民法典》第 34 条

法人在其根据法律的规定以章程所确定的目的范围内，为权利义务的主体。

4. 《日本民法典》第 43 条

法人依法令规定，在章程或捐助章程所定目的范围内，享有权利，承担义务。

5. 《埃塞俄比亚民法典》第 454 条

社团可从事所有符合其性质的民事行为。

---

[1] 温世扬、何平："法人目的事业范围限制与'表见代表'规则"，载《法学研究》1995 年第 5 期。

第六十二条 【法人的解散事由】

有下列情形之一的，法人解散：

（一）目的事业已经完成或者确定无法完成；

（二）章程规定的存续期间届满；

（三）章程规定的其他解散事由出现；

（四）法律规定的其他情形。

【条文含义与立法理由】

本条规定的是法人的解散事由。

法人目的事业已经完成或者确定无法完成时，法人的存在已无意义。此外，章程是法人的"宪章"，是公司组织体自治领域范围内的"宪法性"文件，章程规定解散事由是法人自治的表现。法人的权利能力受到营业期限的限制，在存续期间届满时解散。

民法上，除了宣告死亡制度外，自然人死亡无须追问原因。自然人无论基于何种原因死亡，对死亡的法律后果都不会产生影响，法人则不同。法人的死亡影响清算程序的展开，解散作为法人终止程序的一环，是清算的前提，因此需要对解散事由作出规定。在其他国家和地区的民法典中，有的将破产、不符合法定人数要求、被有权机关撤销等列为法人解散的事由。我国《公司法》第180条规定："公司因下列原因解散：（一）公司章程规定的营业期限届满或者公司章程规定的其他事由出现；（二）股东会或者股东大会决议解散；（三）因公司合并或者分立需要解散；（四）依法被吊销营业执照、责令关闭或者被撤销；（五）人民法院依照本法第一百八十二条的规定予以解散。"《公司法》第182条规定："公司经营管理发生严重困难，继续存续会使股东利益受到重大损失，通过其他途径不能解决的，持有公司全部股东表决权百分之十以上的股东，可以请求人民法院解散公司。"〔1〕考虑到单行法中已经对营利性法人解散

---

〔1〕 最高人民法院《关于适用〈中华人民共和国公司法〉若干问题的规定（二）》第2条进一步列举了股东请求法院解散公司的情形。

事由进行了详细的规定，因而在民法典总则的法人一般规定里，仅列举社团法人和财团法人共有的规定，将二者独有的解散事由纳入到"法律规定的其他情形"之中。

【学理争议与立法例】

对法人解散事由的规定，学界没有争议。有关立法例如下：

1.《韩国民法典》第 77 条

（一）法人因存续期间届满、法人目的实现或无法实现以及章程规定的其他解散事由的发生、破产或设立许可的撤销而解散。

（二）社团法人，因无社员或社员总会决议而解散。

2.《德国民法典》第 41 条

社团可以因社员大会的决议而解散。如章程不另有规定，则对于解散社团的决议，所投票的四分之三多数是必要的。

《德国民法典》第 73 条

社员人数减至三人以下的，区法院必须根据董事会的申请，并且，申请在 3 个月以内未被提出的，区法院必须依职权，在听取董事会的意见之后，剥夺社团的权利能力。

《德国民法典》第 74 条

（1）社团的解散和权利能力的剥夺，必须在登记簿上登记。

（2）社团因社员大会的决议或因为社团的存续而指定的期间届满被解散的，董事会必须申请进行解散的登记。在前一种情形下，该项申请必须附具解散决议的副本。

《德国民法典》第 87 条第 1 款

（1）财团目的的实现已成为不可能，或财团目的的实现危害公共利益的，有管辖权的机关可以给予财团另外的目的或者废止财团。

3.《埃塞俄比亚民法典》第 459 条

社团在规约或章程规定的情形解散。

《埃塞俄比亚民法典》第 460 条

尽管有相反的约定，社员大会可在任何时候决议解散社团。

《埃塞俄比亚民法典》第 461 条

出现下列情况时，得由法院根据其理事会或 1/5 的成员或社团办公室的申请解散社团：

（1）因社员数目减少或其他任何原因，社团不再能任命管理委员会的成员，或根据规约或章程运作；

（2）社团的目的已达到或变得不可能达到，或者社团的长期不活动已表明其停止追求其目的；

（3）社团追求与其规约或章程确定的不同的目的的；

（4）社团破产。

《埃塞俄比亚民法典》第 462 条第 1 款

（1）当社团的目的或活动违法或违反道德时，社团办公室得将其解散。

《埃塞俄比亚民法典》第 503 条

捐赠基金应在章程规定的情况下终止。

《埃塞俄比亚民法典》第 504 条

法院在下列情形，根据捐赠基金保护和监督组织或检察官的申请宣告终止：

（1）捐赠基金的目的已达到或变得不可能达到；

（2）上述目的成为非法或违反道德；

（3）捐赠基金追求与其章程之规定不同的目的；

（4）捐赠基金破产。

4.《巴西民法典》第 54 条

社团章程应当包括以下事项，否则无效：

……

（6）改变章程规定和解散的条件；

……

《巴西民法典》第 69 条

如财团的宗旨变为不合法、不可能或无效，或其本身存在的期限届满，检察院的有关机构或其他任何利害关系人，都应要求注销它。

5.《越南民法典》第 107 条第 1 款

1. 以下情形，法人可以被解散：

（1）依有权国家机关的决定；

（2）依法人章程规定的法人权力机关的决定；

（3）法人章程规定的活动期间届满，或有权国家机关成立该法人之决定中规定的活动期间届满。

6.《日本民法典》第 68 条

（一）法人因下列事由解散：

1. 章程或捐助章程规定的解散事由发生；

2. 法人的目的事业成功或不能成功；

3. 破产程序开始的决定；

4. 设立许可的撤销。

（二）社团法人，除前项所列事由外，还因下列事由解散：

1. 大会的决议；

2. 社员的缺失。

7.《意大利民法典》第 27 条

除根据设立的文件和章程所载明的终止原因外，法人还因目的达到或目的实现不能而终止。

社团因全体社员不复存在而终止。

《意大利民法典》第 28 条

如果财团目的到达、目的实现不能或缺少利益，或者资金不足，政府主管机关除宣告财团法人终止以外，还可以尽可能按照创办人的意愿对财团进行重组。

8.《马耳他民法典》第 5 条第 3、4 款

（3）根据可适用于其特定法律形式的法律或根据任何特别法的规定，法人被从相关登记簿中除名的，自除名之日起，法人终止有效存在。

（4）在不影响可适用于特定法律形式的法人之规定的前提下，法人或其主管人员没有根据可适用的法律实施此等相关行为的，基于任何利害关系人或登记员向法院提出的申请，在下列情形，法院可以命令将法人从登记簿中除名：

（a）如果被授予此等权力之人根据设立文书作出此等决定；

（b）基于明确规定的具有此等效力的下列事件之发生：

（i）设立文书中规定的事件；

（ⅱ）或者可适用于其特定法律形式的法律中规定的事件；

（c）如果法人设立的目的已经实现、穷尽或者变得不可能；

（d）如果在超过 6 个月的期间内没有在职的管理人；

（e）如果在社团之情形，不再有任何登记的会员，或者在私人基金会之情形，不再有受益人。

9.《阿根廷民法典》第 48 条

其运作需要国家明确核准的法人，其生存在下列情形下终止：

1. 依成员的决议并由职权机关同意而解散；

2. 因不可能履行章程，或因其解散对公共利益有必要或为适当，从而不问其成员的意思而依法被解散，或者因滥用或违反相应核准中的条件或条款而被解散；

3. 用于维持法人的财产已终结。

10.《俄罗斯民法典》第 61 条第 2 款

2. 法人清算的根据是：法人发起人（参加人）的决议或法人设立文件授权的法人机关的决议；也可以是法人设立的期限届满，法人成立的目的已经达到；或者由于法人成立时粗暴违反法律，而这些违法问题又具有不可消除的性质，因而法院作出判决；法人未取得应有的批准而从事活动或者从事法律禁止的活动，或者有其他多次的或粗暴的违反法律、其他法律文件的行为，或者社会团体或宗教团体、慈善基金会、其他基金会经常从事与其成立宗旨相抵触的活动，从而法院作出清算的判决；以及本法典规定的其他情况。

11.《葡萄牙民法典》第 182 条

一、社团因下列任一原因而消灭：

（1）经大会决议；

（2）设有存续期之社团，其存续期已届满；

（3）社团设立文件或章程所订明之其他消灭原因之发生；

（4）全部社员死亡或下落不明；

（5）法院作出裁判，宣告社团无偿还能力。

二、如出现下列任意情况，社团亦因法院作出裁判而消灭：

（1）其宗旨已完全实现或变为不可能实现；

（2）其真正宗旨与设立文件或章程内所订明之宗旨不一致；

（3）其宗旨系通过有计划之不法手段实现；

（4）其存在变成有违公共秩序。

《葡萄牙民法典》第 192 条

一、财团因下列任一原因而消灭：

（1）设有存续期之财团，其存续期已届满；

（2）财团设立文件所订明之其他消灭原因之发生；

（3）法院作出裁判，宣告财团无偿还能力。

二、如出现下列任意情况，财团亦可由有认可权限的实体消灭：

（1）其宗旨已完全实现或变为不可能实现；

（2）其真正宗旨与创立文件中所订明之宗旨不一致；

（3）其宗旨系通过有计划之不法或不道德的手段实现；

（4）其存在变成有违公共秩序。

12.《越南民法典》第 96 条第 2 款

法人必须依确定的目的从事活动。

13. 中国台湾地区"民法典"第 34 条

法人违反设立许可之条件者，主管机关得撤销其许可。

中国台湾地区"民法典"第 36 条

法人之目的或其行为，有违反法律、公共秩序或善良风俗者，法院得因主管机关、检察官或利害关系人之请求，宣告解散。

中国台湾地区"民法典"第 57 条

社团得随时以全体社员三分之二以上之可决解散之。

中国台湾地区"民法典"第 58 条

社团之事务，无从依章程所定进行时，法院得因主管机关、检察官或利害关系人之声请解散之。

中国台湾地区"民法典"第 65 条

因情事变更，致财团之目的不能达到时，主管机关得斟酌捐助人之意思，变更其目的及其必要之组织，或解散之。

14.《中国澳门特别行政区民法典》第 170 条

一、社团因下列任一原因而消灭：

1. 经大会决议；

2. 设有存续期之社团，其存续期已届满；

3. 社团设立文件或章程所订明之其他消灭原因之发生；

4. 全部社员死亡或下落不明；

5. 法院作出裁判，宣告社团无偿还能力。

二、如出现下列任一情况，社团亦因法院作出裁判而消灭：

1. 其宗旨已完全实现或变为不可能实现；

2. 其真正宗旨与设立文件或章程内所订明宗旨不一致；

3. 其宗旨系透过有计划之不法手段实现；

4. 其存在变成有违公共秩序。

《中国澳门特别行政区民法典》第 181 条

一、财团因下列任一原因而消灭：

1. 设有存续期之财团，其存续期已届满；

2. 财团创立文件所订明之其他消灭原因之发生；

3. 法院作出裁判，宣告财团无偿还能力。

二、如出现下列任一原因，财团亦因法院作出之裁判而消灭：

1. 其宗旨已完全实现或变为不可能实现；

2. 其真正宗旨与创立文件中所订明之宗旨不一致；

3 其宗旨系透过有计划之不法手段实现；

4. 其存在变成有违公共秩序。

第六十三条 【法人的清算与终止】

法人解散的，应当依法进行清算。在清算期间，法人应当停止清算目的范围以外的一切活动。

法人未经清算即终止的，由清算义务人承担责任。

【条文含义与立法理由】

本条规定的是法人的清算与终止。

清算，是指法人在终止前，对其财产进行清理，对债权债务关系进行了结的行为。出现解散原因时，应当对法人进行清算。在清算期间，应对法人的权利能力和行为能力做出相应的限制以便保护第三人的利益。即在清算期间，法人只能进行与清算有关的法律行为，若超过这一范围，其实施的法律行为无效。法人的终止，是指法人人格的消灭。法人人格消灭之前，需要了结其财产关系。由于清算义务人负有组织清算人启动清算程序的义务，若未经清算程序就终止法人而侵犯了第三人的利益，清算义务人应当承担相应的责任。

一个法律主体的消灭必定涉及与他人的财产关系。自然人具有自在目的性，即自然人生命尚未终结之前，不得被要求先行清理各种财产关系。而法人与自然人不同的是，作为一个工具性的法律实体，如果不在其终止前了结财产关系，将无可避免地出现法人设立者（或法人成员）滥用这一工具、损害相对人利益的情形。[1]因而，为了防止损害第三人的合法权益，需要强化清算制度，规定法人终止之前应当进行清算。

然而在实践中，往往存在未经清算就进行法人注销登记、终止法人，最终损害第三人的合法权益的情形。但此时法人资格已经消灭，已无法追究其责任。清算义务人是指法人解散时组织清算人启动清算程序、协助清算人清算的主体，其负有组织清算人启动清算程序的义务。当出现未经清算即登记注销，损害相关利害关系人利益的情况下，理应由清算义务人承担责任。

【学理争议与立法例】

一、学理争议

本条第 1 款第 2 句"在清算期间，法人应当停止清算目的范围以外的一切活动"，是关于法人清算期间其人格采用同一法人说的规定。关于清算期间法人人格的性质存在诸多争议，主要有四种学说：一是人格消灭说，该说认为"法人已经解散，人格即归于消灭，而财产归其社员公有"。[2]二是清算法人说，该说认为法人解散后，人格即消灭，只不过为了便于清算，把原法人视为一个以清算为目

---

〔1〕　费安玲等：《民法总论》，高等教育出版社 2011 年版，第 160 页。
〔2〕　胡长清：《中国民法总论》，中国政法大学出版社 1997 年版，第 91 页。

的的法人。三是拟制存续说，该说认为法人因解散而人格消失，但为了实现清算目的，在清算期间，法律仍然拟制法人人格在清算目的内存在。四是同一法人说，该说认为清算期间的法人仍享有法人人格，与解散前的法人相比，其人格在清算目的范围内存在，不能从事经营活动。我国学界通说采同一法人说，即清算前的法人和清算中的法人具有同一人格。我国《民法通则》第40条规定："法人终止，应当依法进行清算，停止清算范围外的活动。"其中，"法人终止"是指法人人格的消灭。也就是说，未经清算，法人人格不会消灭。反过来说，在清算过程中，法人人格继续存在，只是其权利能力受到限制，仅在清算范围内享有权利能力。可见，我国《民法通则》也是采纳同一法人说。采用同一法人说有利于在出现解散原因以后承认法人具有主体资格，限制其民事权利能力，方便清理并了结法人与他人的法律关系。

二、有关立法例

（一）与本条第1款相类似的立法例

1.《德国民法典》第49条第2款

（2）在清算终止以前，以依清算目的所必要为限，社团视为继续存在。

2.《韩国民法典》第81条

解散的法人，在清算目的范围内享有权利和承担义务。

3.《日本民法典》第73条

解散后的法人，在清算的目的范围内，至其清算完结时为止，仍视为存续。

4.《巴西民法典》第51条

在法人解散或其运行所需的授权终止的情形，此等法人为了清算目的一直存续到其清算结束时为止……

5.《蒙古国民法典》第28条

1. 法人因本法典的规定被重整或清算而终止；

2. 非依法定的根据和程序与他人缔结的有关重整和清算的法律行为，无效。

6. 中国台湾地区"民法典"第40条第2项

法人至清算终结止，在清算之必要范围内，视为存续。

（二）与本条文第2款相类似的立法例

1.《德国民法典》第49条第1款

（1）清算人应了结日常业务，催收债权，变卖债权以外的财产，清偿债务，并将剩余财产分配于财产归属权利人。清算人为了了结未了业务，也可以达成新的交易。如果不是为了清偿债务或者分配剩余财产于财产归属权利人，可以采取中止催收债权或者变卖债权以外的财产的措施。

2.《意大利民法典》第29条

在接到主管机关依法下令终止法人或者解散社团的通知后，或者在社团大会通过解散社团的决议后，管理人不得再进行新的活动。违反上述规定的，由管理人承担个人连带责任。

3.《俄罗斯民法典》第61条第1款

法人清算的后果是法人的终止……

第六十四条　【清算程序的法律适用】

法人的清算程序准用公司法关于公司法人清算程序的规定，法人章程或法律另有规定的除外。

【条文含义与立法理由】

本条规定的是清算程序的法律适用。

公司法人是法人的典型形态，其按照公司法人的清算程序进行清算。其他的法人，在法人章程或法律对其清算程序无特别规定的情况下，参照《公司法》规定的公司法人的清算程序。

《公司法》已经对公司法人的清算程序作了详细的规定，公司法人的清算程序理应按照《公司法》有关的规定进行。由于公司法人之外的其他法人的清算程序大部分与公司法人相同，若在其他法人清算程序部分重复规定，会造成法典的冗长，浪费立法资源，因而规定其他法人的清算程序参照公司法人清算程序的规定。基于不同法人清算程序之间的差异，当法人章程或法律另有规定时，依其特别规定。

【学理争议与立法例】

关于法人清算程序的规定，学理上没有争议，但关于如何进行条文规定，却有两种不同的立法方式：第一种是清算程序准用较为典型的一种法人的清算程序；第二种是在民法典中对清算程序进行详细的规定。

第一种类型的立法例有：

1.《瑞士民法典》第 58 条

法人财产的清算程序，依照有关合作社的规定办理。

2.《巴西民法典》第 51 条第 2 款

在相宜的情形，合伙（公司）清算的规定亦适用于其他私法法人。

3. 中国台湾地区"民法典"第 41 条

清算之程序，除本通则有规定外，准用股份有限公司清算之规定。

第二种类型主要对清算人的组成、债的清偿顺序、法院监督清算等方面进行规定，立法例的内容于建议稿后续相应条文中列出。这种类型又可细分为：在法人分则部分进行规定，如《意大利民法典》《德国民法典》；在法人总则部分进行规定，如《日本民法典》《韩国民法典》《俄罗斯民法典》。

第六十五条 【公法人的定义】

公法人是以履行公共职能和维护公共利益为目的事业的机关、团体。

公法人，仅得依法律或者行政法规的规定设立。

【条文含义与立法理由】

本条规定的是公法人的定义。

区分公法人与私法人是法人分类中的一种重要形式，两者因目的事业的指向不同而有所区分。本条第 1 款是对公法人的定义。作为一种社会组织，公法人因公共事务执行者的角色而具有显著性，其设立的初衷即履行特定的公共职能，如教育、医疗、司法、行政等，其表现形式可能是国家机关、事业单位等。同时公法人具有维护公共利益的使命，其不为法人内部成员或特定的个人服务，而是担负着国家或社会责任。

本条第 2 款是对公法人设立准则的规定。公法人的目的事业受众广、公共性强，与国家或社会公共利益密切相关，因此对其设立的要求较私法人而言也相对严格。公法人设立的种类、条件和程序等只能依据法律或行政法规的规定，而不能以行政法规以下位阶的规范性文件或私人行为作为设立依据。对公法人设立的高标准、严要求，既可以保证公法人的范围得以控制，也有利于成立后的公法人有效履行职能，确保其充分维护公共利益。

本条之所以将公法人的定义和设立准则予以明确规定，并不是认为公法人的地位或者重要性高于私法人，而是因为在民商事活动中，私法人占据了法人的大多数，而公法人因其目的事业的特殊性需要进行特别说明。同时通过对公法人定义的规定，将其与私法人的划分标准予以明确。公法人与私法人的民事主体地位平等，将两者进行划分便对其在法律适用、设立条件、责任承担等方面予以区别。

【学理争议与立法例】

一、学理争议

关于本条的争议主要是针对第 1 款公法人的定义，这源于对公法人与私法人划分标准的不同主张。大陆法系民事立法和理论中对公、私法人的划分标准主要有三种观点：第一种认为应以目的事业的公私为标准，或以是否对国家负有实现其职能的义务为标准。第二种认为应以法人设立的法律根据为标准，依公法设立的法人为公法人，如县、市等；依私法设立的法人为私法人，如公司、企业等。

这种分类是西方学者把法律分为公、私法的产物。第三种认为应当以是否具有统治权力为标准，公法人可拥有公共权力方面的权利并担任公共当局的专有职务。国家是公法人，而各类拥有公共权力的机构也是公法人。这种分类的意义在于受理公法人或私法人争议的机关不同，两者适用的法律也不一样。[1]有的学者认为，以上各种划分手段虽有差异，但其实质是一样的，即法人同国家权力与公共利益的关联性。[2]也有学者认为，在民商事活动中，无论公法人抑或私法人，其法律地位一律平等，均同等适用民法有关法人制度的基本规则，因此对公法人与私法人的区分实际意义不大。[3]

我们认为进行公、私法人的划分是有必要的，而且两者的划分应以目的事业的公私为标准。虽然公、私法人的民事法律地位平等，但二者在具体的设立规则、意思机关、权利行使和义务承担等方面均有不同，因此有必要对进行区分说明，且以目的事业作为划分标准更贴合公、私法人的不同特征与性质。

二、立法例

1.《意大利民法典》第 11 条

省、市镇和公共机关是公法人。公法人享有法律和具有公法效力的惯例所规定的权利。

2.《巴西民法典》第 41 条

以下是内国的公法法人：

（1）联邦；

（2）州、联邦区和大区；

（3）市；

（4）地方自治团体，包括公共社团；

（5）其他由法律创立的具有公共性质的实体。

---

[1] 王利明：《民法总则研究》（第 2 版），中国人民大学出版社 2012 年版，第 273 页。

[2] 李永军：《民法总论》（第 2 版），法律出版社 2009 年版，第 293 页。

[3] 梁慧星等主编：《中国民法典草案建议稿附理由·总则编》，法律出版社 2013 年版，第 128 页。

除非有相反规定，采取一个私法结构的公法法人，在涉及其运行时，在相宜的情形，由本法典的规则调整。

《巴西民法典》第42条

外国以及所有由国际公法调整的人是外国的公法法人。

3.《最新阿根廷共和国民法典》第33条

法人可以具有公性质或私性质。以下法人具有公性质：

1. 国家、各省和各市。

2. 有自治权的实体。

3. 天主教会。

4.《阿尔及利亚民法典》第49条

法人包括：国家、省、市镇；具备法定条件的公立公益机构和政府机关；……

5.《西班牙民法典》第35条

所谓法人：

1 依法承认的为公共利益设立的机构、协会和机关。其民事能力始于依法有效设立之时。

2……

6.《越南社会主义共和国民法典》第111条第1款

国家机关、武装部队以国家划拨的财产实现管理国家、履行文化社会活动职能及其他职能，不以经营为目的；当其参加民事关系时，是法人。

《越南社会主义共和国民法典》第112条第1款

政治组织、政治社会组织依章程的规定管理、使用和处分属于自己所有的财产，以实现其政治、社会目标；当其参加民事关系时，是法人。

《越南社会主义共和国民法典》第115条第1款

社会基金会、慈善基金会依有权国家机关批准成立并核准章程，其活动旨在促进文化、科学和慈善事业的发展以及其他社会和人道目标，不以营利为目的；当其参加民事关系时，是法人。

7.《瑞士民法典》第52条第1、2款

（1）团体组织以及有特殊目的的独立机构，在商事登记簿上登记后，即取得法人资格。

（2）公法上的团体组织及机构、非经济目的的社团、宗教财团、家庭财团，不需经上述登记。

比较观察其他国家和地区民法典中关于公法人的规定，大多都没有进行直接定义而是采用列举的方式将公法人的种类囊括其中，且因政治、社会背景的不同，对公法人范围的界定也不一。在多数国家和地区立法中，并未明确体现公法人与私法人的划分标准。本条对公法人进行了概括定义，且依据设立目的的不同将之与私法人进行区分，既可以较为鲜明地指出公法人的特征，又能够避免因列举不全面导致的适法不能。

第六十六条 【公法人的法律适用】

公法人的民事权利能力、成立、债务清偿等事项，依其据以设立的法律和行政法规确定，无特别规定的，可以参照适用本法的一般规定。

【条文含义与立法理由】

本条规定的是公法人的法律适用。

以法的调整范围和效力范围为标准，可以将法分为一般法和特别法。一般法与特别法的划分具有重要的理论和实践意义。[1]"特别法优于一般法"，"上位法优于下位法"，"后法优于前法"是并列的三个法律适用规则。其中，"特别法优于一般法"（拉丁文表述为：lex specialis derogat legi generali）规则起源于罗马法的古典时期，也简称为"特别法规则"，最初系指公法权利主体在实施公权力行为时，一般规定与特别规定不一致的，优先适用特别规定。[2]2000 年7 月 1 日起实施的《立法法》第 83 条规定："同一机关制定的法律、

---

〔1〕 杜宴林主编：《法理学》，清华大学出版社 2014 年版，第 58 页。

〔2〕 TamásNótári，"Summum ius summa injuria-remarks on a legal maxim of interpretation"，*Tartalomjegyzék*，2005，2.

行政法规、地方性法规、自治条例和单行条例、规章，特别规定与一般规定不一致的，适用特别规定……"[1]这是我国法律首次对"特别法优于一般法"规则的明文确认，也是首次对"特别法优于一般法"规则适用条件的设定。

公法人是相对于私法人而言的，公法人的特点与身份识别建基于公、私法人之分。作为旨在维护国家和社会公共利益的组织，公法人的任务限定于公共职能，这是公法人同其他团体质的区别，也决定了公法人应当接受公法的特别调整，其规范基础应为公法。公法人存在的目的决定了公法人身份的赋予来自法律的规定，通过国家公权力行为设立，而私法人乃是意思自治的产物，其设立出于自发性，主要是依照民法等相关规定，经登记后取得法人资格。同为法人，公法人与私法人在理论渊源上保持了一定的通联与一致，但基于公、私法使命的不同，法人概念在公法领域的确立具有独特的意义。[2]公法人作为一种特定的法律地位，是国家对公共事务进行组织和整合的法技术手段，同时也是一种体系化、系统化的组织体制设计。无论是基于自治抑或绩效的考虑，公务组织法人化作为一种手段，其核心在于以相称的行政组织形态回应民主化、经贸自由化、现代专业分殊化等时代发展的需求。

通过法人化，在确保特定公共任务实施的前提之下，对于部分不适合由政府机关推动，亦不宜由民间办理，且所涉公权力行使程度较低的业务，将其从传统的科层体制中独立出去，通过立法肯定相应的行政组织为具有独立法律人格的公法人，在人事、预算、财务、采购方面赋予其更大的弹性空间，以分担公共任务，从而透过组织形态和经营管理方式的改变，以分权式公共组织、企业精神与政府精简代替层级节制、有限裁量，达到强化成本效益及经营绩效，

---

[1] 根据 2015 年 3 月 15 日第十二届全国人民代表大会第三次会议《关于修改〈中华人民共和国立法法〉的决定》修正，该条已经成为第 92 条。

[2] 李昕："论公法人制度建构的意义和治理功能"，载《甘肃行政学院学报》2009年第 4 期。

革除传统科层体制弊病的目标。[1]基于划分公法和私法的传统，公法人应当依据宪法、行政法等公法规范活动，但是公法人参与经济交易活动，进行采购或营利活动，如同私人般参与市场交易，所以只能选择私法形式。民法是调整平等主体之间人身关系和财产关系的、适用于全国范围内私权主体间的一般法。公法人在进行私权活动时，在据以设立公法人的相关法律或行政法规对此无特殊规定的情况下，应该适用属于一般法的民法。

【学理争议与立法例】

目前，对法的效力范围的理解基本上有两种主要观点，一种观点可以称为"法的效力三维观"，即法的效力范围包括法的属人效力、时间效力与空间效力。另一种观点可以称为"法的效力四维观"，即法的效力范围有四种：对人的效力、对事的效力、空间效力、时间效力。[2]相形之下，法的效力四维观更为科学与全面。一般法是指适用于一国内的一般人、一般事，于一般时间具有普遍约束力的法律规范的总称；特别法是指适用于特定的人、特定时间、特定事项，在特定区域有效的法律规范。立法界、司法界和学界对"特别法优于一般法"有着不同的理解。我国《立法法》第92条对"特别法优于一般法"的规则使用了"同一机关""不一致""一般规定"和"特别规定"的字眼，这就容易引发三个方面的问题：①如何理解"同一机关"，是指"同一层级的机关"，"同一系统的机关"，还是"同一职能的机关"，抑或是其他？②如何理解和判定法律规范的"不一致"？③如何识别"一般规定"和"特别规定"？实际上，在理解和适用《立法法》第83条（修正后的第92条）规定时，一般认为"同一机关"指的是"同一个"或"同一名称"的机关；"不一致"体现在同一个机关制定的法律规范存在重合关系、包含关系、相交关系和相离关系；特别规定指的是内容上具有例外

---

〔1〕 李建良："论公法人在行政组织建制上的地位与功能——以德国公法人概念与法制为借镜"，载《月旦法学》2002年总第84期。

〔2〕 张晓晓主编：《法理学导论》，知识产权出版社2013年版，第94页。

性、时间上具有滞后性、范围上具有狭窄性和形式上具有法典性的规范。[1]

考察我国现行法律法规的规定，特别法与一般法的关系有这样几种情况：①同一部门法中特别法与一般法的关系；②同一立法主体制定的不同部门法的特别法与一般法的关系；③下位法执行上位法时的特别法与一般法的关系；④下位法变通上位法时特别法与一般法的关系。[2]以上四种情况又可以分为两类：一类是同一位阶的特别法与一般法的关系，另一类是不同位阶的特别法与一般法的关系。实际上，同一位阶的特别法既包括同一机关制定的同一部门法或同一位阶的部门法，也包括不同机关制定的同一位阶的部门法，其中都应该有一般法与特别法存在。至于下位法对于上位法的变通与细化，应该归属于广义的特别法与一般法关系的内容。关于一般法和特别法的优先适用问题，有观点认为："在一般情况下，由于特别法针对的是特殊问题，因而相对一般法而言具有优先性，否则也就失去了制定该特别法的必要性。但是在特殊情况下，如果一般法与特别法构成了上位法与下位法的关系，则应当优先适用一般法而非特别法。此种情形中的'一般法'，也可以称为'基本法'；相应地，此种情形中的'特别法'，则可以被称为'非基本法'。"[3]但是这只是狭义的"特别法优于一般法"的观点。本条的规定就是突破了狭义的观点，采用了广义上的"特别法优于一般法"，即民法作为基本法律，但是如果设立公法人的行政法规对其民商事活动有特别的规定，则适用效力低于法律的行政法规的规定。

关于本条内容的分析可以从两个方面进行：第一，本条的设定就是为了解决确立公法人拥有独立法人资格的法律规范对公法人参与民商事活动没有相关规定的情况下的法律适用问题。民法作为调整平等主体之间人身关系和财产关系的基本法律，对于从事私法活

〔1〕顾建亚："'特别法优于一般法'规则适用难题探析"，载《学术论坛》2007年第12期。

〔2〕汪全胜："'特别法'与'一般法'之关系及适用问题探讨"，载《法律科学（西北政法大学学报）》2006年第6期。

〔3〕周赟：《法理学》，清华大学出版社2013年版，第108～109页。

动的所有主体都应该适用。第二，公法人是依国家的公权力行为而产生的，尤其是通过法律或行政行为而设定的。实务中倾向于采纳"综合观察"的观点，即认定公法人的关键在于，某法人的权力和组织是否如此适应国家管理制度，以至于它的全部的、综合的法律地位表现为公法性的。在德国有一个不成文的宪法原则，即只有最高等级的行政行为或立法行为才能设定公法人，因为间接行政管理的形式应当由国家集中决定。[1]因此本条明确规定公法人设立的法律依据为法律和行政法规，与德国不成文的宪法原则相一致。

笔者通过查阅各国及地区民法典，发现除《阿尔及利亚民法典》第 52 条"国家在直接参加民事法律关系时，以财政部长为其代表。但法律对行政机关及社会主义企业有特别规定者不在此限"规定之外，尚无明确规定公法人民商事活动法律适用的法律规范。故在建议稿中对此作出规定，对于理清公法人的设立原旨、协调公法人的行政活动与民商事活动之间的关系具有重大意义。

第二节　社团法人

第六十七条　【社团法人的定义和类型】

社团法人是以自然人、法人或者其他非法人团体作为成员，依照法律规定成立的法人。

社团法人可以是营利性的，也可以是非营利性的。

【条文含义与立法理由】

本条规定的是社团法人的定义和类型。

法人分类模式的立法选择决定着法人制度立法的结构和格局，各国和地区的民法典多以法人分类模式作为设计法人制度的逻辑线索。《民法通则》依法人在国家构想的社会整体结构中为其分配的职能，将法人分为企业法人和非企业法人，实现国家对法人进行管制

---

[1]　周友军："德国民法上的公法人制度研究"，载《法学家》2007 年第 4 期。

的制度宗旨。这种分类模式属于职能主义法人分类模式，反映了《民法通则》制定时立法者对于法人制度功能的认识受制于立法之时面对的具体问题以及法律科学的发展水平，苏联的民事立法就是这种分类模式的典型实践。在苏联，各种类型法人的区别是由所使用的财产的所有制性质、各组织所担负的任务和职能的特点以及领导它们活动的方法决定的。我国 30 年的社会实践证明，这种法人分类下的立法无法实现法人制度的功能。故而我国民法典对于法人分类作何选择，仍是当下必须认真对待的问题。本建议稿采回归结构主义法人分类模式的立法思路，依社团法人和财团法人的分类逻辑设计法人制度。这种分类模式可以提供可供民事主体利用的法人类型，明确民事主体在利用法人结构时的法律地位，明确法人的意思如何形成、如何对外表达，以及明了因利用法人制度所面对的利益冲突的解决方法。

依法人设立目的的不同，民法理论上将社团法人分为营利性社团法人和非营利性社团法人。鉴于学理上对营利性法人与非营利性法人中的"营利"的解释仍存争议，故本建议稿不专门规定营利性法人与非营利性法人的定义，而只明确社团法人可以是营利性的，也可以是非营利性的。

【学理争议与立法例】

学理上，关于民法典法人的分类，是分为社团法人与财团法人，或者营利法人与非营利法人，或者沿用企业法人与非企业法人的分类，历来争议颇大。例如，徐国栋教授主持起草的《绿色民法典草案》采取了将私法人分为社团法人与财团法人的分类模式；梁慧星教授课题组的"民法典草案建议稿"则推出了营利法人与非营利法人的分类模式；王利明教授主持起草的"民法典学者建议稿"沿用了企业法人与非企业法人的分类模式。2002 年《中华人民共和国民法典草案》沿袭了《民法通则》将法人分为企业法人、机关法人、事业单位法人和社会团体法人的四分法（第三章"法人"，从第 45 条到第 57 条，共计 13 条）。

依法人设立目的的不同，民法理论将社团法人分为营利性社团法人和非营利性社团法人。学理上对营利性法人与非营利性法人中的"营利"的解释历来存在争议：一说认为，法人是否为营利性的，应视其目的事业而定，若其目的事业在性质上为经济行为，则为营利性法人；另一说认为，判断法人是否为营利性的，不仅应看其目的事业在性质上是否为经济行为，而且还须看其是否分配所得利益于法人成员，只有两者都是肯定的，其才能算是营利性法人。某种意义上，这种争议也源于立法表述不够明确。某些非营利性法人为实现公益目的也须从事经济行为并谋取经济利益，如基金会为维持其财产价值或者使其财产增值，也可能将其资金用于投资。故而区分营利性法人与非营利性法人的关键并非依法人是否从事经济行为并谋取经济利益，而是依其所得利益的归属，如果所得利益被分配给法人成员，则属于营利性法人；如果所得利益归属于法人，用于实现法人设立宗旨，则为非营利性法人。具体地，营利性社团法人是指以取得经济利益并分配给其成员为目的而成立的社团法人，如各种公司。营利性社团法人的成员设立法人或者加入法人主要是为了获得投资收益。非营利性社团法人是指为社会公益目的或者其他非营利目的而成立的社团法人。非营利性社团法人的设立是为了社会公益（如学校、医院、慈善机构等）或者其他非营利目的（如体育协会、同学会以及各种学会等），不是为了获得投资收益并分配给投资人。

相关立法例如下：

1. 《苏俄民法典》第 27 条

法人依照苏联和苏俄立法规定的程序成立。……

2. 《日本民法典》第 33 条

法人非依本法及其他法律规定，不得设立。

3. 我国台湾地区"民法典"第 25 条

法人非依本法或其他法律之规定，不得成立。

第六十八条 【社团法人的设立】

设立营利性社团法人，须遵循法律、行政法规的规定，并于依法办理登记时成立。法律规定应当办理批准手续的，依照其规定。

设立非营利性社团法人，应当依法经主管机关批准，并办理登记手续，法律另有规定的除外。

【条文含义与立法理由】

本条规定的是社团法人的设立。

鉴于营利性法人与非营利性法人的设立目的不同，其设立原则、程序等也必然有差异，故本建议稿将营利性社团法人和非营利性社团法人分作两款规定。对于营利性社团法人，其设立目的是取得经济利益并分配给其成员，故设立营利性社团法人须遵循法律、行政法规的规定，并于依法办理登记时成立；法律规定应当办理批准手续的，依照其规定。对于非营利性社团法人，其设立是为实现社会公益目的或者其他非营利目的，故设立非营利性社团法人应当依法经主管机关批准，并办理登记手续。

关于设立营利性社团法人，多数国家和地区立法例采准则主义，即营利性法人的设立一般无须主管机关许可，只须遵循特别法的规定即可。至于营利性法人的设立是否须经主管机关批准，要看特别法是否有特别要求。具体地，可以将营利性社团法人分为公司法人和公司法人以外的营利性社团法人。一般而言，公司法人的设立原则上采准则主义，而公司法人以外的营利性社团法人原则上采许可主义。我国现行法中关于营利性社团法人设立的规定，以准则主义为原则，以行政许可主义为例外。如设立公司法人，一般须依《公司法》的规定，符合《公司法》有关公司设立的具体条件，并经工商行政管理机关登记，取得法人资格；但国有独资的非公司形式的国有企业须经有关机关审核批准，然后经工商行政管理部门登记而设立。关于这两类法人的具体设立条件和程序，我国《公司法》及相关特别法均有具体规定，故本建议稿保留现行法规定的基本精神，采抽象概括规定。

关于设立非营利性法人，多数国家和地区立法例认为，除有特别规定外，非营利性法人可依民法的规定设立。对于非营利性社团法人的设立，我国现行立法规定了两种方式：一是特许设立的方式，即设立无须登记，或者直接根据《中华人民共和国国务院组织法》《地方各级人民代表大会和地方各级人民政府组织法》《中华人民共和国人民法院组织法》以及《中华人民共和国人民检察院组织法》等法律规定设立，或者直接根据有关机关的行政命令设立，如国家机关、学校、总工会等非营利性法人就属于无须登记的非营利性社团法人；二是行政许可设立，即设立应当经有关主管部门审查批准，向登记机关申请登记，如法律特别规定需要办理登记的各种协会。本建议稿保留了现行法规定的基本精神，作了原则性概括规定。

【学理争议与立法例】

自然人因出生而当然取得人格，但设立法人属于创设团体人格，需要履行法定程序。法人的设立经历过"自由设立""特许设立""许可设立""准则设立"等多种立法模式，各国及地区依其立法政策在法人设立模式上进行选择。

有关立法例如下：

1.《中华人民共和国民法通则》第41条

全民所有制企业、集体所有制企业有符合国家规定的资金数额，有组织章程、组织机构和场所，能够独立承担民事责任，经主管机关核准登记，取得法人资格。

在中华人民共和国领域内设立的中外合资经营企业、中外合作经营企业和外资企业，具备法人条件的，依法经工商行政管理机关核准登记，取得中国法人资格。

《中华人民共和国民法通则》第50条

有独立经费的机关从成立之日起，具有法人资格。

具备法人条件的事业单位、社会团体，依法不需要办理法人登记的，从成立之日起，具有法人资格；依法需要办理法人登记的，经核准登记，取得法人资格。

2.《苏俄民法典》第27条

法人依照苏联和苏俄立法规定的程序成立。……立法未规定成立程序的社会团体，则依照其章程（条例）规定的程序成立。

3.《德国民法典》第 21 条

不以经营为目的的社团，通过在主管初级法院的社团登记簿上登记而取得权利能力。

《德国民法典》第 22 条

以经营为目的的社团，在帝国法律无特别规定时，因邦的许可而取得权利能力。许可权属于社团住所所在地的邦。

4.《瑞士民法典》第 52 条第 1 项和第 2 项

（1）团体组织以及有特殊目的的独立机构，在商事登记簿上登记后，即取得法人资格。

（2）公法上的团体及机构，非经济目的的社团、宗教财团、家庭财团，不需经上述登记。

《瑞士民法典》第 60 条第 1 项

以政治、宗教、学术、艺术、慈善、社交为目的的以及其他不以经济为目的的社团，自表示成立意思的章程作成时，即取得法人资格。

5.《日本民法典》第 34 条

有关祭祀、宗教、慈善、学术、技艺及其他公益的社团或财团且不以营利为目的者，经主管官署许可，可以成为法人。

《日本民法典》第 34 条之二

非社团法人或财团法人者，不得于其名称中使用社团法人或财团法人的字样，也不得使用使人误认其为社团法人或财团法人的字样。

《日本民法典》第 35 条

（一）以营利为目的的社团，可以依商事公司设立的条件，成为法人。

（二）前款规定的社团法人，均准用有关商事公司的规定。

《日本民法典》第 45 条

（一）法人应自其设立之日起两周内在主事务所所在地、于三周内在其他事务所所在地进行登记。

（二）法人的设立，非于其主事务所所在地进行登记，不得以之对抗他人。

（三）法人于设立后新设事务所时，应于三周内在该事务所所在地进行登记。

6.《意大利民法典》第 12 条

社团、财团（参阅第 14 条及后条）以及其他具有私法特征（参阅第 863 条）的机构，经共和国总统令（参阅第 15 条、第 33 条）批准取得法人资格（参阅第 600 条、第 786 条、第 977 条）。对于那些在省内从事活动的机构，政府可以授权省长负责法人资格的审批。

《意大利民法典》第 14 条第 1 款

社团和财团须以公证的方式设立。

7. 中国台湾地区"民法典"第 30 条

法人非经向主管机关登记，不得成立。

中国台湾地区"民法典"第 31 条

法人登记后，有应登记之事项而不登记，……不得以其事项对抗第三人。

中国台湾地区"民法典"第 45 条

以营利为目的之社团，其取得法人资格，依特别法之规定。

中国台湾地区"民法典"第 46 条

以公益为目的之社团，于登记前，应得主管机关之许可。

第六十九条 【社团法人的章程】

社团法人的章程应记载以下事项：

（一）社团法人的名称；

（二）社团目的；

（三）董事或理事的人数、任期及任免规则。设有监事的，需载明监事的人数、任期及任免规则；

（四）社员大会的召集、议事及决议规则；

（五）社员的出资或会费缴纳义务；

（六）社员资格的取得与丧失；

（七）解散社团法人的事由；

（八）不违反法律规定的其他事项。

【条文含义与立法理由】

本条规定的是社团法人的章程。

社团法人的章程是由社团的设立人制定的并对社团、投资者和社团的经营管理人员均具有约束力的调整社团法人内部组织关系和经营行为的自治规则，是设立社团法人的条件之一，也是确定法人权利义务关系的基本法律文件。为此，社团法人的章程需要规定社团法人的组织和活动原则及其细则。各国和地区多对社团法人章程的内容进行明确规定，这些规定主要体现在社团法人章程的记载事项上。

社团法人章程所需记载事项的内容在不同的国家和地区、不同的社团中一般涉及社团成员的权利与责任、社团的组织规则、社团的权力与行为规则这样三个方面。鉴于我国法律对于不同的社团章程需要记载的事项有特别法规定[1]，故本建议稿以规定共性为原则，就此三个方面分列规定社团法人的章程应记载的事项。

【学理争议与立法例】

在大陆法系国家和地区，社团法人章程多由一份单一法律文件构成，如德国、瑞士、日本、意大利以及我国台湾地区、澳门特别行政区等均如此。在英美法系国家和地区，相当于章程的文件一般分为两种：一是"组织大纲"，用以规定社团的名称、种类、目的、资本等；二是"组织细则"，用以规定公司内部关系。我国现行法上采单一法律文件形式。

社团法人章程的记载事项根据是否由法律明确规定，分为必要

---

〔1〕　如依据我国《公司法》，有限责任公司的章程必须载明下列事项：公司名称和住所；公司经营范围；公司注册资本；股东的姓名或名称；股东的权利和义务；股东的出资方式和出资额、股东转让出资的条件；公司的机构及其产生办法、职权、议事规则；公司的法定代表人；公司的解散事由与清算办法；股东会认为需要记载的其他事项。股份有限公司的章程必须载明的事项包括：公司名称和住所；公司经营范围；公司设立方式；公司股份总数、每股金额和注册资本；发起人的姓名、名称和认购的股份数；股东的权利和义务；董事会的组成、职权、任期和议事规则；公司法定代表人；监事会的组成、职权、任期和议事规则；公司利润分配办法；公司的解散事由与清算办法；公司的通知和公告办法；股东大会认为需要记载的其他事项。

记载事项和任意记载事项。法律明文规定必须载明或选择列举的事项，为必要记载事项。按照法定的必要记载事项对社团法人章程效力的影响，还可将其分为绝对必要记载事项和相对必要记载事项。绝对必要记载事项是每个社团法人章程必须记载、不可缺少的法定事项，缺少其中任何一项或任何一项记载不合法，整个章程即归无效。这些事项一般都是涉及社团根本性质的重大事项，其中有些事项是各种社团都必然具有的共同性记载事项，这些事项通常包括社团的名称、目的等。相对必要记载事项是法律列举规定的一些事项，由章程制订人自行决定是否予以记载，如果予以记载，则该事项将发生法律效力；如果记载违法，则仅该事项无效；如果不予记载，也不影响整个章程的效力。确认相对必要记载的事项，目的在于使相关条款在社团与发起人、社团与投资者、社团与其他第三人之间发生拘束力。有的国家的法律列举了社团法人章程的相对必要记载事项，这些事项一般包括发起人所得的特别利益、设立费用及发起人的报酬、有关非货币资产的出资、社团的存续期限等。任意记载事项是指法律未予明确规定，是否记载于章程由章程制订人根据本社团实际情况任意选择的事项。社团法人章程任意记载的事项，只要不违反法律规定、公共秩序和善良风俗，章程制订人就可根据实际需要将其载入社团法人章程。任意记载事项如不予记载，不影响整个章程的效力；如予以记载，则该事项将发生法律效力，社团及其成员必须遵照执行，不能任意变更，如予变更，也必须遵循修改章程的特别程序。

有关立法例如下：

1. 《德国民法典》第25条

具有权利能力的社团的组织机构，除以下各条规定外，可以通过社团章程加以规定。

《德国民法典》第30条

章程可以规定，在董事会之外任命特别代理人以处理一定的事务。在发生疑问时，特别代理人的代理权范围扩及于所有依所任命事务的性质通常需要采取的法律行为。

《德国民法典》第 33 条

（1）变更章程的决议，需由出席成员的四分之三多数决定；变更社团目的，需经全体成员同意；没有出席的成员，需以书面表示同意。

（2）社团的权利能力系基于邦的许可而取得时，其章程的变更需获得邦的认可；由联邦参议院许可的，需获得联邦参议院的认可。

《德国民法典》第 57 条

（1）章程必须包括社团的目的、名称以及住所，社团始得进行登记。

（2）社团的名称应与同一地域或者同一乡镇内业已注册的其他社团的名称有明显的区别。

《德国民法典》第 58 条

章程应当包括以下规定：

（1）成员加入和退出社团；

（2）成员是否出资以及出资的种类；

（3）董事会的组成；

（4）召集社团全体成员大会的条件，召集的方式以及决议的证明。

《德国民法典》第 59 条

（一）董事会应申报社团的登记。

（二）申报应附带下列文件：

1. 章程的正本和副本；

2. 关于任命董事会证书的副本。

（三）章程应至少由七名成员签署，并应包括社团成立的日期。

2.《瑞士民法典》第 60 条

（1）以政治、宗教、学术、艺术、慈善、社交为目的的以及其他不以经济为目的的社团，自表示成立意思的章程作成时，即取得法人资格。

（2）章程须采用书面形式，并应对社团的目的、财产及组织作出必要的规定。

《瑞士民法典》第 63 条

（1）章程未就社团的组织及社团与其社员的关系作出规定时，适用下述各条的规定。

（2）对于社团必须遵守的法律规定，不得以章程变更。

3.《日本民法典》第 37 条

社团法人的设立人，应订立章程，记载下列事项：

1. 目的；

2. 名称；

3. 事务所；

4. 关于资产的规定；

5. 关于理事任免的规定；

6. 关于社员资格的取得、丧失的规定。

《日本民法典》第 38 条

（一）社团法人的章程，以有全体社员的四分之三以上同意为限，可以变更。但章程另有订定时，不在此限。

（二）章程的变更，非经主管官署认可，不发生效力。

《日本民法典》第 43 条

法人依法令规定，于章程或捐助章程所定目的范围内，享有权利，负担义务。

《日本民法典》第 58 条

法人可以根据章程、捐助章程或全会的决议，设置监事一人或数人。

《日本民法典》第 61 条

（一）社团法人的理事，于必要时，可以随时召集临时全会。

（二）社员总数五分之一以上的人明示会议目的事项，请求召集全会时，理事应召集临时全会。但是，可以以章程增加或减少上述定员数。

《日本民法典》第 62 条

召集全会，至少应于五日前明示会议目的事项，依章程所定方法进行。

《日本民法典》第 63 条

社团法人的事务，除章程所定委任于理事或其他职员者外，均依全会决议执行。

《日本民法典》第 64 条

全会可以仅就依第六十二条规定预先通知的事项进行决议。但章程另有订定时，不在此限。

《日本民法典》第 65 条

（一）各社员的表决权平等。

（二）未出席全会的社员，可以以书面参加表决或委派代理人出席。

（三）前两款的规定，不适用于章程另有订定情形。

4.《意大利民法典》第 16 条

应当在设立文件和章程中载明机构的名称、宗旨、资产、住所、组织和管理规则；社团在设立文件和章程中还应当载明社团成员的权利和义务以及加入社团的条件。财团在设立文件和章程中还应当载明收益分配机构的标准及其方式。

在设立文件和章程中还应当载明有关机构解散和财产归属的规定；如果是财团，还应当载明有关重组的规定。

5.《韩国民法典》第 40 条

社团法人的设立人应当制定记载下列事项的章程，并签名盖章：

1. 目的；

2. 名称；

3. 事务所的所在地；

4. 有关资产的规定；

5. 有关理事任免的规定；

6. 有关社员资格得失的规定；

7. 规定存续期限或解散事由的，该期限或者事由。

《韩国民法典》第 42 条

①社团法人的章程，经全体社员的三分之二以上之同意得以变更。但关于同意人数章程另有规定的，依该规定。

②章程的变更非经主管机关的同意不发生效力。

6.《中国澳门特别行政区民法典》第 156 条

1. 设立社团之文件，须详细载明社员为社团财产所提供之资产或劳务，以及社团法人的名称、宗旨及住所；

2. 章程亦得在法律规定的范围内，详细列明社员之权利和义务，社员之加入、退出及除名之条件，法人之运作形式，法人消灭之规定，消灭后财产之返还方式；如社团之存续期非属无限期，尚得列明其存续期。

第七十条 【社团法人的机关】

社员大会是社团法人的意思机关，有权依法制定、修改章程，选举或者更换执行机关、监督机关成员，并行使章程规定的其他职权。

董事会或理事会是社团法人的执行机关，由社员大会产生，并对社员大会负责，根据章程的规定行使职权。

法律对社团法人的机关另有特别规定的，优先适用特别规定。

【条文含义与立法理由】

本条规定的是社团法人的机关。

社团法人设立目的的实现，须根据具体情形作出决策，即形成法人意思，故社团法人必须有其意思机关。除法律特别规定外，社团法人的意思机关原则上是社员大会，有权决定法人有关重大事项，如依法制定、修改章程，选举或者更换执行机关、监督机关成员，并行使章程规定的其他职权。法人的意思机关所形成的法人意思须由自然人来具体实现，实现法人意思的机关被称为执行机关。社团法人的执行机关是董事会或理事会，由社员大会产生，并对社员大会负责，执行社员大会的决议，根据章程的规定行使职权。鉴于监督机关非社团法人的必设机关，本建议稿未专门规定社团法人的监督机关。

各国和地区多数立法例以及传统民法理论均认为，社团法人的执行机关就是法人的代表机关，但我国现行法规定与多数国家和地区立法例不同，采单一法定代表人制。尽管近年来有学者提出须改变这种设置，但考虑到单一法定代表人制在我国已经施行多年，故而本建议稿在本章第一节"一般规定"中还是区分了执行机关和法定代表人，本节对社团法人的代表机关也不再作专门规定。

此外，考虑到我国法律对社团法人的机关有特别规定，故而本条使用了"优先适用特别规定"字样。如依《公司法》的规定，国有独资公司的投资人是国家，不存在股东大会，即不存在社员大会，其意思机关应根据法律的特别规定确定。

【学理争议与立法例】

多数国家和地区立法例均规定社员大会原则上为社团法人的意思机关，董事会或理事会是社团法人的执行机关，但表述不尽一致，而且详略差异较大。关于监督机关，有的国家明确规定，有的国家则未予专门规定。

有关立法例如下：

1.《苏俄民法典》第 28 条

法人通过自己的机关取得民事权利和承担民事义务。这些机关在法律或章程（条例）所授予的权限范围内进行活动。

2.《德国民法典》第 25 条

具有权利能力的社团的组织机构，除以下各条规定外，可以通过社团章程加以规定。

《德国民法典》第 26 条

（1）社团必须设置董事会。董事会可以由数人组成。

（2）董事会在法庭内和法庭外代表社团；董事会具有法定代表人的地位。代表权的范围可通过章程加以限制，其作用可以对抗第三人。

《德国民法典》第 27 条

（1）董事会的任命通过全体成员大会决议加以确定。

（2）任命可以随时撤销，但不妨碍合同规定的报酬请求权。撤销权可以通过章程限制在只有出现重大撤销理由始得撤销的范围内；重大理由如特别严重的违反义务或者缺乏通常的业务执行能力。

(3) 对于董事会的业务执行准用第 664 条至第 670 条关于委托的规定。

《德国民法典》第 28 条

(1) 董事会由数人组成的，应按照第 32 条、第 34 条关于社团成员决议的规定作出决议。

(2) 向董事会作出某种意思表示的，只需向董事会的一名成员表示即可。

《德国民法典》第 29 条

如果董事会缺乏必要的法定人数，在缺额尚未补足期间，当出现紧急情况时，由社团住所所在地的主管初级法院根据关系人的申请指定董事会成员。

《德国民法典》第 30 条

章程可以规定，在董事会之外任命特别代理人以处理一定的事务。在发生疑问时，特别代理人的代理权范围扩及于所有依所任命事务的性质通常需要采取的法律行为。

《德国民法典》第 31 条

对于董事会、一名董事会成员或者一名合法任命的代理人由于执行属于权限以内的事务，发生应负损害赔偿责任的行为，致使第三人受到损害时，社团应负赔偿责任。

《德国民法典》第 32 条

(1) 凡不属于董事会或者社团其他机构处理范围内的社团事务，由社团全体成员大会作出的决议决定。为使决议有效，需在召集大会时明确阐明需作出决议的事项。决议由出席成员的过半数决定。

(2) 如果社团全体成员书面表示同意某项决议，即使不召开大会，该决议也有效。

《德国民法典》第 33 条

(1) 变更章程的决议，需由出席成员的四分之三多数决定；变更社团目的，需经全体成员同意；没有出席的成员，需以书面表示同意。

(2) 社团的权利能力系基于邦的许可而取得时，其章程的变更需获得邦的认可；由联邦参议院许可的，需获得联邦参议院的认可。

《德国民法典》第 68 条

董事会原成员与第三人发生法律行为的，只有在采取法律行为时，董事会的变更已经在社团登记簿上登记，或者该第三人已知此变更时，董事会的变更始得对抗该第三人。如果此变更已经登记，而第三人不知此变更，而且其不知并非出于过失时，该第三人无须认可此变更的效力。

《德国民法典》第 70 条

第 68 条也适用于有关限制董事会的代表权或者董事会偏离第 28 条第 1 款的规定另作决议的规定。

3.《瑞士民法典》第 55 条第 1 项

法人的意思，由其机关表示。

《瑞士民法典》第 64 条第 1 项

社员大会为社团的最高机关。

《瑞士民法典》第 65 条

（1）社员大会决定社员的入社与除名，选举董事会以及其他所有不归社团其他机构管理的事项。

（2）社员大会监督社团各机关的工作，并可随时免除其职务；但被免职人因既定的契约而享有的请求权不受妨碍。

（3）有重要理由时，依法产生免职权。

《瑞士民法典》第 66 条

（1）社团的决议须经社员大会通过。

（2）全体社员就某提案作出的书面赞同与社员大会的决议具有同样的效力。

《瑞士民法典》第 69 条

董事会依照章程授予其的权限有处理社团事务和代表社团的权利和义务。

4.《日本民法典》第 52 条

（一）法人应设置理事一人或数人。

（二）理事有数人时，如章程或捐助章程无另外规定，该法人事务，由理事的过半数决定。

《日本民法典》第 53 条

理事就法人的事务均代表法人，但不得违反章程规定或捐助章程的宗旨。在社团法人，则应服从全会决议。

《日本民法典》第 54 条

对理事代表权所加的限制，不得以之对抗善意第三人。

《日本民法典》第 55 条

理事以章程、捐助章程或全会决议所不禁止者为限，可以将特定行为的代理委托于他人。

《日本民法典》第 56 条

于理事缺员情形，因迟滞将有产生损害之虞时，法院则因利害关系人或检察官的请求，选任临时理事。

《日本民法典》第 57 条

关于法人与理事间利益相反的事项，理事无代表权。于此情形，应依前条规定，选任特别代理人。

《日本民法典》第 58 条

法人可以根据章程、捐助章程或全会的决议，设置监事一人或数人。

《日本民法典》第 59 条

监事的职务如下：

1. 监察法人的财产情况；

2. 监察理事的业务执行情况；

3. 发现财产状况或业务执行中有可疑事实时，向全会或主管官署报告；

4. 为了进行前项报告，必要时可以召集全会。

《日本民法典》第 60 条

社团法人的理事，每年至少应召开一次定期全会。

《日本民法典》第 61 条

（一）社团法人的理事，于必要时，可以随时召集临时全会。

（二）社员总数五分之一以上的人明示会议目的事项，请求召集全会时，理事应召集临时全会。但是，可以以章程增加或减少上述定员数。

《日本民法典》第 62 条

召集全会，至少应于五日前明示会议目的事项，依章程所定方法进行。

《日本民法典》第 63 条

社团法人的事务，除章程所定委任于理事或其他职员者外，均依全会决议执行。

《日本民法典》第 64 条

全会可以仅就依第六十二条规定预先通知的事项进行决议。但章程另有订定时，不在此限。

《日本民法典》第 65 条

（一）各社员的表决权平等。

（二）未出席全会的社员，可以以书面参加表决或委派代理人出席。

（三）前两款的规定，不适用于章程另有订定情形。

《日本民法典》第 66 条

就社团法人与某社员关系进行表决时，该社员无表决权。

《日本民法典》第 67 条

（一）法人的业务属主管官署监督。

（二）主管官署可以对法人发布必要的监督命令。

（三）主管官署可以随时依职权检查法人的业务及财产状况。

5.《意大利民法典》第 19 条

不得以未依据本法第 33 条的规定进行登记的对代表权的限制性规定对抗第三人，能证明第三人知晓的情况除外。

6. 中国台湾地区"民法典"第 27 条

法人应设董事。董事有数人者，法人事务之执行，除章程另有规定外，取决于全体董事过半数之同意。

董事就法人一切事务，对外代表法人。董事有数人者，除章程另有规定外，各董事均得代表法人。对于董事代表权所加之限制，不得对抗善意第三人。

中国台湾地区"民法典"第 50 条

社团以总会为最高机关。

左列事项应经总会之决议：

一、变更章程。

二、任免董事及监察人。

三、监督董事及监察人职务之执行。

四、开除社员，但以有正常理由时为限。

第七十一条 【社员的退社与除名】

社员可随时退社，但法律另有规定的除外。以不违反强行性规范及公序良俗为限，章程可对社员退社作出限制。

章程可就社员的除名事由及程序作出规定，但以不违反强行性规范及公序良俗为限。

【条文含义与立法理由】

本条规定的是社员的退社与除名。

社团法人是以人为基础而集合成立的法人，而社团法人的成员统称为社员，故其享有的权利可以被称为社员权。一方面，我国《宪法》第35条规定了公民的结社自由，故而原则上社员也可以随时退社。另一方面，社团法人属自律法人，所以除法律另有规定外，其成员的权利义务应由该社团法人的章程规定。因此，以不违反强行性规范及公序良俗为限，章程可对社员退社作出限制，也可就社员的除名事由及程序作出规定。鉴于对于不同的社团法人，法律基于特别考虑也可能作专门限制，故本建议稿添加了"但法律另有规定的除外"字样。

【学理争议与立法例】

现代私法意义上的社员及社员权概念，是伴随着社团法人制度的演进而逐渐生成的。理论上对社员权的性质有不同见解，有认为属于民事权利者，有认为属于一种法律地位者。事实上，这两种见解的本质相同，只不过前者强调社员所享有的权利，后者则强调社员在社团中的地位，二者实为相互关联的：如果不具有社员地位，也就没有社员权利可言；相反，若有社员权利，也必然具有社员地位。不少国家和地区的民法典在法人章节中对社员的权利义务作出了一般性规定，例如：

1.《德国民法典》第 34 条

对于有关社团与某一成员之间缔结法律行为，或者社团与该成员之间提起诉讼或解决诉讼的决议事项，该成员没有表决权。

《德国民法典》第 38 条

成员资格不得转让或继承。由成员资格所产生的权利不得委托他人行使。

《德国民法典》第 39 条

（1）成员有权退出社团。

（2）章程可以规定，只能在年度结束时，或者在规定的预告解约通知期限届至后，才允许退出社团；预告解约通知期限最多不得超过二年。

2.《瑞士民法典》第 65 条

（1）社员大会决定社员的入社与除名，选举董事会以及其他所有不归社团其他机构管理的事项。

（2）社员大会监督社团各机关的工作，并可随时免除其职务；但被免职人因既定的契约而享有的请求权不受妨碍。

（3）有重要理由时，依法产生免职权。

《瑞士民法典》第 70 条

（1）社员入社可随时进行。

（2）社员退社，依照法律，须提前半年提出申请。该申请一般在每年的上半年或在业务管理年度的前半年提出。

（3）社员资格不得让与，亦不得继承。

《瑞士民法典》第 72 条

（1）章程可确定开除社员的事由，但章程未作规定时，也可开除社员。

（2）在上述情况下，不得以章程未规定开除社员为由，而反对开除社员的决定。

（3）章程对开除社员无规定时，仅因重大原因并通过社团决议，始得开除社员。

《瑞士民法典》第 73 条

（1）退社的及被开除的社员，对社团的财产无任何权利。

（2）对于出资，应按其为社员的年限负缴纳责任。

《瑞士民法典》第 75 条

社员对未经其同意的违背法律和章程的决议，可在其知悉该决议后的一个月内诉请撤销。

3. 《日本民法典》第 66 条

就社团法人与某社员关系进行表决时，该社员无表决权。

4. 《意大利民法典》第 24 条

除非设立文件或社团章程允许转让，社团成员的资格不得转让。社团成员可以通过在一定时间内不履行社团章程规定的义务的方式退社。退社声明应当以书面形式通知社团管理人。如果退社声明是在本年度结束之前 3 个月提交的，于该年度结束时生效。因有重大事由而开除社团成员的决定，应当由社团大会做出；社团成员可以自接到社团大会通知之日起 6 个月内向司法机构提起诉讼。已经退社、被除名或者因任何原因不再是社团成员的人，不得请求返还已经向社团缴纳的费用，对社团的财产也不再享有任何权利。

5. 《中国澳门特别行政区民法典》第 155 条

1. 承认所有人均有自由结社之权利。

2. 不得强迫任何人加入社团，亦不得以任何方式强迫其留在社团内。

3. 社团章程得规定任何社员脱离社团前须预先通知，但不得要求超过三个月之预先通知期。

《中国澳门特别行政区民法典》第 169 条

以任何方式脱离社团之成员，无权要求返还已缴付之会费，且丧失对社团财产所具有之权利，但对其身为社员期间一切应作之给付仍须履行。

第七十二条 【社团法人的变更】

社团法人存续期间发生登记事项变更的，须向法人登记机关申请变更登记，法律另有规定的除外。

　　未依前款进行变更登记的，法人登记事项的变更不得对抗善意第三人。

【条文含义与立法理由】

　　本条规定的是社团法人的变更。

　　社团法人的变更，是指在社团法人存续期间发生的与其基本存在条件有重大关联的登记事项变更，如组织形式、目的范围、注册资本等的改变。由于法人的变更通常会涉及第三人利益以及交易安全的保护，故本建议稿规定，除法律另有规定外，社团法人存续期间发生登记事项变更的，须向法人登记机关申请变更登记。社团法人发生变更而未进行变更登记的，法人登记事项的变更不得对抗善意第三人。

【学理争议与立法例】

　　如前所述，法人的变更通常会涉及第三人利益以及交易安全的保护，故各国和地区立法例多规定，法人发生变更的，须向法人登记机关申请变更登记，但表述和详略不尽一致。

　　1.《中华人民共和国民法通则》第 44 条

　　企业法人分立、合并或有其他重要事项变更，应当向登记机关办理登记并公告。

　　企业法人分立、合并，它的权利和义务由变更后的法人享有和承担。

　　2.《苏俄民法典》第 37 条第 2 款、第 3 款

　　在法人合并或分立时，财产（权利和义务）转归新成立的法人。在法人并入另一法人时，其财产（权利和义务）转归并入后的法人。

　　如法律或关于改组的决定无其他规定，则财产被认为从交接清单签署之日起转移。

　　3.《德国民法典》第 33 条

　　（1）变更章程的决议，需由出席成员的四分之三多数决定；变更社团目的，需经全体成员同意；没有出席的成员，需以书面表示

同意。

（2）社团的权利能力系基于邦的许可而取得时，其章程的变更需获得邦的认可；由联邦参议院许可的，需获得联邦参议院的认可。

《德国民法典》第 67 条

（1）董事会的每次变更，应由董事会申报登记。申报应附具关于变更的文件的副本。

（2）由法院任命的董事会成员，应由法院依职权进行登记。

《德国民法典》第 68 条

董事会原成员与第三人发生法律行为的，只有在采取法律行为时，董事会的变更已经在社团登记簿上登记，或者该第三人已知此变更时，董事会的变更始得对抗该第三人。如果此变更已经登记，而第三人不知此变更，而且其不知并非出于过失时，该第三人无须认可此变更的效力。

4.《日本民法典》第 38 条

（一）社团法人的章程，以有全体社员的四分之三以上同意为限，可以变更。但章程另有订定时，不在此限。

（二）章程的变更，非经主管官署认可，不发生效力。

5.《意大利民法典》第 34 条

在获得政府主管机关批准以后变更的设立文件以及章程、法人迁移、设立分支机构、更换法人或代表人，应当进行变更登记……未进行变更……登记手续的，不得以上述事实对抗第三人，能证明第三人知晓的情况除外。

6. 中国台湾地区"民法典"第 31 条

法人登记后……已登记之事项有变更而不为变更者，不得以其事项对抗第三人。

中国台湾地区"民法典"第 53 条第 2 项

受设立许可之社团，变更章程时，并应得主管机关之许可。

中国台湾地区"民法典"第 63 条

为维持财团之目的或保存其财产，法院得因捐助人、董事、主管机关、检察官或利害关系人之声请，变更其组织。

第七十三条 【社团法人的消灭】

社团法人经清算完毕，完成注销登记，法人消灭，法律另有规定的除外。

【条文含义与立法理由】

本条规定的是社团法人的消灭。

社团法人的消灭，是指社团法人的法律人格消灭。关于社团法人消灭的原因，各国和地区立法例多有具体规定。鉴于我国不同类型社团法人的消灭事由会由特别法规定，故本建议稿在本章第一节"一般规定"中列举了共同事由，这里不再专门规定。

自然人死亡，人格消灭，其民事权利能力终止，但其民事权利义务则由继承人继承。与自然人不同，社团法人因法定原因消灭时，涉及法人原有民事法律关系的清算，即存在导致社团法人消灭的原因时，法人并非立即消灭。清算是依法定程序清理社团法人债权债务，处理剩余财产并最终终止社团法人法律人格的程序。清算的目的是保护社团法人债权人利益、投资者利益和社会经济秩序。在清算期间，法人虽不能从事清算范围外的活动，但其民事权利能力有必要在一定范围内继续存在，以避免损害第三人之合法利益。我国立法关于社团法人的消灭的规定历经混乱状态：一是，在概念上，终止、消灭、破产、解散、吊销营业执照、注销等，不同条文用到不同语词，而这些语词之间的关系如何，立法规定并不明确；二是，到底是消灭后清算还是经清算后消灭，理论和实务中的解读一度存在分歧。在社会实践中，常有社团法人不经清算就注销，导致债权人受损的情形。为此，本建议稿规定，经清算完毕，完成注销登记，法人才消灭。鉴于我国现行法规定有不适用清算程序的情形，故本条特别使用了"法律另有规定的除外"字样。

【学理争议与立法例】

对于社团法人消灭与清算、注销的关系，民法理论上曾经有不同学说，但学界目前已经基本达成共识，即不经清算，法人不消灭。有关清算期间清算组的法人地位、清算程序等的说明，参阅本章第一节的相关部分。

有关立法例如下：

1.《中华人民共和国民法通则》第 40 条

法人终止，应当依法进行清算，停止清算范围外的活动。

《中华人民共和国民法通则》第 45 条

企业法人由于下列原因之一终止：

（一）依法被撤销；

（二）解散；

（三）依法宣告破产；

（四）其他原因。

《中华人民共和国民法通则》第 46 条

企业法人终止，应当向登记机关办理注销登记并公告。

2.《德国民法典》第 47 条

社团财产不归属于国库时，在尚未对社团财产开始破产程序的情况下，必须进行清算。

《德国民法典》第 48 条

（1）清算由董事会进行。也可以任命其他人进行清算；有关任命董事会的规定，也适用于任命清算人。

（2）除根据清算的目的另有其他规定外，清算人具有董事会的法定地位。

（3）除另有规定外，清算人为数人时，其决议需经全体一致同意。

《德国民法典》第 49 条

（1）清算人应了结日常业务，催收债权，变卖债权以外的财产，清偿债务，并将剩余财产分配于财产归属权利人。清算人为了结未了业务，也可以达成新的交易。如果不是为了清偿债务或者分配剩余财产于财产归属权利人，可以采取中止催收债权或者变卖债权以外的财产的措施。

（2）在清算目的所需范围内，社团在清算结束之前视为继续存在。

《德国民法典》第 53 条

清算人违反依第 42 条第 2 款以及第 50 条至第 52 条规定应负的义务，或者在债权人得到清偿以前将财产分配于财产归属权利人的，如果他们因过失对此应负责任，对于债权人因此而受到的损害负有赔偿责任；他们作为连带债务人负其责任。

《德国民法典》第 74 条

（1）社团的解散和权利能力的剥夺，必须在登记簿上登记。

（2）社团因社员大会的决议或因为社团的存续而指定的期间届满被解散的，董事会必须申请进行解散的登记。在前一种情形下，该项申请必须附具解散决议的副本。

3.《瑞士民法典》第 58 条

法人财产的清算程序，依照有关合作社的规定办理。

4.《日本民法典》第 73 条

解散后的法人，在清算的目的范围内，至其清算完结时为止，仍视为存续。

《日本民法典》第 78 条

（一）清算人的职务如下：

1. 了结现务；

2. 收取债权，清偿债务；

3. 支付剩余财产。

（二）清算人为执行前款职务，可以实施一切必要行为。

5.《意大利民法典》第 29 条

在接到主管机关依法下令终止法人或者解散社团的通知后，或者在社团大会通过解散社团的决议后，管理人不得再进行新的活动。违反上述规定的，由管理人承担个人连带责任。

《意大利民法典》第 30 条

法人宣告终止或者社团解散后，应当根据本法的规定对财产进行清算。

《意大利民法典》第 34 条

……在自行解散、责令解散、宣告终止的情况下，应当进行注销登记，在进行注销登记时，应当载明清算人的姓名。未办理……注销登记手续的，不得以上述事实对抗第三人，能证明第三人知晓的情况除外。

6. 中国台湾地区"民法典"第 40 条

清算人的职务如下：

一、了结债务；

二、收取债权，清偿债务；

三、移交剩余财产于应得者。

法人至清算终结止，在清算之必要范围内，视为存续。

中国台湾地区"民法典"第 41 条

清算之程序，除本通则有规定外，准用股份有限公司清算之规定。

第七十四条 【社团法人消灭后的财产归属】

营利性社团法人清算完毕后，剩余财产依章程规定处理，章程没有规定的，按成员的出资比例处理。

非营利性社团法人清算完毕后，剩余财产依章程规定处理；章程没有规定的，依法律规定处理。章程和法律均未规定的，准用本章第三节关于财团法人的规定处理。

【条文含义与立法理由】

本条规定的是社团法人消灭后的财产归属。

社团法人消灭后，可能还有剩余财产，对于这些剩余财产，应当依营利性社团法人和非营利性社团法人作不同安排。对于营利性社团法人，在清算完毕后，首先依章程规定确定财产的归属，如果章程没有规定，应按成员的出资比例处理剩余财产。对于非营利性社团法人，在清算完毕后，剩余财产依章程规定处理；或者在法律对于非营利性社团法人剩余财产的处理另有规定时，从其规定处理；章程和法律均未规定的，准用本章第三节关于财团法人的规定处理。

【学理争议与立法例】

关于社团法人消灭后的财产归属，多数国家和地区的立法例均有规定，但规定不尽一致。

1.《苏俄民法典》第 40 条

满足了终止合作社组织或社会团体的所有债权人的请求后所剩下的财产，如法律无其他规定，应用于归还股金或其他应当归还的款项。其剩余部分应转交上一级合作社组织或社会团体，如无上级组织，则转交有关的国家机关。

2.《德国民法典》第 45 条

（1）社团一经解散或者其权利能力一经被剥夺，其财产即归属于章程所指定的人。

（2）章程可以规定，财产归属权利人由社团全体成员大会决议或者社团其他机构的决议予以确定。如果社团不以经营为目的，即使章程没有规定，社团全体成员大会也可以将其财产给予公共基金会或者公共机构。

（3）在没有确定财产归属权利人时，如果根据章程规定，社团系专为成员利益而设立，其财产应由社团解散或者被剥夺权利能力当时的成员平均分配，否则归属于社团住所所在地的邦的国库。

《德国民法典》第 46 条

社团财产归属于国库时，准用以国库为法定继承人而继承财产的规定。国库应以最符合该社团目的的方法使用此项财产。

3.《日本民法典》第 72 条

（一）解散法人的财产，归属于章程或捐助章程所指定的人。

（二）未以章程或捐助章程指定归属权利人或未规定指定归属权利人的方法时，经主管官署许可，理事可以为实现与法人目的类似的目的，处分其财产。但在社团法人，应经其全体会议决议。

（三）未能依前两款规定处分的财产，归属于国库。

4.《意大利民法典》第 31 条

清算结束后的剩余财产依据设立文件以及章程的规定处理。

在上述文件均未作规定的情况下，如是财团，政府主管机关可以将财产分配给具有类似目的的团体；如是社团，可以按照解散社团的社团大会决议的规定办理；如上述文件均未作规定，政府主管机关可以按照处理财团的方法处理。

在清算期间未提出清偿请求的债权人，可以在清算结束后的一年内，按比例并且在接受剩余财产分配的团体所接受的财产范围内，向接受财产的团体提出清偿请求。

《意大利民法典》第32条

在团体重组或解散的情况下，如被重组或解散的团体曾经接受过用于不同于团体设立目的的财产或赠与，则政府主管机关可以将上述财产或赠与连同负担一起转移给具有类似目的的法人。

5. 中国台湾地区"民法典"第44条

法人解散后，除法律另有规定外，于清偿债务后，其剩余财产之归属，应依其章程之规定，或总会之决议。但以公益为目的之法人解散时，其剩余财产不得归属于自然人或以营利为目的之团体。如无前项法律或章程之规定或总会之决议时，其剩余财产归属于法人住所所在地之地方自治团体。

第三节　财团法人

第七十五条　【财团法人的定义】

财团法人，是指利用自然人、法人或者其他非法人团体捐助的财产，以从事慈善、社会福利、宗教等社会公益事业为目的，依照法律规定成立的非营利性法人。

【条文含义与立法理由】

本条规定的是财团法人的定义。

财团法人是指利用自然人、法人或者其他组织捐助的财产，以从事慈善、社会福利、宗教等社会公益事业为目的，依照法律规定成立的非营利性法人。财团法人为财产的集合体，多由捐助财产构成，以财产为其成立的基础。财团法人虽然也有人的参与，须由人进行管理并代表法人对外进行活动，但代表财团法人进行活动的人并非法人的成员，而仅仅是管理人员。财团法人在各国和地区民法典中并不作定义，一般是在关于财团的特别法中予以规定。我国由捐助财产设立的法人组织日益增多，但仍未颁行单行法，故本建议稿设专节予以规定，并在本条先作定义性规定，在定义中强调我国的财团法人应当满足三个条件：①以独立的捐助财产为中心。财团法人成立的基础是一定的捐助财产，在法人成立之后，财产属于法人所有。如果财团法人的财产已经少于存续所需要的数额，监督机关或者法院可以责令其停止活动，直至获得足够财产为止。对于捐助人的人数，法律不作限制。②财团法人必须以从事慈善、社会福利、宗教等社会公益事业为目的。财团是否必须为公益，立法例上有不同规定，但我们认为我国的财团法人应限于公益目的。③财团法人是依法成立的非营利性法人。在有的国家和地区，法律制度允许通过运用财产的办法来实现特定的目的，但是却没有建立一个完整的法律意义上的财团法人。我国应赋予财团法人以非营利性法人的法律地位。

【学理争议与立法例】

财团法人与各国和地区的历史背景密切相关，具体而言，财团法人是以大陆法体系为依归的。在大陆法系的不同国家和地区，财团法人制度有不同的内涵和表达，如德国除了公益目的的财团，还有私益财团；而在日本和我国台湾地区民法中，财团法人必须是公益目的的，不存在所谓的私益财团。在普通法国家，财团法人的功能则由信托等制度实现，故而也不存在财团法人制度。我国立法中还没有规定财团法人制度，但有关于基金会的规定。对于财团法人的定义，我国学界目前仍然未达成共识。例如，史尚宽先生认为，"财团法人谓对于供一定目的之财产，赋予以权利能力之法人"。梅仲协先生则认为，"财团法人者，依捐助人所特定之目的而设立，具有独立人格之财产组织体也"。梁慧星教授主持的中国民法典研究课题组起草的民法典草案总则编建议稿中，就放弃采用"财团法人"

概念而改采"捐助法人"概念，主要理由是："鉴于我国立法迄未采用'社团'与'财团'的概念，已被广泛使用的'社会团体'概念，与传统民法所谓'社团'概念并不相同，而20世纪后期出现的一人公司和我国公司法规定的国有独资公司，亦难以符合社团为人的集合体的本质，而'财团'概念也难为一般人所理解。"

有关立法例如下：

1.《中华人民共和国基金会管理条例》第2条

本条例所称基金会，是指利用自然人、法人或者其他组织捐赠的财产，以从事公益事业为目的，按照本条例的规定成立的非营利性法人。

2.《德国民法典》第80条

设立有权利能力的基金会，除捐赠行为外，需得到基金会住所所在地的邦的许可。如果基金会不在任何一个邦内有住所，则需得到联邦参议院的许可。除另有其他规定外，基金会行政管理部门所在地视为住所。

3.《瑞士民法典》第80条

设立财团法人，得有为特别目的而捐助的财产。

4.《日本民法典》第34条

有关祭祀、宗教、慈善、学术、技艺及其他公益的社团或财团且不以营利为目的者，经主管官署许可，可以成为法人。

5.《爱沙尼亚财团法》第1条

财团是为了实现其章程规定的目的而管理和使用财产的没有成员的私法上的法人。财团的权利能力始于其登记于非营利社团和财团登记簿（"登记簿"），终于其被注销于登记簿。财团不得变更为其他类型的法人。

6.《印度尼西亚财团法》第1条

本法中的下列概念的含义如下：

（一）财团，指拥有独立的、用于实现在社会、宗教和人道主义事业上的特定目的的财产，并且没有成员的法人……

7.《亚美尼亚财团法》第3条

财团是以为公民和法人的利益而自愿捐助的财产为基础设立的

非商业组织，它没有成员，以追求社会、慈善、文化、教育、科学、公众健康、环境或者其他公共利益为目标。

8.《巴伐利亚财团法》第 1 条

本法所指的公共财团，包括民法上不专为实现私人目的之具有权利能力的财团，与公法上具有权利能力的财团。服务于宗教、科研、教育、课程、教养、艺术、文物保护、民俗风情保护、自然生存环境保护、体育运动、社会福利或者其他公益活动之目的，视为公共目的。

第七十六条　【财团法人的设立程序】

设立财团法人应当依法经主管机关批准并办理登记。法律另有规定的，从其规定。

【条文含义与立法理由】

本条规定的是财团法人的设立程序。

鉴于财团法人一般以追求公益事业为设立目的，其设立在多数国家和地区要求较为严格，故本建议稿规定，除法律另有特别规定的外，设立财团法人应当依法经主管机关批准并办理登记。

【学理争议与立法例】

各国和地区立法例对于财团法人的设立，多要求经主管机关许可并办理登记。

1.《苏俄民法典》第 27 条

法人依照苏联和苏俄立法规定的程序成立。……

2.《德国民法典》第 80 条

设立有权利能力的基金会，除捐赠行为外，需得到基金会住所所在地的邦的许可。如果基金会不在任何一个邦内有住所，则需得到联邦参议院的许可。除另有其他规定外，基金会行政管理部门所在地视为住所。

3. 《瑞士民法典》第 52 条第 1、2 项

（1）团体组织以及有特殊目的的独立机构，在商事登记簿上登记后，即取得法人资格。

（2）公法上的团体及机构、非经济目的的社团、宗教财团、家庭财团，不需经上述登记。

《瑞士民法典》第 80 条

设立财团法人，得有为特别目的而捐助的财产。

《瑞士民法典》第 81 条

（1）财团法人依照公证方式或遗嘱方式设立。

（2）在商业登记簿上登记，应依照财团证书进行；必要时，登记可根据监督官厅的命令，在呈交管理人员名册的情况下进行。

4. 《日本民法典》第 33 条

法人非依本法及其他法律规定，不得设立。

《瑞士民法典》第 34 条

有关祭祀、宗教、慈善、学术、技艺及其他公益的社团或财团且不以营利为目的者，经主管官署许可，可以成为法人。

《瑞士民法典》第 34 条之二

非社团法人或财团法人者，不得于其名称中使用社团法人或财团法人字样，也不得使用使人误认其为社团法人或财团法人的字样。

《瑞士民法典》第 45 条

（一）法人应自其设立之日起两周内在主事务所所在地、于三周内在其他事务所所在地进行登记。

（二）法人的设立，非于其主事务所所在地进行登记，不得以之对抗他人。

（三）法人于设立后新设事务所时，应于三周内在该事务所所在地进行登记。

5. 《意大利民法典》第 12 条

社团、财团（参阅第 14 条及后条）以及其他具有私法特征（参阅第 863 条）的机构，经共和国总统令（参阅第 15 条、第 33 条）批准取得法人资格（参阅第 600 条、第 786 条、第 977 条）。对于那些在省内从事活动的机构，政府可以授权省长负责法人资格的审批。

《意大利民法典》第 14 条第 1 款

社团和财团须以公证的方式设立。

《意大利民法典》第 16 条

应当在设立文件和章程中载明机构的名称、宗旨、资产、住所、组织和管理规则；社团在设立文件和章程中还应当载明社团成员的权利和义务以及加入社团的条件。财团在设立文件和章程中还应当载明收益分配的标准及其方式。

在设立文件和章程中还应当载明有关机构解散和财产归属的规定；如果是财团，还应当载明有关重组的规定。

6. 中国台湾地区"民法典"第 25 条

法人非依本法或其他法律之规定，不得成立。

中国台湾地区"民法典"第 30 条

法人非经向主管机关登记，不得成立。

中国台湾地区"民法典"第 31 条

法人登记后，有应登记之事项而不登记，……不得以其事项对抗第三人。

中国台湾地区"民法典"第 59 条

财团于登记前，应得主管机关之许可。

第七十七条　【财团法人的捐助章程】

财团法人的设立人应当制定捐助章程。

捐助章程应当载明捐助目的以及所捐财产情况。

【条文含义与立法理由】

本条规定的是财团法人的捐助章程。

以设立财团法人为目的而捐出财产之行为属于捐助行为，是单方法律行为。财团法人依法设立后，捐助人或者遗嘱执行人须将捐助或者遗赠财产移转于财团法人，之后财团法人依照章程独立运作，不受捐助人或者遗嘱执行人的干涉。因此，除遗嘱捐助外，财团法人的设立人应当制定捐助章程。设立的目的、活动宗旨、财产情况等均应当在捐助章程中载明，以便财团法人正常运作。在章程规定的目的范围内，为了使捐助财产保值、增值，财团法人可以从事必要的经营活动。对于遗嘱捐助，本建议稿另设专条规定。

【学理争议与立法例】

各国和地区立法例上多对财团法人的捐助章程进行规定。

1.《日本民法典》第 39 条

财团法人的设立人，应以以设立法人为目的的捐助行为，订定第三十七条第一项至第五项所载事项。

《日本民法典》第 40 条

财团法人的设立人，未订定名称、事务所或理事任免方法而死亡时，法院因利害关系人或检察官的请求，应予以规定。

《日本民法典》第 55 条

理事以章程、捐助章程或全会决议所不禁止者为限，可以将特定行为的代理委托于他人。

《日本民法典》第 58 条

法人可以根据章程、捐助章程或全会的决议，设置监事一人或数人。

2.《意大利民法典》第 14 条第 1 款

社团和财团须以公证的方式设立。

《意大利民法典》第 16 条

应当在设立文件和章程中载明机构的名称、宗旨、资产、住所、组织和管理规则；社团在设立文件和章程中还应当载明社团成员的权利和义务以及加入社团的条件。财团在设立文件和章程中还应当载明收益分配的标准及其方式。

在设立文件和章程中还应当载明有关机构解散和财产归属的规定；如果是财团，还应当载明有关重组的规定。

3. 中国台湾地区"民法典"第 60 条第 1、2 项

设立财团者，应订立捐助章程。但以遗嘱捐赠者，不在此限。

捐助章程，应订明法人目的及所捐财产。

第七十八条 【以遗嘱捐助方式设立财团法人】

以遗嘱捐助方式设立财团法人的，应当在遗嘱中写明捐助目的，并指定遗嘱执行人。未指定遗嘱执行人的，由主管机关指定。

【条文含义与立法理由】

本条规定的是以遗嘱捐助方式设立财团法人。

捐助行为亦以遗嘱方式进行的，为遗嘱捐助，以遗嘱捐助方式设立财团法人的，无另定章程之必要。以遗嘱捐助方式设立财团法人的，应当指定遗嘱执行人。未指定遗嘱执行人的，由主管机关指定。

【学理争议与立法例】

各国和地区立法例上有关于以遗嘱捐助方式设立财团法人的规定。

1.《德国民法典》第 81 条

（1）生前捐赠行为，需采取书面形式。

（2）在基金会未获得设立许可之前，捐赠人有权撤销其捐赠行为。如果已经向主管行政机关申请许可，则撤销只能向该主管行政机关表示。如果捐赠人已经向主管行政机关提出许可申请，或者在由公证人对捐赠行为进行公证的情况下，在证明的当时或者证明之后，已经委托公证人提出许可申请，则捐赠人的继承人无权撤销捐赠行为。

《德国民法典》第 82 条

基金会的设立获得许可的，捐赠人有义务将其在捐赠行为中约定的财产移转于基金会。需根据转让合同移转的权利，除捐赠人依捐赠行为另有其他意思之外，在获得设立许可的同时，移转于基金会。

《德国民法典》83 条

以死因处分进行捐赠行为时，如果继承人或者遗嘱执行人不提出申请，遗产法院应提出申请。

《德国民法典》第 84 条

基金会在捐赠人死后始获得设立许可的，就捐赠人的捐赠行为而言，基金会视为在捐赠人死亡前即已设立。

2.《瑞士民法典》第 82 条

捐助行为与赠与相同，捐助人的继承人及债权人可诉请撤销捐助。

3.《日本民法典》第 41 条

（一）以生前处分实施捐助行为时，准用关于赠与的规定。

（二）以遗嘱实施捐助行为时，准用关于遗赠的规定。

4.《意大利民法典》第 14 条

（1）社团和财团须以公证的方式设立。

（2）财团也可通过遗嘱的方式设立。

《意大利民法典》第 15 条

（1）在获得（作为私法人的）批准之前，或者创办人尚未进行其应当完成的事项时，可以撤销财团。

（2）撤销权不得由继承人继承。

第七十九条 【财团法人的机关】

财团法人应当依照捐助章程设立执行机关和监督机关。

执行机关和监督机关依法行使捐助章程规定的职权。

【条文含义与立法理由】

本条规定的是财团法人的执行机关和监督机关。

财团法人应当依照捐助章程设立执行机关和监督机关。执行机关和监督机关依法行使捐助章程规定的职权。

理论上对财团法人是否存在意思机关有不同见解，大致可以分为存在说和不存在说两种观点，其中存在说认为财团法人的意思机关为董事或者董事会，不存在说认为财团法人没有社员，也无社员大会，故其最高意思应从捐助章程中寻求。我国目前理论上通说认为意思机关仅存在于社团法人，由法人的全体成员构成，而财团法人依章程进行管理，不存在意思机关，属他律法人，其意思已由捐助章程提前设定。故本条依我国通说，未规定财团法人的意思机关，仅规定了执行机关和监督机关。

【学理争议与立法例】

如前所述，理论上对财团法人是否存在意思机关有不同见解，但多数立法例规定财团法人不需要意思机关。对于监督机关，立法例上赋予财团法人主管机关监督权的较多。财团法人的机关关涉财团法人的治理。在财团法人的内部治理问题上，首先，应肯定执行机关的绝对作用，其可以对内执行财团事务和进行日常管理，对外代表财团法人进行民事活动。其次，还应在财团法人中建立健全监事制度。监事制度的有效实施不仅可以防止执行机关滥用职权、以权谋私，还可以防止财团法人在处理法人事务时偏离特定目的，违背捐助人的意思，同时还可以防止降低财团法人的公信力。在对财团法人运作进行监督的问题上，需要强调的是，在赋予财团法人独立的自治地位的基础上，还应对财团法人从外部进行适度的政府和法院监督，目的应在于保障捐助目的不因财团法人出现违法事由而无法达成。

有关立法例如下：

1. 《苏俄民法典》第 28 条

法人通过自己的机关取得民事权利和承担民事义务。这些机关在法律或章程（条例）所授予的权限范围内进行活动。

2. 《德国民法典》第 85 条

除帝国或者州法律另有规定外，基金会的组织机构根据捐赠行为加以确定。

《德国民法典》第 87 条

（1）基金会的目的不能完成或者其完成危及公共利益的，主管行政机关可以为基金会另定目的或者将基金会撤销。

（2）在变更基金会目的时，应尽可能考虑捐赠人的本意，尤其应予考虑的是，基金会财产的收益应尽可能按照捐赠人的意思，继续由其预期的人享受。如果基金会的目的需要变更，主管行政机关可以变更基金会章程。

（3）在变更目的和变更章程之前，应听取董事会的意见。

3. 《瑞士民法典》第 55 条第 1 项

法人的意思，由其机关表示。

《瑞士民法典》第 83 条

（1）财团的机构及管理方式由财团证书规定。

（2）如所定的组织不健全时，监督官厅须作必要的处置。

（3）当前款的处置不能达到预期目的时，监督官厅可将该财团的财产划归与其宗旨最相一致的另一财团。但捐助人提出异议或与财团证书有明确相反规定的，不在此限。

《瑞士民法典》第 84 条

（1）财团法人接受按其宗旨所属的国家机关（联邦、州、乡镇）的监督。

（2）监督官厅负责监督财团法人按其宗旨使用财产。

4. 《日本民法典》第 52 条

（一）法人应设置理事一人或数人。

（二）理事有数人时，如章程或捐助章程无另外规定，该法人事务，由理事的过半数决定。

《日本民法典》第 53 条

理事就法人的事务均代表法人，但不得违反章程规定或捐助章程的宗旨。在社团法人，则应服从全会决议。

《日本民法典》第 54 条

对理事代表权所加的限制，不得以之对抗善意第三人。

《日本民法典》第 55 条

理事以章程、捐助章程或全会决议所不禁止者为限，可以将特定行为的代理委托于他人。

《日本民法典》第 56 条

于理事缺员情形，因迟滞将有产生损害之虞时，法院则因利害关系人或检察官的请求，选任临时理事。

《日本民法典》第 57 条

关于法人与理事间利益相反的事项，理事无代表权。于此情形，应依前条规定，选任特别代理人。

《日本民法典》第 58 条

法人可以根据章程、捐助章程或全会的决议，设置监事一人或数人。

《日本民法典》第 59 条

监事的职务如下：

1. 监察法人的财产情况；

2. 监察理事的业务执行情况；

3. 发现财产状况或业务执行中有可疑事实时，向全会或主管官署报告；

4. 为了进行前项报告，必要时可以召集全会。

《日本民法典》第 67 条

（一）法人的业务属主管官署监督。

（二）主管官署可以对法人发布必要的监督命令。

（三）主管官署可以随时依职权检查法人的业务及财产状况。

5. 《意大利民法典》第 14 条第 1 款

社团和财团须以公证的方式设立。

《意大利民法典》第 25 条

政府主管机关对财团的管理活动行使监管权……

《意大利民法典》第 26 条

政府主管机关应当尽可能按照创办人的意愿协调几个财团的经营活动或统一各财团的管理机构。

6. 中国台湾地区"民法典"第 27 条第 2 项

董事就法人一切事务，对外代表法人。董事有数人者，除章程另有规定外，各董事均得代表法人。

第八十条 【违反捐助章程行为的法律效力】

对于财团法人的执行机关违反捐助章程的行为，主管机关或者捐助人等利害关系人可以请求人民法院予以撤销。

【条文含义与立法理由】

本条规定的是违反捐助章程行为的法律效力。

对于财团法人,其目的、章程及组织的变更,管理方法的修改,或者解散,须由特定机构(如法院或主管机关)依职权为之,不存在自愿决议的变更或解散。因此,本条规定,对于财团法人的执行机关违反捐助章程的行为,主管机关或者捐助人等利害关系人可以请求人民法院予以撤销。

【学理争议与立法例】

对于财团法人的执行机关违反捐助章程的行为的法律效力,有立法例予以规定,如下:

《意大利民法典》第25条

(1)政府主管机关对财团的管理活动行使监管权;当财团作出的决定无法实现的,由政府主管机关负责财团管理人或代表人的聘任和更换事宜;对于违反设立文件规定的原则或与公序良俗相抵触的财团大会决议,政府主管机关在通知财团管理人后,可以作出撤销财团大会决议的决定;管理人的行为不符合财团章程、宗旨或法律规定的,政府主管机关可以解散管理机构并指定一个特派员。

(2)善意第三人根据决议已经取得的权利,不受财团大会决议被撤销的影响。

(3)对管理人提起追究责任诉讼的决定,必须经政府主管机关许可,由特派员、清算人或新任管理人执行。

第八十一条 【财团法人消灭后剩余财产的处理】

财团法人消灭后的剩余财产应当依照捐助章程的规定用于公益目的;无法依照捐助章程规定处理的,由主管机关划归与该财团法人性质、宗旨相同或者相近的财团法人,并向社会公告。

【条文含义与立法理由】

本条规定的是财团法人消灭后剩余财产的处理。

财团法人清算消灭后，可能还有剩余财产，这些剩余财产应当依照捐助章程的规定用于公益目的；无法依照捐助章程的规定处理的，应当由主管机关划归与该财团法人性质、宗旨相同的财团法人，并向社会公告。

【学理争议与立法例】

对于财团法人注销后剩余财产的处理，各国和地区立法例上有规定。

1. 《苏俄民法典》第40条

满足了终止合作社组织或社会团体的所有债权人的请求后所剩下的财产，如法律无其他规定，应用于归还股金或其他应当归还的款项。其剩余部分应转交上一级合作社组织或社会团体，如无上级组织，则转交有关的国家机关。

2. 《德国民法典》第88条

基金会一经消灭，其财产即归属于章程指定的人。于此准用第46条至第53条的规定。

3. 《日本民法典》第72条

（一）解散法人的财产，归属于章程或捐助章程所指定的人。

（二）未以章程或捐助章程指定归属权利人，或未规定指定归属权利人的方法时，经主管官署许可，理事可以为实现与法人目的类似的目的，处分其财产。但在社团法人，应经其全体会议决议。

（三）未能依前两款规定处分的财产，归属于国库。

4. 《意大利民法典》第31条

清算结束后的剩余财产依据设立文件以及章程的规定处理。

在上述文件均未作规定的情况下，如是财团，政府主管机关可以将财产分配给具有类似目的的团体；如是社团，可以按照解散社团的社团大会决议的规定办理；如上述文件均未作规定，政府主管机关可以按照处理财团的方法处理。

在清算期间未提出清偿请求的债权人,可以在清算结束后的一年内,按比例并且在接受剩余财产分配的团体所接受的财产范围内,向接受财产的团体提出清偿请求。

《意大利民法典》第 32 条

在团体重组或解散的情况下,如被重组或解散的团体曾经接受过用于不同于团体设立目的的财产或赠与,则政府主管机关可以将上述财产或赠与连同负担一起转移给具有类似目的的法人。

5. 中国台湾地区"民法典"第 44 条

法人解散后,除法律另有规定外,于清偿债务后,其剩余财产之归属,应依其章程之规定,或总会之决议。但以公益为目的之法人解散时,其剩余财产不得归属于自然人或以营利为目的之团体。

如无前项法律或章程之规定或总会之决议时,其剩余财产归属于法人住所所在地之地方自治团体。

第八十二条 【宗教团体法人的性质】

依法登记的宗教团体,具有法人资格。

宗教团体法人得以其宗旨为限,依法从事民事活动。

【条文含义与立法理由】

本条规定的是宗教团体法人的性质。

我国《宪法》第 36 条赋予公民宗教信仰自由。公民宗教信仰自由既可以以个体信仰的方式来实现,也可以依法通过宗教组织,如宗教团体来实现。通过民法调整宗教团体和宗教活动,无疑有助于宗教领域的和谐与稳定。目前我国尚无作为基本法律的宗教法,有关宗教组织法律地位的规定散见于各种行政法规、部委规章和地方性法规之中。《宗教事务条例》第 6 条第 1 款规定:"宗教团体的成立、变更和注销,应当依照《社会团体登记管理条例》的规定办理登记。"可见,我国行政法规将宗教团体视为社会团体。也就是说,目前在我国,宗教团体在民政部门登记,由宗教事务部门主管,一般属于社会团体法人。鉴于目前对于宗教团体是属于社团法人还是财团法人，理论上还有颇多争议，我们倾向于将其定性为社团法人，一则，虽然宗教团体的运行需要信徒奉献的钱财，但宗教团体仍然是以人为基础成立的；二则，将宗教团体定性为社团法人，更可以彰显《宪法》保护的宗教信仰自由及结社自由。不过，为慎重起见，本建议稿虽然认为应赋予宗教团体法人资格，但建议暂时还不宜对其性质盖棺定论，故本条规定："依法登记的宗教团体，具有法人资格。宗教团体法人得以其宗旨为限，依法从事民事活动。"以本条作为原则性规定，旨在对我国加快宗教法的立法进程起到促进作用。从长远来看，我国应制定专门的宗教基本法。

【学理争议与立法例】

财团法人的渊源可以追溯到罗马法时期，当时的财团法人主要以寺院、慈善团体等形式出现，当时捐助财产的捐助人与财团法人的管理人并未完全分离。近代意义上的财团法人到中世纪得以真正确立。受基督教教义中的"普世"思想影响，教会大力提倡慈善救济事业的开展，但中世纪的教会垄断了当时的慈善事业，使得慈善事业依附于教会，并未与其彻底分离。理论上对于是否赋予宗教团体法人资格，以及如果赋予的话，宗教团体应当属于社团法人还是财团法人，均存有争议。宗教团体也是各国和地区宗教事务管理的主要规制对象，多以登记的形式给予宗教团体以法人地位。不过，立法例上在民法典中予以规定的不多，多是通过专门的法律规定来规制。以日本的《宗教法人法》为例，该法对于保护宗教法人的宗教自由和合法权益具有重要意义。

有关立法例如下：

1. 《瑞士民法典》第 52 条

（1）团体组织以及有特殊目的的独立机构，在商业登记簿上登记后，即取得法人资格。

（2）公法上的团体组织及机构、非经济目的的社团、宗教财团、家庭财团、不需经上述登记。

2. 《日本民法典》第 34 条

有关祭祀、宗教、慈善、学术、技艺及其他公益的社团或财团且不以营利为目的者，经主管官署许可，可以成为法人。

3.《日本民法施行法》第 28 条

民法中关于法人的规定，在近期内，不适用于神社、寺院、祠宇及佛堂。

4.《日本宗教法人法》第 1 条

1. 本法律以赋予宗教团体在维持、使用礼拜设施和其他财产、经营旨在达到其目的的各项业务和事业中，拥有法人的能力与资格为根本目的。

2. 宪法保障公民的信教自由，一切国家政权机关都必须给予尊重。因此，本法律的所有规定不能解释为是对个人、集体或团体根据受到保障的信仰自由而进行宣传教义、宗教仪式以及其他宗教行为的限制。

《日本宗教法人法》第 18 条第 6 款

宗教法人的法定代表人和责任人员在宗教团体法人的事务方面的权限，并不包括责任人员对于宗教机能的任何统治和其他权限。

《日本宗教法人法》第 71 条第 3 款

宗教团体法人审议会就有关宗教团体中的信仰、规章、习惯等宗教方面的事项，不能采取任何形式进行调停和干涉。

《日本宗教法人法》第 85 条

对于文部大臣、都、道、府、县知事及法院，本法律的所有规定不能解释为给予用任何形式调停或者干涉宗教团体的信仰、规章、习惯等宗教事项的权限；或者劝告、引诱及干涉宗教团体法人负责职员的任免和进退的权限。

第八十三条 【社团法人规定的准用】

本章第二节关于社团法人的规定，凡与财团法人的规定不相抵触者，准用于财团法人。

【条文含义与立法理由】

本条规定的是社团法人规定的准用。

本章第二节规定了社团法人，从立法技术角度考量，作出本条规定。

第四节　非法人团体

第八十四条 【非法人团体的定义】

本法所称非法人团体，是指虽不具有法人资格但依法能够以自己的名义享有权利、承担义务的营利或非营利团体。

法律规定非法人团体应登记的，自登记时成立。法律规定非法人团体须经有关部门批准才能设立的，依照其规定。

法律对特定非法人团体有特别规定的，依其规定。

【条文含义与立法理由】

本条规定的是非法人团体的定义。

本条第 1 款系对非法人团体的立法定义，第 2、3 款则旨在处理与特别法上之非法人团体的关系。

我国目前的立法尚无关于"非法人团体"的统一规定，而仅是针对其特定类型（如合伙企业）设有规定。考虑到民法典的"一般私法"属性，我们认为，其应就非法人团体作出一般性规定。

关于术语使用，在涉及非法人团体时，我国《民事诉讼法》与《合同法》均以"其他组织"指称自然人与法人之外的缔约主体与诉讼主体。故此，多个版本的民法典总则编草案建议稿也沿用了"其他组织"这一表述。[1]此外，在学术讨论中，也多见"非法人组织"这一表述。[2]我们认为，相对于以上两种称谓，"非法人团体"的表述既突出了其"非法人"的基本属性，同时也体现了其具

---

〔1〕 中国人民大学民商事法律科学研究中心"民法通则立法研究课题组"（负责人杨立新）起草的民法总则草案建议稿虽在第四章章名上使用了"非法人团体"的概念，但在该章第三节中仍使用了"其他组织"的表述。

〔2〕 例如肖海军："非法人组织在民法典中的主体定位及其实现"，载《法商研究》2016 年第 2 期。

有类似于法人的团体性，故民法典应使用这一术语。〔1〕

在比较法上，关于"非法人团体"，各国和地区民法典缺乏统一的规范。《德国民法典》中仅有"无权利能力社团"这一概念，指实质上符合社团法人条件但因未登记从而不具备权利能力的社团。《瑞士民法典》中有类似《德国民法典》"无权利能力社团"的"无法人资格或尚未取得法人资格的社团"概念。〔2〕1942 年《意大利民法典》中的"非法人社团和委员会"则将这一概念范畴扩及救援会、纪念委员会、庆典筹备委员会等正式或临时的公益性委员会。〔3〕在日本和我国台湾地区，其民法典均未涉及非法人团体，但二者均在民事诉讼法中承认了非法人团体的当事人能力。

关于非法人团体的法律地位问题，特别是其是否为独立的民事主体类型，我国民法学界历来存有争议。我们认为，总体而言，我国民事立法、司法实践与民法理论研究已越来越倾向于承认非法人团体的民事主体地位，而这也与国际发展趋势相符。〔4〕

基于承认非法人团体法律主体资格的立场，本条第 1 款对非法人团体的定义强调以下几个要素：

第一，非法人团体当然不具备法人资格，从而与本法所调整的法人相区分。事实上，在普遍承认非法人团体民事主体地位的逻辑

---

〔1〕 以梁慧星为负责人的中国民法典立法研究课题组完成的《中国民法典草案建议稿》第一编第三章使用"非法人团体"的概念，并将其与"法人"相并列，参见梁慧星主编：《中国民法典草案建议稿附理由·总则编》，法律出版社 2004 年版，第 18 页。由孙宪忠为负责人的中国社科院民法典立法研究课题组于 2016 年 3 月完成的民法总则草案建议稿则在第三章"法人"之下设第四节"非法人团体"。

〔2〕 参见殷生根、王燕译：《瑞士民法典》，中国政法大学出版社 1999 年版，第 20 页。

〔3〕 参见费安玲、丁玫译：《意大利民法典》，中国政法大学出版社 1997 年版，第 20 页。应该说，《意大利民法典》将"委员会"与"非法人社团"并行规定，此种立法模式对我们还是颇具启发意义的。例如，民法总则中的非法人团体似乎也应包含物权法针对建筑物区分所有权规定的业主委员会之类的团体。

〔4〕 例如，根据《德国民法典》，无权利能力社团适用关于合伙的规定，不承认其具有权利能力和一般的主体资格，而此种立法处理被普遍认为系该法典的败笔。根据今日之学理通说，所谓无权利能力社团应类推适用社团法人的规定。参见 〔德〕迪特尔·梅迪库斯：《德国民法总论》，邵建东译，法律出版社 2000 年版，第 854 页；〔德〕卡尔·拉伦茨：《德国民法通论》（上册），王晓晔等译，法律出版社 2003 年版，第 237 页以下。

下，各种类型的法人均须具备法律明确要求的要件，尤其是批准、登记等形式要件。未纳入法人类型规范，或虽在实质上满足了法人条件，但因未获得批准或登记而未取得法人资格的，始有依本节判断是否属于非法人团体的问题。

第二，非法人团体能以自己的名义享有权利和承担义务。现行《合同法》与《民事诉讼法》已经个别地承认了非法人团体的缔约能力与当事人能力。实际上，在财产法层面，非法人团体的核心问题是所谓财产责任问题，即以非法人团体名义所负的债务由何人负责清偿的问题。无论是在形式上还是实质上，均可一般性地认可非法人团体享有权利与承担义务的能力。

第三，根据是否具有营利目的，可将非法人团体区分为营利性非法人团体与非营利性非法人团体。关于法人的基本分类，目前学界主要有两种观点：一种观点认为，应坚持传统的观点，根据构成法人团体性基础的不同，将法人区分为社团法人与财团法人；另一种观点认为，尤其是考虑到我国"民商合一"的立法模式选择，以及与《民法通则》既有法人类型衔接便利之需要，应依法人是否具有营利目的，将法人的基础分类确定为营利性法人与非营利性法人。尽管上述两种观点在法人分类问题上均有一定道理，但我们认为坚持传统分类标准更为合理。然而，就非法人团体而言，由于并不存在法律判定构成法人人格的基础差异问题（即法人的基础在于人的集合抑或财产的集合），而且，民法典对非法人团体的规范，其主要目的并不在于为此类团体的组织提供类似"法人机关"的规定，而是为了对团体财产的归属和债务的承担等问题作出调整，而是否具有营利目的将对团体的财产和债务产生直接的影响，故此，我们在本节中选择将是否具有营利性作为非法人团体分类的基本标准。

本条第2款和第3款旨在解决特别法与民法典在为非法人团体提供规范上的分工配置问题。我们认为，民法典对非法人团体的规范，其目的绝非重申已经在《合伙企业法》等特别法上明确界定的特定非法人团体类型，相反，由于特别法已经为具体的非法人团体类型提供了详细的规范，作为"一般私法"的民法典在构建其对非法人团体的规范框架时，反而不必过多考虑那些已经由特别法明确界定的类型，除非后者的规定具有普遍适用的价值，从而可作为一般意义上非法人团体的规范样式。正是基于这样的考虑，本条第 2 款规定，特别法对特定非法人团体的成立规定需要登记或批准的，该非法人团体需遵守特别法规定（如无此类规定，则应根据本节第 86 条加以认定）。第 3 款则是根据"特别法优于一般法"规则作出的规定。

第八十五条 【合伙的法律调整】

法律规定须经登记的商事合伙，适用法律有关合伙企业的规定。

法律规定须经登记但未登记，或法律规定无须登记的合伙组织，适用本节规定以及法律有关合伙合同的规定。

【条文含义与立法理由】

本条规定的是合伙的法律调整。

在对本条作出解释前，须首先回答以下问题：民法总则是否需要对合伙或合伙组织作出一般性的规定？从本条的行文来看，我们给出了否定的结论。

《民法通则》对"个人合伙"做出了专节规定（第二章第五节），而且，自该法颁行以来，个人合伙就被视为介于自然人与法人之间的"其他组织"或"非法人组织"，人们关于所谓"第三主体"的讨论首先就是针对个人合伙而言的。因此，从民法总则对《民法通则》的继承性视角看，前者似乎也应对合伙作出一般性的规定。在目前几个民法总则草案的专家建议稿中，有的对合伙作出了系统的规定，并将其作为民法总则上非法人团体的重要类型[1]，有的则完全未提及合伙。

---

〔1〕 例如，中国人民大学民商事法律科学研究中心"民法通则立法研究课题组"起草的民法总则草案建议稿在第四章"非法人团体"之下设三节，分别规定"合伙"、"有限合伙"与"其他组织"。而中国法学会民法典编纂项目领导小组与中国民法学研究会完成的民法总则草案建议稿则是在第四章"其他组织"之下设"一般规定"（仅两条）和"合伙"两节。

我们认为，自团体或组织的视角观察，合伙实际上存在许多具体的形态，民法总则尽管无须为合伙提供专门的一般性规范，但却须理顺各种合伙的法律适用关系。这就是设置本条的基本目的。

《民法通则》所称"个人合伙"，实际上均系商事合伙。在《合伙企业法》颁行后，原则上应将商事性质的合伙均纳入该特别法的规制，此种做法与我国现行法对商事登记的要求也是吻合的。根据本条第 1 款，凡商事合伙，均应根据《合伙企业法》的要求设立，在依法登记后取得合伙企业的法律地位，并适用《合伙企业法》的规定。这就意味着，经登记的商事合伙已经有特别法的调整，无须适用民法总则上有关非法人组织的一般规则。

如果商事合伙未经登记即开展经营活动，则因为其未完成合伙企业的设立而无从直接适用《合伙企业法》的规定。另外，在商事合伙之外，还可能存在其他类型的合伙组织，而法律往往对其未设有特别规范。我们认为，在此类情形下，应依如下思路解决相关合伙组织的法律适用问题：①如果合伙的组织化程度较高，满足了第 86 条有关非法人团体认定的条件，则可适用本节有关非法人团体的一般规定；②如果合伙组织化程度低，无法满足第 86 条的条件，则恰恰表明，该合伙可视为一种纯粹的合同关系，从而可适用关于合伙合同的规定。需要指出的是，本条第 2 款有关适用合伙合同之规定的法律适用方案意味着，未来民法典在合同法部分应增设"合伙合同"这种有名合同。

第八十六条 【非法人团体的认定】

具备下列条件的，可以认定为非法人团体：

（一）有自己的名称和组织机构；

（二）有自己的章程或组织规则；

（三）有必要的财产或经费。

【条文含义与立法理由】

本条规定的是非法人团体的认定标准。

首先，需要特别指出的是，本条未采用"非法人团体应具备以下条件"之类的表述，而是将相关条件规定为了"认定标准"，这与其他版本的民法总则草案建议稿均有所不同。

无论是采拟制说还是实在说，法人均应被视为法律的创造物。基于宪法上的结社自由，人们可以为各种不同的目的结合成各种团体。其中一部分团体因满足了法律有关法人的实质性与程序性要件（如登记），被法律承认为法人，而另一些团体则未获得此种法律认可，从而未获得法人资格。在此意义上，一国法律必须采法人类型强制原则，[1]并以批准、登记等清晰的法律控制机制作为认定法人存在的基础。

我们认为，民法典之所以需要对非法人团体作出一般性的规定，正是因为社会经济生活中存在大量的组织或团体，而它们中只有部分获得了法人资格，另有部分虽未获得法人资格，但也因以其为调整对象的法律的通过而获得了相应的法律地位（如《合伙企业法》对合伙企业的规范），然而仍有数不胜数的组织或团体未被法律特别确认其私法上的地位。须特别指出的是，因未登记等原因而未被法律明确规定的团体绝不意味着其为"非法组织"，只要其所从事的行为本身不违法，作为事实存在的各种团体均应获得私法上的地位。

在我们看来，本条规范所提出的"非法人团体"的识别标准，亦属典型的裁判规范。在不具备法人资格的团体实际参与民事关系并形成纠纷的情况下，应由法官判断作为案件当事方的团体是否满足"非法人团体"的要件，从而决定是否将本节有关财产归属及债务清偿责任的规定予以适用。

各种未获登记的团体在组织紧密程度（或者"团体性"）上存在巨大差异：松散者，如为筹备毕业周年而成立的"庆典委员会"；紧密者，如组织完备但无法或不愿获得登记的商会组织。显然，在是否有必要承认某一团体为民事主体从而直接将其作为民事关系的参与者问题上，应视该团体是否具备一定程度的组织性而定。

正是基于上述考虑，本条明确提出了非法人团体的识别条件。

---

〔1〕 朱庆育：《民法总论》，北京大学出版社 2013 年版，第 415 页。

原则上，非法人团体需要具备类似法人团体的特征和条件，在具备名称、组织机构、章程、财产等条件后，方可被认定为"非法人组织"，从而适用本节规定。如果一个组织体不具备这些条件，如前述庆典委员会，则不应承认其民事主体地位。

第八十七条　【非法人团体成员的财产权】

营利性非法人团体的成员享有与出资相应的财产权利，并可在退出或团体解散时请求分割团体的财产，但章程或组织规则另有规定的除外。

非营利性非法人团体的成员对于团体的财产不享有财产权利，在退出或团体解散时，成员不得请求分割团体财产，但章程或组织规则另有规定且不违反法律禁止性规定的除外。公益性非法人团体解散或终止时，参照财团法人终止时的财产处理规则处理剩余财产。

【条文含义与立法理由】

本条规定的是非法人团体成员的财产权。

本条旨在解决成员对非法人团体财产是否享有出资权利的问题。为解释本条，首先需要解决本条适用的三个前提：

第一，需要指出的是，本建议稿所称"非法人团体"，实际上仅指"非法人社团"，即由自然人或团体作为成员而结成的社团。考虑到我国的财团法人制度正在建构之中，而且，所谓非法人财团的问题亦有可能通过信托等制度加以调整，故本建议稿不设"非法人财团"的概念。如确需以"非财团法人"来解释某些独立财产的法律地位，则就本条而言，似可准用第 2 款非营利性非法人团体的规定。

第二，非法人团体具有主体资格，其自身可以享有各种财产权利，无论该种财产权利为物权、债权，抑或是知识产权、股权等。如完全不承认非法人团体的权利能力，则只能以成员的共有或准共有解释这些财产权的归属，本条也就无存在之必要了。也正是因为我们承认非法人团体具有类似法人的权利能力，才需要解决非法人社团的成员是否享有类似公司法人股东之股权的问题。

第三，如前所述，本建议稿之所以将营利性与非营利性作为非法人团体的基础分类，正是因为两类团体在成员是否享有财产权等方面表现出的根本差异。因此，本条两款分别针对营利性非法人团体与非营利性非法人团体作出规范。

所谓营利性，不仅指从事营利事业，而且还向其成员分配利益。[1] 如非法人团体以营利为目的，则其成员应享有类似股权的持份权，并可依据章程的规定取得对非法人团体的红利分配请求权。基于此种持份权，成员可依据章程的规定，向他人转让该权利或依退社之规定要求退回其投资权益。在非法人团体解散时，如经清算仍有剩余财产的，成员可要求对剩余财产进行分割。当然，成员的此种持份权之享有与行使，首先应依章程或组织规则而定。

非法人团体也可以不具有营利性。事实上，营利性非法人团体往往可以合伙企业等形态存在，从而也无须适用本节规定。在我们看来，本节规定对非营利性非法人团体更具意义。非营利性，既可以表现为公益性（如未获得社团法人或财团法人地位的环保组织或学术组织），也可以表现为中间性（如商会、同乡会等）。非营利性非法人团体也须拥有一定财产，而这些财产无论来自何处（包括直接来自成员，如成员缴纳的会费等），原则上其成员并不拥有相应的持份权，在退出团体或团体解散时，成员原则上也无权请求分割团体剩余财产。上述规则是由团体的非营利性目的所决定的，当然，章程自治于此领域仍具有一定的适用空间，因此，第 2 款设有"但章程或组织规则另有规定且不违反法律禁止性规定的除外"的但书。

最后，对于非营利性非法人团体中的公益性团体，在其解散或终止时的财产处理问题上，本条第 2 款基于"公益性"的共性，规定准用财团法人终止时的规则。

第八十八条 【营利性非法人团体的财产责任】

营利性非法人团体以其财产承担民事责任，团体财产不足以承

---

〔1〕 江平主编：《民法学》（第 2 版），中国政法大学出版社 2011 年版，第 76 页。

担责任的，由成员承担连带责任，但法律另有规定的除外。

【条文含义与立法理由】

本条规定的是营利性非法人团体的财产责任。

首先，需要指出的是，民法典之所以需要对非法人团体作出规定，其主要目的之一就是要明晰非法人团体以自己名义从事民事交往的法律后果，尤其是因参与民事交往而负债时的债务清偿规则。在非法人团体以自己的名义对他人负债时，依前述界定，我们可认定非法人团体自身即为此债务关系的债务人。但是，对非法人团体赋予一定的权利能力，当然不意味着团体将会因此承担所谓"独立责任"。我们认为，在界定非法人团体及其成员的财产责任时，必须区分营利性非法人团体与非营利性非法人团体而设置不同的规则。

就营利性非法人团体的债务清偿责任而言，我们认为，可适用法律为普通合伙企业所设置的规则。营利性非法人团体具有经营性资产，债务当然首先应以团体的财产进行清偿；在团体财产不足清偿时，成员应像普通合伙人一样，对团体的债务负无限的连带清偿责任。如果此类不具法人资格的共同经营体的成员希望限制自己的责任，则应选择设立有限合伙企业，此即本条所称"但法律另有规定的除外"之意义。

第八十九条　【非营利性非法人团体的财产责任】

对非营利性非法人团体的有权代理所产生的债务，由团体以其财产承担责任，其成员不承担责任。

非营利性非法人团体的财产不足以承担责任的，由代理人承担连带责任。

法律对于非营利性非法人团体的责任承担另有规定的，依其规定。

【条文含义与立法理由】

本条规定的是非营利性非法人团体的财产责任。

以非营利性非法人团体名义所负债务的清偿责任问题，在我国现行法上缺乏可供参考的解决方案，须由民法总则提供妥当的规则。兹举一例加以说明：一群民法研究者和爱好者成立了一个致力于民法学研究的学术团体，起名"萨维尼民法研究会"，在发起大会上通过了研究会章程，并选举了会长、副会长、秘书长等。研究会有100多名会员，每名会员每年应缴纳会费200元。该研究会纯粹为民间组织，未获社团法人登记。为纪念《民法通则》颁行30周年，该研究会决定举行研讨会。研究会秘书长王某以研究会名义与某酒店订立场地租赁及餐饮合同，共计应向酒店支付会务费3万元。由于研究会经费不足，拖欠部分会务款。现债权人酒店决定诉请保护。

本条解决方案的要点有：

第一，非法人团体具有权利能力，因此，经由有权代理（或代表）而以团体名义所负的债务，可直接确认非法人团体自身为债务人，并以该团体的财产清偿。在前例中，债务首先应由研究会以会员缴纳的会费等财产清偿。

第二，与营利性非法人团体不同，非营利性非法人团体的成员不对团体债务负责。团体既然不具有营利性，成员无从由团体的活动中获得经济利益，自然也不应对团体债务负责。在前例中，研究会的会员不应对研究会的债务连带负责，酒店显然无从要求100多名会员偿还债务。

第三，非营利性非法人团体须通过代理人或代表人实施法律行为，为保护债权人利益，应使以团体名义实施法律行为之人对该行为负个人责任。[1] 在前例中，王某以研究会名义与酒店订立合同，其个人应对债务负责。

第九十条 【非法人团体的机关】

非法人团体的机关，依章程或组织规则确定，并可参照法律有

---

[1] 这一处理方案与《德国民法典》有关无能力社团的对外责任规定相吻合。该法典第54条规定："对于无权利能力的社团，适用关于合伙的规定。以此种社团的名义向第三人实施法律行为的，行为人因该法律行为负个人责任；数人行为的，其作为连带债务人负责任。"

关法人机关的规定。

【条文含义与立法理由】

本条规定的是非法人团体的机关。

根据本节第 86 条的规定，非法人团体只有具备了一定的组织机构，才能具备独立于成员的团体性，从而才能被识别为民事主体。

就法人而言，民法典有必要依据其设立的基础，在将其区分为社团法人和财团法人的基础上，对法人的机关作出一般性的规定。当然，通常情形下，社团法人的成员或财团法人的设立人往往都会通过制定章程来实现组织的自治。

非法人团体除未获得法人资格外，其实际运作与法人往往无异。例如，非法人团体也须有社员大会这样的意思机关，通过社员的表决权机制形成社团的决议；非法人团体也须有理事会、董事会这样的执行机关来执行社员大会的意志。与社团法人一样，非法人团体也可能发生社员退社、除名等问题。

我们认为，诸多类型的非法人团体原本就在法律规制之外，于此情形，更应强调私法自治的作用。关于非法人团体的组织，应充分利用成员自治的机制，通过章程或组织规则加以确定。在章程未作规定或规定不明时，可以参照有关法人机关的规定加以确定。

第四章
法律行为

第一节　一般规定

第九十一条　【法律行为的概念】

法律行为是民事主体依其意思表示设立、变更、消灭民事权利义务的行为。

【条文含义与立法理由】

本条规定的是法律行为的概念。

权利关系变动的法律行为是最重要的法律事实。法律行为基于民事主体意思表示变动权利关系，是实现私人自治的最重要的法律制度。本建议稿采"法律行为"的概念并对相关内容予以界定。

法律行为的本质要素是意思表示。法律行为与其他法律事实的区别在于，民事主体变动权利关系的正当性基础是其意思表示，即依据其意思表示变动权利关系。

法律行为的主体为民事主体，包含自然人、法人和其他民事主体。

法律行为的客体为民事权利，即民事主体的作用对象是民事权利。"民事权利"较现行法中"民事权利和民事义务"（《民法通则》第54条）、"民事权利义务关系"的表达更为简洁，也更为准确，因为在物权等支配权关系中，相对人的义务并无法律意义。

法律行为的主体对权利可以"设立、变更和消灭"，继承了现行法中"设立、变更"的表述，以"消灭"取代现行法中的"终止"或"转让和消灭"（例如，《物权法》第 2 章"物权的设立、变更、转让和消灭"）。

法律行为是"合法行为"，一方面继受现行法，另一方面是强调法律行为的适法性。

本条采"法律行为"，未采现行法中的"民事法律行为"，理由在于，"法律行为"是特定法律术语，其所谓"法律"与"权利"同义，民法以外不存在基于当事人意思表示变动法律效果的法律事实，"民事"二字实属累赘。

【学理争议与立法例】

第一，是否规定法律行为的一般内容。有些立法例并未规定法律行为的一般内容，例如《法国民法典》[1]《瑞士民法典》[2]和《意大利民法典》[3]，有些则规定了法律行为的一般内容，例如《德国民法典》[4]《俄罗斯民法典》[5]《日本民法典》[6]和我国现行《民法通则》。本建议稿参考我国现行法，规定了法律行为的一般内容。

第二，是否专门规定法律行为的概念。肯定主义立法例专门规定了法律行为的概念，例如《德国民法典》《俄罗斯民法典》和我

---

〔1〕《法国民法典》的中文本，参见罗结珍译：《法国民法典》，法律出版社 2005 年。

〔2〕《瑞士民法典》的中文本，参见殷生根、王燕译：《瑞士民法典》，中国政法大学出版社 1999 年版。

〔3〕《意大利民法典》的中文本，参见费安玲等译：《意大利民法典》，中国政法大学出版社 2004 年版。

〔4〕《德国民法典》的中文本，参见陈卫佐译注：《德国民法典》，法律出版社 2015 年版；杜景林、卢谌：《德国民法典——全条文注释》，中国政法大学出版社 2015 年版。

〔5〕《俄罗斯民法典》的中文本，参见黄道秀译：《俄罗斯联邦民法典》（全译本），北京大学出版社 2007 年版。

〔6〕《日本民法典》的中文本，参见王爱群译：《日本民法典》，法律出版社 2014 年版。

国现行法。否定主义立法例则不专门规定法律行为的概念，例如《德国民法典》《日本民法典》。《德国民法典》第一编第三章规定"法律行为"，《日本民法典》第一编总则第五章规定"法律行为"，但对法律行为均无专门定义。为明确法律行为的概念，便于理解和适用法律，本建议稿以我国现行法为基础，采肯定主义立法模式，规定了法律行为的概念。

第三，采广义法律行为的概念还是狭义法律行为的概念。广义法律行为涵盖了变动任何权利关系的法律行为，例《德国民法典》。狭义法律行为仅指变动债权关系的法律行为，例如《法国民法典》，其所谓合同"应善意履行"，当然是指债的履行。法律行为变动民事权利关系。民事权利关系包括但不限于债权关系。本建议稿以我国现行法为基础，采广义法律行为的概念，规定法律行为变动民事权利关系。也正因为采广义法律行为的概念，才需要在民法总则部分规定法律行为的相关内容。

有关立法例如下：

1. 《中华人民共和国民法通则》第 54 条

民事法律行为是公民或者法人设立、变更、终止民事权利和民事义务的合法行为。

2. 《俄罗斯民法典》第 153 条

法律行为是公民和法人旨在确立、变更或者终止民事权利和民事义务的行为。

3. 《法国民法典》第 1134 条

（1）依法成立的契约，对缔结契约的人具有相当于法律之效力。

（2）此种契约，只有经各当事人相互同意或者依法律允许的原因才能撤销。

（3）前项契约应善意履行。

第九十二条 【法律行为的拘束力】

法律行为自成立时起具有法律拘束力，行为人非依法律规定或者当事人约定，不得擅自变更或者解除。

【条文含义与立法理由】

本条规定的是法律行为的拘束力。

法律行为拘束行为人，这是私人自治的要求。法律行为一旦成立，行为人即受其拘束。这里的法律拘束力主要是形式拘束力，而非意思表示的效果意思。基于私人自治，如果对方同意变更或者解除法律行为，行为人自无再受约束的必要。如果法律基于特别立法政策允许行为人变更或者解除法律行为，自应依法处理。除此之外，法律行为的行为人受其法律行为所确定的权利关系的拘束。

【学理争议与立法例】

1. 《中华人民共和国民法通则》第 57 条

民事法律行为从成立时起具有法律约束力。行为人非依法律规定或者取得对方同意，不得擅自变更或者解除。

2. 《中华人民共和国合同法》第 8 条

依法成立的合同，对当事人具有法律约束力。当事人应当按照约定履行自己的义务，不得擅自变更或者解除合同。

依法成立的合同，受法律保护。

第九十三条 【其他法律另有规定时的法律适用】

其他法律对法律行为另有规定的，适用其规定。

【条文含义与立法理由】

本条规定的是其他法律另有规定时的法律适用。

法律行为有不同分类，就法律效果而言，可以分为财产行为和身份行为：就当事人而言，可以分为共同行为、合同行为和单方法律行为。民法总则关于法律行为的规定是对法律行为的一般性规定，特别法律对具体法律行为类型可能另有规定。例如，关于行为能力，本法有一般性规定，但《婚姻法》第 6 条第 1 句规定："结婚年龄，男不得早于二十二周岁，女不得早于二十周岁。"《收养法》第 6 条规定："收养人应当同时具备下列条件：……（四）年满三十周岁。"依照特别法优于一般法的基本规则，其他法律对法律行为另有规定的，优先适用其规定。

【学理争议与立法例】

《俄罗斯民法典》第 155 条［单方法律行为的义务］

单方法律行为给实施法律行为的人确立义务。只有在法律或者同他人的协议规定的情况下，单方法律行为才能给他人确立义务。

《俄罗斯民法典》第 156 条［单方法律行为的法律调整］

对于单方法律行为相应地适用关于债和合同的一般规定，但以不与法律、法律行为的单方性质和法律行为的实质相抵触为限。

第二节　行为能力

第九十四条　【完全行为能力】

十八周岁以上的自然人是成年人，具有完全行为能力。

十六周岁以上不满十八周岁的自然人，以自己的劳动收入为主要生活来源的，视为完全行为能力人。

【条文含义与立法理由】

本条规定的是完全行为能力。

行为能力有广义和狭义之分。狭义行为能力是指适法行为能力，即实施法律行为和准法律行为的能力。广义行为能力是指适法行为能力和违法行为能力。违法行为能力即实施债务不履行以及侵权行为等违法行为的能力。本建议稿规定的行为能力是狭义行为能力，仅指可以实施法律行为的能力。

"法律行为"一章规定行为能力而不规定权利能力，因为行为能力是专属于法律行为的内容，"行为能力"之"行为"系法律行为。因此，"法律行为"一章专节规定行为能力对法律行为的影响。至于权利能力，因其属于主体制度的内容，故应在民事主体章节专门规定人的权利能力及相关问题。至于责任能力，包括债务不履行能力以及侵权能力，应当在债法中规定，其具体内容可能与行为能力部分内容相同，但毕竟制度功能不同，不应在民事主体章节集中规定。

行为能力要求当事人能按照自己的意思支配客体，变动权利关系，因此当事人需要有相应的意思能力。因此，行为能力取决于其意思能力。意思能力即判断行为的法律效果的精神能力。意思能力的有无及其状况是事实问题，须个案审查，但成本较高。由于自然人的意思能力与自然人的生长发育阶段相关，因此法律采取了以年龄为基础辅以个案审查的立法技术：达到一定年龄阶段的心智正常的人对应一定的行为能力；对于心智发展存在障碍的人，采取个案审查的方式确定。达到一定年龄阶段的人为成年人，只要心智正常，就具有完全行为能力，可以独立作出或者受领意思表示，实施法律行为。

【学理争议与立法例】

第一，关于是否区分行为能力与责任能力，采狭义行为能力还是广义行为能力，立法例有不同做法。采广义行为能力立法例者，不详细区分行为能力和责任能力，例如我国现行法。采狭义行为能力立法例者，详细区分行为能力和责任能力，例如《德国民法典》。我国《民法通则》规定了行为能力（《民法通则》第 11 条至第 14 条），《侵权责任法》中也采用行为能力（第 32 条、第 33 条）。本建议稿采狭义行为能力。

第二，关于行为能力规定在民事主体章节还是法律行为章节，立法例有不同做法。在民事主体章节规定行为能力者，例如我国《民法通则》《瑞士民法典》《日本民法典》和《俄罗斯民法典》。在法律行为章节中规定行为能力者，例如《德国民法典》。本建议稿将行为能力规定于法律行为章节中。

第三，关于行为能力制度，立法例上有三级主义和二级主义两种。三级主义立法例将行为能力区分为完全行为能力、限制行为能力和无行为能力，例如《德国民法典》。二级主义立法例将行为能力区分为有行为能力和限制行为能力，例如《法国民法典》《瑞士民法典》《日本民法典》。我国现行法采三级主义，本建议稿亦采三级主义。

第四，关于是否规定劳动成年拟制，立法例中有肯定主义和否定主义两种。肯定主义立法例将参与劳动的特定未成年人视为成年人，如《意大利民法典》《俄罗斯民法典》和我国现行法。否定主义立法例则对此未予规定。本建议稿以现行法为基础，采肯定主义。

第五，关于是否规定结婚成年拟制，立法例中有肯定主义和否定主义两种。肯定主义立法例将已结婚未成年人视为成年人，否定主义立法例则予以否定。我国现行法中结婚年龄高于成年年龄，不存在承认结婚成年的问题，因此，本建议稿采否定主义。

第六，关于成年的年龄，有的立法例规定为 18 周岁，例如我国现行法、《德国民法典》《俄罗斯民法典》等，有的立法例规定为 20 周岁，例如《日本民法典》。本建议稿采现行法，以 18 周岁为成年年龄。

法人的行为能力与其权利能力相适应，通过自然人而实现，故本节不予专门规定。

相关立法例如下：

1.《中华人民共和国民法通则》第 11 条

十八周岁以上的公民是成年人，具有完全民事行为能力，可以独立进行民事活动，是完全民事行为能力人。

十六周岁以上不满十八周岁的公民，以自己的劳动收入为主要生活来源的，视为完全民事行为能力人。

2.《中华人民共和国未成年人保护法》第 2 条

本法所称未成年人是指未满十八周岁的公民。

3.《法国民法典》第 481 条

（1）解除亲权的未成年人，如同成年人，有进行一切民事行为的能力。

（2）但是，就结婚或自行同意由他人收养而言，解除亲权的未成年人仍应遵守如同其未解除侵权时相同的规则。

《法国民法典》第 488 条（1974 年 1 月 3 日第 68 - 5 号法律）

（1）年满 18 周岁为成年。年满 18 周岁的人有能力实施民事生活的所有行为。

（2）但是，由于身体官能损坏，致其不能自行保障其权益的成年人，得在特别行为之时或者持续受到法律的保护。

（3）由于挥霍浪费、纨绔不羁、游手好闲，有可能自陷贫困或影响履行家庭义务的成年人，亦得进行保护。

《法国民法典》第 1123 条

凡未经法律宣告无行为能力的任何人，均得订立契约。

4.《德国民法典》第 2 条［成年］

满 18 岁为成年。

5.《瑞士民法典》第 12 条［内容］

行为能力人有能力通过其行为创设权利及义务。

《瑞士民法典》第 13 条［一般规定］

成年且有判断能力的人有行为能力。

《瑞士民法典》第 14 条［成年］

年满 18 岁者为成年。

《瑞士民法典》第 16 条［判断能力］

凡非因未成年、精神病、精神衰弱、酗酒或其他类似情况而不能理智地行为的人，均具有本法意义上的判断能力。

6.《日本民法典》第 4 条［成年］

满 20 周岁为成年。

《日本民法典》第 753 条［婚姻成年拟制］

未成年人结婚后，视为成年。

7.《意大利民法典》第 2 条［成年，行为能力］

（1）年满 18 周岁为成年。成年者取得从事一切活动的行为能力，有其他不同规定者除外（84、90、165、250、264、273、284、291、296、314、348、371、390、397、591、774、1389、1426、2580）。

（2）规定提供自己劳动的年龄低于此年龄的特别法除外。提供自己劳动的未成年人，享有劳动契约约定的权利和诉权。

8.《俄罗斯民法典》第 21 条［公民的行为能力］

（1）公民自成年起，即年满 18 周岁之时起，完全具有以自己的行为取得并行使民事权利，为自己建立义务并履行民事义务的能力（民事行为能力）。

（2）如果法律允许在年满18周岁之前结婚，则未满18周岁的公民自结婚之时起取得完全民事行为能力。

因结婚而获得的行为能力即使在年满18周岁之前又离婚的情况下仍完全保留。

在法院确认婚姻无效时，法院可以判决未成年一方自法院确定的时间起丧失完全行为能力。

《俄罗斯民法典》第27条［完全行为能力的取得］

（1）年满16周岁的未成年人，如果依照劳动合同工作，其中包括按其他合同工作，或者经父母、收养人或者保护人的统一从事经营活动，可以被宣告为具有完全的民事行为能力。

宣告未成年人为完全民事行为能力人（取得完全民事行为能力），经父母双方、收养人或者保护人的同意时，根据监护和保护机关的决议进行；没有父母、收养人或者保护人的同意时，须根据法院的判决进行。

（2）对已取得完全民行为能力的未成年人的债务，其中包括致人损害而发生的债务，其父母、收养人或者保护人不承担责任

第九十五条 【无行为能力】

不满七周岁的未成年人、不能辨认自己行为的成年人，是无行为能力人。

无行为能力人的意思表示无效。

无行为能力人由其法定代理人代为意思表示。

【条文含义与立法理由】

本条规定的是无行为能力。

行为能力瑕疵的基础是意思能力瑕疵，为保护欠缺意思能力的人，行为能力瑕疵影响意思表示的效力，无行为能力人独立作出的意思表示无效。

主张意思表示因为行为能力瑕疵而无效的，需要证明无行为能力。为避免举证困难，行为能力瑕疵在立法技术上以年龄为一般标准，以个别审查为例外。未达到一定年龄的未成年人，法律将其直接规定为无行为能力人，即未成年无行为能力人。对于成年人，以具有行为能力为原则；例外情形，以不能辨认自己的行为为实质要件，以法定程序为形式要件，不具有行为能力者，即成年无行为能力人。

无行为能力人自己不能独立作出意思表示，其意思表示需由法定代理人代理。无行为能力人未经法定代理人代理而独立作出的意思表示，因意思能力欠缺而无效，不能因为法定代理人事前允许或者事后同意而发生效力。

【学理争议与立法例】

第一，无行为能力未成年人的年龄标准。立法例中，无行为能力人的年龄标准不尽相同。依照我国《民法通则》第12条第2款，不满10周岁的未成年人是无民事行为能力人。该标准过高，建议稿以小学入学年龄为参考，定为7周岁。

第二，无行为能力成年人的判断。对于成年人应当采用完全行为能力推定。主张某人有行为能力瑕疵的，应当依照我国《民事诉讼法》第15章"特别程序"第4节"认定公民无民事行为能力、限制民事行为能力案件"等法定程序处理。

第三，无行为能力的法律效果。无行为能力的法律效果，立法例中，有的采法律行为无效主义，例如我国《民法通则》《俄罗斯民法典》；有的采意思表示无效主义，例如《德国民法典》；还有的采合同可撤销主义，例如《意大利民法典》。由于有些法律行为由两项或者数项意思表示构成，行为能力瑕疵导致意思表示无效，法律行为自然也不生效力，因此，本建议稿采意思表示无效主义。

相关立法例如下：

1.《中华人民共和国民法通则》第12条第2款

不满十周岁的未成年人是无民事行为能力人，由他的法定代理人代理民事活动。

《中华人民共和国民法通则》第 13 条第 1 款

不能辨认自己行为的精神病人是无民事行为能力人，由他的法定代理人代理民事活动。

《中华人民共和国民法通则》第 58 条第 1 款第 1 项

下列民事行为无效：

（一）无民事行为能力人实施的；

2. 《中华人民共和国义务教育法》第 11 条第 1 款

凡年满六周岁的儿童，其父母或者其他法定监护人应当送其入学接受并完成义务教育；条件不具备的地区的儿童，可以推迟到七周岁。

3. 《法国民法典》第 502 条

禁治产的宣告与辅助人的任命，在判决日发生效力。此后禁治产人所为的一切行为，如无辅助人的协助，依法均归无效。

《法国民法典》第 1124 （1968 年 1 月 3 日第 68 – 5 号法律）

下列之人，在法律规定的限制范围内，无缔结契约之能力：

（1）未解除亲权的未成年人；

（2）本法典第 488 条意义上的受保护的未成年人。

《法国民法典》第 1125 条 （1968 年 1 月 3 日第 68 – 5 号法律）

有能力缔结契约并且受所订契约约束的人，不得以与之缔结契约的人无行为能力为契约无效抗辩。

《法国民法典》第 1307 条

未成年人在订立契约时自述其已经成年的简单声明，不妨碍取消其订立的契约。

4. 《德国民法典》第 104 条 ［无行为能力］

无行能力的是：

（1）未满七周岁的人；

（2）处于精神错乱状态以至于自由的意志决定被排除的人，只要这种状态依其性质不是暂时性的即可。

《德国民法典》第 105 条 ［意思表示的无效］第 1 款

（1）无行为能力人的意思表示是无效的。

《德国民法典》第 105a 条［日常生活行为］

成年的无行为能力人实施日常生活行为，该行为以低值资金即可完成的，其所订立的合同在给付方面，有约定时的对待给付方面，一经给付和对待给付完成，即视为有效，对无行为能力人的人身或者财产存在显著危险的，不适用第一句的规定。

5. 《瑞士民法典》第 17 条［一般规定］

无行为能力人，是指无判断能力或者未成年或者禁治产人。

《瑞士民法典》第 18 条［无判断能力］

无判断能力的人的行为，除法律另有规定外，不具有法律效力。

《瑞士民法典》第 19 条［有判断能力的未成年人或者禁治产人］

（1）有判断能力的未成年人或者禁治产人，只有在取得其法定代理人的同意后，才能因其行为承担义务。

（2）前款所指未成年人或者禁治产人，无偿取得利益或者行使因人格而享有的权利时，无须取得前款规定的同意。

（3）对其侵权行为所造成的损害，应负赔偿责任。

6. 《俄罗斯民法典》第 29 条［确认公民无行为能力］

1. 由于精神病而不能理解自己行为的意义或者不能控制自己行为的公民，可以由法院依照俄罗斯联邦民事诉讼法规定的程序确认为无行为能力人。对他应设立监护。

2. 被确认无行为能力人的公民的监护人以无行为能力人的名义实施法律行为。

3. 如果确认公民无行为能力的根据不复存在，法院应该确认该公民具有行为能力。依照法院的判决撤销对他的监护。

《俄罗斯民法典》第 28 条［幼年人的行为能力］

（1）除本条第 2 款规定的法律行为外，只有其法定代理人——父母、收养人或者保护人才能以未满 4 岁的未成年人（幼年人）的名义代替他们实施法律行为。

对未成年人的法定代理人实施的涉及未成年人财产的法律行为，适用本法典第 37 条第 2 款和第 3 款规定的规则。

……

（3）幼年人法律行为产生的财产责任，其中包括幼年人独立实施的法律行为产生的财产责任，如果不能够证明债权债务关系的违反不是由于幼年人的过错，则由其父母、收养人或者监护人承担。他们还应依法对幼年人造成的损害承担责任。

《俄罗斯民法典》第171条〔无行为能力公民实施的法律行为无效〕

（1）由于精神病而被确认为无行为能力的公民所实施的法律行为，自始无效。

此种法律行为的每一方均应将全部所得以实物返还另一方，而在不可能以实物返还所得时，应照价赔偿。

此外，如果具有行为能力的一方知道或者应当知道另一方不具有行为能力，则具有行为能力的一方还应当向另一方赔偿他所遭受的实际损失。

（2）因患精神病而被确认为无行为能力的公民所实施的法律行为中，如果法律行为的实施对该公民有利，则为了该公民的利益，可以根据其监护人的要求由法院确认为有效。

《俄罗斯民法典》第172条〔不满14周岁的未成年人实施的法律行为无效〕

（1）不满14周岁的未成年人（幼年人）实施的法律行为无效，自始无效。对这种法律行为适用本法第171条第1款第2项、第3项规定的规则。

（2）幼年人所实施的法律行为，如果法律行为的实施对于幼年人有利，则为了幼年人的利益，可以根据其父母、收养人或者监护人的要求由法院确认为有效。

（3）本条的规则不适用于小额日常生活性法律行为和依照本法典第28条的规定幼年人有权独立实施的法律行为。

7. 《意大利民法典》第1425条〔当事人的能力〕

（1）当事人一方是法定的无缔约能力人（2、322、377、396、414、427、1330、1441、1462、1471、2332），契约可以被撤销。

（2）当第428条规定的条件发生时，无理解能力和意思能力的人所缔结的契约同样可以被撤销（120、591、775、1191、1389）。

《意大利民法典》第 1426 条［未成年人实施的欺诈］

未成年人以欺骗的方式隐瞒了其未成年的年龄的，契约不被撤销；但是未成年人所做的自己是成年人的简单声明，不构成对契约进行抗辩的障碍。

第九十六条　【视为无行为能力】

在无意识或者暂时性精神错乱状态时作出的意思表示，视为无行为能力人作出的意思表示。

【条文含义与立法理由】

本条规定的是视为无行为能力。

无意识或者暂时性精神错乱状态下作出的意思表示，表意本身不是出于表意人自由意志，与私人自治不符，因此这种状态的意思表示应当视为无行为能力人的意思表示，不发生法律效力。

【学理争议与立法例】

《德国民法典》第 105 条［意思表示的无效］第 2 款

处于无意识或者暂时性精神错乱状态中作出的意思表示也是无效的。

第九十七条　【限制行为能力】

七周岁以上的未成年人、不能完全辨认自己行为的成年人，是限制行为能力人。

限制行为能力人作出的意思表示，经法定代理人同意后生效，但与其年龄、智力相适应或者使其纯获法律利益的除外。

【条文含义与立法理由】

本条规定的是限制行为能力。

影响意思能力的因素，一是年龄，二是精神健康状况，即通常所谓的智力。民事主体在成年前的特定年龄阶段和特定精神健康状况下，可以对部分意思表示的法律意义予以判断。该特定年龄阶段和精神健康状况下的人即限制行为能力人。

限制行为能力人不具有完全行为能力，原则上其意思表示须经法定代理人同意。但是，限制行为能力人并非全无意思能力，对于部分与其年龄、智力相适应者，自可以独立作出。此外，在特定法律行为中，限制行为能力人纯获法律利益，对其无害，法律不要求其法定代理人参与。

【学理争议与立法例】

关于限制行为能力人的最低年龄，立法例不尽相同，本建议稿与无行为能力相衔接，规定为 7 周岁。

有关立法例如下：

1. 《中华人民共和国民法通则》第 12 条第 1 款

十周岁以上的未成年人是限制民事行为能力人，可以进行与他的年龄、智力相适应的民事活动；其他民事活动由他的法定代理人代理，或者征得他的法定代理人的同意。

《中华人民共和国民民法通则》第 13 条第 2 款

不能完全辨认自己行为的精神病人是限制民事行为能力人，可以进行与他的精神健康状况相适应的民事活动；其他民事活动由他的法定代理人代理，或者征得他的法定代理人的同意。

2. 《中华人民共和国民合同法》第 47 条第 1 款

限制民事行为能力人订立的合同，经法定代理人追认后，该合同有效，但纯获利益的合同或者与其年龄、智力、精神健康状况相适应而订立的合同，不必经法定代理人追认。

3. 民国时期民法第 13 条［未成年人及其行为能力］第 2 项

满七岁以上之未成年人，有限制行为能力。

民国时期民法第 77 条［限制行为能力之意思表示］

限制行为能力人为意思表示及受意思表示，应得法定代理人之允许。但纯获法律上之利益，或依其年龄及身份、日常生活所必需者，不在此限。

民国时期民法第 84 条［特定财产处分之允许］

法定代理人允许限制行为能力人处分之财产，限制行为能力人，就该财产有处分之能力。

4.《德国民法典》第 106 条 ［未成年人的限制行为能力］

未成年人，已满 7 周岁的，依照第 107 条至第 113 条的规定，行为能力受到限制。

5.《俄罗斯民法典》第 28 条 ［幼年人的行为能力］第 2 款

2. 年满 6 周岁不满 14 周岁的幼年人有权独立实施以下法律行为：

（1）小额的日常生活性法律行为；

（2）无须公证证明的或者无须进行任何国家登记的旨在无偿获利的法律行为；

（3）为了一定的目的或者为了自由支配而处分由法定代理人提供的或者经法定代理人同意由第三人提供的资金的法律行为。

第九十八条 【限制行为能力人未经法定代理人同意的单方法律行为】

限制行为能力人未经法定代理人同意的单方法律行为，无效。

【条文含义与立法理由】

本条规定的是限制行为能力人未经法定代理人同意的单方法律行为的效力。

限制行为能力人所为单方法律行为因其意思表示而成立，可能因其意思能力不充分而有损其利益，故未经法定代理人允许，确定无效。限制行为能力人实施单方法律行为未经法定代理人事先同意者，无效，该行为不因法定代理人事后同意而生效。

【学理争议与立法例】

1.《中华人民共和国继承法》第 22 条第 1 款

无行为能力人或者限制行为能力人所立的遗嘱无效。

2. 民国时期民法第 78 条 ［限制行为能力人为单独行为之效力］

限制行为能力人未得法定代理人之允许，所为之单独行为，无效。

第九十九条 【限制行为能力人未经法定代理人允许的合同】

限制行为能力人未经法定代理人允许的合同，非经法定代理人追认，不生效力。追认的意思表示应当在合理期限内作出。

相对人可以催告法定代理人在十五日内予以追认。法定代理人未作表示的，视为拒绝追认。意思表示被追认之前，善意相对人有撤回的权利。撤回的意思表示可以向未成年人作出。

【条文含义与立法理由】

本条规定的是限制行为能力人未经法定代理人允许的合同的效力。

限制行为能力人所订合同能因其意思能力不充分而有损其利益，故须经法定代理人同意，法定代理人事先未予同意的，效力待定，可以经法定代理人事后同意而生效。

法定代理人追认之前，合同效力待定，可能对相对人产生不利，也可能有害交易。为保护相对人并使交易效力尽早确定，本建议稿规定了相对人的催告权和撤回权。为尽快确定法律关系，本建议稿对现行法的催告期间予以适当缩减，规定为 15 天。

对于效力待定的合同，不知限制行为能力人未得法定代理人同意的善意相对人可以撤回其意思表示，以阻止其发生效力，从而使自己不再受该意思表示约束。

【学理争议与立法例】

1. 《中华人民共和国合同法》第 47 条

限制民事行为能力人订立的合同，经法定代理人追认后，该合同有效，但纯获利益的合同或者与其年龄、智力、精神健康状况相适应而订立的合同，不必经法定代理人追认。

相对人可以催告法定代理人在一个月内予以追认。法定代理人未作表示的，视为拒绝追认。合同被追认之前，善意相对人有撤销的权利。撤销应当以通知的方式作出。

2. 民国时期民法第79条 ［限制行为能力人契约行为之效力］

限制行为能力人未得法定代理人之允许，所订立之契约，须经法定代理人之承认，始生效力。

民国时期民法第80条 ［相对人之催告权］

前条契约相对人，得定一个月以上期限，催告法定代理人，确答是否承认。

于前项期限内，法定代理人不为确答者，视为拒绝承认。

3. 《德国民法典》第108条 ［未经同意订立合同］

（1）未成年人未取得法定代理人必要同意订立合同的，合同发生效力取决于法定代理人的追认。

（2）合同另一方当事人催告法定代理人表示追认的，只能向合同另一方当事人表示；未经催告之前对未成年人所表示的追认或者拒绝追认是不发生效力的。追认只能在接到催告后两星期以内表示；过期不作表示的，视为拒绝追认。

（3）未成年人具有完全行为能力后，其追认代替法定代理人的追认。

《德国民法典》第109条 ［合同另一方当事人的撤回权］

（1）合同未经追认前，合同另一方当事人有权撤回。撤回也可以向未成年人表示。

（2）如果合同另一方当事人知道其为未成年人时，只有当未成年人违背真实情况，伪称已经取得法定代理人的同意时，始得撤回；如果合同另一方当事人在订立合同时，明知其未取得同意，合同另一方当事人仍不能撤回。

4. 《日本民法典》第5条 ［未成年人的法律行为］

（1）未成年人实施法律行为，必须取得其法定代理人的同意。但是，单纯取得权利或者免除义务的行为，不在此限。

（2）违反前款规定的行为，可以撤销。

（3）不受第一款规定所限，对于法定代理人确定目的而允许处分的财产，在该目的范围内，未成年人可以任意处分之。法定代理人未确定目的而处分的财产，亦同。

《日本民法典》第9条［成年被监护人的法律行为］

成年被监护人的法律行为可以撤销，但购买日用品等其他有关日常生活的行为不在此限。

《日本民法典》第20条［限制行为能力人的相对人的催告权］

（1）限制行为能力人（是指未成年人、成年被监护人、被保佐人以及第十七条第一款的接受裁定的被辅助人，以下亦同）的相对人，可以在限制行为能力人成为行为能力人后，在一个月以上的期间内催告其在该期间内对可以撤销的行为作出是否追认的确切答复。如果其在规定的期间内没有做出确切答复的，可视为该行为已经得到追认。

（2）限制行为能力人成为行为能力人之前，如果已对其法定代理人、保佐人、辅助人就其权限内的行为按前款规定进行了催告，而其法定代理人等在该款规定的期间内没有作出确切答复的，与该款后段相同。

（3）对于需要特别方式的行为，于上述期间内没有发出实行该方式的通知时，视为撤销该行为。

（4）对于被保佐人或接受第十七条第一款裁定的被辅助人，可以催告其在第一款规定的期间内得到保佐人或辅助人的追认。如果该被保佐人或被辅助人在指定的期间内没有得到追认发出通知的，该行为视为撤销。

《日本民法典》第21条［限制行为能力人的欺诈］

限制行为能力人使用欺诈的手段，使他人相信其为能力人的，其行为得不撤销。

《日本民法典》第120条第1款［撤销权人］

（1）因行为能力的限制而可撤销的行为，只有限制行为能力人或者其代理人、承受人或能够同意的人可以撤销。

第一百条 【零用钱条款】

未成年人未经法定代理人同意而订立的合同，如果未成年人已经以金钱履行了合同中的给付，而其金钱系法定代理人为此目的或者为未成年人自由处分而给予的，或者是第三人经法定代理人同意而给予的，不适用第九十六条的规定。

【条文含义与立法理由】

本条规定的是零用钱条款。

未成年人受法律保护，可以由法定代理人赋予一定权限自主参与法律交往。为防止危害未成年人的财产，也为使已经履行合同的未成年人可以享有对待给付请求权以及相关请求权，法律允许特定情形未成年人未经法定代理人同意的合同发生效力。

未成年人未经法定代理人同意的合同发生效力的条件：须未成年人已经履行金钱给付；须支付所用金钱符合法定代理人的意思。

【学理争议与立法例】

1. 《德国民法典》第110条［以自己金钱完成的给付］

未成年人未经法定代理人同意而订立的合同，如果未成年人已经以金钱履行了合同中的给付，而其金钱系法定代理人为此目的或者为未成年人自由处分而给予的，或者是第三人经法定代理人同意而给予的，自始有效。

2. 《俄罗斯民法典》第30条［零用钱条款］

（1）因酗酒或者吸毒而使其家庭物质状况艰难的公民，可以由法院依照民事诉讼法规定的程序限制其行为能力。对他应设立保护。

他有权独立实施小额的日常生活性法律行为。

只有取得保护人的同意，他才能实施其他法律行为，以及领取工资、赡养金和其他收入并处分上述收入。但是，这样的公民应当对他实施的法律行为和他造成的损害独立承担财产责任。

（2）如果限制公民行为能力的根据不复存在，法院应当撤销对其行为能力的限制。依照法院的判决撤销对该公民设立的保护。

第一百零一条　【限制行为能力原因消灭后的承认】

限制行为能力人在限制行为能力原因消灭后承认所订立合同

的，其承认与法定代理人的追认具有相同效力。

【条文含义与立法理由】

本条规定的是限制行为能力原因消灭后的承认。

限制行为能力人限制行为能力原因消灭后，例如未成年人成年或者精神健康状况恢复，即成为完全行为能力人，可以承认自己在限制行为能力阶段所订立的合同，无异于法定代理人追认。

【学理争议与立法例】

民国时期民法第 81 条［限制原因消灭后之承认］

限制行为能力人于限制原因消灭后，承认其所订立之契约者，其承认与法定代理人之承认，有同一效力。

前条规定，于前项情形准用之。

第一百零二条 【法定代理人】

无行为能力人、限制行为能力人的监护人是其法定代理人。

【条文含义与立法理由】

本条是关于法定代理人的规定。

对于无行为能力和限制行为能力等行为能力瑕疵者，法律设定救济制度，即法定代理人制度。无行为能力人、限制行为能力人作出或者受领意思表示，需要其法定代理人参与。

无行为能力人、限制行为能力人的监护人应当处理被监护人的事务，包括实施法律行为，因此无行为能力人、限制行为能力人的监护人是其法定代理人。

【学理争议与立法例】

《中华人民共和国民法通则》第 14 条

无民事行为能力人、限制民事行为能力人的监护人是他的法定代理人。

第三节　意思表示

第一百零三条　【意思表示的基本方式】

意思表示可以采用明示方式，也可以采用默示方式。

【条文含义与立法理由】

本条规定的是意思表示的基本方式。

意思表示有明示或者默示两种方式。明示，即由行为人直接将其效果意思表示于外，例如通知。默示，即由特定行为推知行为人的意思表示。明示和默示具有相同的表示价值，在表明变动权利关系的意思上，两种方式并无不同。除法律基于特定理由规定特别情形需要明示方式外，意思表示采用明示或者默示方式均可。

【学理争议与立法例】

学说上一般区分明示的意思表示和默示的意思表示，立法例对此亦有不同处理。肯定主义立法例明确规定明示和默示两种意思表示，例如《葡萄牙民法典》[1]和《俄罗斯民法典》。否定主义立法例则对此不予明确规定，例如《德国民法典》。《德国民法典》第一草案第72条曾经采肯定主义立法例，但第二起草委员会认为这种处理并无必要。我国现行法将通知与通过行为作出的意思表示相对规定，因此采肯定主义立法例。本建议稿以现行法为基础，明确意思表示可以采明示方式，也可以采默示方式。

有关立法例如下：

1. 《中华人民共和国合同法》第22条

承诺应当以通知的方式作出，但根据交易习惯或者要约表明可以通过行为作出承诺的除外。

---

[1]《葡萄牙民法典》的中文本，参见唐晓晴等译：《葡萄牙民法典》，北京大学出版社2009年版。

2.《葡萄牙民法典》第217条［明示和默示的意思表示］

（1）法律事务的意思表示可以明示或者默示；以口头、书面或者其他直接表意方法表示者为明示；从其完全有可能显露意思之事实推断出之表示为默示。

（2）意思表示之要式性不妨碍以默示形式作出意思表示，只要据以推断意思表示之事实已符合有关要式要求。

3.《俄罗斯民法典》第158条［法律行为的方式］之（2）和（3）

（2）可以用口头形式实施的法律行为，如果从当事人的行为中显然可见其实施法律行为的意思，则法律行为亦视为已经实施。

（3）在法律或者双方协议规定的情况下，默示可以视为实施法律行为的意思表示。

第一百零四条 【沉默】

沉默不构成意思表示，但依照法律规定、交易习惯或者当事人约定具有意思表示的意义的除外。

【条文含义与立法理由】

本条规定的是沉默是否构意思表示。

沉默并无表示行为，因此不是意思表示，但在法律有特别规定、交易习惯有特定做法或者民事主体有特别约定的情形，沉默有可能具有意思表示的意义，此种情形下的沉默视为意思表示。

【学理争议与立法例】

最高人民法院《关于贯彻执行〈中华人民共和国民法通则〉若干问题的意见（试行）》第66条 一方当事人向对方当事人提出民事权利的要求，对方未用语言或者文字明确表示意见，但其行为表明已接受的，可以认定为默示。不作为的默示只有在法律有规定或者当事人双方有约定的情况下，才可以视为意思表示。

有关立法例如下：

1. 《中华人民共和国民法通则》第66条第1款第3句

本人知道他人以自己的名义实施民事行为而不作否认表示的，视为同意。

2. 《中华人民共和国合同法》第47条第2款第2句

法定代理人未作表示的，视为拒绝追认。

《中华人民共和国合同法》第48条第2款第2句

被代理人未作表示的，视为拒绝追认。

3. 《中华人民共和国继承法》第25条第1款

继承开始后，继承人放弃继承的，应当在遗产处理前，作出放弃继承的表示。没有表示的，视为接受继承。

4. 《葡萄牙民法典》第218条［以沉默作为表示方式］

法律、习惯或协议规定沉默具有法律事务意思表示之意义时，沉默方等同法律事务意思表示。

5. 《联合国国际货物销售合同公约》第18条［承诺的含义及生效时间］之（1）第2句

缄默或不行为本身不等于接受。

6. 《国际统一私法协会国际商事合同通则2010》[1]第2.1.6条［承诺的方式］之（1）第2句

缄默或不作为本身不构成承诺。

第一百零五条 【无相对人的意思表示之生效】

无相对人的意思表示，自意思表示完成时起生效。

【条文含义与立法理由】

本条规定的是无相对人的意思表示之生效。

无相对人的意思表示，即无须受领的意思表示，为尊重表意人意思，应当自其意思表示完成时立即发生效力，例如悬赏广告、抛弃等。基于特定目的，法律可以规定意思表示完成后在某特定时间

---

〔1〕 关于《国际统一私法协会国际商事合同通则2010》的中文本，参见张玉卿主编：《国际统一私法协会国际商事合同通则2010》，中国商务出版社2012年版。

才生效，例如，遗嘱即自遗嘱人死亡时生效。

【学理争议与立法例】

立法例对此多无系统规定，有些具体条文被解释为无相对人的意思表示。本建议稿根据意思表示有无相对人，分别规定其生效时间。

最高人民法院《关于适用〈中华人民共和国合同法〉若干问题的解释（二）》第 3 条

悬赏人以公开方式声明对完成一定行为的人支付报酬，完成特定行为的人请求悬赏人支付报酬的，人民法院依法予以支持。但悬赏有合同法第五十二条规定情形的除外。

第一百零六条 【对话意思表示和非对话意思表示】

以对话方式作出的意思表示，自相对人了解时生效。以其他方式作出的意思表示，自意思表示到达相对人时生效，但撤回通知同时或者先于意思表示到达的除外。以公告方式作出的意思表示，自公告发布时起生效。

采用数据电文形式订立合同，收件人指定特定系统接收数据电文的，该数据电文进入该特定系统的时间，视为到达时间；未指定特定系统的，该数据电文进入收件人的任何系统的首次时间，视为到达时间。

【条文含义与立法理由】

本条规定的是对话意思表示和相对行意思表示。

有相对人的意思表示，以表意人和相对人能否直接表示意思并进行沟通为标准，可以分为对话的意思表示和非对话的意思表示。

对话的意思表示，即对在场人的意思表示，表意人与相对人可以直接表示意思、进行沟通，例如以现场谈判、电话交流等方式作出的意思表示。非对话的意思表示，即对不在场人的意思表示，表意人与相对人只能间接表示意思、进行沟通，例如以书信、电报、电子邮件等作出的意思表示。二者区分的关键在于，从表意人作出意思表示到相对人受领意思表示的时间是否需要予以考虑。

对话的意思表示，自相对人了解时发生效力。了解，是指依照通常情形客观上可能了解。

非对话的意思表示，自到达相对人时生效。到达，是指意思表示进入了相对人的支配范围，处于相对人可以了解的状态。采用数据电文形式订立合同，收件人指定特定系统接收数据电文的，该数据电文进入该特定系统的时间，视为到达时间；未指定特定系统的，该数据电文进入收件人的任何系统的首次时间，视为到达时间。至于相对人是否已经了解，在所不问。

基于私人自治，表意人可以在发出意思表示之后采取措施防止意思表示到达相对人，或者径直撤回其意思表示。撤回的表示需要同时或者先于意思表示到达相对人，从而使意思表示不生效力。意思表示一旦发生拘束力，即不能任意撤销。

【学理争议与立法例】

非对话的意思表示的生效时间，立法上有不同选择：表意主义中，意思表示自意思表示具备外形时生效；发信主义中，意思表示自处于表意人支配范围之外时生效；到达主义中，意思表示自处于相对人支配范围以内时生效；了解主义中，意思表示自相对人了解意思表示时生效。立法例多采受领主义，我国现行法也是如此。本建议稿以现行法为基础，采受领主义，规定意思表示自到达相对人时生效。

有关立法例如下：

1. 《中华人民共和国合同法》第 16 条第 1 款

要约到达受要约人时生效。

采用数据电文形式订立合同，收件人指定特定系统接收数据电文的，该数据电文进入该特定系统的时间，视为到达时间；未指定特定系统的，该数据电文进入收件人的任何系统的首次时间，视为到达时间。

《中华人民共和国合同法》第 17 条

要约可以撤回。撤回要约的通知应当在要约到达受要约人之前或者与要约同时到达受要约人。

《中华人民共和国合同法》第 26 条第 1 款

承诺通知到达要约人时生效。承诺不需要通知的，根据交易习惯或者要约的要求作出承诺的行为时生效。

《中华人民共和国合同法》第 27 条

承诺可以撤回。撤回承诺的通知应当在承诺通知到达要约人之前或者与承诺通知同时到达要约人。

2. 民国时期民法第 94 条 [对话意思表示的生效]

对话人为意思表示者，其意思表示，以相对人了解时，发生效力。

民国时期民法第 95 条第 1 项 [非对话意思表示的生效]

非对话而为意思表示者，其意思表示，以通知达到相对人时，发生效力。但撤回之通知，同时或先时到达者，不在此限。

3. 《德国民法典》第 130 条 [对不在场人所作意思表示的生效]

（1）意思表示，应当向他人作出的，如果他人不在场，在到达他人时发生效力。如果撤回的通知先于或者同时到达他人，意思表示不发生效力。

（2）表意人作出意思表示后死亡或者成为无行为能力人的，不影响意思表示的效力。

（3）上述规定同样适用于应当向行政机关作出的意思表示。

4. 《日本民法典》第 97 条 [异地的意思表示] 第 1 款

对在异地的人作出的意思表示，自通知到达相对人时起发生效力。

5. 《葡萄牙民法典》第 224 条 [法律事务意思表示的效力]

（1）有相对人之法律事务意思表示，于到达相对人或为其知悉时，即产生效力；无相对人之法律事务意思表示，于表意人以适当方式表示出其意思时，即产生效力。

（2）仅因相对人之过错而导致未能在其适当时候接收之意思表

示，亦视为产生效力之意思表示。

（3）相对人所接收之意思表示，在其无过错之情况下，不能为人知悉者，该意思表示不产生效力。

6. 《联合国国际货物销售合同公约》第 15 条［要约的生效时间］第 1 款

（1）发价于送达被发价人时生效。

《联合国国际货物销售合同公约》第 18 条［承诺的生效时间］第 2 款

（2）接受发价于表示同意的通知送达发价人时生效。如果表示同意的通知在发价人所规定的时间内，如未规定时间，在一段合理的时间内，未曾送达发价人，接受就成为无效，但须适当考虑到交易的情况，包括发价人所使用的通讯方法的迅速程度。对口头发价必须立即接受，但情况有别者不在此限。

《联合国国际货物销售合同公约》第 24 条［“送达”的含义］

为公约本部分的目的，发价、接受声明或任何其他意旨表示“送达”对方，系指用口头通知对方或通过任何其他方法送交对方本人，或其营业地或通讯地址。如无营业地或通讯地址，则送交对方惯常居住地。

7. 《国际统一私法协会国际商事合同通则 2010》第 1.10 条［通知］

（1）在需要发出通知时，通知可按适合于具体情况的任何方式发出。

（2）通知于到达被通知人时生效。

（3）就第（2）款而言，通知于口头传达被通知人或递送到被通知人的营业地或通信地址时，为通知“到达”被通知人。

（4）就本条而言，通知包括声明、要求、请求或任何其他意思表述。

《国际统一私法协会国际商事合同通则 2010》第 2.1.3 条［要约的生效时间及撤回］第 1 款

（1）要约于到达受要约人时生效。

《国际统一私法协会国际商事合同通则 2010》第 2.1.10 条 [承诺的撤回]

承诺可以撤回，但撤回通知要在承诺本应生效之前或者同时送达要约人。

第一百零七条 【意思表示受行为能力变化的影响】

表意人发出意思表示通知后死亡、丧失行为能力或者其行为能力受限制的，其意思表示不因此而失去效力。

【条文含义与立法理由】

本条规定的是意思表示受行为能力变化影响时的效力。

意思表示具有拘束力，因此，意思表示发出后，表意人即受意思表示约束，表意人死亡、丧失行为能力成为无行为能力人或者其行为能力受到限制成为限制行为能力人，不影响意思表示效力。

表意人发出意思表示通知后死亡的，其法律地位由继承人继承。

表意人发出意思表示通知后丧失行为能力成为无行为能力人，或者其行为能力受到限制成为限制行为能力人的，由其法定代理人依代理规则处理。

【学理争议与立法例】

1. 民国时期民法第 95 条 [非对话意思表示之生效时期] 第 2 项

表意人于发出通知后死亡或丧失行为能力或其行为能力受限制者，其意思表示，不因之失其效力。

2.《德国民法典》第 130 条 [对不在场人所作意思表示的生效] 第 2 款

（2）表意人作出意思表示后死亡或者成为无行为能力人的，不影响意思表示的效力。

《德国民法典》第 153 条 [要约人死亡或者丧失行为能力]

合同的成立，不因要约人在承诺前死亡或者丧失行为能力而受妨碍，但可以认定要约人有其他意思的除外。

3.《葡萄牙民法典》第 226 条［嗣后死亡、无行为能力或者无处分权］

（1）表意人于发出意思表示后死亡或者无行为能力，并不影响该意思表示之效力，但意思表示本身另有规定者除外。

（2）表意人于相对人接收或者知悉意思表示前，就该意思表示所指之权利已丧失处分权，则该意思表示不产生效力。

4.《日本民法典》第 97 条［意思表示不受行为能力变化的影响］第 2 款

表意人发出通知后死亡或者丧失能力的，不因此影响其意思表示的效力。

《日本民法典》第 525 条［要约人死亡或行为能力的丧失］

第九十七条第二款的规定，不适用于要约人表示了反对意思，或者其相对人已知其死亡或能力丧失的事实的情形。

第一百零八条　【受领人行为能力瑕疵】

向无行为能力人或者限制行为能力人作出的意思表示，自其通知到达其法定代理人时生效，但依照第九十六条第二款向未成年人撤回意思表示的除外。

【条文含义与立法理由】

本条规定的是受领人行为能力瑕疵时，对其所做意思表示的效力。

受领意思表示，需要有相应的行为能力。因此，向行为能力瑕疵者作出意思表示的，原则上须法定代理人参与。对话的意思表示，自法定代理人了解时生效，非对话的意思表示，自意思表示通知到达法定代理人时生效。在限制行为能力人有行为能力的范围内，即法律行为与限制行为能力人的年龄、智力相适应或者使其纯获法律利益的，限制行为能力人具有受领能力，不需要法定代理人参与。

向限制行为能力人为意思表示时，善意相对人可以撤回意思表示，撤回的意思表示仅在于使意思表示不发生效力,不需要相对人具有受领能力,因此可以向未成年人作出,而不需要在到达法定代理人时生效。

【学理争议与立法例】

1. 民国时期民法第 96 条 [向非完全行为能力人为意思表示的生效]

向无行为能力人或限制行为能力人为意思表示者,以其通知达到其法定代理人时,发生效力。

2. 《德国民法典》第 131 条 [向非完全行为能力人为意思表示的生效]

(1) 向无行为能力人作出意思表示的,在其通知到达法定代理人之前,不发生效力。

(2) 向行为能力受到限制的人作出意思表示的,亦同。但是,意思表示使行为能力受到限制的人纯获法律上的利益或者法定代理人已授予其同意的,表示在其到达行为能力受到限制的人时,发生效力。

3. 《日本民法典》第 98 条之 2

意思表示的相对人接受意思表示时系未成年人或者成年被监护人的,不得以该意思表示对抗该相对人。但是,其法定代理人知道该意思表示的,不在此限。

第一百零九条 【送达代替到达】

表意人非因自己的过失,不知道相对人的姓名、居所的,可以依照民事诉讼法关于送达的规定,以公告送达作出意思表示的通知。

【条文含义与立法理由】

表意人不知相对人的姓名、居所的,不能为意思表示的通知,在表意人没有过失的情形,参照《民事诉讼法》第 92 条关于公告送达的规定,以公告送达作为意思表示通知到达的替代。

【学理争议与立法例】

1. 民国时期民法第 97 条 ［公示送达］

表意人非因自己之过失，不知相对人之姓名、居所者，得依民事诉讼法公示送达之规定，以公示送达为意思表示之通知。

2. 《德国民法典》第 132 条 ［送达取代到达］第 2 款第 1 句

表意人非因自己的过失而不知意思表示的相对人，或者相对人居所不明的，送达可以依照民事诉讼法关于传唤的公示送达的规定进行。

3. 《葡萄牙民法典》第 225 条 ［意思表示之公告］

表意人向不认识或者不知下落的相对人作出之意思表示，得通过在表意人居住地之一份报章上刊登告示而为之。

4. 《日本民法典》第 98 条 ［以公示进行的意思表示］

表意人不能知道相对人或者不能知道其住所时，可以以公示方式进行意思表示。

前款的公示，应当根据民事诉讼法中关于公示送达的规定，在法院的公示场所公示，并将已公示的事实在官报上至少登载一次。但是，法院认为合适时，可以在市政府、镇政府、村政府或者其他地位相当的公示场所公告，代替官报或者报纸上的登载。

用公示方法进行的意思表示，自官报或者报纸上最后一次登载之日起，经过两周，视为已经到达相对人。但是，表意人对不知道相对人或者对不知道相对人的住所有过失的，不在此限。

公示程序，无法知道相对人的，由表意人住所地的简易法院管辖；无法知道相对人住所的，由相对人最后住所地的简易法院管辖。

法院应向表意人预收公示相关费用。

第一百一十条　【真意保留的意思表示】

表意人故意在内心保留的真实意思与表示出的意思不一致的，不得主张其意思表示无效。需要他人受领的意思表示，相对人明知表意人真意保留的，该意思表示无效。

【条文含义与立法理由】

本条规定的是真意保留的意思表示的效力。

表意人出于各种动机，可能隐藏其真实意思，故意为与内心意思不一致的虚伪的意思表示，这种意思表示即真意保留的意思表示。表意人故意隐藏真实意思，其表面所明示的意思并不因此无效。以表示作为认定意思表示效力的标准，使得无相对人的意思表示情形下的公众以及有相对人的意思表示情形下的善意相对人可以信赖表示行为的效力，从而保障交易安全。

在相对人明知真意保留的意思表示的情形，一方面出于保护交易安全，另一方面明知表意人真实意思的相对人自无保护必要，因此应当以表意人的真实意思作为判断意思表示效力的标准。

【学理争议与立法例】

1. 民国时期民法第 86 条 [真意保留或单独虚伪意思表示]

表意人无欲为其意思表示所拘束之意，而为意思表示者，其意思表示，不因之无效。但其情形为相对人所明知者，不在此限。

2. 《德国民法典》第 116 条 [真意保留]

意思表示不因为表意人内心对所为表示并不愿有保留而无效。如果表示是以他人为相对人而作出的并且该相对人知道该保留的，表示无效。

3. 《日本民法典》第 93 条 [真意保留]

意思表示，不因表意人明知其非真意而影响其效力。但相对人已知或者应当知道表意人真意时，该意思表示为无效。

4. 《葡萄牙民法典》第 245 条 [真意保留]

意图欺骗受意人而作出违背真实之意思表示，即为真意保留。

真意保留不影响意思表示之有效，但为受意人知悉者除外；在此情况下，真意保留具有虚伪之效果。

第一百一十一条 【通谋虚伪的意思表示】

表意人与相对人通谋实施虚伪意思表示的，其意思表示无效，但不得以其无效对抗善意第三人。

虚伪意思表示隐藏他项法律行为的，适用关于该项法律行为的规定。

【条文含义与立法理由】

本条规定的是通谋虚伪的意思表示的效力。

表意人与相对人基于某种动机，可能通谋实施某项虚伪意思表示，例如为逃避债务而低价转让财产等。通谋虚伪的意思表示，需要表意人和相对人通谋，因此不存在于无相对人的单方行为中。

由于表意人和相对人缺乏真意，因此通谋虚伪的意思表示无效。表意人和相对人通谋常出于不良动机，其意思表示不发生效力亦无不可。

表意人与相对人通谋实施虚伪意思表示，善意第三人对此并不知情。这种情形下，当事人不得对善意第三人主张通谋虚伪意思表示无效，但第三人可以承认通谋虚伪的意思表示无效。

表意人或者相对人基于某种动机而为的意思表示可能并非其真实意思，但却隐藏他项法律行为的真正意思的，该他项法律行为即隐藏行为。对于当事人之间的隐藏行为，适用关于该项法律行为的规定进行判断。

【学理争议与立法例】

关于通谋虚伪的意思表示无效是否具有对抗善意第三人的效力，立法例有肯定主义和否定主义。肯定主义立法例中，通谋虚伪意思表示无效不得对抗善意第三人，例如民国时期民法、日本民法。否定主义立法例中，通谋虚伪意思表示无效对于善意第三人并无特别规则。为保护善意第三人，本建议稿采肯定主义立法例。

有关立法例如下：

1. 民国时期民法第 87 条 [通谋虚伪意思表示]

表意人与相对人通谋而为虚伪意思表示者，其意思表示无效。但不得以其无效对抗善意第三人。

虚伪意思表示，隐藏他项法律行为者，适用关于该项法律行为之规定。

2. 《德国民法典》第 117 条［虚伪行为］

（1）须以他人为相对人而作出的意思表示，如果是与相对人通谋而只是虚伪地作出的，无效。

（2）他项法律行为被虚伪行为隐蔽的，适用关于隐蔽法律行为的规定。

3. 《日本民法典》第 94 条［虚假表示］

与相对人通谋而进行虚假意思表示的，该意思表示为无效。

前款意思表示的无效，不得对抗善意第三人。

4. 《葡萄牙民法典》第 240 条［虚伪］

（1）如因表意人与受意人意图欺骗第三人之协议而使法律事务之意思表示与表意人之真正意思不一致，则该法律事务属虚伪。

（2）虚伪之法律事务无效。

《葡萄牙民法典》第 241 条［相对虚伪］

（1）如果在虚伪法律事务中隐藏起当事人欲实现之另一法律事务，则对后者适用假设在无该隐藏下成立该法律事务时应适用之法律制度，而隐藏之法律事务的有效并不受虚伪法律事务之无效的影响。

（2）然而，如隐藏之法律事务属要式事务，则仅在符合法律要求之方式时，该隐藏法律事务方为有效。

《葡萄牙民法典》第 242 条［对虚伪提出主张的正当性］

（1）在不影响第 286 条规定之适用下，虚伪人相互间得主张虚伪事务之无效，即使该虚伪事务具有欺诈性质亦然。

（2）特留份继承人如欲在被继承人仍在世时，就被继承人意图损害其利益而作出之虚伪事务采取行动，亦得主张该无效。

《葡萄牙民法典》第 243 条［不得以虚伪对抗善意第三人］

（1）虚伪人不可以虚伪所引致的无效对抗善意第三人。

（2）善意是指于设定有关权利时不知存有虚伪情况。

（3）如就针对虚伪之诉讼已作出登记，则对在登记后方取得权利之第三人必视为恶意第三人。

5. 《意大利民法典》第 1414 条［当事人之间的虚假行为的效力］

（1）虚假契约在当事人之间不产生效力（123、164、1415）。

（2）如果当事人愿意缔结的是一个不同于虚假契约的契约，则该实际希望缔约的契约在当事人之间有效，但是以具备实质条件和形式条件（1350）为限。

（3）上述规定也适用于表意人与受意人之间协议造假而针对特定人签署的单方文件（1324、1334）。

《意大利民法典》第 1415 条［虚假行为对第三人的效力］

（1）缔约当事人、相关权利人或者虚假出让人的债权人，不得就虚假行为向自表见权利人处善意获得权利的第三人提出抗辩（534、1147、1153、1189、1445），但是虚假行为请求登记的效力，不在此限。

（2）虚假行为有害第三人权利的（1372），第三人可以对当事人的虚假行为提出主张。

《意大利民法典》第 1416 条［与债权人的关系］

（1）虚假契约缔约人不得以契约的虚假性为由，对抗善意请求强制执行虚假契约标的物的表见权利人的债权人（2910、2915）。

（2）虚假受让人的债权人，可以对损害其权利的虚假行为主张权利；在与虚假受让人的无担保债权人发生冲突时，如果其债权先于虚假行为，则优先于无担保债权人。

《意大利民法典》第 1417 条［虚假行为的证明］

债权人或第三人请求证明行为虚假性，并且请求之处缔约人希望缔结的契约具有不法性的，可以不受限制地使用证人证言（164、1343、1354、2724）。

6.《俄罗斯民法典》第 170 条［虚构法律行为与伪装法律行为无效］

1. 虚构法律行为，即仅为了徒具形式而实施，并无意产生与之相应的法律后果的法律行为，自始无效。

2. 伪装法律行为，即旨在掩盖另一法律行为而实施的法律行为，自始无效。对于双方实际欲为的法律行为，根据该法律行为的实质，适用与之有关的规则。

第一百一十二条　【戏谑的意思表示】

表意人非出于真意并且预期他人可以认识到欠缺真意的，其意思表示无效。

根据意思表示时的具体情况有理由认为系表意人意思表示的，可以请求表意人赔偿因此而受到的损失。

【条文含义与立法理由】

本条规定的是戏谑的意思表示的效力。

表意人并无实施意思表示的真实意思，在预期他人可以认识到表意人欠缺真实意思的情形，构成戏谑的意思表示。戏谑的意思表示无效，不发生私法效果，既可以体现表意人的真实意思，也不损害他人利益。

有充分理由信赖戏谑的意思表示系真实意思表示而受到损害的，表意人应当予以赔偿。

【学理争议与立法例】

戏谑的意思表示无效，相对人有理由相信表意人实施了意思表示并因此而受到损害的，关于其损害赔偿请求权单独规定还是集中规定，立法例有集中主义和分别主义两种。集中主义立法例对类似情形集中规定损害赔偿请求权，例如《德国民法典》。分别主义立法例则在各具体情形分别规定损害赔偿请求权，例如《葡萄牙民法典》。本建议稿采分别主义立法例，根据不同情形规定相对人的损害赔偿请求权。

有关立法例如下：

1.《葡萄牙民法典》第246条［非认真之表示］

（1）作出非认真之表示，并预期不致为他人误解为真者，该表示不生任何效力。

（2）然而，如该表示作出时之具体情况使受意人有理由视其为认真之意思表示，则受意人有权就所受之损失收取赔偿。

2.《德国民法典》第118条［欠缺真意的意思表示］

非出于真意，并且预期欠缺真意不致被人误解而作出的意思表示，无效。

《德国民法典》第 122 条［撤销人的损害赔偿义务］

（1）意思表示根据第 118 条的规定无效，或者根据第 119 条和第 120 条的规定撤销时，如果该意思表示系应向另一方作出，表意人应赔偿另一方，其他情况下为赔偿第三人因相信其意思表示为有效而受到的损害，但赔偿数额不得超过另一方或者第三人于意思表示有效时所受利益的数额。

（2）如果受害人明知或者因过失不知（可知）意思表示无效或者撤销的原因时，表意人不负损害赔偿责任。

第一百一十三条　【意思表示错误】

意思表示的内容有错误，或者表意人若知道真实情况即不为意思表示的，表意人可以撤销其意思表示。

对于交易有重大影响的主体或者客体的性质错误，视为意思表示内容的错误。

【条文含义与立法理由】

本条规定的是意思表示错误的效力。

意思表示错误的情形，意思与表示内容不一致，且非因表意人故意，表示不能体现意思，如果使表示发生法律效力，显然有悖私人自治。因此，法律对此应当提供救济手段。

意思表示错误的，并不必然损害表意人利益，因此，法律赋予表意人撤销权，使其可以决定维持意思表示的效力抑或使已经发生的效力归于消灭。

主体错误和客体错误乃是性质错误，对于交易影响较大者，可以视为内容错误，允许表意人决定其意思表示的效力。

【学理争议与立法例】

关于意思表示错误的构成要件是否包含表意人过失，立法例中有过失主义和不问过失主义两种模式。过失主义立法例中，表意人意思表示错误但有过失的，不能主张错误，如民国时期民法、《日本民法典》。不问过失主义立法例中,表意人对意思表示错误有过失的,不影响主张错误,如《德国民法典》第 119 条第 1 款。《国际统一私法协会国际商事合同通则 2010》第 3.2.2 条采过失主义立场。本建议稿借鉴德国立法例而非日本立法例,采不问过失主义,主要理由在于,过失只涉及法律行为无效、被撤销后赔偿损失与否,而与意思表示无效、得撤销与否无关。

关于意思表示错误的法律效果是无效还是可撤销,立法例中有可撤销主义和无效主义两种模式。本建议稿借鉴《德国民法典》第119 条、民国时期民法第 88 条第 1 项以及我国现行法的做法,采可撤销主义,一方面是尊重现行法,另一方面是使表意人有机会纠正错误意思表示而实现私人自治,同时维护法律交往安全。

有关立法例如下:

1.《中华人民共和国民法通则》第 59 条第 1 款第 1 项

下列民事行为,一方有权请求人民法院或者仲裁机关予以变更或者撤销:

(一)行为人对行为内容有重大误解的;

《中华人民共和国合同法》第 54 条第 1 款第 1 项

下列合同,当事人一方有权请求人民法院或者仲裁机构变更或者撤销:

(一)因重大误解订立的;

2. 最高人民法院《关于贯彻执行〈中华人民共和国民法通则〉若干问题的意见(试行)》第 71 条

行为人因对行为的性质、对方当事人、标的物的品种、质量、规格和数量等的错误认识,使行为的后果与自己的意思相悖,并造成较大损失的,可以认定为重大误解。

3. 民国时期民法第 88 条 [错误之意思表示]

(1)意思表示之内容有错误,或表意人若知其事情即不为意思表示者,表意人得将其意思表示撤销之。但以其错误或不知事情,非由表意人自己之过失者为限。

(2)当事人之资格或物之性质,若交易上认为重要者,其错误,视为意思表示内容之错误。

4. 《德国民法典》第119条［因错误而撤销］

（1）表意人在作出意思表示时对其内容有错误的，或者根本无意作出这种内容的意思表示的，如果应当认为，他若知悉情事并且合理考虑其情况后就不会作出这项意思表示的，表意人可以撤销该意思表示。

（2）关于人或者物的性质的错误，在交易中认为重要的，也视为意思表示内容的错误。

5. 《日本民法典》第95条［错误］

意思表示，在法律行为的要素中有错误时，无效。但是，表意人有重大过失的，不得自己主张其无效。

6. 《瑞士债法》第23条［错误及其效力］

合同对于缔约时处于重大错误的当事人不具有拘束力。

《瑞士债法》第24条［错误的情形］

（1）错误在下列情形是重大的：

①错误人希望订立他表示同意的合同以外的其他合同；

②错误人的意思指向的是他所表示的物或者人以外的其他物或者人；

③错误人允诺远高于其预期的给付或者取得远低于其预期的对待给付；

④错误涉及错误人根据诚实信用在交易中认为是必要基础的特定内容。

（2）与此相反，错误仅涉及订立合同的动机的，不属于重大。

（3）单纯的计算错误不会妨碍合同拘束力，但应当更正错误。

《瑞士债法》第25条［违反善良风俗的主张］

（1）援引错误违反诚实信用的，不得主张。

（2）对方当事人表示同意的，错误人特别应当按照他对合同的理解而受合同约束。

《瑞士债法》第26条［过失错误］

（1）错误人不愿意合同对其发生效力的，如果其错误是自己过失所致，应当赔偿因撤销合同而发生的损害，但对方明知或者应知该错误的除外。

（2）法官可以依照公平裁判赔偿其他损害。

7.《意大利民法典》第 1427 条 [错误、胁迫和诈欺]

因错误（1428、1429、1431）、被胁迫（1434）或者被诈欺（1439）而同意缔约的当事人，根据下列规定可以主张撤销契约。

《意大利民法典》第 1428 条 [错误的显著性]

当错误是本质性（1429）的并能够被缔约另一方（787）识别（1431）时，错误即构成契约可被撤销的原因（1222、483、624、787、2732）。

《意大利民法典》第 1428 条 [本质性的错误]

下列错误是本质性的：

①涉及契约性质（1322）或者标的物（1346）；

②根据一般标准或有关情况确认涉及交付标的物的同一性（1346）或者同意标的物的质量的合意具有决定性时（1497）；

③涉及对缔约双方的合意具有决定性的确认他方缔约人的身份或基本情况时；

④涉及构成唯一或主要原因的法律错误（624、787、1969、2732）时。

《意大利民法典》第 1430 条 [计算错误]

计算错误不导致契约的无效，仅发生契约的变更，但是对合意具有决定性的数量错误除外（1429）。

《意大利民法典》第 1431 条 [可识别的错误]

根据契约的内容、具体情况或者缔约人的身份，只要正常注意（1176）即可发现的错误视为可识别的错误。

《意大利民法典》第 1432 条 [变更过的契约的履行]

在可能发生损害之前，无过失的一方当事人按照其希望缔结的契约的内容和形式履行的（1467），有过错的另一方不得要求撤销契约。

8.《葡萄牙民法典》第 247 条 [表示之错误]

如所作之意思表示不符合表意人之真实意思，则法律事务意思表示得予撤销，只要受意人明知或者不应忽视有关错误成分对表意人之重要性。

《葡萄牙民法典》第 248 条［法律事务转为有效］

受意人按表意人之意思接受法律事务时，以表示之错误为依据之可撤销性不成立。

《葡萄牙民法典》第 249 条［误写或者误算］

对因意思表示本身之内容，或者通过在作出意思表示时之情事而显示之一般误算或者误写，只赋予更正意思表示之权利。

《葡萄牙民法典》第 251 条［关于人或者法律事务标的之错误］

如对受意人或者法律事务标的之错误触及意思的决定性动机，得按第 247 条之规定，撤销该法律事务。

《葡萄牙民法典》第 252 条［关于动机之错误］

（1）错误如仅涉及意思之决定性动机，但又不涉及受意人本身或者法律事务标的时，仅当双方当事人通过协议承认该动机之重要性时，方得为撤销之理由。

（2）对于表意人之错误，如涉及构成法律事务基础之情事，则因作出法律事务时发生之情事有所变更而适用解除或者变更合同之规定。

9.《俄罗斯民法典》第 178 条［因误解而实施的法律行为无效］

（1）因重大误解而实施的法律行为，可应遭受误解一方的请求由法院确认为无效。

对于法律行为性质的误解，对于标的物的混淆和对标的物可能大大降低其使用价值的品质的误解是重大误解。对法律行为动机的误解不是重大误解。

（2）如果法律行为作为因误解而实施的法律行为被确认为无效，则相应地适用本法典第 167 条第 2 款规定的规则。

此外，请求确认法律行为无效的一方，如果能够证明误解系因相对方的过错而发生，有权要求相对方赔偿对他造成的实际损失。如果这一点不能得到证明，即使误解系由于误解方意志以外的原因而发生，则要求确认法律行为无效的一方应当根据另一方的请求赔偿对他造成的实际损失。

10. 《法国民法典》第 1109 条

如同意系因错误所致，因受胁迫而为，因欺诈之结果，不为有效同意。

《法国民法典》第 1110 条

（1）错误仅在其涉及契约标的物的实质本身时，始构成契约无效之原因。

（2）错误，仅仅涉及当事人意欲与之订立契约的个人时，不构成无效原因；但如果出于对该个人的考虑是当事人与之订立契约的主要原因，不在此限。

11. 《国际统一私法协会国际商事合同通则》第 3.2.1 条 [错误的定义]

错误是指在订立合同时就已经存在的事实或法律所做的不正确的假设。

《国际统一私法协会国际商事合同通则 2010》第 3.2.2 条 [相关错误]

（1）一方当事人仅可在下列情况下以错误为由宣告合同无效，该错误在订立合同时如此之重大，以至于一个通情达理的人处在与发生错误之当事人相同的情况下，如果知道事实真相，就会按实质不同的条款订立合同，或根本不订立合同，并且

（a）另一方当事人发生了相同的错误；或造成该错误；或者另一方当事人知道或理应知道该错误并且有悖公平交易的合理商业标准，使发生错误一方一直处于错误状态之中；或者

（b）在宣告合同无效时，另一方当事人尚未依其对合同的信赖而合理行事。

（2）但在如下情况，一方当事人不能宣告合同无效：

（a）该当事人由于重大疏忽而发生此错误；或者

（b）对于该错误所涉及之事项，其发生错误之风险已由发生错误方承担，或者考虑到相关情况，应当由发生错误方承担。

第一百一十四条 【传达错误】

意思表示，因传达人或者传达机关传达不实的，视为表意人的错误。

【条文含义与立法理由】

使用传达人或者传达机关作出意思表示的，传达人或者传达机关的错误无异于表意人的错误，因此，传达人或者传达机关的错误视为表意人的错误。

【学理争议与立法例】

1. 最高人民法院《关于贯彻执行〈中华人民共和国民法通则〉若干问题的意见（试行）》第 77 条

意思表示由第三人义务转达，而第三人由于过失转达错误或者没有转达，使他人造成损失的，一般可由意思表示人负赔偿责任。但法律另有规定或者双方另有约定的除外。

2. 民国时期民法第 89 条［传达错误］

意思表示，因传达人或传达机关传达不实者，得比照前条之规定，撤销之。

3. 《德国民法典》第 120 条［因传达不实而撤销］

意思表示由传达人或者传达机构传达不正确的，可以在第 119条关于因错误而作出的意思表示所规定的同样条件下撤销。

4. 《瑞士债法》第 27 条［错误传达］

在缔约时要约或者承诺使用传达人或者其他方式错误传达的，适用关于错误的规定。

5. 《意大利民法典》第 1433 条［在表示或转达中的错误］

前诸条款的额定，也适用于表示错误或者由受托人或机构转达表示不准确而导致错误的情况（2706）。

6. 《葡萄牙民法典》第 250 条［表示之传达错误］

（1）对负责传达之人所传达之不实法律事务意思表示，得按第247 条之规定，予以撤销。

（2）对因居间人之故意而引致之不实传达，可随时撤销。

7. 《国际统一私法协会国际商事合同通则 2010》第 3.2.3 条［表述或传达中的错误］

在表述或传达一项声明过程中发生的错误应视为作出该声明之

人的错误。

第一百一十五条 【因错误撤销】

因意思表示错误而作出的意思表示，撤销权人在意思表示作出后经过一年未撤销的，其撤销权消灭。

因意思表示错误、传达错误而撤销意思表示的，表意人对因信赖其意思表示有效而受损害的相对人或者第三人，应当承担赔偿责任，但受害人知道或者应当知道撤销原因的除外。

【条文含义与立法理由】

本条规定的是因错误而撤销意思表示的期间。

因错误而撤销意思表示之权利，属于形成权，因撤销权人单方撤销而变动法律关系。如果允许撤销权永久存续，则相对人及其他利害关系人的权利义务状态必然永久不能确定。为稳定法律关系，保护相对人及利害关系人，本建议稿规定了撤销权的除斥期间。

意思表示可能因为错误或者传达不实而被撤销，但在表意人表示其意思时，相对人或者第三人可能会信赖其意思表示有效，法律对此应当有所平衡。基于私人自治，法律允许表意人基于错误撤销意思表示，同时为保护相对人及第三人利益，撤销错误意思表示之表意人应当赔偿相对人或者第三人因其撤销行为而受到的损害。当然，如果受害人知道或者应当知道撤销原因，自无赔偿必要。

【学理争议与立法例】

关于意思表示因错误而撤销的期间，立法例上有立即撤销主义和合理期间撤销主义两种不同处理模式。立即撤销主义立法例要求表意人知道撤销事由后立即行使撤销权，如《德国民法典》。合理期间撤销主义立法例要求表意人在知道撤销事由后的合理期间内行使撤销权。例如《瑞士民法典》、民国时期民法以及我国现行法。本建议稿从我国现行法出发，采合理期间撤销主义。

关于表意人的损害赔偿责任是否以表意人有过失为要件，立法例上有过失主义和不问过失主义。过失主义立法例要求表意人有过失，例如我国现行法。不问过失主义则不考虑撤销人是否有过失，例如《德国民法典》和民国时期民法。

有关立法例如下：

1.《中华人民共和国合同法》第 55 条第 1 项

有下列情形之一的，撤销权消灭：

（一）具有撤销权的当事人自知道或者应当知道之日起一年内没有行使撤销权；

2.《中华人民共和国民法通则》第 61 条第 1 款

民事行为被确认为无效或者被撤销后，当事人因该行为取得的财产，应当返还给受损失的一方。有过错的一方应当赔偿对方因此所受的损失，双方都有过错的，应当各自承担相应的责任。

3. 民国时期民法第 90 条 ［错误意思表示撤销之除斥期间］

前二条之撤销权，自意思表示后，经过一年而消灭。

民国时期民法第 91 条 ［错误表意人之赔偿责任］

依第八十八条及第八十九条之规定撤销意思表示时，表意人对于信其意思表示为有效而受损害之相对人或第三人，应负赔偿责任。但其撤销之原因，受害人明知或可得而知者，不在此限。

4.《德国民法典》第 121 条 ［撤销期限］

（1）在第 119 条和第 120 条规定的情况下，撤销权人自知悉撤销理由后，必须立即撤销，而不应有可归责于己的迟延（毫不迟延）。如果毫不迟延地作出撤销的意思表示，对于不在场的人所做的撤销，视为及时撤销。

（2）自意思表示作出起经过十年的，排除撤销。

《德国民法典》第 122 条 ［撤销人的损害赔偿义务］

（1）意思表示根据第 118 条的规定无效，或者根据第 119 条和第 120 条的规定撤销时，如果该意思表示系应向另一方作出，表意人应赔偿另一方，其他情况下为赔偿第三人因相信其意思表示为有效而受到的损害，但赔偿数额不得超过另一方或者第三人于意思表示有效时所受利益的数额。

（2）如果受害人明知或者因过失不知（可知）意思表示无效或

者撤销的原因时，表意人不负损害赔偿责任。

第一百一十六条 【因受诈欺、受胁迫而可撤销】

因受诈欺或者受胁迫而作出违背真实意思的意思表示的，表意人可以撤销其意思表示。因第三人诈欺而作出违背真实意思的意思表示，相对人知道或者应当知道该事实的，表意人可以撤销其意思表示。

【条文含义与立法理由】

本条规定的是因受诈欺、受胁迫而作出的意思表示的效力。

法律行为依照意思表示发生效力，前提是意思表示是自由的。表意人因受他人诈欺或者胁迫等不正当干涉而为的意思表示，并非出于表意人真意，因此规定其意思表示得撤销，以保护表意人。

诈欺的意思表示是使相对人受领的意思表示，若实施诈欺的是第三人，则只有在相对人恶意的情形，即知道或者应当知道诈欺事实时，才允许表意人撤销其意思表示，以保护相对人利益。在受胁迫的情形，意思表示完全不是出于表意人自由，不论胁迫是由相对人实施还是由第三人实施，也不论相对人是否恶意，表意人均可撤销其意思表示。

【学理争议与立法例】

关于受诈欺、受胁迫作出的意思表示的效力，立法例中有无效主义和可撤销主义两种模式。无效主义立法例将受诈欺、受胁迫的意思表示规定为无效，例如，我国《民法通则》第 58 条第 1 款、《合同法》第 52 条第 1 项。撤销主义立法例将受诈欺、受胁迫的意思表示规定为可撤销，绝大多数立法例采取这种模式。本建议稿采可撤销主义，规定受诈欺、受胁迫的表意人可以撤销其因受诈欺、受胁迫而作出的意思表示。

如果因受诈欺或受胁迫意思表示之撤销与善意第三人相对抗，则有害第三人的利益，于交易上也不甚安全。但由于第三人是否应当受到保护取决于诸多因素，因此，本建议稿并未专门规定因被诈欺或被胁迫而撤销能否对抗善意第三人。

有关立法例如下：

1. 《中华人民共和国民法通则》第 58 条第 1 款第 3 项

下列民事行为无效：

……

（三）一方以欺诈、胁迫的手段或者乘人之危，使对方在违背真实意思的情况下所为的；

……

2. 《中华人民共和国合同法》第 52 条第 1 项

有下列情形之一的，合同无效：

（一）一方以欺诈、胁迫的手段订立合同，损害国家利益；

……

3. 最高人民法院《关于贯彻执行〈中华人民共和国民法通则〉若干问题的意见（试行）》第 68 条

一方当事人故意告知对方虚假情况，或者故意隐瞒真实情况，诱使对方当事人作出错误意思表示的，可以认定为欺诈行为。

最高人民法院《关于贯彻执行〈中华人民共和国民法通则〉若干问题的意见（试行）》第 69 条

以给公民及其亲友的生命健康、荣誉、名誉、财产等造成损失或者以给法人的荣誉、名誉、财产等造成损害为要挟，迫使对方作出违背真实的意思表示的，可以认定为胁迫行为。

4. 民国时期民法第 92 条 ［意思表示不自由］

（1）因被诈欺或被胁迫而为意思表示者，表意人得撤销其意思表示。但诈欺系由第三人所为者，以相对人明知其事实或可得而知者为限，始得撤销之。

（2）被诈欺而为之意思表示，其撤销不得以之对抗善意第三人。

5. 《德国民法典》第 123 条 ［因诈欺或者胁迫而撤销］

（1）因被欺诈或者被不法胁迫而作出意思表示的，表意人可以撤销该意思表示。

（2）欺诈系由第三人所为的，对于另一方所做的意思表示，只有当另一方明知或者可知欺诈事实时，始得撤销。应向其作出意思表示的相对人以外的人，因意思表示而直接取得权利时，只有当权利取得人明知或者可知欺诈事实时，始得撤销该意思表示。

6.《日本民法典》第96条［欺诈胁迫］

（1）因欺诈或胁迫而进行的意思表示，可以撤销。

（2）在对某人的意思表示中，由第三人进行欺诈的，如果相对人知道该事实的，可以撤销其意思表示。

（3）因欺诈而进行的意思表示的撤销，不得以之对抗善意第三人。

《日本民法典》第120条［撤销权人］第2款

（2）因欺诈或者胁迫而可撤销的行为，只有限制行为能力人或者其代理人、承受人又或者能够同意的人可以撤销。

7.《瑞士债法》第28条［故意欺诈］

（1）合同当事人因为另一方故意欺诈而被诱使签订合同的，即使错误并非重大，合同对他也不具有拘束力。

（2）由第三人实施的故意欺诈，只有另一方当事人在缔约时知道或者应当知道该欺诈时，才对受欺诈人不产生拘束力。

《瑞士债法》第29条［胁迫］

（1）合同当事人受另一方当事人或者第三人非法胁迫订立合同的，合同对受胁迫人不具有拘束力。

（2）胁迫来自于第三人的，受胁迫人撤销合同的，依照公平应当向不知道或者不应当知道该胁迫的另一方当事人赔偿因此而受到的损失。

《瑞士债法》第30条［恐惧］

（1）根据具体情况应当认为，他或者与他有密切联系的人在生命、身体、荣誉和财产受到严重的、急迫危险的，构成恐惧。

（2）对主张权利的恐惧，只有在利用受胁迫人急迫以勒索额外利益时，才应当考虑。

8.《意大利民法典》第1434条［胁迫］

胁迫（1435、1436）尽管是由第三人实施的（1439），仍然构成契约（122、265、482、526、624、761、2732）可被撤销的原因

（1441）。

《意大利民法典》第 1435 条 ［胁迫的性质］

胁迫应当具有使一个明智的人感到不安并担心其人身或财产受到不法行为严重威胁的性质。胁迫涉及年龄、性别和个人的状况（1438）。

《意大利民法典》第 1436 条 ［针对第三人的胁迫］

（1）胁迫涉及缔约人的配偶或其尊卑亲属的人身或财产的，构成契约可被撤销的原因。

（2）胁迫涉及其他人的，契约的撤销将交给法官酌情做出慎重的判断。

《意大利民法典》第 1437 条 　［敬畏］

单纯的敬畏不是契约可撤销的原因（122）。

《意大利民法典》第 1438 条 ［以起诉相胁迫］

在仅涉及取得不法利益时（1435），以起诉进行的威胁可以是契约撤销的原因。

《意大利民法典》第 1439 条 ［诈欺］

（1）缔约一方实施欺骗致使他方缔结了在未受欺骗时不会缔结的契约的（1195、1426、1440、1892、1975、1986），诈欺是契约可以被撤销的原因（482、526、624、761）。

（2）当诈欺是第三人所为时，如果涉及缔约人的利益，则契约可以被撤销。

《意大利民法典》第 1440 条 ［不导致合意的诈欺］

即使没有诈欺也会以不同的条件缔结契约的，该诈欺并不导致合意形成的契约有效；但是诈欺缔约人应当承担损害赔偿责任（1337）。

9. 《葡萄牙民法典》第 246 条 ［无意识之意思表示及人身胁迫］

表意人在无意识或者人身胁迫的情况下所作出的法律事务意思表示不产生任何效力；表意人因过错而作出的无意识的意思表示，须向受意人作损害赔偿。

《葡萄牙民法典》第 253 条 ［欺诈］

（1）意图或者明知会使表意人陷于错误或者继续陷于错误，而作出任何提议或者使用任何手段，视为欺诈；受意人或者第三人隐瞒表意人之错误，亦视为欺诈。

（2）按照在法律交易上之一般观念视为正当之惯用提议或者手段，不构成不法之欺诈；如按照法律、有关法律事务中之订定或者上述观念，并无义务向表意人说明情况，则隐瞒错误亦不构成可产生法律效果之欺诈。

《葡萄牙民法典》第254条［欺诈之效果］

（1）表意人之意思表示系受欺诈而产生者，表意人得撤销其意思表示；此可撤销性并不因双方欺诈而排除。

（2）如果欺诈来自第三人，则表意人之意思表示仅在受意人明知该欺诈或者应知悉该欺诈之情况下，方得撤销；然而，如果某人因该意思表示而直接取得某项权利，且该取得人为作出该欺诈、明知该欺诈或者应知悉该欺诈之人，则对于该取得权利之人上述之意思表示得予撤销。

《葡萄牙民法典》第255条［精神胁迫］

（1）如表意人受到旨在获得其意思表示之不法威胁，因恐惧受到该胁迫所指之恶害而作出法律事务意思表示，则该意思表示视为在精神胁迫下作出。

（2）威胁得针对表意人或者第三人之人身、名誉或者财产。

（3）因胁迫而作出之法律事务意思表示得予撤销，即使胁迫来自第三人亦然，但在此情况下，威胁所指之恶害须为严重，且恐惧恶害之发生须为合理。

10.《俄罗斯民法典》第179条［在欺诈、暴利、威胁、一方代理人与另一方串通或者迫不得已情况下实施的法律行为无效］

（1）在欺诈、暴利、威胁、一方代理人与另一方恶意串通影响下实施的法律行为，以及当事人的困难处境被对方所利用而被迫在条件对自己极端不利的情况下实施的法律行为（显失公平的法律行为），可以根据受害人的请求由法院确认为无效。

（2）如果法律行为由于本条第1款规定的理由之一被确认为无效，则另一方应当将依照法律行为所获的全部所得返还给受害人，在不能以实物返还所得时，应当照价赔偿。受害人根据该法律行为从另一方所得的财产，以及作为补偿而应当交付给受害人的财产，应当追缴归俄罗斯联邦所有。在不可能以实物将财产收归国有时，应照价赔偿。此外，另一方还应当向受害人赔偿给他造成的实际损失。

11. 《法国民法典》第 1111 条

对缔结债务的人实施的胁迫，构成契约无效之原因；即使由为其订立契约人以外的第三人实施的胁迫，亦同。

《法国民法典》第 1112 条

凡是足以使理智之人产生惧怕，使其担心人身或者财产面临现时的重大损失的言行，均构成胁迫。

在这方面，应当考虑各人的年龄、性别及条件。

《法国民法典》第 1113 条

不仅对缔结契约的当事人实施胁迫构成契约无效之原因，而且对缔结契约的当事人的配偶、直系卑亲属或者直系尊血亲实施胁迫，亦同。

《法国民法典》第 1114 条

仅仅因为对父、母或者其他直系尊血亲心怀敬畏，并未受到胁迫时，不足以主张契约无效。

《法国民法典》第 1115 条

如果胁迫停止后，契约得到明示或者默示的承认，或者听任法律确定的可以取消契约的期限终结而未采取行动时，不得再以胁迫之原因对契约提出攻击。

《法国民法典》第 1116 条

（1）如果一方当事人不使用欺骗手段，另一方当事人显然不会与之缔结契约，于此情形，欺诈为契约无效之原因。

（2）欺诈不得推定，应予证明之。

《法国民法典》第 1117 条

因错误、胁迫或者欺诈而订立的契约并非当然无效；此种契约，依本编第五章第七节规定的情形与方式，仅产生请求宣告其无效或者其应予撤销之诉权。

12. 《国际统一私法协会国际商事合同通则 2010》第 3.2.5 条 [欺诈]

如果一方当事人订立合同是基于另一方当事人的欺诈性陈述，

包括欺诈性的语言或做法，或按照公平交易的合理商业标准，另一方当事人对应予披露的情况欺诈性地未予披露，则该另一方当事人可以宣告合同无效。

《国际统一私法协会国际商事合同通则 2010》第 3.2.6 条［胁迫］

如果一方当事人订立合同是基于另一方当事人的不正当胁迫，而且考虑到相关情况，该胁迫是如此急迫、严重，以至于使第一方当事人无其他合理选择，则该方当事人可宣告合同无效。尤其是当使一方当事人受到胁迫的作为或者不作为本身就属于非法时，或者以其作为手段来获取合同的订立属非法时，均构成不正当的胁迫。

《国际统一私法协会国际商事合同通则 2010》第 3.2.8 条［第三人］

（1）如果欺诈、胁迫、重大失衡或一方当事人的错误可归因于某第三人，或者该第三人知道或应当知道这些情况，而该第三人的行为由另一方当事人负责，则可按如同该另一方当事人本身之行为或知悉的相同条件，宣告该合同无效。

（2）如果欺诈、胁迫或重大失衡可归因于第三人，而该第三人的行为不由另一方当事人负责，则若该另一方当事人知道或理应知道此欺诈、胁迫或重大失衡，或在宣告合同无效时尚未信赖该合同而合理行事，该合同可被宣告无效。

第一百一十七条 【因受诈欺、受胁迫而撤销的期间】

因受诈欺或者受胁迫而作出意思表示的，表意人在发现诈欺或者胁迫终止后经过一年未撤销的，或者在意思表示作出后经过十年的，其撤销权消灭。

【条文含义与立法理由】

本条规定的是因受诈欺、受胁迫而撤销的期间。

受诈欺或者受胁迫而为的意思表示，可以通过撤销保护表意人。意思表示因可撤销而处于不确定状态，为保护相对人利益，法律规定了撤销权的除斥期间，逾期撤销的，不发生撤销的效力。该除斥期间自发现诈欺或者胁迫终止时起算,期间为 1 年。

作出意思表示后,如果诈欺未被发现、胁迫一直未终止,则意思表意人经过相当的时间仍可撤销,法律关系处于不稳定状态,交易安全也会受到威胁。本建议稿参酌立法例,规定意思表示作出后经过 10 年,撤销权消灭。

【学理争议与立法例】

立法例在规定受诈欺、受胁迫表意人撤销权的除斥期间上并无太大不同,但在是否规定意思表示经过一定期间当然消灭上则不尽相同。我国现行法并无此规定,但民国时期民法、《德国民法典》《瑞士民法典》等立法例均有相关规定。本建议稿根据比较法经验,完善了相关规定。

有关立法例如下:

1.《中华人民共和国合同法》第 55 条

有下列情形之一的,撤销权消灭:

(一)具有撤销权的当事人自知道或者应当知道撤销事由之日起一年内没有行使撤销权;

(二)具有撤销权的当事人知道撤销事由后明确表示或者以自己的行为放弃撤销权。

2.《中华人民共和国婚姻法》第 11 条

因胁迫结婚的,受胁迫的一方可以向婚姻登记机关或人民法院请求撤销该婚姻。受胁迫的一方撤销婚姻的请求,应当自结婚登记之日起一年内提出。被非法限制人身自由的当事人请求撤销婚姻的,应当自恢复人身自由之日起一年内提出。

3. 民国时期民法第 93 条 [撤销不自由意思表示之除斥期间]

前条之撤销,应于发现诈欺或胁迫终止后,一年内为之。但自意思表示后,经过十年,不得撤销。

4.《德国民法典》第 124 条 [撤销期间]

(1)依照第 123 条可撤销的意思表示,只能在一年期间之内撤销。

(2)在恶意诈欺的情形,期间自撤销人发现诈欺时起算,在胁

迫的情形，期间自急迫情事停止时起算。对于期间经过，准用第 206
条、第 210 条、第 211 条关于时效的规定。

（3）自意思表示作出起经过十年的〔1〕，排除撤销。

5.《瑞士债法》〔2〕第 33 条［撤销期间］第 2 款

（1）因错误、诈欺或者胁迫而受影响的当事人，未在一年期间
内通知对方当事人他将不保留合同，也未请求返还已经提供的给付
的，视为合同已经获得追认。

（2）在错误或者诈欺的情形，期间自发现错误或者诈欺时开始，
在胁迫的情形，期间自胁迫消除时开始。

（3）追认因受诈欺或者受胁迫而不发生效力的合同，不影响当
事人的损害赔偿请求权。

第一百一十八条 【意思表示的解释】

意思表示的解释不应当拘泥于文句，应当探求表意人的真实
意思。

【条文含义与立法理由】

本条规定的是意思表示的解释。

意思表示明确，自无须解释，但不明确者则需要解释。解释意
思表示需要从当事人作出意思表示所用的文句出发，但不应当拘泥
于所用文句，而应当探求表意人的真实意思。

合同解释、格式条款的解释均属于意思表示的解释，从立法体
例出发，本建议稿将二者置于合同和格式条款的相应位置。

【学理争议与立法例】

1.《中华人民共和国合同法》第 125 条第 1 款
当事人对合同条款的理解有争议的，应当按照合同所使用的词

---

〔1〕自 2002 年 1 月 1 日起。此前为 30 年。See Art. 229 § 6 I 1 EGBGB.
〔2〕《瑞士债法》的中文本，参见吴兆祥等译：《瑞士债法》，法律出版社 2002 年
版。

句、合同的有关条款、合同的目的、交易习惯以及诚实信用原则，确定该条款的真实意思。

2. 民国时期民法第 98 条 [意思表示之解释]

解释意思表示，应探求当事人之真意，不得拘泥于所用之辞句。

3.《德国民法典》第 133 条 [意思表示的解释]

解释意思表示时，应当查明真实的意思，并且不应当拘泥于表达的字面意义。

4.《葡萄牙民法典》第 236 条 [意思表示之一般含义]

（1）法律事务意思表示之含义，以一般受意人处于真正受意人位置时，能从表意人之有关行为推知之含义为准，但该含义未能为表意人所预料系属合理者除外。

（2）如受意人明知表意人之真正意思，则表意人所作之意思表示应以该真正意思表示为准。

《葡萄牙民法典》第 237 条 [存疑之情况]

如对意思表示之含义存疑，则在无偿法律事务上以对处分人而言负担较轻之含义为准，而在有偿法律事务上则以能达至较均衡之给付之含义为准。

《葡萄牙民法典》第 238 条 [要式法律事务]

（1）在要式法律事务的情况下，意思表示之含义仅以与有关文件内容有最起码对应者为限，即使对该对应之表达不尽完善亦然。

（2）然而，如与有关文件内容物最起码对应之含义系符合各方当事人之真正意思，且该含义有效并不抵触规定该法律事务应遵方式之理由，则得以该含义为准。

《葡萄牙民法典》第 239 条 [填补]

如无特别规定，则应按各当事人如事先知悉在意思表示之中有关缺项即会具有之意思而予以填补，又或者按照善意原则应采用另一解决方法时，按该等原则填补之。

第四节　法律行为的内容

第一百一十九条　【内容违法】

法律行为违反法律、行政法规的禁止性规定的，无效，但法律另有规定的除外。

【条文含义与立法理由】

本条规定的是法律行为内容违法时的效力。

法律、行政法规基于特定目的，可能禁止某些权利义务关系变动。为确保法律体系协调，避免法律规范之间的价值冲突，原则上法律行为违反禁止性规定的，不发生效力，除非法律、行政法规对法律行为违反禁止性规定的法律效果有其他规定。

【学理争议与立法例】

强制性规定并不必然禁止权利关系变动，因此，本建议稿未采现行法"强制性规定"的表述，而是采用了"禁止性规定"的表达。

有关立法例如下：

1.《中华人民共和国民法通则》第 58 条第 1 款

下列民事行为无效：

……

（五）违反法律或者社会公共利益的；

……

2.《中华人民共和国合同法》第 52 条第 5 项

有下列情形之一的，合同无效：

……

（五）违反法律、行政法规的强制性规定。

最高人民法院《关于适用〈中华人民共和国合同法〉若干问题的解释（二）》第 14 条、《合同法》第 52 条第 5 项规定的"强制性规定"，是指效力性强制性规定。

3. 民国时期民法第 71 条 [违反强行规定之效力]

法律行为，违反强制或禁止之规定者，无效。但其规定并不以之为无效者，不在此限。

4.《德国民法典》第 134 条 [法定禁止]

法律行为，违反法律的禁止性规定的，在法律没有其他规定时，无效。

5.《瑞士债法》第 20 条 [合同无效的情形] 第 1 款

（1）合同，包含不能的或者违法的内容或者违反善良风俗的，无效。

6.《日本民法典》第 91 条 [与任意规定不同的意思表示]

法律行为的当事人表示了与法令中不涉及公共秩序的规定不同的意思时，从其意思。

《日本民法典》第 92 条 [与任意规定不同的习惯]

有与法令中不涉及公共秩序的规定不同的习惯，如果可以认定法律行为当事人有依其习惯的意思时，从其习惯。

7.《法国民法典》第 1131 条

无原因之债，或者基于错误原因或不法原因之债，不发生任何效力。

《法国民法典》第 1132 条

即使原因未予表明，契约仍然有效。

《法国民法典》第 1133 条

原因为法律所禁止、违反善良风俗或公共秩序时，此种原因为不法原因。

8.《意大利民法典》第 1343 条 [不法原因]

与强制性规范、公序或良俗相抵触的（5、23、25、634、1344、1354、2031、2035），即是不法原因（1322、1325、1418）。

《意大利民法典》第 1344 条 [规避法律的契约]

契约构成规避适用强制性规范的手段的（166II、743、1418），也视为不法原因。

《意大利民法典》第 1345 条 [不法动机]

各方当事人仅为共同的不法动机而缔结的契约为不法契约

（626、647、788、794、1418、1972、2035）。

《意大利民法典》第 1346 条 ［条件］

契约的标的（1325）应当是可能的（1347）、合法的、确定的或者可确定的（1349、1418、1429）。

《意大利民法典》第 1418 条 ［契约无效的原因］

（1）凡与强制性规范相抵触的契约无效，法律另有规定的除外（2126、2332）。

（2）缺乏第 1325 条规定的要件之一的、原因不法的（1343）、第 1345 条规定的情况中的动机不法的和欠缺第 1346 条规定的有关标的要件的，契约均无效。

（3）法律规定的无效情形中的契约也同样无效（160、162、166II、458、778、779、1471、1472、1876、1895、1904、1972、2103、2115、2122、2265、2332、2379、2744）。

9.《葡萄牙民法典》第 280 条 ［法律事务标的之要件］ 第 1 款

（1）法律事务之标的，如在事实或者法律上为不能、违反法律或者不确定，则法律事务无效。

《葡萄牙民法典》第 294 条 ［违法订立之法律事务］

违反强行性之法律规定而订立之法律事务无效，但法律另有规定者除外。

10.《俄罗斯民法典》第 168 条 ［不符合法律或者其他法律文件的法律行为无效］

不符合法律或者其他法律文件的要求的法律行为是自始无效法律行为，但法律规定此种法律行为是可撤销法律行为或者规定了违法的其他后果的除外。

第一百二十条 【内容不当】

法律行为违反公共秩序或者善良风俗的，无效。

【条文含义与立法理由】

本条规定的是法律行为内容不当时的效力。

公共秩序和善良风俗虽非法律、行政法规的禁止性规定，但法律行为违反公共秩序和善良风俗也会影响维持既有秩序，因此应使其无效。公共秩序和善良风俗不同于禁止性规定，判断是否构成公共秩序和善良风俗应当慎重，否则很容易以法律行为违反公共秩序和善良风俗无效而妨碍个人自由。

【学理争议与立法例】

1. 《中华人民共和国民法通则》第58条第1款第5项

下列民事行为无效：

……

（五）违反法律或者社会公共利益的；

……

2. 《中华人民共和国合同法》第52条第4项

有下列情形之一的，合同无效：

……

（四）损害社会公共利益；

……

3. 民国时期民法第72条［违背公序良俗之效力］

法律行为，有悖于公共秩序或善良风俗者，无效。

4. 《日本民法典》第90条［公序良俗］

以违反公共秩序或者善良风俗的事项为标的的法律行为，为无效。

5. 《葡萄牙民法典》第280条［法律事务标的之要件］第2款

（2）违反公共秩序或者侵犯善良风俗之法律事务无效。

《葡萄牙民法典》第281条［违反法律或者公共秩序之目的或者侵犯善良风俗之目的］

如法律事务单纯在目的上违反法律或者公共秩序，又或侵犯善良风俗，则仅双方当事人之间的目的相同时，该法律事务方为无效。

6. 《俄罗斯民法典》第169条［以违反法律秩序的基本原则和道德为目的而实施的法律行为无效］

以故意违反法律秩序或者道德为目的而订立的法律行为是自始

无效法律行为。

在这种法律行为的双方均存在故意的情况下，如果双方均履行了法律行为，则双方依照该法律行为所获的全部所得均应予以追缴，收归俄罗斯联邦所有；而在一方已经履行时，则向另一方追缴其全部所得和另一方作为补偿应偿付给履行方的全部对价作为俄罗斯联邦的收入。

在这种法律行为中仅有一方存在故意时，该方依照该法律行为所获的全部所得应当返还另一方，而另一方已得到的或者作为补偿已履行部分应付给他的全部对价应当追缴收归俄罗斯联邦所有。

第一百二十一条 【恶意串通行为】

双方恶意串通损害国家、集体或者第三人利益的法律行为，无效。

【条文含义与立法理由】

本条规定的是恶意串通行为的效力。

当事人可以通过法律行为自主变动权利关系，但不能故意损害第三人，因为"法的准则是：诚实生活，不害他人，各得其所"。本建议稿以现行法为基础，规定当事人双方以损害他人为目的而实施的法律行为无效。

【学理争议与立法例】

立法例对此多无专门规定。本建议稿以我国现行法为基础，规定了恶意串通行为无效。

1. 《中华人民共和国民法通则》第 58 条第 1 款第 4 项

下列民事行为无效：

......

（四）恶意串通，损害国家、集体或者第三人利益的；

......

2.《中华人民共和国合同法》第 52 条第 2 项

有下列情形之一的，合同无效：

……

（二）恶意串通，损害国家、集体或者第三人利益；

……

第一百二十二条　【显失公平行为】

乘他人急迫、轻率或者无经验实施的财产法律行为，依当时情形显失公平的，利害关系人可以在法律行为作出后一年内向人民法院申请撤销该法律行为或者减轻其给付。

【条文含义与立法理由】

本条规定的是显失公平行为。

乘他人急迫、轻率或者无经验而实施的法律行为，导致依照缔约时的情形判断显失公平的，为真正实现私人自治，同时平衡当事人之间的利益、保护利害关系人，应当允许利害关系人在一定期间内撤销该法律行为，或者减轻其给付以实现权利义务的公平。

为稳定法律关系，利害关系人请求撤销法律行为或者变更给付应当于一定期间内为之，本建议稿参照现行法将该期间定为 1 年。

【学理争议与立法例】

立法例大多规定暴利行为，我国现行法则分别规定乘人之危和显失公平。乘人之危或者显失公平都不足以影响法律行为的效力，因此本建议稿参考国外立法例关于暴利行为的规定，对显失公平行为的构成要件增加了"乘他人急迫、轻率或者无经验实施的财产法律行为"，在法律效果中增加减轻给付，便于利害关系人选择。

有关立法例如下：

1.《中华人民共和国民法通则》第 58 条第 1 款第 3 项

下列民事行为无效：

……

（三）一方以欺诈、胁迫的手段或者乘人之危，使对方在违背真实意思的情况下所为的；

......

《中华人民共和国民法通则》第 59 条第 1 款第 2 项

下列民事行为，一方有权请求人民法院或者仲裁机关予以变更或者撤销：

......

（二）显失公平的；

......

2. 《中华人民共和国合同法》第 54 条

下列合同，当事人一方有权请求人民法院或者仲裁机构变更或者撤销：

......

（二）在订立合同时显失公平的；

......

一方以欺诈、胁迫的手段或者乘人之危，使对方在违背真实意思的情况下订立的合同，受损害方有权请求人民法院或者仲裁机构变更或者撤销。

3. 民国时期民法第 74 条 ［暴利行为之效力］

法律行为，系乘他人之急迫、轻率或无经验，使其为财产上之给付或为给付之约定，依当时情形显失公平者，法院得因利害关系人之声请，撤销其法律行为或减轻其给付。

前项声请，应于法律行为后一年内为之。

4. 《瑞士债法》第 21 条 ［不公平的合同］

（1）一方利用对方的急迫、无经验或者轻率而订立合同，因该合同而确立的给付和对待给付明显不成比例的，受害人可以在一年内表示，他将不再维持该项合同，并请求返还已经为之给付。

（2）一年期间自合同成立时起算。

5. 《葡萄牙民法典》第 282 条 ［暴利事务］

（1）有意识地利用他人之困厄状况、无经验、轻率、依赖、精神状态或者性格软弱，而使其承诺给予自己或者第三人过分或者不合理的利益，或者使其给予自己或者第三人过分或者不合理的利益，且有关法律事务得以暴利为由予以撤销的。

（2）保留第559条A及1146条所定之特别制度。

《葡萄牙民法典》第283条［暴利事务之变更］

（1）受害人得申请按平衡原则之判断变更暴利事务，而不请求撤销该事务。

（2）撤销经申请后，他方当事人可就该申请提出异议，并表示按上款之规定接纳该法律事务之变更。

《葡萄牙民法典》第284条［犯罪性暴利］

暴利事务构成犯罪时，行使撤销或者变更权利之期间，不在该犯罪之追溯时效期间终止；如刑事责任之消灭非由时效引致或者该刑事法庭之判决已成为确定，则行使撤销或者变更权利之期间应由刑事责任消灭之日或者判决成为确定之日起算，但按照第287条第1款之规定应在较后时间起算者除外。

6. 《法国民法典》第1118条

因显失公平，致使一方当事人遭受损失之事实，如同本编第五章第七节所规定，仅对某些契约或者仅对某些人，始构成取消契约的原因。

（1）如果一方当事人在订立合同时，合同或其个别条款不正当地对另一方当事人过分有利，则该一方当事人可宣告该合同或个别条款无效。除其他因素外，应考虑以下各项：

（a）该另一方当事人不公平地利用了对方当事人的依赖、经济困境或紧急需要，或不公平地利用了对方当事人的缺乏远见、无知、无经验或缺乏谈判技巧；以及

（b）合同的性质和目的。

（2）依有权宣告合同无效的一方当事人的请求，法院可以调整该合同或其条款，以使其符合公平交易的合理商业标准。

（3）依收到的宣告合同无效通知的一方当事人的请求，法院亦可调整合同或其条款，只要该方当事人在收到此项通知后，且在对方当事人信赖该通知合理行事前，立即将其请求告知对方当事人。此时，本章第3.2.10条第（2）款的规定应予适用。

第五节　法律行为的形式

第一百二十三条 【形式自由】

法律行为可以采用书面形式、口头形式或者其他形式。

【条文含义与立法理由】

本条规定的是法律行为的形式。

法律行为形式自由，乃是私人自治的当然内容。一方面，法律行为发生法律效力的基础是当事人的意思表示而非意思表示的外在形式，因此法律行为采取何种形式，除法律有特别规定或者当事人有特别约定外，应当由当事人自主选择。另一方面，当事人可以自主约定法律行为应当采取的形式。本建议稿明确法律行为的书面形式和口头形式，不排除当事人采取其他形式，例如以实际行为作出意思表示。

【学理争议与立法例】

1. 《中华人民共和国民法通则》第 56 条

民事法律行为可以采用书面形式、口头形式或者其他形式。法律规定用特定形式的，应当依照法律规定。

2. 《中华人民共和国合同法》第 10 条

当事人订立合同，有书面形式、口头形式和其他形式。

法律、行政法规规定采用书面形式的，应当采用书面形式。当事人约定采用书面形式的，应当采用书面形式。

3. 民国时期民法第 166 条 ［契约之约定方式］

契约当事人约定其契约须用一定方式者，在该方式未完成前，推定其契约不成立。

4. 《瑞士债法》第 11 条 ［合同的形式］

（1）只有在法律规定特定形式的情形，合同发生效力才需要具备特定形式。

（2）关于法律规定的形式的意义和效力没有相反约定的，合同发生效力取决于遵守该规定。

5.《俄罗斯民法典》第 158 条［法律行为的形式］

（1）法律行为以口头形式或者书面形式（普通形式或者公证形式）实施。

（2）可以用口头形式实施的法律行为，如果从当事人的行为中显然可见其实施法律行为的意思，则法律行为亦视为已经实施。

（3）在法律或者双方协议规定的情况下，默示可视为实施法律行为的意思表示。

《俄罗斯民法典》第 159 条［口头法律行为］

（1）法律或者双方协议未规定使用书面形式（普通形式或者公证形式）的法律行为，可以用口头形式实施。

（2）如果双方协议有不同规定，可以用口头形式实施一切即时履行的法律行为，但规定应当使用公证形式的法律行为以及不使用普通书面形式即导致无效的法律行为除外。

（3）以书面形式签订的为履行合同的法律行为，如果不与法律、其他法律文件和合同相抵触，可以依照双方的协议以口头形式实施。

6.《联合国国际货物销售合同公约》第 11 条［合同订立的形式］

销售合同无须以书面订立或书面证明，在形式方面也不受任何其他条件的限制。销售合同可以用包括证人在内的任何方法证明。

7.《国际统一私法协会国际商事合同通则 2010》第 1.2 条［无形式要求］

通则不要求合同、声明或其他任何行为必须以特定形式做出或以特定形式证明。合同、声明或行为可通过包括证人在内的任何形式证明。

第一百二十四条 【书面形式】

书面形式是指合同书、信件和数据电文（包括电报、电传、传真、电子数据交换和电子邮件）等可以有形地表现所载内容的形式。

【条文含义与立法理由】

本条规定的是法律行为的书面形式。

书面形式可以采用特定媒介有形地表现出意思表示，是法律对法律行为规定的常用特定形式之一。本条明确了书面形式的内涵，并列举出了常见的书面形式。

【学理争议与立法例】

1. 《中华人民共和国合同法》第 11 条

书面形式是指合同书、信件和数据电文（包括电报、电传、传真、电子数据交换和电子邮件）等可以有形地表现所载内容的形式。

2. 《瑞士债法》第 13 条 ［书面形式的要求］

（1）有法律规定的书面形式的合同，应当由基于该合同而负担义务的所有的人签名。

3. 《俄罗斯民法典》第 160 条 ［法律行为的书面形式］

（1）书面形式的法律行为应当通过拟定表达法律行为内容的文件的方式实施，该文件应当由实施法律行为的一人或者多人签字或者由他们以应有的方式授权的人签字。

双方（多方）法律行为可以采用本法典第 434 条第 2 款和第 3 款规定的方式实施。

法律、其他法律文件和双方当事人的协议可以对法律行为应当遵守的形式作出补充规定（采用一定格式订立、盖章，等等），并规定不遵守这些要求的后果。如果未规定这种后果，则适用不遵守法律行为普通书面形式的后果（第 162 条第 1 款）。

（2）在法律、其他法律文件或者双方当事人协议规定的情况下和依照法律、其他法律文件或者双方当事人协议规定的程序，允许在实施法律行为时借助机械复制手段或者其他复制手段、电子数码签名或者代替本人铅笔签字的其他类似方法。

（3）如果公民由于身体缺陷、疾病或者不识字而不能亲笔签字，则法律行为可以依照他的请求由其他公民代签。后者的签字应当经公证员证明或者其他有权实施该公正行为的公职人员的公证证明，并注明实施法律行为的人不能亲笔签字的原因。

但是，在实施本法典第 183 条第 4 款所规定的法律行为及实施法律行为的委托书时，在法律行为上签字的人的签字还可以由不能亲笔签字的公民工作的机关予以证明或者由他治疗的住院医疗机构的行政部门予以证明。

4.《联合国国际货物销售合同公约》第 13 条 ［书面的含义］

为本公约的目的，"书面"包括电报和电传。

5.《国际统一私法协会国际商事合同通则 2010》第 1.11 条 ［定义］

通则中：……

——"书面"是指能保存所含信息的记录，并能以有形方式复制的任何通信方式。

第一百二十五条 【要式行为及形式瑕疵补正】

法律、行政法规规定或者当事人约定应当采用特定形式的法律行为，在完成该形式前，推定法律行为不成立。但一方已经完成法律行为所指向的内容并且对方接受的，不影响法律行为的效力。

【条文含义与立法理由】

本条规定的是要式行为及形式瑕疵补正。

意思表示须具有特定外在形式，未依法律规定或者当事人约定的特定形式所作出的意思表示，本不属于意思表示，因此在完成规定或者约定的形式前，推定法律行为不成立。但是，形式毕竟只是意思表示的外在表现，不符合特定形式要求的意思表示如果能够体现当事人的真实意思，在不违背法律对形式要求的规范意旨的前提下发生法律效力，既不会损害法定形式所欲保护的利益，也更能充分体现私人自治的要求。

【学理争议与立法例】

1.《中华人民共和国合同法》第 36 条

法律、行政法规规定或者当事人约定采用书面形式订立合同，当事人未采用书面形式但一方已经履行主要义务，对方接受的，该合同成立。

2. 最高人民法院《关于贯彻执行〈中华人民共和国继承法〉若干问题的意见》第 35 条

继承法实施前订立的，形式上稍有欠缺的遗嘱，如内容合法，又有充分证据证明确为遗嘱人真实意思表示的，可以认定遗嘱有效。

3. 民国时期民法第 73 条 ［不依法定方式之效力］

法律行为，不依法定方式者，无效。但法律另有规定者，不在此限。

民国时期民法第 166 条 ［契约之约定方式］

契约当事人约定其契约须用一定方式者，在该方式未完成前，推定其契约不成立。

4. 《德国民法典》第 125 条 ［因形式欠缺而无效］

法律行为欠缺法律规定的形式的，无效。欠缺法律行为确定的形式的，在有疑义时，同样无效。

5. 《瑞士债法》第 12 条 ［法定书面形式］

对于合同有法律规定的书面形式的，这些规定也适用于其变更，但补充性附随规定与文本不相矛盾者除外。

《瑞士债法》第 16 条 ［约定合同形式］

（1）对于法律没有形式拘束的合同保留有这种适用的，应当推定，当事人在完成形式之前不负担义务。

（2）有这种约定但对书面形式无具体描述的，其完成适用关于法定书面形式的要求。

6. 《意大利民法典》第 1350 条 ［必须以书面形式进行的行为］

下列行为应当以公证书（2699）或者私证书（2702）的形式进行，否则无效（1325、1351、1399、1403、1418、2725、2806）：……

《意大利民法典》第 1351 条 ［预约性契约］

未以法律规定的契约最终形式缔结（1350、1392、2645II、2755II）的预约性契约（2932）无效（1418）。

《意大利民法典》第 1352 条 ［合意的方式］

各方当事人对未来缔结的契约所采取的方式达成书面合意的，

即推定（2728）该方式是使契约有效的方式（1326、2725）。

7.《俄罗斯民法典》第 161 条［以普通书面形式实施的法律行为］

1. 除要求公证的法律行为外，下列法律行为应当采用普通书面形式实施：

（1）法人之间的法律行为和法人与公民的法律行为；

（2）公民之间的数额不少于法定最低劳动报酬额 10 倍的法律行为，而在法律规定的情况下，不论法律行为数额的大小均应以书面形式实施。

2. 依照本法典第 159 条规定可以口头实施的法律行为，不要求遵守普通书面形式。

《俄罗斯民法典》第 162 条［不遵守普通书面形式的后果］

（1）如果不遵守法律行为的普通书面形式，则双方当事人在发生争议时便无权援引证人的陈述以证明法律行为及法律行为的条款，但他们仍然有权提出书证和其他证据。

（2）在法律或者双方协议有明文规定的情况下，不遵守普通书面形式可导致法律行为无效。

（3）不遵守普通书面形式的对外经济法律行为一律无效。

第六节　法律行为无效、可撤销

第一百二十六条　【自始无效】

无效法律行为，自行为成立时起没有法律约束力。

【条文含义与立法理由】

本条规定的是法律行为的自始无效。

法律行为要件完备，依照私人自治原则，自可发生当事人所欲的法律效果，但如果欠缺某些要件，则不能依照意思表示发生法律效果。

无效法律行为不发生法律效力，是自始、绝对、当然、确定无效。首先，法律行为无效从不发生意思表示所欲的法律效果。其次，法律行为无效，对任何人均不发生法律效力。再次，法律行为无效系当然无效，无须当事人主张，也无须有权机关确认，当事人因对无效存在争议而提起的确认无效之诉仅具有确认效力而无形成效力。最后，法律行为无效是确定无效，不会因为时间经过或者其他事由而补正有效，不同于效力待定的法律行为。

法律行为无效时不发生当事人所欲的法律效果，但并非不发生任何法律效果，而是依照法律规定可能会发生其他法律效果。例如，为履行法律行为而发生财产给付，因欠缺给付目的或者给付目的不达可能发生财产返还，因法律行为成立过程中的过失致人损害发生损害赔偿等。这些法律效果是法律行为无效的间接效果而非直接效果。

【学理争议与立法例】

关于是否在民法总则中专门规定法律行为无效后的间接效果，立法例上有肯定主义和否定主义两种。肯定主义立法例在规定法律行为无效后，还专门规定由此发生的财产返还以及损害赔偿等责任，例如，民国时期民法、我国现行法、《葡萄牙民法典》及《俄罗斯民法典》等。否定主义立法例则只规定直接效果而不规定间接效果，例如《德国民法典》。间接效果既可能是债权关系，也可能是物权关系，应当规定于民法典分则中，因此本建议稿对属于分则的具体内容不予专门规定。

立法例中有规定无效法律行为的确认者，例如《德国民法典》《日本民法典》等。应当注意的是，确认无效法律行为实际上是重新实施法律行为，而不是无效法律行为经过补正而发生法律效力。

我国《合同法》第57条专门规定了合同中争议解决条款的效力独立性。争议解决条款与合同主给付义务具有独立性，二者效力理所当然地应当分别判断。因此，本建议稿对此未专门予以规定。

有关立法例如下：

1. 《中华人民共和国民法通则》第58条第2款

无效的民事行为，从行为开始起就没有法律约束力。

《中华人民共和国民法通则》第 61 条

民事行为被确认为无效或者被撤销后，当事人因该行为取得的财产，应当返还给受损失的一方。有过错的一方应当赔偿对方因此所受的损失，双方都有过错的，应当各自承担相应的责任。

双方恶意串通，实施民事行为损害国家的、集体的或者第三人的利益的，应当追缴双方取得的财产，收归国家、集体所有或者返还第三人。

2.《中华人民共和国合同法》第 56 条第 1 句

无效的合同或者被撤销的合同自始没有法律约束力。

《中华人民共和国合同法》第 57 条

合同无效、被撤销或者终止的，不影响合同中独立存在的有关解决争议方法的条款的效力。

《中华人民共和国合同法》第 58 条

合同无效或者被撤销后，因该合同取得的财产，应当予以返还；不能返还或者没有必要返还的，应当折价补偿。有过错的一方应当赔偿对方因此所受到的损失，双方都有过错的，应当各自承担相应的责任。

《中华人民共和国合同法》第 59 条

当事人恶意串通，损害国家、集体或者第三人利益的，因此取得的财产收归国家所有或者返还集体、第三人。

3.《中华人民共和国婚姻法》第 12 条

无效或被撤销的婚姻，自始无效。当事人不具有夫妻的权利和义务。同居期间所得的财产，由当事人协议处理；协议不成时，由人民法院根据照顾无过错方的原则判决。对重婚导致的婚姻无效的财产处理，不得侵害合法婚姻当事人的财产权益。当事人所生的子女，适用本法有关父母子女的规定。

4. 民国时期民法第 113 条［无效行为当事人之责任］

无效法律行为之当事人，于行为当时知其无效，或可得而知者，应负回复原状或损害赔偿之责任。

民国时期民法第 114 条［撤销之自始无效］

（1）法律行为经撤销者，视为自始无效。

（2）当事人知其得撤销或可得而知者，其法律行为撤销时，准用前条之规定。

5.《德国民法典》第141条［合同法律行为的确认］

（1）无效的法律行为经行为人确认后，该确认应视为重新实施的法律行为。

（2）无效合同经合同双方当事人确认后，在发生疑义时，应推定合同自始有效，双方当事人应相互承担义务。

6.《瑞士债法》第20条［合同无效的情形］第2款

（2）仅合同的部分具有前款瑕疵的，只要不应当认为合同欠缺无效部分就不会订立，就只有该部分无效。

7.《日本民法典》第119条［无效行为的追认］

无效行为，不因追认而发生效力。但是，当事人明知其无效而追认的，视为实施新行为。

8.《意大利民法典》第1421条［主张无效的诉权的合法性］

除非法律有相反规定（1519Ⅷ、1933），任何有利害关系的人（1462）均可以提起无效之诉，法官可以依职权作出判定（2379）。

《意大利民法典》第1422条［无效诉权的不受时效约束性］

宣布无效的诉权（2652）不受时效届满的制约（117、123），但是时效取得（1158）和要求返还的诉权的消灭时效（2379、2934、2946）的效力，不在此限。

《意大利民法典》第1443条［对无能力缔约人提出的返还请求］

契约因一方缔约人的无能力被宣告撤销的（1425），无能力人仅在其取得利益的范围内向他方当事人承担返还的义务。

《意大利民法典》第1423条［不能允许的认可］

无效契约不能被认可（1444、1972、2379），但是法律另有规定的除外（117、123、590、799）。

9.《葡萄牙民法典》第285条［一般规定］

无特别制度时，下列各条之规定适用于法律事务之无效及可撤销之情况。

《葡萄牙民法典》第286条［无效］

无效得随时由任何利害关系人主张，亦得由法院依职权宣告。

《葡萄牙民法典》第289条［宣告无效及撤销之效果］

（1）宣告法律事务无效及撤销法律事务均具有溯及力，应将已受领之一切给付返还，不能将之返还时，则作等价返还。

（2）一方当事人已将应返还之物无偿转让，且实际上不能使出让人返还该物之价值时，则取得人替代该出让人承担有关义务，但仅以其所取得之利益为限。

（3）第1269条及后续各条之规定，得直接或者间接类推适用于以上各款所规定之情况。

《葡萄牙民法典》第290条［返还之时刻］

各当事人应同时履行因法律事务无效或者撤销而生之相互返还义务，而关于合同不履行之抗辩规定中可适用之部分，得延伸适用至上述情况。

《葡萄牙民法典》第291条［无效及撤销之不可对抗］

（1）对涉及不动产或者须登记之动产之法律事务宣告无效或者撤销，不影响善意第三人以有偿方式所取得之涉及该等财产之权利，但第三人之取得登记须先于无效或者撤销之诉登记，又或先于当事人就法律事务非有效所达成之协议。

（2）然而，倘若在法律事务完成后3年内提起与登记有关诉讼，则第三人的权利不获承认。

（3）如第三人在取得权利时，在无过错下不知悉该无效或者可撤销之法律事务具有之瑕疵，则视为善意第三人。

10.《俄罗斯民法典》第166条［可撤销法律行为与自始无效法律行为］

（1）……或者依照本法典规定的根据，无论法院是否确认法律行为无效，法律行为均为无效（自始当然无效法律行为）。

（2）要求确认可撤销法律无效的请求可以由本法规定的人提出。

关于要求适用自始无效法律行为无效后果的请求可以由任何利害关系人提出。法院有权主动适用这种无效法律后果。

《俄罗斯民法典》第 167 条 [关于无效法律行为后果的一般规定]

（1）无效法律行为不产生法律效果，但与法律行为无效有关的法律效果除外，并且其自实施之时起无效。

（2）在法律行为无效时，每一方必须向另一方返还依照该法律行为所获的全部所得，而在不可能用实物返还其所得时（其中包括其所得表现为对财产的使用、已完成的工作或者已提供的服务），如果法律没有规定法律行为无效的其他后果，则应当用金钱赔偿其价值。

（3）如果从可撤销的法律行为的内容中可以推断出，该法律行为只能对将来终止其效力，则法院在确认法律行为无效时，终止其对将来的效力。

11.《国际统一私法协会国际商事合同通则 2010》第 3.2.15 条 [恢复原状]

（1）在宣告合同无效后，任何一方当事人均可要求返还其根据已被宣告无效或部分被宣告无效的合同已提供的一切，但要以该方当事人也同时返还其根据已被宣告无效或部分被宣告无效的合同已得到的一切为条件。

（2）如果返还实物不可能或不适当，只要合理，应折价补偿。

（3）如果不能进行实物返还之原因归咎于对方当事人，则接受履行的当事人无须折价补偿。

（4）对于为保存或维护已接收的履行而合理发生的费用，可请求赔偿。

《国际统一私法协会国际商事合同通则 2010》第 3.2.16 条 [损害赔偿]

无论是否宣告合同无效，已知或应该知道合同无效原因的一方当事人应承担损害赔偿的责任，以使另一方当事人处于如同其未订立合同时所应处的状况。

第一百二十七条 【转换】

无效法律行为具备其他法律行为要件的，如果可以认为当事人知道该法律行为无效就会实施其他法律行为的，其他法律行为有效。

【条文含义与立法理由】

本条规定的是无效法律行为的转换。

因某种原因无效的法律行为如果具备其他法律行为的要件，且当事人知道其法律行为无效同样也会实施该他法律行为的，为尊重私人自治，可以依照法律规定或者当事人意思认定其他法律行为发生效力。

无效法律行为的转换不是无效法律行为可以发生效力，而是在法律行为无效但具备其他法律行为要件的情形下，发生表意人所欲的法律效果。

【学理争议与立法例】

1. 民国时期民法第 112 条 ［无效行为之转换］

无效之法律行为，若具备他法律行为之要件，并因其情形，可认当事人若知其无效，即欲为他法律行为者，其他法律行为，仍为有效。

2. 《德国民法典》第 140 条 ［转换］

无效法律行为符合其他法律行为的要件的，如果应当认为在知道其无效时即愿意实施其他法律行为时，其他法律行为有效。

3. 《意大利民法典》第 1424 条 ［无效契约的转化］

当事人知道契约无效的，在涉及当事人力求达到目的时，应当推定当事人所希望的是无效契约可产生包括实质条件和形式要件在内的另一个契约的效力。

4. 《葡萄牙民法典》第 293 条 ［转换］

无效或者已撤销之法律事务，如具备另一不同类或者不同内容之法律事务之实质及方式要件，得转换为该法律事务，但仅以按各该当事人所谋求之目的，可假设当事人如预知有关法律事务非有效，即愿意作出该另一法律事务之情况为限。

第一百二十八条 【部分无效】

法律行为部分无效的，全部无效，但除去无效部分仍然成立法律行为，并且推知当事人仍然有意实施该法律行为的，其他部分不受影响。

【条文含义与立法理由】

本条规定的是法律行为部分无效的效力。

如果法律行为是一个不可分的整体，则部分无效导致整个法律行为全部无效。法律行为可分为不同部分，部分无效不影响其他部分效力时，如果将这两部分分开并且其他部分仍然发生效力不违背当事人意思，其他部分就可以发生法律效力。

【学理争议与立法例】

我国现行法强调了部分无效不影响其他部分效力时，其他部分仍然有效，但并未明确其他部分有效是否符合当事人真实意思，本建议稿参照立法例，完善了相关事实构成。

有关立法例如下：

1. 《中华人民共和国民法通则》第 60 条

民事行为部分无效，不影响其他部分的效力的，其他部分仍然有效。

2. 《中华人民共和国合同法》第 56 条第 2 句

合同部分无效，不影响其他部分效力的，其他部分仍然有效。

3. 民国时期民法第 111 条［一部无效之效力］

法律行为之一部分无效者，全部皆为无效。但除去该部分亦可成立者，则其他部分，仍为有效。

4. 《德国民法典》第 139 条［部分无效］

法律行为的部分无效的，如果不应当认定该法律行为无此无效部分仍将实施时，全部法律行为无效。

5. 《意大利民法典》第 1419 条［部分无效］

（1）在没有无效部分或者无效的个别条款缔约人就无法缔结整

个契约的情况下，契约的部分无效或者个别条款的无效将导致整个契约的无效（475、1229、1354、1430、1480、2265）。

（2）无效的个别条款依法被强制性规范所取代的（1339、1500、1501、1573、1815、1932、2066、2077、2115、2936），个别条款的无效不影响契约的有效。

6.《葡萄牙民法典》第292条［减缩］

法律事务之部分无效或者部分撤销不引致整个法律事务非有效，但显示除去有瑕疵部分后该法律事务即不成立者除外。

7.《俄罗斯民法典》第180条［法律行为部分无效的后果］

如果能够断定，法律行为即使不包括其无效部分也可以实施的，则法律行为的部分无效不引起法律行为其他部分的无效。

8.《国际统一私法协会国际商事合同通则2010》第3.2.13条［部分无效］

如果宣告合同无效的理由仅影响合同的个别条款，则宣告合同无效的效力仅限于这些条款，除非考虑到相关情况，维持合同效力是不合理的。

第一百二十九条　【撤销的效果】

法律行为被撤销的，视为自行为成立时起无效，但法律另有规定的除外。

【条文含义与立法理由】

本条规定的是法律行为撤销的效果。

经撤销权人行使撤销权，法律行为被撤销。被撤销的法律行为曾经发生效力，因撤销而失去效力，就法律效果而言，应当视为自行为成立时起无效。

法律行为撤销原则上溯及既往，但也有不溯及既往者，例如"婚姻撤销之不溯及，已属今日一般趋势"。[1]因此，本建议稿增加

---

〔1〕参见史尚宽：《亲属法论》，中国政法大学出版社2000年版，第274页。

了但书规定，允许法律对撤销的效力作出特别规定。

【学理争议与立法例】

法律行为被撤销的法律效果与法律行为无效的效果基本相同，我国现行法直接规定自始无效，民国时期民法和其他立法例则大多以自始无效为原型，将被撤销的法律行为视为自始无效。本建议稿采通行立法例。

撤销后可能涉及第三人的财产返还等问题，民国时期民法、《日本民法典》《意大利民法典》等立法例对此有专门规定。这些问题属于债法内容，应当规定于民法典分则，故本建议稿未予规定。

有关立法例如下：

1.《中华人民共和国民法通则》第59条第2款

被撤销的民事行为从行为开始起无效。

2.《中华人民共和国婚姻法》第12条第1句

无效或被撤销的婚姻，自始无效。

3. 民国时期民法第114条［撤销之自始无效］

法律行为经撤销者，视为自始无效。

当事人知其得撤销或可得而知者，其法律行为撤销时，准用前条之规定。

民国时期民法第998条［结婚撤销之效力］

结婚撤销之效力，不溯及既往。

4.《德国民法典》第142条［撤销的效力］

（1）可撤销的法律行为被撤销的，视为自始无效。

（2）明知或者应知法律行为的可撤销性的人，在撤销时，应当如同他已知或者应知该法律行为无效而对待。

5.《日本民法典》第121条［撤销的效力］

被撤销的法律行为，视为自始无效。但是，限制行为能力人只在因该行为而实际获利的限度内，承担返还义务。

6.《意大利民法典》第1445条［撤销对第三人的效力］

非因法定无能力而导致的撤销，不损害善意第三人有偿获得的权利，但是撤销申请登记效力的除外（23、25、534、785、1399、

1452、1458、2377、2652、2690）。

《意大利民法典》第1446条［多方契约的撤销］

在第1420条规定的契约中，仅对一方当事人产生约束力的可撤销性并不发生契约的撤销，但是该方必须参与的情况（1459、1466）不在此限。

7.《俄罗斯民法典》第166条［可撤销法律行为与自始无效法律行为］

（1）依照本法典规定的根据，法律行为可以由法院确认为无效（可撤销法律行为）；……

（2）要求确认可撤销法律行为无效的请求可以由本法典规定的人提出。

……

8.《国际统一私法协会国际商事合同通则2010》第3.2.14条［宣告合同无效的追溯力］

宣告合同无效具有追溯力。

第一百三十条　【撤销的意思表示】

撤销的意思表示，应当向相对人作出。对方有异议的，可以请求确认撤销的效力。

【条文含义与立法理由】

本条规定的是撤销的意思表示的作出及异议。

撤销法律行为属于需要相对人受领的单方行为，应以意思表示向相对人为之。撤销权的性质为形成权，撤销属于行使形成权的行为，仅需要依照撤销权人的意思表示即可发生效力。撤销无须相对人同意，相对人对撤销表示异议不影响撤销的效力。

【学理争议与立法例】

撤销需要撤销权人的意思表示，但关于意思表示的方式，立法例则有不同处理。我国现行法采取诉讼或者仲裁方式，其他立法例大多规定直接向相对人为意思表示。形成权并不必然通过诉讼方式行使，我国现行法的规定略显累赘繁琐。本建议稿参照其他立法例，规定由撤销权人直接向相对人为意思表示。至于相对人的具体情形，《德国民法典》第143条第2款至第4款等立法例规定得较为详细，本建议稿对此未予细化，而是交由学说细化。

撤销不受相对人异议影响，因此立法例对此大多不予规定。考虑到中国实际，本建议稿规定，对撤销有异议者可以请求确认撤销的效力。

有关立法例如下：

1.《中华人民共和国民法通则》第59条第1款

下列民事行为，一方有权请求人民法院或者仲裁机关予以变更或者撤销：

（一）行为人对行为内容有重大误解的；

（二）显失公平的。

2.《中华人民共和国合同法》第54条第1款

下列合同，当事人一方有权请求人民法院或者仲裁机构变更或者撤销：

（一）因重大误解订立的；

（二）在订立合同时显失公平的。

3.《中华人民共和国婚姻法》第11条第1句

因胁迫结婚的，受胁迫的一方可以向婚姻登记机关或人民法院请求撤销该婚姻。

4. 民国时期民法第116条［撤销及承认之表示］

（1）撤销及承认，应以意思表示为之。

（2）如相对人确定者，前项意思表示，应向相对人为之。

5.《德国民法典》第143条

（1）撤销以向撤销相对人作出表示的方式进行。

（2）在合同的情形，撤销相对人为另一方当事人，在第123条第2款第2句的情形，为基于合同直接取得权利的人。

（3）在应当向他人实施单方法律行为的情形，另一方为撤销相对人。在应当向另一方或者行政机关实施法律行为的情形，即使已经向行政机关实施法律行为，仍然适用同样规定。

（4）在其他单方法律行为的情形，撤销相对人是任何基于法律行为直接取得利益的人。而在意思表示是向行政机关作出的情形，也可以向行政机关表示而撤销；行政机关应当向与法律行为有直接利害关系的人通知撤销。

6.《日本民法典》第 123 条［撤销、追认的方法］

可撤销行为的相对人确定的，该撤销或者追认按照相对人作出的意思表示进行。

7.《意大利民法典》第 1441 条［合法性］

契约的撤销可由法律规定的有利害关系的一方（322、323、377、378、396、427、428、761、775、787、848、1394、1395、1425、1462、1471、1971）提出（1462）。

8.《国际统一私法协会国际商事合同通则 2010》第 3.2.9 条［确认］

有权宣告合同无效的一方当事人如果在应该发出合同无效的通知的期间开始计算后，明示或默示地确认合同，则该方当事人不得再宣告合同无效。

《国际统一私法协会国际商事合同通则 2010》第 3.2.11 条［宣告合同无效的通知］

一方当事人通过向另一方当事人发出通知来行使其宣告合同无效的权利。

第一百三十一条 【撤销权的消灭】

有下列情形之一的，撤销权消灭：

（一）撤销权人在法定期间内没有行使撤销权；

（二）撤销权人放弃撤销权。

【条文含义与立法理由】

本条规定的是撤销权的消灭事由。

撤销权的法律性质为形成权，其存在影响着撤销权人与相对人之间法律关系的稳定性。为尽早明确存在被撤销可能的法律行为的效力，本建议稿明确规定了撤销权的消灭事由。

除斥期间届满，撤销权消灭。撤销权发生的事由不尽相同，除斥期间长短也不一定相同，因此本建议稿对此未予统一规定，而是在规定撤销权发生事由时具体予以规定。

撤销权人放弃撤销权，属于其私人自治的范畴。撤销权人自主决定放弃撤销权的，撤销权归于消灭。

【学理争议与立法例】

立法例中，有规定撤销权人追认而使可撤销法律行为确定发生效力者，例如《日本民法典》《意大利民法典》《葡萄牙民法典》。本建议稿以我国现行法为基础，对此未予规定。

1.《中华人民共和国合同法》第 55 条

有下列情形之一的，撤销权消灭：

（一）具有撤销权的当事人自知道或者应当知道撤销事由之日起一年内没有行使撤销权；

（二）具有撤销权的当事人知道撤销事由后明确表示或者以自己的行为放弃撤销权。

2.《中华人民共和国婚姻法》第 11 条

因胁迫结婚的，受胁迫的一方可以向婚姻登记机关或人民法院请求撤销该婚姻。受胁迫的一方撤销婚姻的请求，应当自结婚登记之日起一年内提出。被非法限制人身自由的当事人请求撤销婚姻的，应当自恢复人身自由之日起一年内提出。

3. 最高人民法院《关于贯彻执行〈中华人民共和国民法通则〉若干问题的意见（试行）》第 73 条第 2 款

可变更或者可撤销的民事行为，自行为成立时起超过一年当事人才请求变更或撤销的，人民法院不予保护。

4.《德国民法典》第 144 条 [可撤销法律行为的确认]

（1）可撤销的法律行为，经撤销权人确认后，不得再撤销。

（2）确认无须具备对法律行为规定的形式。

5. 《日本民法典》第 122 条 [可撤销行为的追认]

可撤销的行为，经过第 120 条所规定的人追认后，不得再撤销，但不得因追认而侵害第三人的权利。

《日本民法典》第 126 条 [撤销期间的限制]

撤销权自可以追认之时起五年内不行使时，因时效而消灭。自行为发生之日起，经过 20 年，亦同。

6. 《瑞士债法》第 31 条 [追认合同而消灭瑕疵]

（1）因错误、欺诈或者恐惧而受影响的当事人在一年期间内既未通知对方他将撤销合同，也未请求返还已经提供的给付的，视为合同已经被追认。

（2）期间在错误和欺诈的情形自发现时开始，在恐惧的情形自其消除时起开始。

（3）追认因胁迫或者恐惧而不具有拘束力的合同不自动排除损害赔偿请求权。

7. 《意大利民法典》第 1442 条 [消灭时效]

（1）撤销契约的诉权，因 5 年期间届满而消灭（428、482、526、624、761、775）。

（2）当基于意思瑕疵（1427）或者法律上的无能力（1425）而发生撤销时，时效期间自胁迫中止、发现错误或者诈欺（761）、禁治产或准禁治产（429）或者未成年人达到了成年年龄（2）之日起算。

（3）在其他情况下，期间自契约成立之日起算（428、775、1326）。

《意大利民法典》第 1444 条 [认可]

（1）可被撤销的契约，可以被有撤销权的缔约人给予认可（1423、1451），该认可应当包括对契约和撤销原因进行说明的文件及表示认可的声明。

（2）有撤销权的缔约人在了解撤销原因后自愿给予履行的，契约也被认可（1234、2824）。

（3）实施追认的人不具备有效缔结契约能力的（1425），追认无效。

8.《葡萄牙民法典》第287条［可撤销性］

（1）具有正当性提出撤销之人，仅为法律系为其利益而作出可将法律事务撤销之规定之人，且仅可在作为撤销依据之瑕疵终止后1年内提出撤销。

（2）然而，法律事务仍未履行时，得通过诉讼或者抗辩途径提出撤销，而不受期间之约束。

《葡萄牙民法典》第288条［确认］

（1）可撤销得通过确认予以补正。

（2）确认权属拥有撤销权之人所有；确认须在作为撤销依据之瑕疵终止后作出，且确认人已获悉该瑕疵及获悉及其本人有撤销权，确认方生效力。

（3）确认得以明示或者默示为之，且不取决于任何特别方式。

（4）确认具有追溯效力，即使对第三人亦然。

9.《俄罗斯民法典》第181条［无效法律行为的诉讼时效期限］

（1）关于适用自始无效法律行为无效后果的诉讼，可以在法律行为开始履行之后10年内提起。

（2）关于确认可撤销法律行为无效和适用其无效后果的诉讼可以在影响法律行为实施的暴力或者胁迫（第179条第1款）终止之日起的1年内提起，或者在原告人获悉或者应当获悉作为确认法律行为无效根据的其他情况之时起的1年内提起。

10.《国际统一私法协会国际商事合同通则2010》第3.2.9条［确认］

有权宣告合同无效的一方当事人如果在应该发出合同无效通知的期间开始计算后，明示或默示地确认合同，则该方当事人不得再宣告合同无效。

《国际统一私法协会国际商事合同通则2010》第3.2.12条［时间期限］

（1）宣告合同无效的通知，应在宣告合同无效的一方当事人已知或不可能不知有关事实之后，或者在其可以自由行事之后，考虑到相关情况，在合理期间内作出。

（2）如果一方当事人根据第 3.2.7 条的规定有权宣告合同中的个别条款无效，则发出宣告无效通知的期限自另一方当事人主张该条款之时起算。

《国际统一私法协会国际商事合同通则 2010》第 3.2.13 条［部分无效］

如果宣告合同无效的理由仅影响合同的个别条款，则宣告合同无效的效力仅限于这些条款，除非考虑到相关情况，维持合同的其余部分是不合理的。

第七节　双方法律行为

第一百三十二条 【合意】

当事人意思表示一致，双方法律行为成立。

当事人对于双方法律行为的必要内容意思表示一致，但对于非必要内容未作表示的，推定双方法律行为成立。

【条文含义与立法理由】

本条规定的是双方法律行为的成立。

法律行为可以分为单方法律行为、双方法律行为和多方法律行为。双方法律行为，即合同，是指由两人以上意思表示一致而成立的法律行为。双方法律行为在法律交往中较为常见，其不仅需要当事人意思表示，还需要各方当事人意思表示一致。合意是双方法律行为的核心要素。当事人达成合意，不问意思表示方式如何，双方法律行为即告成立。意思表示不一致，当事人不合意，不管是公然不合意还是隐存不合意，双方法律行为均不能成立。

当事人达成合意，关键是双方就法律行为必要内容达成合意。所谓必要内容，是指双方法律行为的构成要素，例如，买卖合同中的买卖标的物和价款。通常，只要能够确定当事人、标的和数量，就可以认定合同成立。当事人对于双方法律行为的必要内容达成合意，但对于非必要内容未做表示的，推定双方法律行为成立，非必要内容可以通过法律行为的解释等途径得以明确。

【学理争议与立法例】

关于民法总则是否需要关于合同的一般规定，立法例有肯定主义、否定主义和折中主义三种。肯定主义立法例，例如《德国民法典》，在第一编"总则"第三章"法律行为"设专节规定合同（第145条至第157条）。否定主义立法例，例如《日本民法典》，在债法部分专门规定合同。折中主义立法例，例如《俄罗斯民法典》，在总则部分有关于法律行为分为合同和单方法律行为的规定，在债法中专门规定合同的具体规则。《法国民法典》采三编制，在第三编的第三章"契约或约定之债的一般规定"中规定了合同。我国现行法中，《民法通则》规定的法律行为不仅仅包括单方法律行为，还包括双方法律行为和多方法律行为。《合同法》第2条规定合同是变动民事权利义务关系的协议，已经采用了广义合同的概念。本建议稿从我国现行法出发，认为关于双方法律行为的共同性规定属于民法总则的内容，应当规定在"法律行为"章下，核心内容是意思表示一致，即合意。

有关立法例如下：

1.《中华人民共和国合同法》第2条第1款

本法所称合同是平等主体的自然人、法人、其他组织之间设立、变更、终止民事权利义务关系的协议。

2. 民国时期民法第153条 ［契约之成立］

（1）当事人互相表示意思一致者，无论其为明示或默示，契约即为成立。

（2）当事人对于必要之点，意思一致，而对于非必要之点，未经表示意思者，推定其契约为成立，关于该非必要之点，当事人意思不一致时，法院应依其事件之性质定之。

3.《德国民法典》第154条 ［公然的缺乏合意；欠缺证书］

（1）只要当事人未对合同的所有各点达成合意，而对该所有各点即使仅依照一方当事人的表示仍应当进行约定的，在发生疑义时，合同未被成立。即使已经作成记录，对个别之点的协议也没有约束力。

（2）已经约定将意图订立的合同作成证书的，在发生疑义时，到证书作成时为止，合同未被成立。

《德国民法典》第155条［隐蔽的缺乏合意］

当事人在他们认为已经订立的合同中，对某一点应当已经达成协议而实际上并未对此达成合意的，只要应当认为即使该点尚未确定合同仍已订立的，对已经达成协议的点应当认为有效。

4.《瑞士债法》第1条［合同成立］

（1）成立合同必须有当事人相互一致的意思表示。

（2）这种意思表示可以是明示或者默示的。

《瑞士债法》第2条［关于附随之点］

（1）当事人就合同的全部实质之点达成合意的，应当推定，附随之点的保留不妨碍合同的拘束力。

（2）关于保留的附随之点未达成协议的，法官应当根据行为性质对此予以确定。

（3）关于合同形式的条款得以保留。

《瑞士债法》第19条［合同内容的确定］

（1）合同的内容可以在法律限度内自由确定。

（2）与法律规定不一致的协议，只有在法律没有规定不能变更条款，或者这种不一致并不违反公共秩序或者人格权利的情形，才能得到允许。

5.《意大利民法典》第1321条［概念］

契约是双方或多方当事人关于彼此之间的财产法律关系的设立、变更或者消灭的合意。

《意大利民法典》第1322条［契约自治］

（1）各方当事人可以在法律规定和行业规则的范围内，自由地确定契约内容。

（2）各方当事人也可以缔结特别规范未规定的契约类型，但是以实现法律保护的利益为限。

6.《俄罗斯民法典》第154条［合同与单方法律行为］

（1）法律行为可以是双方法律行为或者多方法律行为（合同）

和单方法律行为。

（2）依照法律、其他法律文件或者当事人的协议必须而且也仅需要一方的意思表示即可实施的法律行为是单方法律行为。

（3）订立合同必须有双方一致的意思表示（双方法律行为）或者三方以及更多方一致的意思表示（多方法律行为）。

7.《法国民法典》第 1101 条

契约是一人或者数人据以对另一人或者数人负担给付、作为或者不作为之债务的协议。

8.《国际统一私法协会国际商事合同通则 2010》第 1.1 条［缔约自由］

当事人可自由订立合同并确定合同的内容。

第一百三十三条 【要约与承诺达成合意】

当事人可以采取要约、承诺的方式达成意思表示一致。

【条文含义与立法理由】

本条规定的是要约与承诺达成合意。

双方法律行为的核心是意思表示一致，即合意。合意体现私人自治。达成合意是一个反复磋商达成一致的过程，在具体交易中有不同表现，在法律上一般简化为要约、承诺，即一方当事人向对方当事人表示成立双方法律行为的意思，即要约，经对方表示同意，即承诺。一方发出要约，对方不予承诺，则不能达成合意，不能成立双方法律行为。

成立双方法律行为还有交错要约等形式，即当事人达成了意思表示一致但难以或者不能区分要约与承诺，因此本建议稿以现行法规定为基础，表述为"可以采取"要约与承诺的方式。

【学理争议与立法例】

1.《中华人民共和国合同法》第 13 条

当事人订立合同，采取要约、承诺方式。

2.《法国民法典》第 1108 条

契约有效成立应当具备四项根本条件：负担债务的当事人的同意；其订立契约的能力；构成义务承诺内容的确定标的；债的合法原因。

3.《意大利民法典》第 1325 条 ［要件的说明］

契约的要件包括：

①当事人的合意（1326）；

②原因（1343）；

③标的（1346）；

④法律规定的必须采取的不可缺少的形式（1350）。

4.《国际统一私法协会国际商事合同通则 2010》第 2.1.1 条 ［订立方式］

合同可通过对要约的承诺或者通过能充分表明合意的当事人各方的行为而订立。

第一百三十四条 【要约】

要约是希望和他人成立双方法律行为的意思表示。

要约应当符合下列规定：

（一）内容具体确定；

（二）表明经受要约人承诺，要约人即受该意思表示约束。

【条文含义与立法理由】

本条规定的是要约的要件。

要约是达成合意的关键。一旦达成合意，双方法律行为即告成立，双方当事人均受法律行为约束，而法律行为的主要内容，应当包含在要约之中，承诺人只要对要约表示同意即可。因此，要约的内容需要具体确定，包含双方法律行为的必要内容。

一经承诺，要约的内容即成为双方法律行为的内容，对双方当事人具有约束力。基于私人自治，要约对要约人的拘束力来源于要约人同意要约具有拘束力。

【学理争议与立法例】

关于要约是否具有形式拘束力，立法例有肯定主义和否定主义。肯定主义立法例明确规定要约具有拘束力，例如民国时期民法和《德国民法典》。否定主义的立法例则认为要约不具有拘束力，可以任意撤回，例如《联合国国际货物销售合同公约》。[1]我国现行法采纳《联合国国际货物销售合同公约》的做法。本建议稿以我国现行法为基础，规定要约只有经过承诺之后才有拘束力，在此之前，可以依照法律规定撤回或者撤销。

有关立法例如下：

1. 《中华人民共和国合同法》第14条

要约是希望和他人订立合同的意思表示，该意思表示应当符合下列规定：

（一）内容具体确定；

（二）表明经受要约人承诺，要约人即受该意思表示约束。

《中华人民共和国合同法》第15条

要约邀请是希望他人向自己发出要约的意思表示。寄送的价目表、拍卖公告、招标公告、招股说明书、商业广告等为要约邀请。

商业广告的内容符合要约规定的，视为要约。

2. 民国时期民法第154条第1项［要约之约束力］

契约之要约人，因要约而受拘束。但要约当时预先声明不受拘束，或依其情形或事件之性质，可认当事人无受其拘束之意思者，不在此限。

3. 《德国民法典》第145条［要约的约束力］

向他人要约订立合同的人，受要约约束，但已经排除约束力的除外。

4. 《联合国国际货物销售合同公约》第14条［要约的含义］

（1）向一个或一个以上的特定的人提出的订立合同的建议，如

---

[1] 关于《联合国国际货物销售合同公约》的中文本，参见张玉卿编著：《国际货物买卖统一法：联合国国际货物销售合同公约释义》（第3版），中国商务出版社2009年版。

果十分确定并且表明发价人在得到接受时承受约束的意旨，即构成发价。一个建议如果写明货物并且明示或暗示地规定数量和价格或规定如何确定数量和价格，即为十分确定。

（2）非向一个或一个以上特定的人提出的建议，仅应视为邀请做出发价，除非提出建议的人明确地表示相反的意向。

《联合国国际货物销售合同公约》第16条［要约的撤销］

（1）在订立合同之前，发价得予撤销，如果撤销通知于被发价人发出接受通知之前到达被发价人。

（2）但在下列情况，发价不得撤销：

（a）发价写明接受发价的期限或以其他方式表示发价是不可撤销的；或

（b）被发价人有理由信赖该发价是不可撤销的，而且被发价人已经本着对该项发价的信赖行事。

5. 《国际统一私法协会国际商事合同通则2010》第2.1.2条［订立方式］

一项订立合同的建议，如果十分确定，并表明要约人在得到承诺时受其约束的意思，即构成一项要约。

第一百三十五条　【要约的撤回】

撤回要约的通知应当在要约到达受要约人之前或者与要约同时到达受要约人。

【条文含义与立法理由】

本条规定的是要约的撤回。

撤回要约，是指要约人将要约撤回而使之不发生法律效力的意思表示。要约作为意思表示，在发生实质拘束力之前，自然可以任意撤回。

撤回要约的意思表示应当满足一定的条件，即应当在要约到达受要约人之前或者与要约同时到达受要约人。

本建议稿删除《合同法》第17条第1句"要约可以撤回"的规

定，以避免与本建议稿第 106 条的规定重复，但保留《合同法》第 17 条第 2 句，旨在明确规定要约的撤回要件。

【学理争议与立法例】

1. 《中华人民共和国合同法》第 17 条

要约可以撤回。撤回要约的通知应当在要约到达受要约人之前或者与要约同时到达受要约人。

2. 民国时期民法第 162 条［撤回要约通知之迟到及怠于通知之效果］

撤回要约之通知，其到达在要约到达之后，而按其传达方法，通常在相当时期内应先时或同时到达，其情形为相对人可得而知者，相对人应向要约人即发迟到之通知。

相对人怠于为前项通知者，其要约撤回之通知，视为未迟到。

3. 《瑞士债法》第 9 条［要约和承诺的撤回］

撤回先于或者与要约同时到达对方当事人，或者后于要约到达对方但先于对方了解要约的，视为未发出要约。

前款规定同样适用于撤回承诺。

4. 《意大利民法典》第 1328 条［要约和承诺的撤回］

（1）在契约未成立之前，要约可被撤回（782、1326、1329、1887）。但是在接到撤回通知前，承诺人已善意地开始履行的（1335、1337、1375），要约人应当补偿承诺人因开始履行所支出的费用和遭受的损失（843、924、925、1038、1053、1337、2045、2047）。

（2）承诺可以被撤回，但是撤回的通知应当在承诺之前送达要约人（1326、1335）。

《意大利民法典》第 1329 条［不可撤回的要约］

（1）要约人在确定期间内被要约所约束的，要约的撤回无效。

（2）在前款规定的情况中，要约人的死亡或者突然发生的丧失能力（414）均不影响要约的效力，但事务的性质或者其他情况排除要约效力的（1330），不在此限。

5. 《联合国国际货物销售合同公约》第15条［要约的生效时间及撤回］

（1）发价于送达被发价人时生效。

（2）一项发价，即使是不可撤销的，仍得予撤回，如果撤回通知于发价送达被发价人之前或同时，送达被发价人。

6. 《国际统一私法协会国际商事合同通则2010》第2.1.3条［要约的撤回］

（1）要约于到达受要约人时生效。

（2）一项要约即使不可撤销，仍可撤回，但撤回通知要在要约到达受要约人之前，或者与要约同时到达受要约人。

第一百三十六条 【要约的撤销】

要约可以撤销，但有下列情形之一的除外：

（一）要约人确定了承诺期限或者以其他形式明示要约不可撤销；

（二）受要约人有理由认为要约是不可撤销的，并已经为履行双方法律行为作了准备工作。

撤销要约的通知应当在受要约人发出承诺通知之前到达受要约人。

【条文含义与立法理由】

本条规定的是要约的撤销。

要约不具有形式拘束力，因此可以任意撤销，但要约人确定了承诺期限或者以其他形式表明要约不可撤销的除外。某些情形下，受要约人有理由相信要约不可撤销并已经按照要约行事，为保护受要约人对要约不可撤销性的信赖，此时要约人不得撤销要约。

撤销要约应以意思表示为之。撤销要约的意思表示应当在受要约人发出承诺通知之前到达受要约人。否则，受要约人对要约发出承诺通知，一旦到达要约人，双方法律行为即告成立，当然不能再撤销要约。

【学理争议与立法例】

1.《中华人民共和国合同法》第 18 条

要约可以撤销。撤销要约的通知应当在受要约人发出承诺通知之前到达受要约人。

《中华人民共和国合同法》第 19 条

有下列情形之一的，要约不得撤销：

（一）要约人确定了承诺期限或者以其他形式明示要约不可撤销；

（二）受要约人有理由认为要约是不可撤销的，并已经为履行合同作了准备工作。

2.《瑞士债法》第 3 条 ［有承诺期间的要约］

（1）一方向另一方发出成立合同的要约并确定了承诺期限的，在该期限届满前受要约拘束。

（2）该期限届满前他没有接到承诺表示的，不再受拘束。

3.《日本民法典》第 521 条 ［定有承诺期间的要约］

定有承诺期间的合同要约，不得撤销。

要约人在前款规定的期间内未得到承诺通知的，该要约丧失效力。

《日本民法典》第 524 条 ［未定承诺期间的要约］

未定承诺期间对异地人作出的要约，要约人在收到承诺通知的一定期间内，不得撤销其要约。

《日本民法典》第 527 条 ［要约撤销通知的迟到］

要约撤销的通知在发出承诺通知后到达的，但若能够知道在通常情况下是应于该期间内到达的时间发出的，承诺人应当及时向要约人发出迟到通知。

承诺人怠于发出前款规定的迟到通知的，视为合同未成立。

4.《葡萄牙民法典》第 228 条 ［要约之有效期］

（1）要约人按以下之规定受要约所拘束：

a）如要约人定出或者当事人约定意定承诺期间，则要约之有效期维持至该期间届满时止；

b）如无定出承诺期间，但要约人要求即时答复，则要约人之有效期维持至在一般情况下，要约及承诺均能到达各自目的地时止；

c）如无定出承诺期间，且要约人系向非对话人作出或者以书面方式向对话人作出，则要约之有效期维持至上项规定所指期间届满后5日止。

（2）上款之规定不影响对要约之废止权，但须符合第230条所指之容许废止要约之情况。

5. 《联合国国际货物销售合同公约》第16条［要约的撤销］

（1）在未订立合同之前，发价得予撤销，如果撤销通知于被发价人发出接受通知之前送达被发价人。

（2）但在下列情况下，发价不得撤销：

（a）发价写明接受发价的期限或以其他方式表示发价是不可撤销的；或

（b）被发价人有理由信赖该项发价是不可撤销的，而且被发价人已本着对该项发价的信赖行事。

6. 《国际统一私法协会国际商事合同通则2010》第2.1.4条［要约的撤销］

（1）在订立合同之前，要约得予撤销，如果撤销通知在受要约人发出承诺通知之前到达受要约人。

（2）但是，在下列情况下，要约不得撤销：

（a）要约写明承诺期限，或者以其他方式表明要约是不可撤销的；或

（b）受要约人有理由信赖该项要约是不可撤销的，且受要约人已依赖该要约行事。

第一百三十七条　【要约失效】

有下列情形之一的，要约失效：

（一）拒绝要约的通知到达要约人；

（二）要约人依法撤销要约；

（三）承诺期限届满，受要约人未有效承诺；

（四）受要约人对要约的内容作出实质性变更。

【条文含义与立法理由】

本条规定的是要约的失效。

为保护受要约人利益，法律使要约具有拘束力，但若受要约人拒绝要约，就不必再使要约的拘束力继续存在。因此，拒绝要约的通知到达要约人时，要约失效。

要约人依法撤销邀约，则已经发生的效力归于消灭，因此要约失效。

承诺期限乃是要约人受要约拘束的期间。承诺期限届满前，受要约人可以有效承诺，要约人应受要约拘束。承诺期限届满但受要约人未有效承诺的，要约失去效力，要约人不再受要约拘束。

受要约人对要约的内容做出实质性变更的，构成新要约。受要约人对要约做出实质性变更而形成的新要约自到达要约人时起生效，当事人应当受到新要约拘束。这种情形下，原要约的拘束力自无继续存在的必要。

【学理争议与立法例】

1.《中华人民共和国合同法》第 20 条

有下列情形之一的，要约失效：

（一）拒绝要约的通知到达要约人；

（二）要约人依法撤销要约；

（三）承诺期限届满，受要约人未作出承诺；

（四）受要约人对要约的内容作出实质性变更。

2. 民国时期民法第 155 条［要约之失效（一）——拒绝］

要约经拒绝者，失其拘束力。

3.《德国民法典》第 146 条［要约的消灭］

向要约人拒绝要约的，或者未向要约人依照第 147 条至第 149 条适时承诺的，要约消灭。

4.《日本民法典》第 528 条［附加变更的承诺］

承诺人对要约附加条件或者加以其他变更后予以承诺的，视为拒绝该要约的同时进行了新要约。

5.《联合国国际货物销售合同公约》第 17 条［要约的终止］

一项发价，即使是不可撤销的，于拒绝通知送达发价人时终止。

第一百三十八条【承诺】

承诺是受要约人同意要约的意思表示，其内容应当与要约的内容一致。

承诺对要约的内容作出非实质性变更的，除要约人及时表示反对或者要约表明承诺不得对要约的内容作出任何变更的以外，该承诺有效，双方法律行为的内容以承诺的内容为准。

受要约人对要约的内容作出实质性变更的，为新要约。

【条文含义与立法理由】

承诺是受要约人向要约人发出的同意要约，成立双方法律行为的意思表示。要约与承诺达成合意，因此，承诺的内容与要约的内容应当一致。

承诺的内容与要约的内容不一致的，构成对要约的变更。因变更之内容是否属于实质性内容，变更分为非实质性变更和实质性变更。非实质性变更后的内容与要约的内容系同一法律关系，因此，如果要约人没有及时表示反对或者要约没有表明承诺不得对要约的内容作出任何变更，则该承诺有效，双方成立以变更了要约的承诺为内容的双方法律行为。实质性变更并非对要约的同意，因此不构成承诺，构成新要约。

【学理争议与立法例】

1.《中华人民共和国合同法》第 21 条

承诺是受要约人同意要约的意思表示。

《中华人民共和国合同法》第 30 条第 1 句

承诺的内容应当与要约的内容一致。

《中华人民共和国合同法》第 31 条

承诺对要约的内容作出非实质性变更的，除要约人及时表示反对或者要约表明承诺不得对要约的内容作出任何变更的以外，该承诺有效，合同的内容以承诺的内容为准。

《中华人民共和国合同法》第 32 条

当事人采用合同书形式订立合同的，自双方当事人签字或者盖章时合同成立。

《中华人民共和国合同法》第 30 条

……受要约人对要约的内容作出实质性变更的，为新要约。有关合同标的、数量、质量、价款或者报酬、履行期限、履行地点和方式、违约责任和解决争议方法等的变更，是对要约内容的实质性变更。

2. 《德国民法典》第 150 条第 2 款 ［变更的承诺］

（2）将要约扩展、限制或者作其他变更的承诺，视为拒绝原要约而发出新要约。

3. 《日本民法典》第 528 条 ［附加变更的承诺］

承诺人对要约附加条件或者加以其他变更后予以承诺的，视为拒绝该要约的同时进行了新要约。

4. 《葡萄牙民法典》第 230 条 ［要约之不可废止性］

（1）要约在相对人接收或者知悉后不得废止，但另有意思表示者除外。

（2）然而，如相对人于接收要约之同时或者之前收到要约人之撤回通知，或者通过其他途径知悉其撤回要约，则要约不生效力。

（3）废止向公众作出之要约，必须以要约之原方式或者等同方式作出，方生效力。

《葡萄牙民法典》第 231 条 ［要约人或者相对人死亡或者无行为能力］

（1）要约人死亡或者无行为能力对合同之成立不构成障碍，但有理由推定要约人另有意思的除外。

（2）相对人之死亡或者无行为能力导致要约不生效力。

《葡萄牙民法典》第 232 条［合意之范围］

如就任何一方当事人认为必须达成协议之条款，各当事人仍未全部达成协议，则合同不成立。

《葡萄牙民法典》第 233 条［附变更之承诺］

承诺中作出附加、限制或者其他变更者，即为拒绝要约；然而，如有变更之意思表示充分明确，则等同重新作出之要约，但以从该意思表示不得出另一含义为限。

《葡萄牙民法典》第 235 条［承诺或者拒绝之废止］

（1）如相对人拒绝要约后又作出承诺，且该承诺系与拒绝同时或者先于拒绝到达要约人，又或与拒绝同时或者先于拒绝为要约人知悉者，则以承诺为准。

（2）承诺得通过意思表示予以废止，但该意思表示须与承诺同时或者先于承诺到达要约人，又或者与承诺同时或者先于承诺为要约人知悉。

5.《联合国国际货物销售合同公约》第 18 条［承诺的含义及生效时间］

（1）被发价人声明或做出其他行为表示同意一项发价，即是接受。缄默或不行为本身不等于接受。

（2）接受发价于表示同意的通知送达发价人时生效。如果表示同意的通知在发价人所规定的时间内，如未规定时间，在一段合理的时间内，未曾送达发价人，接受就成为无效，但须适当考虑到交易的情况，包括发价人所使用的通讯方法的迅速程度。对口头发价必须立即接受，但情况有别者不在此限。

（3）但是，如果根据该项发价或依照当事人之间确立的习惯做法或惯例，被发价人可以做出某种行为，例如与发运货物或支付价款有关的行为，来表示同意，而无须向发价人发出通知，则接受于该项行为做出时生效，但该项行为必须在上一款所规定的期间内做出。

《联合国国际货物销售合同公约》第 19 条［对承诺的添加或修改］

（1）对发价表示接受但载有添加、限制或其他更改的答复，即为拒绝该项发价,并构成还价。

(2)但是,对发价表示接受但载有添加或不同条件的答复,如所载的添加或不同条件在实质上并不变更该项发价的条件,除发价人在不过分迟延的期间内以口头或书面通知反对其间的差异外,仍构成接受。如果发价人不作出这种反对,合同的条件就以该项发价的条件以及接受通知内所载的更改为准。

(3)有关货物价格、付款、货物质量和数量、交货地点和时间、一方当事人对另一方当事人的赔偿责任范围或解决争端等的添加或不同条件,均视为在实质上变更发价的条件。

6.《国际统一私法协会国际商事合同通则 2010》第 2.1.6 条〔承诺的方式〕

(1)受要约人作出的表示同意要约的声明或其他行为构成承诺。缄默或不作为本身不构成承诺。

(2)对一项要约的承诺于同意的表示到达要约人时生效。

(3)但是,如果根据要约本身,或依照当事人之间建立的习惯做法,或依照惯例,受要约人可以通过做出某种行为来表示同意,而无须向要约人发出通知,则承诺于做出该行为时生效。

《国际统一私法协会国际商事合同通则 2010》第 2.1.11 条〔变更的承诺〕

(1)对要约意在表示承诺但载有添加、限制或其他变更的答复,即为对要约的拒绝,并构成反要约。

(2)但是,对要约意在表示承诺但载有添加或不同条件的答复,如果所载的内容或不同条件没有实质性地改变要约的条件,则除非要约人毫不迟延地表示拒绝这些不符,此答复仍构成承诺。如果要约人不作出拒绝,则合同的条款应以该要约的条款以及承诺所载有的变更为准。

第一百三十九条 【承诺期限】

承诺应当在要约确定的期限内到达要约人。

要约没有确定承诺期限的,承诺应当依照下列规定到达:

（一）要约以对话方式作出的，应当即时作出承诺，但当事人另有约定的除外；

（二）要约以非对话方式作出的，承诺应当在合理期限内到达。

【条文含义与立法理由】

本条规定的是承诺期限。

承诺期限是要约的存续期间，即要约人受要约拘束的期间。承诺在要约确定的期限内到达要约人，要约与承诺达成意思表示一致的，双方法律行为成立。承诺期限届满，受要约人未有效承诺，则要约失效，即使受要约人同意要约的意思表示到达要约人，因要约已经失效，也不成立双方法律行为。

要约未确定承诺期限的，承诺期限根据对话意思表示和非对话意思表示有所不同。对于对话的意思表示，应当即时承诺；对于非对话的意思表示，应当在合理期限内到达。合理期限，是指依照通常情形承诺应当能够到达的期限。

【学理争议与立法例】

1.《中华人民共和国合同法》第23条

承诺应当在要约确定的期限内到达要约人。

要约没有确定承诺期限的，承诺应当依照下列规定到达：

（一）要约以对话方式作出的，应当即时作出承诺，但当事人另有约定的除外；

（二）要约以非对话方式作出的，承诺应当在合理期限内到达。

2. 民国时期民法第156条［对话要约之拘束力］

对话为要约者，非立时承诺，即失其拘束力。

民国时期民法第157条［非对话要约之约束力］

非对话为要约者，依通常情形可期待承诺之达到时期内，相对人不为承诺时，其要约失其拘束力。

民国时期民法第158条［要约之失效（二）——逾期承诺］

要约定有承诺期限者，非于其期限内为承诺，失其拘束力。

3.《德国民法典》第 147 条［承诺期限］

（1）向在场人发出的要约，只能立即予以承诺。一方通过电话或者其他技术设备由一人向另一人发出的要约，亦同。

（2）向非在场人发出的要约，只能到要约人通常情况下可期待收到答复时止，予以承诺。

《德国民法典》第 148 条［承诺期间的指定］

要约人对要约的承诺指定期间的，只能在该期间内予以承诺。

4.《瑞士债法》第 4 条［在场者未指定期间的承诺］

（1）向在场者发出未指定期间的要约并且未即时受领的，要约人不再受拘束。

（2）缔约人或者其代理人本人使用电话的，视为在场者之间的合同。

《瑞士债法》第 5 条［不在场者未指定期间的承诺］

（1）向不在场者发出未指定期间的要约，在以合理方式准时发出的答复到达要约人之前，要约人受到拘束。

（2）要约人可以推定，其要约是准时到达的。

（3）准时发出的承诺表示到达要约人时迟到的，如果要约人不想受其拘束，则负有义务立即通知受要约人。

5.《国际统一私法协会国际商事合同通则 2010》第 2.1.7 条［承诺的时间］

要约必须在要约规定的时间内承诺，或者如果未规定时间，应在考虑到交易的具体情况，包括要约人所使用的通信方法的快捷程度，在一段合理的时间内作出承诺。对口头要约必须立即作出承诺，除非情况有相反的表示。

第一百四十条 【承诺期限的起算】

要约以信件或者电报作出的，承诺期限自信件载明的日期或者电报交发之日开始计算。信件未载明日期的，自投寄该信件的邮戳日期开始计算。要约以电话、传真等快速通讯方式作出的，承诺期限自要约到达受要约人时开始计算。

【条文含义与立法理由】

本条规定的是承诺期限的起算。

承诺期限对于当事人双方较为重要，承诺期限的起算因意思表示手段不同而不尽相同。采用信件作出要约的，其承诺期限自信件中载明的日期起算，如果信件中没有载明日期，则从信封上的投邮日期起算；而采用电报作出要约的，则从电报送交邮电局发出之日起算；以电话、传真等快速通讯方式作出要约的，承诺期限从到达受要约人时起算。

【学理争议与立法例】

1.《中华人民共和国合同法》第24条

要约以信件或者电报作出的，承诺期限自信件载明的日期或者电报交发之日开始计算。信件未载明日期的，自投寄该信件的邮戳日期开始计算。要约以电话、传真等快速通讯方式作出的，承诺期限自要约到达受要约人时开始计算。

2.《联合国国际货物销售合同公约》第20条［承诺时间的确定］

（1）发价人在电报或信件内规定的接受期间，从电报交发时刻或信上载明的发信日期起算，如信上未载明发信日期，则从信封上所载日期起算。发价人以电话、电传或其他快速通讯方法规定的接受期间，从发价送达被发价人时起算。

（2）在计算接受期间时，接受期间内的正式假日或非营业日应计算在内。但是，如果接受通知在接受期间的最后一天未能送到发价人地址，因为那天在发价人营业地是正式假日或非营业日，则接受期间应顺延至下一营业日。

3.《国际统一私法协会国际商事合同通则2010》第2.1.8条［规定期限内的承诺］

要约人规定的承诺期限自要约发出时起算。要约中显示的时间应被视为要约发出的时间，除非情况有相反的表示。

第一百四十一条 【承诺生效】

承诺到达要约人时生效。承诺生效时双方法律行为成立，但法律另有规定的除外。

【条文含义与立法理由】

本条规定的是承诺生效的时间及效果。

承诺到达要约人时生效。承诺生效时，要约人与承诺人意思表示达成一致，即合意，双方法律行为宣告成立。在特殊情况下，法律基于某种政策考虑，可能在合意之外有其他要求，例如交付标的物，法律行为才能成立。

承诺被撤回的，自然不发生承诺的效力。

【学理争议与立法例】

1. 《中华人民共和国合同法》第 25 条

承诺生效时合同成立。

《中华人民共和国合同法》第 32 条

当事人采用合同书形式订立合同的，自双方当事人签字或者盖章时合同成立。

《中华人民共和国合同法》第 33 条

当事人采用信件、数据电文等形式订立合同的，可以在合同成立之前要求签订确认书。签订确认书时合同成立。

2. 《瑞士债法》第 10 条［不在场者之间订立合同的效力的开始］

（1）不在场者之间的合同成立的，其效力在承诺表示发出时发生。

（2）如果明示承诺并不必要，合同效力在受领承诺时发生。

3. 《日本民法典》第 526 条［异地人之间合同的成立时间］

（1）异地人之间的合同，在发出承诺通知时生效。

（2）按照要约人的意思表示或者交易上的习惯，不需要承诺通知的，合同于有应当认为是承诺的意思表示事实时成立。

4.《意大利民法典》第 1326 条［契约的成立］

（1）当发出要约的一方知道他方承诺时（163、782、1333、1335、1748），契约成立。

（2）承诺应当在要约人确定的期间内，或者根据事务的性质或惯例，在通常所需的必要期间内到达要约人处（1328）。

（3）要约人在立即向另一方发出通知的情况下（1175），可以认为迟延承诺有效。

（4）当要约人对承诺要求特定形式时，以不同于要求的形式发出的承诺无效（1352）。

（5）与要约不一致的承诺，视为新的要约。

5.《联合国国际货物销售合同公约》第 22 条［承诺的撤回］

接受得予撤回，如果撤回通知于接受原应生效之前或同时，送达发价人。

《联合国国际货物销售合同公约》第 23 条［合同成立的时间］

合同于按照本公约规定的时间对发价的接受生效时订立。

第一百四十二条 【推定承诺】

依照当事人约定或者交易习惯，承诺不需要通知的，在一定期间内有可以推定为承诺的事实的，双方法律行为成立。

【条文含义与立法理由】

本条是关于推定承诺的规定。

双方法律行为通过要约与承诺达成合意而成立，其中承诺通常以明示或者默示方式作出；但在某些情形，依照当事人约定或者交易习惯，并不必须将承诺的意思表示予以通知，只要在一定期间内具有可以推定当事人承诺的事实，即意思实现，就可以成立双方法律行为。

【学理争议与立法例】

1. 民国时期民法第 161 条［意思实现］

依习惯或依其事件之性质，承诺无须通知者，在相当时期内，有可认为承诺之事实时，其契约为成立。

前项规定，于要约人要约当时预先声明承诺无须通知者，准用之。

2.《德国民法典》第 151 条［无须向要约人表示的承诺］

依照交易习惯不应当期待承诺表示或者要约人已经放弃承诺表示的，无须向要约人表示承诺，合同即因对要约的承诺而成立。要约消灭的时点，依照由要约或者情况可以推知的要约人的意思确定。

3.《日本民法典》第 526 条［异地人之间合同的成立时间］第 2 款

（2）按照要约人的意思表示或者交易上的习惯，不需要承诺通知的，合同于有应认为是承诺的意思表示事实时成立。

《日本民法典》第 529 条［异地人之间通过意思实现成立合同］第 2 款

（2）按照要约人的意思表示或者交易上的习惯，不需要承诺通知的，合同于有应当认为是承诺的意思表示事实时成立。

4.《瑞士债法》第 6 条［默示承诺］

由于行为的特殊性质或者依照具体情形，不应期待明示承诺的，要约在合理期间内未被拒绝的，视为合同成立。

5.《意大利民法典》第 1327 条［先于承诺人答复的履行］

（1）根据要约人的提议、行为的性质或惯例无须预先答复而直接履行给付的（1326），契约自开始履行时起在履行地成立。

（2）承诺人应当迅速地给相对方发出履行开始的通知（1175），未发出通知的，应当承担损害赔偿责任。

6.《葡萄牙民法典》第 234 条［承诺表示之免除］

如按照有关要约、法律事务之性质或者具体情况，又或者依照习惯而得免除承诺之表示，则在他方当事人之行为显示其承诺时，合同即视为成立。

第一百四十三条 【承诺迟到】

受要约人在承诺期限内发出承诺，按照通常情形能够及时到达要约人，但因其他原因承诺到达要约人时超过承诺期限的，除要约人及时通知受要约人因承诺超过期限不接受该承诺的以外，该承诺有效。

【条文含义与立法理由】

本条规定的是承诺迟到的效力。

受要约人依照承诺期限的要求作出承诺的意思表示，因偶然事由未能如通常情形按时到达要约人时，要约人由于超过承诺期限而不受拘束，应当及时通知受要约人。要约人怠于通知的，通过法律拟制技术，视为承诺通知并未迟到，双方法律行为仍然成立。双方法律行为成立的时间，为承诺生效的时间，即承诺到达要约人的时间，尽管该时间已经超过了承诺期限。承诺迟到的时间应当对当事人成立双方法律行为的意思表示不至产生影响。

【学理争议与立法例】

1. 《中华人民共和国合同法》第 29 条

受要约人在承诺期限内发出承诺，按照通常情形能够及时到达要约人，但因其他原因承诺到达要约人时超过承诺期限的，除要约人及时通知受要约人因承诺超过期限不接受该承诺的以外，该承诺有效。

2. 民国时期民法第 159 条 ［承诺迟到之通知］

承诺之通知，按其传达方法，通常在相当时期内可达到而迟到，其情形为要约人可得而知者，应向相对人即发迟到之通知。

要约人怠于为前项通知者，其承诺视为未迟到。

3. 《德国民法典》第 149 条 ［承诺通知的迟延到达］

承诺表示迟延到达要约人，而这项表示在通常传达的情形将会适时到达要约人，并且要约人应当知道这一情况的，只要此前并未发生过，要约人应当在受领承诺表示之后不迟延地向承诺人通知迟到。要约人怠于发出上述通知的，承诺视为未迟延。

《德国民法典》第 150 条 ［迟延的承诺］ 第 1 款

（1）迟延的要约承诺，视为新要约。

4.《日本民法典》第 522 条 [承诺通知的迟延]

（1）对要约的承诺通知在前条第 1 款期间后到达，但若能够知道在通常情况下应于该期间内到达的时间发出的，要约人也应当及时向相对人发送迟到的通知。但是，在其到达前已经发出迟延通知的，不在此限。

（2）要约人怠于发出前款规定的通知的，承诺的通知视为在前条第 1 款规定的期间内到达。

《日本民法典》第 523 条 [迟延承诺的效力]

要约人可以将迟延的承诺视为新的要约。

5.《葡萄牙民法典》第 229 条 [迟来之承诺]

（1）要约人收到迟来之承诺，但无理由接纳逾期发出的承诺时，应立即通知承诺人合同不成立，否则须对所引致的损失负责。

（2）然而，要约人可视迟来的答复有效，只要该答复在适当的时间内发出，如在其他情况下，合同的成立取决于重新作出的要约。

6.《联合国国际货物销售合同公约》第 21 条 [迟延承诺]

（1）逾期接受仍有接受的效力，如果发价人毫不迟延地用口头或书面将这种意见通知被发价人。

（2）如果载有逾期接受的信件或其他书面文件表明，它是在传递正常、能及时送达发价人的情况下寄发的，则该项逾期接受具有接受的效力，除非发价人毫不迟延地用口头或者书面通知被发价人：他认为他的发价已经失效。

7.《国际统一私法协会国际商事合同通则 2010》第 2.1.9 条 [逾期承诺与传递迟延]

（1）逾期承诺仍具有承诺的效力，但要约人应毫不迟延地告知受要约人该承诺具有效力，或向受要约人发出具此效力之通知。

（2）如果载有预期承诺的信息表明它是在如果传递正常即能及时到达要约人的情况下发出的，该逾期承诺仍具有承诺的效力，除非要约人毫不迟延地通知受要约人此要约已失效。

第一百四十四条 【双方法律行为的成立地点】

承诺生效的地点为双方法律行为成立的地点。

采用数据电文形式的，收件人的主营业地为双方法律行为成立的地点；没有主营业地的，其经常居住地为双方法律行为成立的地点。当事人另有约定的，按照其约定。

【条文含义与立法理由】

本条规定的是双方法律行为的成立地点。

双方法律行为于承诺生效时始告成立，因此，其成立地点应当为承诺生效的地点。

【学理争议与立法例】

《中华人民共和国合同法》第 34 条

承诺生效的地点为合同成立的地点。

采用数据电文形式订立合同的，收件人的主营业地为合同成立的地点；没有主营业地的，其经常居住地为合同成立的地点。当事人另有约定的，按照其约定。

第一百四十五条 【双方法律行为的解释】

当事人对双方法律行为的理解有争议的，应当按照双方法律行为所使用的词句、有关条款、行为目的、交易习惯以及诚实信用原则，确定其真实意思。

【条文含义与立法理由】

本条规定的是双方法律行为的解释。

法律行为需要解释才能确定当事人的真实意思，双方法律行为同样如此。双方法律行为的合意常常以语言文字构成，语言文字往往是理解法律行为的基础，因此，解释双方法律行为必须先由词句的含义入手。双方法律行为可能包括诸多内容，对其解释通常需要结合有关条款将法律行为作为整体进行解释。双方法律行为的内容往往是当事人实现特定目的的法律途径，因此解释双方法律行为也需要结合当事人的行为目的。双方法律行为的内容经常与交易习惯相结合，甚至直接表现为某些交易习惯，因此，双方法律行为的解释需要考虑交易习惯。双方法律行为自始至终应符合诚实信用的要求，因此对其进行解释也应当考虑诚实信用原则。

双方法律行为的解释以意思表示的解释为基础，受关于意思表示解释规定的指导。

【学理争议与立法例】

1.《中华人民共和国合同法》第 125 条第 1 款

当事人对合同条款的理解有争议的，应当按照合同所使用的词句、合同的有关条款、合同的目的、交易习惯以及诚实信用原则，确定该条款的真实意思。

2.《德国民法典》第 157 条 ［合同的解释］

解释合同，应当符合诚实信用的要求，并且应当考虑交易习惯。

3.《瑞士债法》第 18 条 ［合同的解释］

（1）依照形式和内容进行合同判断时，应当考虑达成一致的真实意思而非当事人由于错误或者为掩盖合同真实性而用的不正确的词语和表达方式。

（2）债务人无权向已经取得书面承认的债权的第三人以欺诈交易为由提出抗辩。

4.《法国民法典》第 1156 条

解释契约，应当从契约中寻找缔结契约之诸当事人的共同本意，而不应停留于用语的字面意思。

《法国民法典》第 1157 条

一项条款可作两种解释时，宁取该条款能够产生某种效果的解释，而不取其不能产生任何效果的解释。

《法国民法典》第 1158 条

用语可作两种解释时，应取最适于契约之实际目的的解释。

《法国民法典》第 1159 条

有歧义的文字，依契约缔结地习惯上的意义解释之。

《法国民法典》第 1160 条

属于契约习惯上的条款，即使在契约中未予写明，应以其作为补充。

《法国民法典》第 1161 条

契约之诸条款可互为解释，并赋予每一条款依据整个契约而产生的意义。

《法国民法典》第 1162 条

契约有疑义的情形，应作不利于订立此种约定的人而利于债务人的解释。

《法国民法典》第 1163 条

不论订立契约的用语如何广泛，契约的标的均只包含可推知属于当事人本意立约之事项。

《法国民法典》第 1164 条

在契约中对某种情况加以表述，以对债务作出说明时，不得认为当事人意欲以此限制其受约束的义务范围；未加表述的各种情形当然应有的范围，仍属债务范围之内。

5.《意大利民法典》第 1362 条［缔约者的意图］

（1）在解释契约时，应当探究什么是当事人的共同意图而不应当局限于语言的字面意思（1365、1469Ⅳ）。

（2）为了确定当事人的共同意愿，应当全面考虑包括契约成立后在内的行为（1326）。

《意大利民法典》第 1363 条［条款的全面解释］

契约条款应当相互对照着解释，给每个条款以源于文件整体的含义。

《意大利民法典》第 1364 条［一般表达］

无论契约中使用的表达如何宽泛，均仅涉及当事人缔约的标的。

《意大利民法典》第 1365 条［例示］

在契约中列举一种情况以解释每一个条款时，不能推定将未表达的根据法理可被扩大适用该条款的情况排除在外。

《意大利民法典》第 1366 条［诚实信用的解释］

解释契约应当遵守诚实信用原则（1175、1337、1362、1373）。

《意大利民法典》第 1367 条［契约的保留］

在有疑问的情况下，不应当将契约或个别条款解释为无任何效力（1371、1424），而应当在可有一定效力的意思内进行任何解释。

《意大利民法典》第 1368 条［解释的一般惯例］

（1）模棱两可的条款（1369），应当根据契约缔结地的一般惯例进行解释（1340、1374）。

（2）契约一方的当事人是企业主的（2082），模棱两可的条款应当根据企业所在地的一般惯例进行解释（1340、1374、2196、2197）。

《意大利民法典》第 1369 条［多重意思的表达］

在有疑问的情况下，对有多重意思表达的解释（1368），应当取其更符合契约性质和目的的意思（1364）。

《意大利民法典》第 1370 条［对条款的提出者不利的解释］

对列入契约一般条件内的条款（1341）或者由缔约一方准备的格式契约中条款（1342）有疑问的，应当对契约作出有利于非格式条款提出方利益的解释（1366、1469IV）。

《意大利民法典》第 1371 条［最终规则］

尽管适用了本节的规则，契约依然模糊不清时，如果契约是无偿的，则应当作出使债务方负担较轻的解释；如果是有偿的，则应当作出使双方当事人的利益得到公平实现的解释。

6.《联合国国际货物销售合同公约》第 8 条［当事人行为的解释原则］

（1）为本公约的目的，一方当事人所做的声明和其他行为，应依照他的意旨解释，如果另一方已知道或者不可能不知道此一意旨。

（2）如果上一款的规定不适用，当事人所做的声明和其他行为，应按照一个与另一个当事人同等资格、通情达理的人处于相同情况中，应有的理解来解释。

（3）在确定一方当事人的意旨或一个通情达理的人应有的理解时，应适当地考虑到与事实有关的一切情况，包括谈判情形、当事人之间确立的任何习惯做法、惯例和当事人其后的任何行为。

7.《国际统一私法协会国际商事合同通则 2010》第 4.1 条［当事人的意思］

（1）合同应根据当事人各方的共同意思予以解释。

（2）如该意思不能确定，合同应根据一个与各方当事人具有同等资格的、通情达理的人处于相同情况下时，对该合同所应有的理解来解释。

《国际统一私法协会国际商事合同通则 2010》第 4.2 条［对陈述和其他行为的解释］

（1）一方当事人的陈述和其他行为应根据该当事人的意思来解释，但要以另一方当事人已知或不可能不知道该意思为条件。

（2）如果前款不适用，该等表述和其他行为应根据一个与另一方当事人具有同等资格的、通情达理的人处于相同情况下时，对该陈述和行为所应有的理解来解释。

《国际统一私法协会国际商事合同通则 2010》第 4.3 条［相关情况］

适用 4.1 条和 4.2 条时，应考虑所有情况，包括：

（a）当事人之间的初期谈判；

（b）当事人之间已确立的习惯做法；

（c）合同订立后当事人的行为；

（d）合同的性质和目的；

（e）所涉及交易中通常赋予合同条款和表述的含义；

（f）惯例。

《国际统一私法协会国际商事合同通则 2010》第 4.4 条［参考整体合同或陈述］

合同条款和表述应根据其所属的整个合同或全部陈述予以解释。

《国际统一私法协会国际商事合同通则 2010》第 4.5 条［给予所有条款以效力］

解释合同条款时，应使全部条款均具有效力，而不是排除其中一些条款的效力。

《国际统一私法协会国际商事合同通则 2010》第 4.6 条［对条款提供人不利的规则］

如果一方当事人所提出的合同条款含义不清，则应作出对该方当事人不利的解释。

第一百四十六条 【格式条款的解释】

双方法律行为采用格式条款的，应当按通常理解进行解释。对格式条款的意思表示有两种以上解释的，应当作出不利于提供格式条款一方的解释。格式条款和非格式条款的意思表示不一致的，应当采用非格式条款的意思表示。

【条文含义与立法理由】

本条规定的是格式条款的解释。

双方法律行为有时会采用格式条款。格式条款是使用人为重复使用而预先拟定，并在成立法律行为时未与对方协商的条款。格式条款作为法律行为的内容，应当符合通常的理解而不能超乎寻常。由于使用人预先拟定时可以将格式条款表述得较为清楚，因此出现两种以上解释时，应当作不利于使用人的解释，以便于控制风险并平衡双方利益。法律行为存在格式条款的同时往往还有非格式条款，两类条款不一致时，一般非格式条款出现较晚，并且更能体现当事人的真实意思，因此在解释双方法律行为时，非格式条款应当优先于格式条款而被解释为法律行为的内容。

【学理争议与立法例】

1. 《中华人民共和国合同法》第 41 条

对格式条款的理解发生争议的，应当按照通常的理解予以解释。对格式条款有两种以上解释的，应当作出不利于提供格式条款一方的解释。格式条款和非格式条款不一致的，应当采用非格式条款。

2. 《中华人民共和国保险法》第 30 条

采用保险人提供的格式条款订立的保险合同，保险人与投保人、被保险人或者受益人对合同条款有争议的，应当按照通常理解予以解释。对合同条款有两种以上解释的，人民法院或者仲裁机关应当作出有利于被保险人和受益人的解释。

3.《德国民法典》第305b条［约定优先］

个别的合同约定，优先适用于一般交易条款。

《德国民法典》第305c条［异常及多义条款］

（1）一般交易条件中的规定，如依情形，特别是依合同的外部表现形象，实属异乎寻常，以至于使用人的合同对方当事人无须对此予以考虑，则这些规定不构成合同的组成部分。

（2）在解释一般交易条件时发生疑问的，由使用人承担不利后果。

4.《国际统一私法协会国际商事合同通则2010》第2.1.20条［意外条款］

（1）如果标准条款中含有的条款，依其性质，另一方当事人不能合理预见，则除非该另一方当事人明示地表示接受，否则该条款无效。

（2）在确定某一条款是否具有这种性质时，应考虑到该条款的内容、语言和表现形式。

《国际统一私法协会国际商事合同通则2010》第2.1.21条［标准条款与非标准条款的冲突］

若标准条款与非标准条款发生冲突，以非标准条款为准。

5. 中国台湾地区"消费者保护法"第11条［定型化契约条款及解释之原则］第2项

定型化契约条款如有疑义时，应为有利于消费者之解释。

中国台湾地区"消费者保护法"第2条［名词定义］

……

八、个别磋商条款：指契约当事人个别磋商而合意之契约条款。……

中国台湾地区"消费者保护法"第15条［定型化契约条款抵触个别磋商条款之效力］

定型化契约中之定型化契约条款抵触个别磋商条款之约定者，其抵触部分无效。

第一百四十七条 【多方法律行为】

多方法律行为，参照适用双方法律行为的规定，但法律另有规定或者当事人另有约定的除外。

【条文含义与立法理由】

本条规定的是多方法律行为的法律适用。

双方法律行为与多方法律行为由两项或者两项以上的意思表示构成，尽管在意思表示指向等方面不尽相同，但二者均涉及意思表示是否达成一致等问题。因此，本建议稿规定了多方法律行为对双方法律行为相关规定的参照适用。法律往往对公司股东会决议、业主大会决议等多方法律行为有专门规定，当事人也可能通过章程等对多方法律行为作出特别约定，在法律适用中，如果法律没有特别规定、当事人没有专门约定，可以参照适用关于双方法律行为的规定。

【学理争议与立法例】

立法例对多方法律行为大多没有一般规定。考虑到多方法律行为与双方法律行为在意思表示一致方面的基本共同性，本建议稿对多方法律行为进行了专门规定，允许多方法律行为参照适用双方法律行为的相关规定。

第八节 附条件 附期限

第一百四十八条 【附条件、附期限的法律行为】

当事人可以约定法律行为附条件或者附期限，但法律另有规定的除外。

【条文含义与立法理由】

基于私人自治，当事人可以将法律行为效力的发生或者消灭与客观上不确定的未来事实成就与否相联系，此即法律行为附条件。同理，当事人可以将法律行为效力的发生或者消灭与确定的未来期限届至相联系，此即为法律行为附期限。附条件和附期限即法律行为附款，本建议稿对此予以专门规定。

法律可能对附条件或者附期限有其他规定，而这些规定往往基于特定政策，如果有这些特殊规定，就不允许法律行为附条件或者附期限了。因此，本建议稿但书明确法律可以对法律行为附款作出限制。

【学理争议与立法例】

1.《中华人民共和国民法通则》第 62 条

民事法律行为可以附条件，附条件的民事法律行为在符合所附条件时生效。

2.《中华人民共和国合同法》第 45 条第 1 款第 1 句

当事人对合同的效力可以约定附条件。

《中华人民共和国合同法》第 46 条第 1 句

当事人对合同的效力可以约定附期限。

第一百四十九条　【附条件的法律行为】

附生效条件的法律行为，自条件成就时生效。附解除条件的法律行为，自条件成就时失效。

当事人为自己的利益不正当地阻止条件成就的，视为条件已成就；不正当地促成条件成就的，视为条件不成就。

【条文含义与立法理由】

本条规定的是附条件的法律行为的效力。

条件分为生效条件和解除条件。生效条件，也称为停止条件，是指条件成就法律行为发生效力的条件。解除条件，是指条件成就法律行为失去效力的条件。

条件本系成就与否不确定之事实，而条件成就与否关系到法律行为的效力，直接影响当事人利益，当事人极有可能不正当干预条件成就。为制止当事人不正当干预条件成就，法律将为自己利益不正当阻止条件成就者拟制为条件成就，将不正当促成条件成就者拟制为条件不成就。

【学理争议与立法例】

关于条件成就是否发生溯及力，民国时期民法等立法例规定，当事人可以约定条件成就的效果不自条件成就时发生（民国时期民法第 99 条第 3 项）。由于此乃私人自治应有内容，故本建议稿未予专门规定。

条件成就与否不确定前侵害他人的损害赔偿责任，立法例有予以专门规定者，例如《日本民法典》。由于条件成就是否侵害他人权益须根据债法规则判断，故本建议稿未予专门规定。

条件构成的具体问题，立法例有予以详细规定者。本建议稿参考我国现行法，仅予简要规定，具体内容留待学说和司法填补。

有关立法例如下：

1. 《中华人民共和国民法通则》第 62 条

民事法律行为可以附条件，附条件的民事法律行为在符合所附条件时生效。

2. 《中华人民共和国合同法》第 45 条

当事人对合同的效力可以约定附条件。附生效条件的合同，自条件成就时生效。附解除条件的合同，自条件成就时失效。

当事人为自己的利益不正当地阻止条件成就的，视为条件已成就；不正当地促成条件成就的，视为条件不成就。

3. 民国时期民法第 99 条 ［停止条件与解除条件］

附停止条件之法律行为，于条件成就时，发生效力。

附解除条件之法律行为，于条件成就时，失其效力。

依当事人之特约，使条件成就之效果，不于条件成就之时发生者，依其特约。

民国时期民法第 100 条 ［附条件利益之保障］

附条件之法律行为当事人，于条件成否未定前，若有损害相对人因条件成就所应得利益之行为者，负赔偿损害之责任。

民国时期民法第 101 条 ［条件成就或者不成就之拟制］

因条件成就而受不利益之当事人，如以不正当行为阻其条件之成就者，视为条件已成就。

因条件成就而受利益之当事人，如以不正当行为促其条件之成就者，视为条件不成就。

4.《德国民法典》第 158 条［停止条件和解除条件］

（1）法律行为附停止条件的，其系于条件的效力，在条件成就时发生。

（2）法律行为附解除条件的，在条件成就时失其效力；在这个时刻恢复原来的法律状态。

《德国民法典》第 159 条［追溯力］

依照法律行为的内容，与条件成就相关联的效果，应当追溯至以前时点的，在条件成就的情形，当事人有义务相互提供在效果于以前时点发生时各自将具有的利益。

《德国民法典》第 160 条［条件成否未定期间的责任］

（1）附停止条件的权利人，在条件成否未定期间内，如果因为另一方当事人的过失致使附条件的权利失效或者受到损害，在条件成就时，可以向另一方当事人请求损害赔偿。

（2）对附解除条件实施的法律行为，因恢复原来的法律状态而受利益的人，在相同的前提下，享有相同的请求权。

《德国民法典》第 161 条［条件成否未定期间的处分不生效力］

（1）某人附停止条件对标的物进行处分的，他在条件成否未定期间对该标的物进行的任何其他处分，在条件成就的情形，以其他处分将会破坏或者妨害系于条件的效力为限，不生效力。在条件成否未定期间，以强制执行或者假扣押执行的方法或者由支付不能管理人进行的处分，亦同。

（2）附解除条件情况下，在条件成就时丧失其权利的人进行的处分，亦同。

（3）关于有利于其权利出自无权利人之人的规定，予以相应适用。

《德国民法典》第 162 条［阻止或者促成条件成就］

（1）因条件成就而受到不利益的当事人，以违反诚实信用原则的行为阻止条件成就时，视为条件已经成就。

（2）因条件成就而受到利益的当事人，以违反诚实信用原则的行为促成条件成就时，视为条件不成就。

5. 《日本民法典》第 127 条 ［条件成就的效力］

（1）附停止条件的法律行为，自条件成就时，发生效力。

（2）附解除条件的法律行为，自条件成就时，丧失效力。

（3）当事人作了将条件成就的效力溯及于其成就之前的意思表示的，从其意思。

《日本民法典》第 128 条 ［条件成就与否未定期间侵害相对人利益的禁止］

附条件法律行为的各当事人，在条件成就与否未定期间，不得侵害相对人的因条件的成就而可由该行为产生的利益。

《日本民法典》第 129 条 ［条件成就与否未定期间的权利处分］

当事人在条件成就与否没有确定期间的权利义务，可以按照一般规定予以处分、继承或者担保。

《日本民法典》第 130 条 ［条件成就的妨害］

因条件成就会受到损害的当事人，故意妨害条件成就的，相对人可以视为条件已经成就。

《日本民法典》第 131 条 ［既成条件］

（1）条件在法律行为当时已经成就，是停止条件的，法律行为为无条件；是解除条件的，法律行为无效。

（2）条件的不成就，在法律行为当时已经确定，是停止条件的，法律行为无效；是解除条件的，法律行为为无条件。

（3）前两款规定的情形，在当事人不知道条件成就或者不成就的期间，准用第一百二十八条及第一百二十九条的规定。

《日本民法典》第 132 条 ［违法条件］

附违法条件的法律行为，无效，以不实施违法行为为条件的，亦同。

《日本民法典》第 133 条 ［不能条件］

（1）附不能停止条件的法律行为，为无条件。

（2）附不能解除条件的法律行为，为无条件。

《日本民法典》第 134 条［随意条件］

附停止条件的法律行为，其条件只是债务人的意思的，无效。

6.《意大利民法典》第 1353 条［附条件契约］

各方当事人可以约定契约或一个特别约款的有效或者解除取决于一个将来的且不确定的事实（1360、1757、2659）。

《意大利民法典》第 1354 条［不法或者不能的条件］

（1）附有与强制性规范、公序或良俗相抵触（634、794）的停止或解除条件的契约（1353）无效（1418）。

（2）所附条件是不能的，附停止条件的契约无效（1347），而附解除条件的契约如同未附条件（634）。

（3）契约中的一个条款被附有不法或者不能的条件，有关该条款的效力（1367）应当遵守前述各款的规定，但是第 1419 条规定的内容不在此限。

《意大利民法典》第 1355 条［纯意定性的条件］

附停止条件的权利转让或者义务承担，如果仅仅取决于出让人或债务人的意思（645），则无效。

《意大利民法典》第 1356 条［条件尚未成就］

（1）在停止条件尚未成就时，取得权利的人可以实施保护性行为（2905）。

（2）在解除条件尚未成就时，权利人可以行使权利，但是另一方可以实施保护性行为（2905）。

《意大利民法典》第 1359 条［条件的成就］

当条件因可归责于对条件不成就享有利益的一方的原因而未发生时，条件被视为成就。

《意大利民法典》第 1360 条［条件的溯及力］

（1）条件成就的效力溯及于契约成立之时（646、1326），但是根据各方的意愿或者契约关系的性质，契约的效力或接触的效力涉及不同时间的（646、1361、1465、1757、2655），不在此限。

（2）解除条件附于一个持续或定期履行的契约上的（1373、1458、1467），在没有相反协议时，条件的成就对已履行的给付不产生效力（1465）。

7. 《葡萄牙民法典》第 270 条 ［条件之概念］

各当事人得以将来及不确定之事件发生，决定法律事务效力之发生或者解除；第一种情形之条件为停止条件；第二种情形之条件为解除条件。

《葡萄牙民法典》第 271 条 ［不法或不能之条件］

（1）附违反法律、公共秩序或者侵犯善良风俗之条件之法律事务无效。

（2）受在法律或者事实上为不能之停止条件约束之法律事务亦无效；如属解除条件，则视其未有订定。

《葡萄牙民法典》第 272 条 ［条件成否未定期间］

附停止条件承担债务或者转让权利之人，或者附解除条件取得权利之人，在条件成否未定期间应按善意原则行事，以免损害他方权利之完整。

《葡萄牙民法典》第 273 条 ［条件成否未定期间之保全行为］

权利取得人可在停止条件之成否未定期间作出保全行为，而附解除条件之债务人或者出让人，亦得在解除条件之成否未定期间作出保全行为。

《葡萄牙民法典》第 274 条 ［条件成否未定期间之处分行为］

（1）在条件成否未定期间，对构成附条件法律事务标的之财产或者权利所作之处分行为，受该法律事务本身生效或者不生效所约束，但另有订定者除外。

（2）如须返还转让物，则第 1269 条及后续各条之规定直接或者类推适用于善意占有人。

《葡萄牙民法典》第 275 条 ［条件之成就或者不成就］

（1）肯定一条件不能成就时，视该条件不成就。

（2）因条件成就而受不利之人，如在违反善意规则下阻碍条件成就，则视条件已成就；因条件成就而受利益之人，如在违反善意规则下促使条件成就，则视条件不成就。

《葡萄牙民法典》第 276 条 ［条件之追溯效力］

条件成就之效力追溯至成立法律事务之日，但因双方当事人之意思或者行为之性质而使条件之效力须在另一时间发生者，不在此限。

《葡萄牙民法典》第 277 条 [无追溯效力]

(1) 持续或者定期执行之合同如附有解除条件，则适用第 34 条第 2 款之规定。

(2) 在条件成否未定期间，由具有行使一般管理权的一方当事人做出之一般管理行为，其有效性不受条件成就与否所影响。

(3) 对于上款所指当事人取得孳息之情况，适用关于善意占有人取得孳息之规定。

8. 《俄罗斯民法典》第 157 条 [附条件的法律行为]

(1) 如果双方规定权利与义务的产生取决于尚不知悉是否发生的情况，则法律行为视为附延缓条件的法律行为。

(2) 如果双方规定权利与义务的终止取决于尚不知悉是否发生的情况，则法律行为视为附解除条件的法律行为。

(3) 如果一方非善意地阻止对其不利的条件发生，则该条件视为已经发生。如果一方非善意地促使对其有利的条件发生，则该条件视为没有发生。

9. 《国际统一私法协会国际商事合同通则 2010》第 5.3.1 条 [条件的类型]

一个合同或某项合同义务可以未来某一不确定事件的发生作为条件，从而该合同或该合同义务只有在该事件发生时才生效（先决条件），或者在该事件发生时失效（解除条件）。

《国际统一私法协会国际商事合同通则 2010》第 5.3.2 条 [条件的效果]

除非当事人另有约定，否则：

(a) 相关合同或合同义务自先决条件成就时，生效；

(b) 相关合同或合同义务自解除条件成就时，终止。

《国际统一私法协会国际商事合同通则 2010》第 5.3.3 条 [对条件的干扰]

(1) 如果一方当事人违反诚实信用和公平交易义务，或合作义务，阻止条件成就，则该方当事人不得依赖条件的未成就。

(2) 如果一方当事人违反诚实信用和公平交易义务，或合作义务，促成条件的成就，则该方当事人不得依赖条件的成就。

《国际统一私法协会国际商事合同通则 2010》第 5.3.4 条 [权利保护之义务]

条件成就之前，当事人不得违反依诚实信用和公平交易行事的义务行事，以损害另一方当事人于条件成就时可享有的权利。

《国际统一私法协会国际商事合同通则 2010》第 5.3.5 条 [解除条件成就时的恢复原状]

（1）解除条件成就时，适用经适当调整的第 7.3.6 条和第 7.3.7 条有关恢复原状的规定。

（2）如果当事人约定解除条件具有追溯力，适用经适当调整的 3.2.15 条有关恢复原状的规定。

第一百五十条 【附期限的法律行为】

附生效期限的法律行为，自期限届至时生效。附终止期限的法律行为，自期限届满时失效。

【条文含义与立法理由】

本条规定的是附期限的法律行为的效力。

期限分为生效期限和终止期限。生效期限即始期，期限届至法律行为生效。终止期限即终期，期限届至法律行为失效。

【学理争议与立法例】

立法例中，有规定期限未至之时损害相对人利益的损害赔偿责任者，例如民国民法。由于是否发生损害赔偿需根据债法判断，故本建议稿未予规定。

有关立法例如下：

1.《中华人民共和国合同法》第 46 条第 2、3 句

附生效期限的合同，自期限届至时生效。附终止期限的合同，自期限届满时失效。

2. 民国时期民法第 102 条 ［附期限法律行为之效力及其保护］

附始期之法律行为，于期限届至时，发生效力。

附终期之法律行为，于期限届满时，失其效力。

第一百条之规定，于前二项情形准用之。

3. 《德国民法典》第 163 条 ［时间的确定］

对法律行为的效力附有始期或者终期的，在附有始期的情况下，准用关于附停止条件的规定，在附有终期的情况下，准用第 158 条、第 160 条、第 161 条关于附解除条件的规定。

4. 《日本民法典》第 135 条 ［期限到来的法律效果］

（1）法律行为附始期的，不得在期限到来前，请求履行法律行为。

（2）法律行为附终期的，该法律行为的效力，于期限到来时消灭。

《日本民法典》第 136 条 ［期限利益及其放弃］

（1）期限，推定为为债务人的利益而订定。

（2）期限的利益可以放弃，但不得因此而损害相对人的利益。

《日本民法典》第 137 条 ［期限利益的丧失］

有下列情形的，债务人不得主张期限的利益：

（一）债务人受到破产程序开始决定的；

（二）债务人灭失、毁损或者减少担保的；

（三）债务人应提供担保义务而不提供的。

5. 《葡萄牙民法典》第 278 条 ［期限］

如订定某时刻为法律事务效力之开始或者终止，则对该订定适用经作出必要配合之第 272 条及第 273 条之规定。

第九节　代理和意定代理权

第一百五十一条　【代理人意思表示的效力】

行为人在代理权限内以被代理人名义作出的意思表示，直接对被代理人产生效力。该意思表示既可以明示地以被代理人名义作出，也可以基于事实情形推定以被代理人名义作出。

代理人旨在以他人名义实施法律行为，但该意思不明显的，其行为视为代理人以自己名义实施的法律行为，直接对代理人产生效力。

代理人代理他人受领意思表示的，准用第一款的规定。

【条文含义与立法理由】

本条规定的是代理人意思表示的效力。

本条适用的前提是行为人所实施的法律行为是法律允许代理的行为。婚姻的缔结以及遗嘱的设立等具有人身性质的法律行为不能代理，具体规则应当在亲属继承编中予以规定。由于无行为能力人不能有效实施法律行为，因此本条中的代理行为亦不能由无行为能力人有效实施。

本条规定的是有效代理的要件，首先，行为人必须以被代理人的名义作出意思表示。其次，代理人必须在代理权限内作出意思表示。"以被代理人名义"，既可以明确地表明以被代理人的名义，也可以依据作出意思表示时的事实情形推定得知。如果行为人未以被代理人名义作出意思表示，则该意思表示不对被代理人产生效力。本条第2款明确规定，如果行为人原本希望以被代理人的名义实施法律行为，但该意思既未明确表示出来也无法通过事实情形予以推知，则该行为不发生代理的效力，而是直接对代理人产生效力。代理人不得以自己错误地以自己名义作出意思表示为由行使撤销权，只要他未以被代理人的名义而是以自己的名义实施了法律行为，他就成为该法律关系的当事人，不能将其行为的法律后果归于被代理人。该规定亦是显名主义的具体体现。

代理权是代理人有效实施代理行为的另外一个前提条件。如果代理人不具有代理行为所必需的代理权，则被代理人无须承担代理行为的法律后果，而由行为人自己根据163条的规定向第三人承担无权代理的法律后果。

第3款规定的是消极代理的情形，即本条第1款亦适用于代理人代理他人受领意思表示的情形。

如果行为人无行为能力或者行为人所实施的为法律禁止代理的法律行为，或者行为人未以被代理人的名义实施法律行为，抑或行为人未在代理权限内实施法律行为，则代理行为不对被代理人发生效力，被代理人不承担代理行为的法律后果。

【学理争议与立法例】

我国理论界争议较大的是隐名代理是否构成代理的问题。肯定说认为，代理人是否以被代理人的名义为代理行为，并不影响代理的有效性，即"显名"不是代理生效的要件。否定说认为，隐名代理不构成代理，"显名"是代理生效的要件。本建议稿采否定说，即代理制度中不包含隐名代理。基于意思自治原则，大陆法系传统代理制度奉行显名主义。我国民事立法以大陆法系为蓝本，因此，我国代理制度中不能也无须吸收英美法系的隐名代理制度。依据意思自治原则，仅在相对人明知被代理人有直接承受代理行为效果的意思时，被代理人与相对人之间才存在"合意"，代理行为才能在被代理人和相对人之间直接发生法律效力。因此，显名代理才是代理法中所规定的代理。显名主义的立法例如下：

1.《德国民法典》第 164 条

代理人于代理权限内，以被代理人名义所为之意思表示，直接对被代理人发生效力。该意思表示是否明示地以被代理人的名义作出，或情事是否表明该意思表示系以被代理人的名义作出的，并无区别。

以他人名义实施行为的意思不明显地表现出来的，以自己名义实施行为的意思的欠缺，不予考虑。

须以他人为相对人而作出的意思表示系向其代理人作出的，准用第 1 款的规定。

2.《意大利民法典》第 1388 条规定

由代理人以被代理人的名义并为其利益，在授权的范围内缔结的契约，直接对被代理人产生效力。

3.《日本民法典》第 99 条

代理人于其权限内表示为本人而为的意思表示，直接对本人发生效力。

前款规定，准用于第三人对代理人所进行的意思表示。

《日本民法典》第 100 条

代理人未明示为本人而进行的意思表示，视为为自己所为，但是，相对人已知或可得知其非为本人时，准用前条第一款的规定。

4.《中华人民共和国民法通则》第 63 条第 2 款

代理人在代理权限内，以被代理人的名义实施民事法律行为。被代理人对代理人的代理行为，承担民事责任。

5. 中国台湾地区"民法典"第 103 条〔代理行为之要件及效力〕第 1 项

代理人于代理权限内，以本人名义所为之意思表示，直接对本人发生效力。

前项规定，于应向本人为意思表示，而向其代理人为之者，准用之。

本条采用了上述各国和地区立法例中的"显名主义"原则，因为它符合我国的立法传统。本条之所以删除了《民法通则》第 63 条第 1 款和第 3 款关于代理容许性的规定，是为了遵循意思自治原则。一般而言，法律行为可以由代理人实施，无须法律特别授权；不能由代理人实施的个别法律行为应由法律另行规定，特别是可以在亲属继承编中予以规定，无须在此赘述。

第一百五十二条 【限制行为能力人作为代理人】

代理人作出或者受领的意思表示的效力，不因其为限制行为能力人而受影响。

【条文含义与立法理由】

本文规定的是限制行为能力人作为代理人的效果。

本条规定了代理人的行为能力，它不要求只有完全行为能力人才可以有效实施代理行为，限制行为能力人亦可以有效实施代理行为。该规定与未成年人保护的规定并不矛盾。有效代理的法律后果由被代理人而非代理人承担，代理对于限制行为能力人而言，既不给其带来法律上的利益，亦不给其带来法律上的不利，属于"中性行为"；如果限制行为能力人的行为构成无权代理，除经法定代理人同意所实施的行为之外，他受本法第 163 条第 3 款规定的保护，无须承担无权代理的责任。

关于代理人至少具有限制行为能力的规定，排除了无行为能力人作为代理人的可能性，因为无行为能力人根本无法有效作出任何意思表示。

在法定代理情形，限制行为能力人不能有效为代理行为的，由相应法律予以规定。例如，可以参考《德国民法典》第 1673 条第 2 款第 1 句和第 2 句的规定："父母任何一方如果是限制行为能力人，那么他（她）便不能成为子女的法定代理人。"

【学理争议与立法例】

关于限制行为能力人是否可以作为代理人有效实施代理行为的问题，我国法律没有明确规定。相关立法例如下：

1. 《德国民法典》第 165 条

由代理人作出或以代理人为相对人而作出的意思表示之生效，不因代理人系限制行为能力人而受妨碍。

2. 《法国民法典》第 1990 条

已婚妇女及解除亲权的未成年人，得被选任为受任人，……

3. 《意大利民法典》第 1389 条

当代理是由利害关系人授权时，代理人对契约性质和内容有理解能力和意思能力、被代理人具有法定行为能力即足以使缔结的契约有效。

4. 《日本民法典》第 102 条

代理人无须为能力人。

5. 中国台湾地区"民法典"第 104 条 [代理人之能力]

代理人所为或所受意思表示之效力，不因其为限制行为能力人而受影响。

本条对代理人行为能力的规定弥补了我国现行立法的不足。

第一百五十三条 【意思表示瑕疵和知情】

代理人的意思表示，因意思表示瑕疵或者因知道或应当知道特定情况，致其效力受到影响的，应当以代理人而非被代理人的意思表示是否存在瑕疵或代理人在作出意思表示时是否知道或应当知道特定情况为准。

在意定代理情形，代理人按照被代理人的特定指示实施行为的，被代理人不得以代理人不知情为由进行抗辩。

【条文含义与立法理由】

本条规定的是意思表示瑕疵和知情。

当代理人以被代理人名义在代理权限内作出具有瑕疵的意思表示时，法律行为的效力因此而受到影响的，应当以代理人而非以被代理人是否存在意思瑕疵为准，这是因为在代理中，意思表示是由代理人而非由被代理人作出的。

在某些情况下，法律行为的效力因当事人是否知情而受到影响。对于代理情形，其效力原则上取决于代理人是否知悉或应当知悉特定情况，只有在特殊情况下才以被代理人是否知道或应当知道特定情况为准。因为在代理中，法律行为由代理人而非由被代理人实施，理应以代理人知悉或应当知悉特定情况为准。但是，在代理人受被代理人指使实施法律行为的情形中，则应以被代理人是否知悉或应当知悉特定情况为准，被代理人不能以代理人不知悉或不应当知悉特定情况为由主张代理行为的生效，从而避免被代理人为规避法律的规定而指使代理人实施那些被代理人自己因知悉或应当知悉特定情况而不能有效实施的法律行为。

【学理争议与立法例】

关于意思表示瑕疵与知情是应以代理人为准抑或以被代理人为准的问题，我国法律未予明确规定。相关立法例如下：

1. 《德国民法典》第 166 条规定

以意思表示的法律效果因意思瑕疵或因知道或应当知道一定情事而受影响为限，不考虑被代理人自身，而考虑代理人自身。

在依法律行为授予代理权（意定代理权）的情形下，代理人按照授权人的特定指示实施行为的，授权人就自己所知道的情事，不得援用代理人的不知。只要应当知道与知道相同，授权人应当知道的情事亦同。

2. 《意大利民法典》第 1390 条

如果代理人的意思有瑕疵，则契约是可撤销的。但是，当瑕疵涉及被代理人预先确定的要素时，仅在被代理人的意思有瑕疵时契约得被撤销。

《意大利民法典》第 1391 条

在考虑善意或恶意，对特定情况知道或不知道时，要考虑代理人自身的状态，但是涉及被代理人预先确定的要素不在此限。无论如何，恶意的被代理人均不得主张代理人的不知或善意状态的约束。

3. 《日本民法典》第 101 条

（1）意思表示的效力，因意思欠缺、欺诈、胁迫，或知某情事，或有不知之的过失而受其影响时，其事实的有无，就代理人予以确定。

（2）代理人受委托实施特定的法律行为，依本人指示实施该行为时，本人不得就自己已知的情事，主张代理人的不知。关于其因过失而不知的情事，亦同。

4. 中国台湾地区"民法典"第 105 条［代理行为之瑕疵］

代理人之意思表示，因其意思欠缺、被诈欺、被胁迫，或明知其事情或可得而知其事情，致其效力受影响时，其事实之有无，应就代理人决之。但代理人之代理权系以法律行为授与者，其意思表示，如依本人所指示之意思而为时，其事实之有无，应就本人决之。

本条的规定弥补了我国现行法的缺陷。

第一百五十四条 【意定代理权的授予】

以法律行为授予的代理权称为意定代理权。

授予意定代理权的意思表示既可以向被授权人作出，也可以向旨在与其实施代理行为的相对人作出。

授予代理权无须具备特定形式。

【条文含义与立法理由】

本条规定的是意定代理权的授予。

本条第 1 款规定的是意定代理权的法定定义，它与法定代理权相对应。代理权之授予属于单方法律行为，无须代理人的同意，仅代理权授予人的意思表示即为已足。

本条第 2 款规定的是意定代理权授予的方式，即授予意定代理权的意思表示既可以向代理人，也可以向旨在与其实施代理行为的相对人做出。代理权的授予因授予的对象不同可区分为内部授权和外部授权。内部授权是指被代理人通过向被授权人发出意思表示来授予代理权，包括授权人将内部授权公之于众的情形。外部授权是指授权人通过向旨在实施的代理行为的相对人作出意思表示来授予代理权。

本条第 3 款规定的是代理权授予遵循形式自由原则，除非法律另有规定。即使所实施的代理行为需要履行形式要件，代理权授予行为亦无须履行相应的形式要件。

【学理争议与立法例】

早期学说及立法认为代理权之授予是委托或雇佣的外部关系，并不独立存在，例如《法国民法典》采"一体模式"，视代理为基于委任而产生的以委托人名义处理事务的行为。德国学者拉邦德于1866 年所发表的一篇文章中，从法学理论的角度指出了代理权与它所赖以成立的法律关系间的差别，委托或雇佣等内部关系本身并不必然产生代理权，代理权的授予需要单独的授权行为。该观点被

《德国民法典》的立法者所采纳。《德国民法典》将代理视为由代理人为被代理人实施的法律行为，明确将代理和代理权作为法律行为一章的内容，而将产生代理的委任规定在债编中。

"一体模式"立法例如下：

《法国民法典》第 1984 条

委任或委任书为一方授权他方以委任人的名义处理其事务的行为。委任契约须经受任人的承诺而成立。

《法国民法典》第 1985 条

委任得以公证书、私证书或书信为之；亦得依言词成立。但只在依照"契约或合意之债的一般规定"章的规定下，始许以人证证明。委任的承诺得依默示并基于受任人执行委任事务而成立。

"区分模式"立法例如下：

1. 《德国民法典》第 166 条第 2 款

意定代理权是指以法律行为授予的代理权。

2. 《意大利民法典》第 1387 条

代理权由法律或利害关系人所授予。

《意大利民法典》第 1392 条

如果未采用与代理人应当缔结的契约相同的形式给予授权，则代理权是无效的。

《意大利民法典》第 1393 条

同代理人缔结契约的第三人完全得要求代理人证明其权限，如果代理权来源于书面文件，则要提交一个由被代理人签字的复印件。

3. 中国台湾地区"民法典"第 167 条 [代理权之授与]

代理权系以法律行为授与者，其授与应向代理人或向代理人对之为代理行为之第三人，以意思表示为之。

中国台湾地区"民法典"第 531 条 [委任事务处理权之授与]

为委任事务之处理，须为法律行为，而该法律行为，依法应以文字为之者，其处理权之授与，亦应以文字为之。其授与代理权者，代理权之授与亦同。

本条采用了《德国民法典》的区分模式，是因为该模式逻辑清晰，且符合我国代理法所采纳的"区分模式"的立法传统。《民法通则》中未规定意定代理权的定义及其授予方式，本条对该漏洞予以填补。针对《民法通则》第65条规定的"民事法律行为的委托代理，可以用书面形式，也可以用口头形式。法律规定用书面形式的，应当用书面形式"，本条予以修订，遵循私法自治的原则，规定代理权授予原则上无须具备任何形式要件。

第一百五十五条 【意定代理权的有效期】

授予意定代理权的意思表示向第三人作出的，意定代理权自第三人收到授权人关于意定代理权消灭的通知时起失效，但第三人在实施法律行为时知道或者应当知道代理权已经消灭的除外。

第一百五十六条 【以通知方式授予的意定代理权的有效期】

意定代理权以特别通知或者公告方式告知第三人的，被授权人在向第三人通知情形对该第三人具有代理权，在公告情形对任何第三人具有代理权，但第三人在实施法律行为时知道或者应当知道代理权已经消灭的除外。

代理权在被撤回之前持续有效。

第一百五十七条 【授权书】

代理人向第三人出示授权人给予的授权书的，视为授权人发出代理权授予特别通知。

授权书在被返还给授权人或被宣告无效之前持续有效，但第三人在实施法律行为时知道或者应当知道代理权已经消灭的除外。

【条文含义与立法理由】

这三条旨在保护那些因信赖代理权存在而与代理人实施法律行为的善意相对人。第155条所涉及的是外部授权的情形，如果授权人向被授权人撤回曾经向相对人作出的授权表示，在授权人通知该相对人代理权已被撤回或以外部方式撤回代理权之前，代理权相对于善意相对人持续有效。该规定不适用于外部授权无效的情形，因为该规定仅保护对有效授予代理权存续的信赖，并非对代理权有效授予信赖之保护。第三人在实施法律行为时知道或应当知道代理权已经消灭的，上述规定不适用。

第156条所规定的是内部授权外部通知的情形。授权人以特别通知将内部授权告知相对人的，甚至当内部授权无效时，在授权人以作出特别通知时采取的形式告知相对人代理权已被撤回之前，代理权相对于善意相对人持续有效。授权人以公告方式将内部授权通告不特定人的，在授权人以同样公告的方式通告代理权已被撤回之前，代理权相对于任何获知代理权授予且善意相信代理权存续的任何第三人持续有效。即使内部授权无效或开始有效的内部授权后来失效，该规定同样适用。第三人在实施法律行为时知道或应当知道代理权已经消灭的，上述规定不适用。

按照第157条的规定，代理人将授权人给予其的授权书出示给第三人的，视为内部授权的外部告知。授权书必须经授权人亲笔签名并载明被授权人的姓名和授权范围。即使内部授权无效或失效，代理人也因从授权人处获得授权书并将其出示给善意相对人而享有代理权，直至授权书被返还给授权人或被宣布无效为止。第三人在实施法律行为时知道或应当知道代理权已经消灭的，上述规定不适用。

【学理争议与立法例】

1. 《德国民法典》第170条

意定代理权系以对第三人的表示授予的，意定代理权对该第三人保持有效，直至授权人将意定代理权的消灭通知该第三人之时。

《德国民法典》第171条

（1）某人以对第三人的特别通知或以公告发出授予他人以代理权的通知的，该他人因该通知而于前一情形下对特定第三人，于后一情形下对任何第三人，有代理的权能。

（2）代理权存续到该通知被以发出通知的同样方式撤回之时。

《德国民法典》第 172 条

（1）授权人将授权书交付给代理人，且代理人向第三人出示该授权书的，与授权人发出的授予代理权的特别通知相同。

（2）代理权存续到授权书被返还给授权人或被宣告无效时为止。

《德国民法典》第 173 条

第三人在法律行为实施时知道或应当知道代理权消灭的，不适用第 170 条、第 171 条第 2 款和第 172 条第 2 款的规定。

2.《法国民法典》第 2005 条

仅通知受任人解任的情形，不得以此种解除对不知解任而与受任人缔结契约的第三人提出主张，但委任人对受任人有求偿权。

3.《日本民法典》第 112 条

代理权消灭，不得以之对抗善意第三人。但是，第三人因过失不知其事实时，不在此限。

4. 中国台湾地区"民法典"第 107 条［代理权之限制及撤回］

代理权之限制及撤回，不得以之对抗善意第三人。但第三人因过失而不知其事实者，不在此限。

第一百五十八条 【意定代理权的消灭】

意定代理权因其自身原因而消灭。授予意定代理权的基础法律关系的消灭导致意定代理权的消灭。意定代理权可以在基础法律关系存续期间被撤回，除非该基础法律关系中有不同约定。撤回的意思表示既可以向被授权人作出，亦可以向代理行为的相对人作出。

【条文含义与立法理由】

本条规定的是意定代理权的消灭事由。

通常情况下，意定代理权的消灭由意定代理权自身的内容决定。意定代理权中载明有效期的，有效期届满，意定代理权消灭；意定代理权针对特定事项的完成而授予的，该事项完成时或基于各种原因根本无法完成时，意定代理权消灭。此外，授予意定代理权的基础法律关系的消灭亦会导致意定代理权的消灭。基础法律关系消灭的事由可以在债编委托合同中予以规定。一般而言，委托不因委托人死亡或者丧失行为能力而消灭。在这种情况下，代理权仍然存续。被代理人死亡后，代理人代理被代理人的继承人。反之，代理人的死亡通常导致基础法律关系的终止和代理权的消灭。然而，如果仅为代理人个人利益而授予代理权，则代理权可以继承。无行为能力人不能代理他人有效实施法律行为。

本条第 2 句规定，在基础法律关系存续期间，代理权通常情况下可以被撤回。这是因为，代理权的存续以被代理人对代理人的信任为基础，如果信任不复存在，则被代理人可以随时撤回代理权。然而，如果基础法律关系中明确约定代理权不得撤回，则被代理人一般不能撤回代理权。本条第 3 句规定，被代理人可以通过单方法律行为，向被授权人或者向第三人作出撤回代理权的意思表示。

【学理争议与立法例】

1. 《德国民法典》第 168 条

意定代理权因其基础法律关系的消灭系而消灭。基础法律关系存续期间，意定代理权可以被撤回，除非该基础法律关系有不同约定。撤回的表示，准用第 167 条第 1 款的规定。

2. 《法国民法典》第 2003 条

委任因下列事由终止：

一、受任人的解任；

二、受任人的抛弃委任；

三、委任人及受任人的自然死亡（或民事死亡）、禁治产或非商人的破产。

《法国民法典》第 2004 条

委任人得任意解除其委任，……

《法国民法典》第 2006 条

关于同一事务选任新受任人时，自通知受任人之日起即发生解除旧受任人委任的效力。

《法国民法典》第 2007 条

受任人得以其抛弃通知委任人，而抛弃其委任。但抛弃如对委任人发生不利时，受任人对委任人应负损害赔偿之责，但受任人非受显著的损失即不能继续其委任时，不在此限。

《法国民法典》第 2010 条

受任人死亡时，其继承人必须通知委任人，在委任人收到通知、采取必要措施前，并应为委任人的利益处理紧急的事务。

3.《日本民法典》第 111 条

（1）代理权因下列各项事由而消灭：本人死亡；代理人死亡、禁治产宣告或破产。

（2）此外，因委任而产生的代理权，因委任终止而消灭。

4. 中国台湾地区"民法典"第 108 条［代理权之消灭及撤回］

代理权之消灭，依其所由授与之法律关系定之。

代理权，得于其所由授与之法律关系存续中撤回之。但依该法律关系之性质不得撤回者，不在此限。

中国台湾地区"民法典"第 550 条［委任关系之消灭］

委任关系，因当事人一方死亡、破产或丧失行为能力而消灭。但契约另有订定，或因委任事务之性质不能消灭者，不在此限。

中国台湾地区"民法典"第 551 条［受任人继续处理事务之义务］

前条情形，如委任关系之消灭，有害于委任人利益之虞时，受任人或其继承人或其法定代理人，于委任人或其继承人或其法定代理人能接受委任事务前，应继续处理其事务。

《民法通则》第 69 条规定了委托代理的终止情形：①代理期间届满或者代理事务完成；②被代理人取消委托或者代理人辞去委托；③代理人死亡；④代理人丧失民事行为能力；⑤作为被代理人或者代理人的法人终止。第 69 条采取列举的方式规定了委托代理终止的情形，该规定不够严谨，存在诸多漏洞。除第 1 项规定了代理权消灭的原因之外，其余规定的都是基础法律关系（委托）终止的原因，没有体现出授权行为与基础法律关系之间的区别。实际上，《合同法》第 410 条和第 411 条对上述第 2~4 项都已经予以明确规定。此外，《民法通则》与《合同法》都未就代理权的撤回问题予以规定，这是立法上的漏洞。因此，本条采取抽象的立法方法，将代理权的存续与基础法律关系的存续联系起来，并补充规定了代理权撤回的问题。

第一百五十九条 【授权书的返还】

意定代理权消灭后，被授权人必须将授权书返还给授权人。

第一百六十条 【授权书的宣告无效】

授权人可以公告方式宣告授权书无效，自公告发出之后 15 日，无效宣告发生效力。

意定代理权不可撤回的，无效宣告不发生效力。

【条文含义与立法理由】

第 159 条和第 160 条规定的是授权书的返还及宣告无效。这两条旨在保护授权人。第 159 条赋予授权人请求返还授权书的权利；第 160 条规定的是，在授权书无法返还的情形中，授权人可以公告的方式宣告授权书无效。授权书被以公告方式宣告无效的，基于授权书所产生的代理权权利表象即被消灭。然而，意定代理权不可撤回的，授权人亦不能通过公告方式宣告其无效。

【学理争议与立法例】

1. 《德国民法典》第 175 条

意定代理权消灭后，被授权人必须将授权书返还给授权人；被授权人不享有留置权。

《德国民法典》第 176 条

（1）授权人可以公告方式宣告授权书无效，无效宣告必须依民事诉讼法关于传票公示送达的规定予以公布。无效宣告最后一次在公开刊物上刊登后满 1 个月时生效。

（2）授权人的普通裁判籍所在辖区的区法院和不论争议标的额大小都会有权管辖证书返还之诉的区法院，均有公布无效宣告的管辖权。

（3）授权人不能撤回意定代理权的，无效宣告不生效力。

2.《法国民法典》第 2004 条

委任人得任意解除其委任，在必要时，得请求受任人返还其记载委任的私证书；如委任书的交付为公证书的原本时，得请求返还其原本；如交付委任书而保存原本时，得请求返还其公证抄本。

3.《意大利民法典》第 1396 条

代理权的变更和消灭应当通过适当的方式使得第三人知道。在未告知的情况下，如果不能证明第三人在缔结契约时已知道该情况，则不得对抗第三人。利害关系人授予的代理权消灭的其他原因不得对抗不知代理权消灭而无过错的第三人。

《意大利民法典》第 1397 条

当代理关系解除时，代理人要返还授予其权限的证书。

4. 中国台湾地区"民法典"第 109 条［授权书交还义务］

代理权消灭或撤回时，代理人须将授权书交还于授权者，不得留置。

关于授权书的返还和通过公告方式宣告无效的问题，我国法律未加以明确规定，在此进行补充。

第一百六十一条 【被授权人实施单方法律行为的效力】

代理人实施单方法律行为但未出示授权证书，相对人立即拒绝的，单方法律行为不发生效力。被代理人已经将授予代理权告知相对人的，相对人不得拒绝。

【条文含义与立法理由】

本条规定的是被授权人实施单方法律行为的效力，

本条旨在保护单方需受领法律行为的相对人。本条的含义是，在实施需受领的单方法律行为时，被授权人必须出具授权书。被授权人未出具授权书，且单方法律行为的相对人不迟延地拒绝受领的，即使授权书有效，单方法律行为也不生效力，除非授权人已将代理权的授予告知相对人。在相对人知道被授权人具有代理权的情况下，相对人无须受到保护，被授权人虽然未出具授权书，单方法律行为依然生效。

【学理争议与立法例】

《德国民法典》第 174 条

被授权人以他人为相对人所实施的单方法律行为，如被授权人不出示授权书，且该他人由于这一原因而不迟延地拒绝该法律行为，则该法律行为不生效力。授权人已将代理权的授予告知该他人的，不得拒绝。

关于代理人实施单方法律行为这一问题，我国法律没有明确规定。

第一百六十二条 【自己代理】

非经被代理人许可，代理人同时以被代理人的名义和自己的名义或者同时以被代理人的名义和第三人的名义与自己实施法律行为，损害被代理人利益的，被代理人可以撤销该行为。

【条文含义与立法理由】

本条是关于自己代理的规定。

本条规定，代理人通常不得以被代理人的名义，以自己的名义与自己实施法律行为，也不得以被代理人的名义，（同时）作为第三人的代理人，与自己实施法律行为。此类行为被称为"自己代理"，因为此时除了代理人之外，不存在其他表意人。在这两种情形中，都存在着代理人为谋私利而滥用代理权的风险，为了避免被代理人的利益遭到侵害，本条特别对自己代理行为予以禁止。然而，基于私法自治原则，如果被代理人允许，则代理人可以进行自己代理行为。此外，专为履行债务的自己代理行为不适用本条规定，因为在这种情形中不存在利益冲突。代理人自己不履行债务的，被代理人自己或者由其授权的另外一名代理人也必须履行债务。

【学理争议与立法例】

1. 《德国民法典》第 181 条

除另外获得许可之外，代理人不得以被代理人的名义并以自己的名义与自己实施法律行为，或以被代理人的名义并作为第三人的代理人与自己实施法律行为，但该法律行为专为履行债务的除外。

2. 《意大利民法典》第 1395 条

代理人为自己的利益或者作为另一方的代理人与自己缔结的契约得被撤销，但是，经被代理人特别授权的或者契约的内容被确认排除了利益冲突可能的不在此限。

3. 《日本民法典》第 108 条

任何人，不得就同一法律行为，任其相对人或当事人双方的代理人。但是，关于债务履行者，不在此限。

4. 中国台湾地区"民法典"第 106 条 [自己代理及双方代理之禁止]

代理人非经本人之许诺，不得为本人与自己之法律行为，亦不得既为第三人之代理人，而为本人与第三人之法律行为。但其法律行为，系专履行债务者，不在此限。

关于自己代理的问题，我国法律没有明确规定。

第一百六十三条 【无权代理人实施双方法律行为的法律效力】

没有代理权而以他人名义实施的双方法律行为，自被代理人追认时起对被代理人发生效力。被代理人知道他人以自己名义实施法律行为而不作否认表示的，视为同意。

被代理人拒绝追认的，对于知道或者应当知道自己无代理权而以他人名义实施法律行为的无权代理人，相对人既可以选择要求该无权代理人履行义务，也可以选择要求无权代理人赔偿其因不履行义务所遭受的损失；代理人不知道代理权限欠缺的，应当赔偿相对人因信赖代理权而遭受的损失，该损失以有效履行后相对人应获得的利益为限。相对人知道或应当知道代理权欠缺的，代理人无须承担责任。

代理人为限制行为能力人的，不承担责任，但代理人经其法定代理人同意而实施的行为除外。

【条文含义与立法理由】

本条规定的是无权代理人实施双方法律行为的法律效力。

本条所规定的无权代理既包括自始即无代理权，也包括后来丧失代理权（例如代理权被撤回或代理权终止的情形）、超越代理权或者代理权人明显未行使代理权的情形。相较于《民法通则》第 66 条第 1 款和《合同法》第 48 条的规定，本条所规定的无权代理范围更为宽泛。

本条第 1 款规定，无权代理人所订立的合同属于效力待定的合同。被代理人追认的，合同生效。追认以被代理人知道或者应当知道合同处于效力待定状态为前提，如果被代理人不知道也不应当知道合同的效力取决于追认，则其不能进行有效追认。追认既可以通过明示也可以通过默示的方式进行，在以默示的方式进行追认时，被代理人至少应当知道其行为构成追认。而最高人民法院《关于适用〈中华人民共和国合同法〉若干问题的解释（二）》第 12 条规定："无权代理人以被代理人的名义订立合同，被代理人已经开始履行合同义务的，视为对合同的追认。"按照该规定，只要被代理人开始履行合同，即视其对合同的追认，而不考虑被代理人是否知道或应当知道合同处于效力待定的状态。例如，假使被代理人在履行合同的过程中才获知代理人的行为构成无权代理，但是，因其对合同的履行已被视为对合同的追认，所以他不能通过拒绝追认来否定合同的效力。该规定对被代理人保护不周，因此本条并未采纳。

本条第 2 款规定的是，被代理人对无权代理行为不追认的，代理人应当向第三人承担的责任。代理人所承担的责任因其是否为善意而不同。如果代理人非为善意，即明知或应当知道自己没有代理权还以被代理人的名义实施法律行为，则其应当依据第三人的选择向其承担继续履行合同的责任或履行利益的损害赔偿责任。只有在代理人具备履行合同的能力，且合同履行并非专属被代理人时，要求代理人承担继续履行合同的责任才具有意义。在金钱之债和种类之债的情况下，代理人具有履行能力。如果代理人因自己不知道或不应当知道代理权的瑕疵而以被代理人的名义实施法律行为，即代理人为善意，则其仅需向第三人承担信赖利益的损害赔偿责任。当第三人知道或者应该知道代理权有瑕疵时，代理人无须承担任何责任，在这种情况下，第三人无须受到保护。如果实施无权代理的人是限制行为能力人，其亦无须承担法律责任，除非经其法定代理人同意；法定代理人同意的，则由其法定代理人承担责任。该规定旨在保护限制行为能力人，即限制行为能力人的保护优先于交易安全的保障。

【学理争议与立法例】

我国《合同法》法第 49 条明确规定了表见代理，本条之所以未规定表见代理，是因为被代理人在因过失而造成代理权存在的假象时，需要承担合同履行的义务，对被代理人过于严苛，违背被代理人的意思自治，同时违反了私法自治这一民法基本原则。关于是否承认表见代理的问题，在学理上亦存在争议。有学者认为，应当将表见代理视为缔约过失责任的一种情形，第三人可以请求被代理人承担信赖利益的损害赔偿责任，而不能要求其承担继续履行的责任。

有关立法例如下：

1. 《德国民法典》第 177 条第 1 款

行为人无代理权而以他人名义订立合同的，对被代理人有利和不利的合同之生效，取决于被代理人的追认。

《德国民法典》第 179 条

（1）作为代理人订立合同的人无法证明其代理权的，有义务依另一方的选择，或者向另一方履行，或者赔偿损害，但以被代理人拒绝合同为限。

（2）代理人不知道代理权欠缺的，仅有义务赔偿另一方因信赖该项代理权而遭受的损害，但不超过另一方就合同之生效所拥有的利益的数额。

（3）另一方知道或应当知道代理权欠缺的，代理人不负责任。

代理人是限制行为能力人的，也不负责任，但代理人系经其法定代理人同意而实施法律行为的除外。

2.《法国民法典》第1989条

受任人不得在委任书所记载的范围以外处理任何事务……

《法国民法典》第1998条

委任人对于受任人依授予的权限所缔结的契约，负履行的义务。委任人对于受任人权限外的行为，仅在其为明示或默示追认时，始负责任。

《法国民法典》第1990条第1句第2分句

但委任人对于未成年的受任人，只依有关未成年人义务的一般规定而有诉权……

《法国民法典》第1997条

受任人以受任人的资格与第三人缔结契约而使该第三人充分了解自己的权限时，对于权限以外的行为不负担保责任，但受任人保证委任人追认而委任人拒绝追认时，不在此限。

《法国民法典》第2008条

受任人于不知委任人的死亡或其他委任终止的事由所为的行为，仍属有效。

《法国民法典》第2009条

在前条的情形，对于善意第三人，受任人应履行所约定的义务。

3.《意大利民法典》第1398条

无权代理或者超越代理权限缔结契约的人，要对缔约第三人因相信契约效力而没有过错所遭受的损失承担责任。

《意大利民法典》第1399条第1款

在前条（1398）规定的情形中，利害关系人得按照规定的缔约形式对契约进行追认。

4.《日本民法典》第113条

（1）无权代理人作为他人代理人而缔结的契约，非经本人追认，对本人不发生效力。

（2）追认或拒绝追认，除非对相对人为之，不得以之对抗相对人。但相对人已知其事实时，不在此限。

《日本民法典》第117条

（1）作为他人代理人缔结契约者，如不能证明其代理权，且得不到本人追认时，应依相对人的选择，或履行契约，或负损害赔偿责任。

（2）前款规定，不适用于相对人已知或因过失而不知无权代理情形或者作为代理人缔结契约者无其能力情形。

5.《中华人民共和国民法通则》第66条

没有代理权、超越代理权或者代理权终止后的行为，只有经过被代理人的追认，被代理人才承担民事责任。未经追认的行为，由行为人承担民事责任。本人知道他人以本人名义实施民事行为而不作否认表示的，视为同意。

代理人不履行职责而给被代理人造成损害的，应当承担民事责任。

代理人和第三人串通、损害被代理人的利益的，由代理人和第三人负连带责任。

第三人知道行为人没有代理权、超越代理权或者代理权已终止还与行为人实施民事行为给他人造成损害的，由第三人和行为人负连带责任。

6.《中华人民共和国合同法》第48条第1款

行为人没有代理权、超越代理权或者代理权终止后以被代理人名义订立的合同，未经被代理人追认，对被代理人不发生效力，由行为人承担责任。

《中华人民共和国合同法》第49条

行为人没有代理权、超越代理权或者代理权终止后以被代理人名义订立合同，相对人有理由相信行为人有代理权的，该代理行为有效。

7.最高人民法院《关于适用〈中华人民共和国合同法〉若干问题的解释（二）》第12条

无权代理人以被代理人的名义订立合同，被代理人已经开始履行合同义务的，视为对合同的追认。

最高人民法院《关于适用〈中华人民共和国合同法〉若干问题的解释（二）》第13条

被代理人依照合同法第四十九条的规定承担有效代理行为所产生的责任后，可以向无权代理人追偿因代理行为而遭受的损失。

8. 中国台湾地区"民法典"第110条［无权代理人之责任］

无代理权人，以他人之代理人名义所为之法律行为，对于善意之相对人，负损害赔偿责任。

中国台湾地区"民法典"第170条［无权代理及相对人之催告权］第1项

无代理权人以代理人之名义所为之法律行为，非经本人承认，对于本人不生效力。

第一百六十四条 【合同相对人的催告和撤回】

相对人催告被代理人追认的，被代理人应当向相对人作出追认的意思表示。

催告前被代理人向代理人作出的追认或拒绝追认的意思表示因催告而失效。追认的意思表示应当在受领催告后十五日内作出，过期未追认的，视为拒绝追认。

在被追认之前，相对人有权相对于被代理人或代理人撤回订立合同的意思表示，但相对人在订立合同时知道代理权欠缺的除外。

【条文含义与立法理由】

本条规定的是合同相对人的催告和撤回。

被代理人追认合同之前，合同处于效力待定状态，如果合同相对人希望合同生效，他可以通过催告被代理人追认来使合同尽快生效。被代理人在催告后15日之内不作出追认意思表示的，视为拒绝追认，从而结束了这种合同效力待定的不确定状态。因此，本条第1款赋予了合同相对人催告权，一旦合同相对人行使催告权，被代理人追认的意思表示只能向合同相对人作出，而不能对代理人作出。被代理人之前向代理人作出的追认或拒绝追认的意思表示因合同相对人的催告而失去效力。

如果合同相对人不希望合同生效，他可以在被代理人追认之前撤回订立合同的意思表示，从而立即结束合同效力待定的不确定状态。本条第 2 款赋予合同相对人撤回权，其适用的前提是，合同相对人在订立合同时不知道代理权存在瑕疵，如果其明知代理权存在瑕疵而与代理人缔结合同，则意味着他自愿承担了被代理人对合同不予追认的风险，法律无须对其进行特别保护。

【学理争议与立法例】

1. 《德国民法典》第 177 条第 2 款

另一方催告被代理人就追认作出表示的，该表示只能向另一方为之；在催告前向代理人表示的追认或对追认的拒绝即失去效力。该项追认只能在受领催告后两个星期内予以表示；不表示追认的，视为拒绝追认。

《德国民法典》第 178 条

至合同被追认时为止，另一方有权撤回，但另一方在合同订立时知道代理权欠缺的除外。该项撤回也可以向代理人表示。

2. 《意大利民法典》第 1399 条第 3、4 款

第三人与代理缔结契约的人得在追认前协议解除契约。

缔约第三人得请求利害关系人在指定期间内对追认作出表示，期间届满，利害关系人保持沉默的，视为否认。

3. 《日本民法典》第 114 条

于无权代理情形，相对人可以定相当期限，催告本人于期间内，作出是否追认的确答。如本人于该期间未作确答，则视为拒绝追认。

《日本民法典》第 115 条

无代理权人缔结的契约，于本人未追认期间，相对人可以撤销。但是，相对人于缔结的当时已知无代理权事时，不在此限。

4. 《中华人民共和国合同法》第 48 条第 2 款

相对人可以催告被代理人在一个月内予以追认。被代理人未作表示的，视为拒绝追认。合同被追认之前，善意相对人有撤销的权利。撤销应当以通知的方式作出。

5. 中国台湾地区"民法典"第170条［无权代理人及相对人之催告权］第2项

前项情形，法律行为之相对人，得定相应期限，催告本人确答是否承认，如本人逾期未为确答者，视为拒绝承认。

中国台湾地区"民法典"第171条［无权代理相对人之撤回权］

无代理权人所为之法律行为，其相对人于本人未承认前，得撤回之。但为法律行为时，明知其无权代理者，不在此限。

第一百六十五条 【无权代理人实施的单方法律行为】

无权代理人实施的单方法律行为无效。但在实施单方法律行为时，相对人未就代理人所声称的代理权提出异议，或相对人同意代理人实施无权代理行为的，准用上述关于无权代理人订立合同的规定。单方法律行为系经无权代理人的同意而相对于其实施的，亦同。

【条文含义与立法理由】

本条规定的是无效代理人实施的单方法律行为的效力。

与无权代理人订立合同的情形不同，对于无权代理人实施的单方法律行为，其相对人只能被动受领意思表示，因此不能使相对人处于不确定的法律状态。本条第1句规定，无权代理人实施的单方法律行为不生效力，意味着被代理人不能对无权代理人实施的单方法律行为进行追认。该规定旨在保护相对人的利益。然而，本条第2句规定了两种例外情形：对于以代理人身份出现的人所声称的代理权，相对人并未提出异议的，或者相对人明确表示同意与无权代理人实施法律行为的，则无权代理人所实施的单方法律行为并非无效，而是与无权代理人订立合同时一样处于效力待定的状态，被代理人可以追认该单方法律行为。在这种情况下，法律行为对被代理人的效力取决于他是否追认这种法律行为。

本条第3句规定的是"消极代理"的情形，即向无权代理人发出意思表示的情形。通常情况下，向无权代理人发出的单方需受领的意思表示不生效力，被代理人无法对其予以追认。然而，如果无权代理人对表意人相对于其作出的单方法律行为表示同意，那么该意思表示依本条第3句的规定属于效力待定，可以为被代理人所追认。

【学理争议与立法例】

1.《德国民法典》第180条

在单方法律行为的情形下，不准许无代理权的代理。但在单方法律行为实施时，单方法律行为的相对人不就代理人所声称的代理权提出异议，或相对人赞同代理人无代理权而实施行为的，准用关于合同的规定。单方法律行为系经无代理权的代理人赞同而对其实施的，亦同。

2.《日本民法典》第118条

关于单独行为，以其行为时，相对人对称代理人者无代理权而实行代理表示同意，或对其代理权不予争执情形为限，准用前五条的规定。对无权代理人实施的，经其同意的单独行为，亦同。

关于无权代理人实施单方法律行为效力的问题，我国法律没有明确规定。

第一百六十六条 【法定代理】

法定代理准用关于意定代理的规定，但法律另有规定的除外。

【条文含义与立法理由】

本条规定的是法定代理的法律适用。

除本节所规定的意定代理之外，尚有直接基于法律的，由法定代理人对法律交易中不具有或只具有限制行为能力人进行的代理，以及根据章程或设立合同和任命行为而产生的法人机关的代理。以德国为例，关于法定代理，在《德国民法典》亲属法一编中予以特殊规定；关于商事代理，在《德国商法典》中予以特别规定。法律没有特别规定的，《德国民法典》总则部分关于意定代理的一般规定也适用于法定代理和商事代理。

【学理争议与立法例】

《德国民法典》第 1311 条

结婚当事人必须在亲自和同时在场的情况下，作出结婚的意思表示。

《德国民法典》第 1673 条第 2 款

父母任何一方如果是限制行为能力人，那么他（她）便不能成为子女的法定代理人。

《德国民法典》第 2064 条

被继承人只能亲自立遗嘱。

第十节　第三人同意

第一百六十七条 【同意】

法律行为应当经第三人同意才发生效力的，同意或者拒绝的意思表示应当向当事人作出。

第一百六十八条 【允许】

允许是指事先同意。允许可以在法律行为成立前随时撤回，但当事人意思表示另有规定的除外。

第一百六十九条 【追认】

追认是指事后同意。法律行为经追认的，溯及自法律行为成立时发生效力，但法律另有规定或者当事人另有约定的除外。

【条文含义与立法理由】

基于私人自治，当事人自己作出意思表示即可使法律行为发生效力，但在某些情形，需有补助行为才能发生确定效力。补助行为，即第三人意思表示促成其他法律行为发生效力的行为。第三人同意或拒绝使他人法律行为发生确定效力的补助行为，取决于其意思表示，而其意思表示需向待补正法律行为的当事人作出，系有相对人的单方行为。

同意在性质上有事前同意和事后同意。事前同意，即允许。事后同意，即追认，也有称为"承认"者。允许与否，取决于第三人。因此，在法律行为成立前，第三人可以随时撤回允许。当事人对是否可以任意撤回允许有约定的，应当从其约定。

法律行为经追认发生效力。追认具有溯及力，自行为成立时发生效力。法律另有规定或者当事人另有约定的，适用该法律规定或者当事人约定。

【学理争议与立法例】

1. 民国时期民法第 115 条 ［承认之溯及效力］

经承认之法律行为，如无特别订定，溯及为法律行为时发生效力。

民国时期民法第 116 条 ［撤销及承认之方法］

撤销及承认，应以意思表示为之。

如相对人确定者，前项意思表示，应向相对人为之。

民国时期民法第 117 条 ［同意或拒绝之方法］

法律行为须得第三人之同意始生效力者，其同意或拒绝，得向当事人之一方为之。

2. 《德国民法典》第 182 条 ［同意］

（1）合同或者应当向他人实施的单方法律行为的效力，取决于第三人的同意的，同意的授予以及拒绝，可以向当事人一方或者另一方表示。

（2）这项同意不需要采取为法律行为规定的形式。

（3）单方法律行为的效力，取决于第三人同意的，相应地适应第 111 条第 2 句、第 3 句的规定。

《德国民法典》第 183 条 ［允许的可撤回性］

事先同意（允许），直至实施法律行为时止，可以撤回，只要作为其授予基础的法律关系无其他为限。撤回可以向当事人一方或者另一方表示。

《德国民法典》第 184 条［追认的溯及力］

（1）事后同意（追认）发生溯及至实施法律行为时的效力，另有规定的除外。

（2）在追认之前，追认人对法律行为的标的作出处分，或者以强制执行或者假扣押的方式，或者由支付不能管理人进行的处分，不因追认的溯及力而不生效力。

2.《日本民法典》第 124 条［追认的条件］

（1）追认如果不在成为撤销原因的情况消灭后进行，不发生效力。

（2）成年被监护人成为行为能力人后能够辨认自己的行为的，不经辨认其行为，不得追认。

（3）前两款的规定，不适用于法定代理人、限制行为能力的保佐人或者辅助人进行追认的情形。

《日本民法典》第 125 条［法定追认］

根据前条的规定可以进行追认之时发生以后，对于可撤销行为有下列事实之一时，视为已经追认。但保留异议的，不在此限：

（一）全部或者部分履行；

（二）履行的请求；

（三）更改；

（四）担保的提供；

（五）因可撤销的行为而取得的权利全部或者部分让与；

（六）强制执行。

第一百七十条 【无权处分】

无处分权的人处分他人财产，经权利人同意或者无处分权的人实施处分后取得处分权的，该处分行为有效，但法律另有规定的除外。

【条文含义与立法理由】

本条规定的是无权处分的法律效力。

处分权利需有实施处分的权限，即处分权。权利人可以自由处分其权利，非权利人不得处分他人权利。处分权受限制者无权实施受限制的处分。无处分权的人处分他人权利的，因处分权欠缺而致处分行为效力待定，乃私人自治应有之义。

权利人可以同意无权处分人处分其权利，即对其处分予以允许或者追认，这就使得处分人不再欠缺处分权，其处分行为发生效力。无权处分人事后取得所处分权利的，构成补正，其处分行为发生效力。无权处分经同意或者补正而发生效力也是私人自治的要求。

处分，仅指法律上的处分，即直接对既有权利设定负担、变更内容、转移或者抛弃既有权利。买卖合同不是无权处分，不需要出卖人有处分权。无权处分须处分人以自己名义为处分行为，如果以他人名义为处分，则属于无权代理而非无权处分。

无权处分未经同意或者补正不能发生处分权利的效力，但在处分标的为物权的情形，可能发生取得人的善意取得。取得人善意取得并不能改变无权处分效力待定的法律状态。

【学理争议与立法例】

立法例中，关于是否严格区分负担行为和处分行为，有肯定主义和否定主义两种模式。肯定主义立法例以理论上严格区分负担行为和处分行为为基础，对无权处分进行了专门规定。例如民国时期民法和《德国民法典》。否定主义立法例则不严格区分负担行为和处分行为，对无权处分也无专门规定。例如《法国民法典》。我国现行法规定了无权处分，学说和司法实践曾经对如何理解处分行为存在争议，但目前观点渐趋一致，即承认负担行为和处分行为相区别，买卖合同不是处分行为，出卖人欠缺处分权不影响买卖合同的效力。

关于无权处分是否规定在民法总则中，立法例有肯定主义和否定主义两种立法模式。肯定主义立法例在民法总则中规定无权处分，例如民国时期民法和《德国民法典》。否定主义立法例则在民法总则之外的法律中规定，例如我国现行法中的无权处分就规定在《合同法》中。由于无权处分中的处分客体不仅包括物权，还包括债权等财产性权利，实施无权处分的法律行为也不仅仅是双方法律行为，故本建议稿将无权处分规定在民法总则之中。

有关立法例如下：

1. 《中华人民共和国合同法》第 51 条

无处分权的人处分他人财产，经权利人追认或者无处分权的人订立合同后取得处分权的，该合同有效。

最高人民法院《关于审理买卖合同纠纷案件适用法律问题的解释》第 3 条第 1 款

当事人一方以出卖人在缔约时对标的物没有所有权或者处分权为由主张合同无效的，人民法院不予支持。

2. 民国时期民法第 118 条〔无权处分〕

无权利人就权利标的物所为之处分，经有权利人之承认始生效力。

无权利人就权利标的物为处分后，取得其权利者，其处分自始有效。

前项情形，若数处分相抵触时，以其最初之处分为有效。

3. 《德国民法典》第 185 条〔无权利人进行的处分〕

（1）经权利人允许，无权利人对标的物进行的处分，亦为有效。

（2）经权利人追认，或者处分人取得标的物，或者权利人成为处分人的继承人而对其遗产负无限责任时，前项处分亦为有效。在后两种情况下，如果对标的物有数个相互抵触的处分时，则先进行的处分为有效。

4. 《法国民法典》第 1599 条

出卖他人之物，无效；买受人不知属于他人之物时，出卖他人之物可引起损害赔偿。

5. 《日本民法典》第 560 条〔自始不能〕

以他人权利为买卖标的的，出卖人负有取得该权利并将权利转移给买受人的义务。

6. 《意大利民法典》第 1478 条〔他人之物的买卖〕

（1）出卖人在缔约时不享有买卖物所有权的，承担使买受人取得物的所有权的义务（1218、1476）。

（2）买受人自出卖人处获得所有权时起（1376、2282），成为所有权人。

7.《国际统一私法协会国际商事合同通则 2010》第 3.1.3 条 [自始不能]

（1）合同订立时不能履行所承担之义务的事实本身，并不影响合同的效力。

（2）合同订立时一方当事人无权处置与该合同相关联之财产的事实本身，并不影响合同的效力。

第五章
民法上的时间

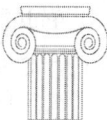

第一节　期　间

第一百七十一条　【期间的计算单位】

民法所称的期间，以公历年、月、星期、日、小时为计算单位。

当事人可以约定期间的计算单位。约定的期间不是以月、年的第一日起算的，一个月为三十日，一年为三百六十五日。

当事人未约定期间的计算单位的，以公历年、月、星期、日、小时为计算单位。

【条文含义与立法理由】

本条规定的是期间的计算单位。

期间指一定的时间段，有始且有终，例如某时至某时，某日至某日，某年至某年等。

期间的计算方法有历法计算法与自然计算法之分，前者按照公历计算期间，后者按照时间长短准确计算期间。相较而言，前者简便，后者精确。鉴于今日之国人多以公历计时，故本条第 1 款规定，在当事人未约定计算单位时，以公历的年、月、星期、日、小时为计算期间的单位。然则生活中毕竟有人采用其他计算方法，如农历计算法，且民法以私法自治为其灵魂，断无禁止私人之间采用其他计算法的必要，故第 2 款规定，当事人可以约定期间的计算单位。在期间的起算点不是月、年的第一日的情况下，特规定"一个月为三十日，一年为三百六十五日"，以求精确，并避免法官裁判无据。

第一百七十二条 【期间的起算点】

以小时为单位计算期间的，从规定之时起开始计算。

以日、星期、月、年为单位计算期间的，开始的当日不算入，从次日起开始计算，法律另有规定或者当事人另有约定的除外。

【条文含义与立法理由】

本条规定的是期间的起算点。

第 1 款规定，以小时作为期间计算单位的，按照自然计算法计算，即即时开始计算，以求准确。例如，当事人约定自某日的下午 14 点起 4 个小时，那么期间应从 14 点算至 18 点。但是在以日、星期、月、年为单位计算期间的情形中，始日不算在内，因为如果计算在内，第 1 日很可能并不满 24 小时。例如，当事人于 7 月 1 日约定 5 日的期间，则起算之日应为 7 月 2 日。

但是特别法可能对如何计算期间另有不同规定，根据特别法优于一般法的原则，适用特别法的规定。此外，为贯彻私法自治精神，当事人也可以对如何选择期间的起算点另作约定。

第一百七十三条 【期间末日的确定】

以日计算期间的，从起算点算足至该期间之日，为期间的末日。

以星期、月、年计算期间的，如以星期、月、年的第一日为起算点，则相应地以星期日、月末、年末为期间的末日；如不以星期、月、年的第一日为起算点，则相应地以最后一星期、月、年中与起算点相当之日的前一日为期间的末日。

以月、年计算期间的，如最后一月没有与起算点相当之日，则以该月的末日为期间的末日。

【条文含义与立法理由】

本条规定的是期间末日的确定方法。

以日计算期间的，从起算点算足至该期间之日，为期间的末日。

本条第 2 款规定，以星期、月、年计算期间的，如以星期、月、年的第一日为起算点，则相应地以星期日、月末、年末为期间的末日。例如，如果以 3 月 1 日为起算日，为期 1 个月，则期间的末日为 3 月 31 日。如不以星期、月、年的第一日为起算点，则相应地以最后一星期、月、年中与起算点相当之日的前一日为期间的末日。例如，甲向乙购买房屋，约定自 5 月 20 日起算，3 个月内交付房屋，那么最后之月为 8 月，以 8 月 20 日的前一日即 8 月 19 日为末日。

本条第 3 款规定，以月、年计算期间的，如最后一月没有与起算点相当之日，则以该月的末日为期间的末日。例如，甲向乙购买房屋，约定自 12 月 30 日起算，2 个月内交付房屋，那么最后之月为 2 月，但是 2 月没有 30 日，所以以 2 月的最后一日（平年为 28 日，闰年为 29 日）为期间的末日。

第一百七十四条 【期间末日的顺延】

　　期间的末日是法定休假日、经省级以上人民政府批准的临时休假日或者调休后的休假日的，以休假日结束的次日为期间的末日。

【条文含义与立法理由】

本条规定的是末日的顺延。

本条规定，以前条规定的方法计算出的期间的末日是法定休假日、经省级以上人民政府批准的临时休假日或者调休后的休假日的，以休假日结束的次日为期间的末日。但是，需要提请注意的是，如果当事人在法定休假日、经省级以上人民政府批准的临时休假日或者调休后的休假日作出意思表示或者履行债务，相对人予以接受的，该意思表示或者债务履行行为的效力并不受影响。此外，上述假日在期中而非期间末日的，并不能将这些假日予以扣除。

第一百七十五条 【期间末日的终止点】

期间末日的截止时间为当日二十四时，但当事人有固定业务时间的，截止时间为停止业务活动之时。

【条文含义与立法理由】

本条规定的是期间末日的终止点。

本条规定期间末日的终止点为当日的 24 时。但是，如果当事人有固定业务时间，例如有办公时间、营业时间的，截止时间为停止业务活动之时。

第一百七十六条 【期间的逆算】

法定或者约定的期间须自一定的起算点溯及往前进行逆算的，准用本节规定的期间计算规则。

【条文含义与立法理由】

本条规定的是期间的逆算。

期间的逆算，指的是期间自起算日向前回溯所进行的计算。这种期间的计算准用本节规定的期间顺算的计算规则。例如，倘若业主大会的章程规定，业主大会的召开应提前 15 日通知各业主，则除非业主之间特别约定了计算规则，否则开会之日为开始的当日，不计算在内。

第二节 诉讼时效

第一分节 一般规定

第一百七十七条 【诉讼时效的客体】

请求权受诉讼时效的限制，但下列请求权除外：

（一）基于不动产物权产生的停止侵害、排除妨害、消除危险、返还原物请求权；

（二）基于物权以外的其他支配权产生的停止侵害、排除妨害、消除危险请求权；

（三）基于亲属关系产生的请求权；

（四）请求金融机构支付存款本息的请求权；

（五）请求债券发行人兑付公开发行债券本息的请求权；

（六）请求投资人缴付出资的请求权。

【条文含义与立法理由】

本条规定的是诉讼时效的客体。

1. 时效的概念与立法体例。时效制度是指特定的法律事实持续达到法定期间即可发生一定法律效果的法律制度。而所谓发生一定法律后果，在私法上无非就是某项权利的取得、消灭或者变更。根据时效经过后所产生的不同法律效果，时效可以分为两种：取得时效和消灭时效。取得时效是指非权利人公然、和平、持续地以权利人的名义行使某项财产权达到法定期间，即取得该项财产权的法律制度。消灭时效是指权利人持续不行使某项财产权达到法定期间，即丧失该项权利的法律制度。[1]关于时效制度的立法体例，大陆法系有两种不同的做法：第一种是以法国和日本为代表的模式，将取得时效和消灭时效统一规定。《法国民法典》第2219条规定，时效是指按照法律确定的条件，经过一定的期间，取得权利或者消灭义务的一种方法。《日本民法典》则于其总则编中统一规定了时效制度。第二种则是以《德国民法典》为代表的做法，即将消灭时效规定在民法总则中，而将取得时效规定在物权法中。

我国现行法没有采纳上述大陆法系的做法，而是参考了苏联的立法模式，即只规定了消灭时效（在我国叫作诉讼时效）一种，而没有规定取得时效。之所以没有规定取得时效，主要原因是认为"取得时效承认了不劳而获，与社会主义制度下的'各尽所能，按劳

〔1〕　席志国：《中国民法总论》，中国政法大学出版社2013年版，第360～361页。

分配'的原则有所违背"。[1]其实，取得时效和消灭时效并没有实质上的区别，都是"由于原权利人长时间不行使权利而不能再受到保护，非权利人则持续和平地行使该项权利，被法律作为权利人予以保护"，即均属于对既存之事实状态的保护，因此基于"相同情形应相同对待"的平等原理，我国法律亦应承认取得时效。[2]李永军教授更进一步指出："取得时效与消灭时效的制度价值、功能不同，因而缺一不可。另外，因取得时效而取得财产所有权的条件是十分严格的，而且，在动产善意取得与不动产善意取得完善后，其适用范围也十分有限。因此，我国未来的民法典应规定取得时效与消灭时效制度，而且应采取分别制的立法模式。"[3]

引入取得时效后，在立法技术上如何处理其与诉讼时效的关系，或者说我国民法典将采取何种立法体例，这是我们在编撰民法总则时必须要回答的问题。对此，我们认为德国的做法是科学的、合理的，因为尽管取得时效和消灭时效作为时效制度有其共同之处，但在适用对象、效力、援用、放弃、中断等具体规定上，处理有很多差异也是不能否定的。将两者分别处理的方法是妥当的。[4]也正是基于这样的理由，民国时期所制定的《中华民国民法典》即采纳了德国的做法，从而将消灭时效规定在总则编中，而将取得时效规定在物权编中。我们此次仍然沿袭这一科学的做法，将消灭时效规定在总则编中，而将取得时效留给将来编撰的物权编进行处理。

关于诉讼时效的功能和基本价值追求，《德国民法典》立法理由书指出："请求权消灭时效之原因与宗旨，乃使人勿去纠缠于陈年旧账之请求权。不过有些事实可能已年代久远，一方亦易长期缄口不提；而今一方却以此类事实为据，向对方主张权利，这是民事交往难以容忍的。因为时间已使此类事实黯然失色，对方欲举出于己有利之免责事由并获致成功，纵然并非全然不能，亦属难矣。就常规而言，此类要求或自身并不成立，或已具结完案。消灭时效之要旨，

〔1〕 张俊浩主编：《民法学原理》（修订第三版），中国政法大学出版社 2000 年版。
〔2〕 席志国：《中国民法总论》，中国政法大学出版社 2013 年版，第 362 页。
〔3〕 李永军：《民法总论》，法律出版社 2006 年版，第 720 页。
〔4〕 ［日］我妻荣：《新订民法总则》，于敏译，法制出版社 2008 年版，第 402 页。

并非在于侵夺权利人之权利，而是在于给予义务人一保护手段，使其无须详查事务即得对抗不成立之请求权。消灭时效乃达到目的之手段，而非目的本身。于具体情形，若消灭时效于实体公正有损，即若权利人因消灭时效届满失去其本无瑕疵之请求权，此亦属关系人须向公共利益付出之代价。盖若权利人非于请求权之行使置若罔闻，消灭时效本无发生之由，故权利人于请求权内容之利益，实属微不足道，其因此付出之代价，亦难谓严酷也。"[1]我国学者认为，无论是消灭时效还是取得时效，其主要制度价值有如下几个方面：①督促权利人尽快行使权利，从而实现物尽其用的效率最大化原则。②降低诉讼成本。权利人经过较长时间不行使权利，那么有关权利存续的相关证据很多已经消灭从而难以收集，若再允许权利人通过诉讼而获得胜诉，势必使双方当事人支出大量成本以收集相关证据，从而浪费有限的社会资源。③保护义务人和第三人的信赖。义务人由于权利人长期不行使权利而具有一定的信赖，经由诉讼时效制度的保护可以最大效益地利用其财产。第三人也因权利人长期不行使权利而对义务人财产状况的稳定产生信赖。诉讼时效制度可以实现法律状态的清晰和安定，因为法律交往要求清晰的法律关系，防止法律状态的模糊不清，降低第三人在交易时的信息搜寻成本和避免寻租行为的产生，从而降低交易成本。[2]

2. 消灭时效的用语。比较法上的消灭时效（Verjährung, prescription），在我国现有法律体系中被称为"诉讼时效"。此次民法总则编撰时是恢复比较法上的"消灭时效"，还是沿用"诉讼时效"这一用语，应当是在确定时效制度的立法体例后，紧接着要考虑的问题。我们经过研究认为，应当沿用"诉讼时效"这一既有的用语，主要理由有二：首先，鉴于长期以来"诉讼时效"这一概念已经深入社会各个阶层，不但为法律人所普遍认可，而且也为一般公众所熟知，故仍然沿袭这一用法，不再予以修改。其次，时效经过后的

---

〔1〕 转引自〔德〕迪特尔·梅迪库斯：《德国民法总论》，邵建东译，法律出版社2000年版，第91~92页。

〔2〕 朱虎："返还原物请求权适用诉讼时效问题研究"，载《法商研究》2012年第6期。

效果有所不同。比较法上的时效期间届满后，往往发生请求权消灭的效果，故使用消灭时效一语是准确的。而我国现有法律中，时效经过后，请求权本身并不因此而消灭。在 2008 年最高人民法院公布《关于审理民事案件适用诉讼时效制度若干问题的规定》（法释〔2008〕11 号）（下称《诉讼时效规定》）之前，司法实践中认为，诉讼时效经过后权利人丧失了胜诉权，即人民法院查明权利人的权利已经过了诉讼时效，则驳回权利人的诉讼请求。《诉讼时效规定》则改采"抗辩权发生说"，其第 1 条规定："当事人可以对债权请求权提出诉讼时效抗辩……"第 3 条规定："当事人未提出诉讼时效抗辩，人民法院不应对诉讼时效问题进行释明及主动适用诉讼时效的规定进行裁判。"据这两条的规定，诉讼时效经过以后债务人取得了一项永久性的抗辩权，只有由债务人提出抗辩后，人民法院才能适用诉讼时效规定，驳回债权人的诉讼请求。因而在我国，时效并不导致权利消灭，故称为消灭时效并不合适，相对而言，使用诉讼时效更为妥当。

3. 诉讼时效客体。在处理完上述技术性的问题之后，最为重要的问题或者说关键性的问题就是要确定诉讼时效的客体。本条规定的重点是明确诉讼时效的客体。所谓诉讼时效的客体，是指诉讼时效所得适用的权利的范围。关于诉讼时效的客体，在比较法上有三种不同的立法例：第一种立法例以债权及其他非所有权之财产权为消灭时效之客体。在此种立法体例下，除了所有权之外，其他一切财产权均可因过了时效而归于消灭，日本民法采此立法例。《日本民法典》第 167 条规定："（一）债权，因十年期间不行使而消灭。（二）债权或所有权以外的财产权，因二十年间不行使而消灭。"第二种立法例则规定以请求权为消灭时效的客体，其代表者为德国民法。《德国民法典》第 194 条第 1 款规定："请求他人作为或不作为的权利适用消灭时效的规定。"第三种立法例则规定消灭时效仅适用于债权一种，其代表者为瑞士。我国《民法通则》第 135 条规定："向人民法院请求保护民事权利的诉讼时效期间为二年，法律另有规定的除外。"据此规定，我国学界认为诉讼时效的客体仅限于请求权。2008 年《诉讼时效规定》则进一步将诉讼时效的客体限制在债权请求权的范围内，其第 1 条第 1 款规定，"当事人可以对债权请求权提出诉讼时效抗辩"。

综合各立法例，应当得出如下结论：诉讼时效仅应适用于请求权，请求权之外的支配权、形成权和抗辩权不得适用诉讼时效。然而，由于请求权可以区分为财产性请求权与身份性请求权，而财产性请求权又可以进一步划分为债权性请求权和物权性请求权，那么诉讼时效是适用于全体请求权抑或是仅适用于一部分请求权呢？对此，不但各国和地区立法例有不同规定，理论上也众说纷纭。在请求权中，就债权请求权适用诉讼时效也是各国的共同性做法，而对纯身份性请求权不适用诉讼时效亦为共同之规定，所争议的就是物权性请求权是否适用诉讼时效。

就债权性请求权，本建议稿延续了《诉讼时效规定》的做法，即除了本条列举的三种特别债权请求权之外，一律得适用诉讼时效的规定。这三种不适用于诉讼时效的请求权分别为第 4、5、6 项：请求金融机构支付存款本息的请求权；请求债券发行人兑付公开发行债券本息的请求权；请求投资人缴付出资的请求权。这三种债权性请求权之所以不受诉讼时效的限制，其原因均在于法政策上的考量。对基于储蓄存款、债券关系产生的请求权，法律规定不适用诉讼时效，这是金融业生存发展之必然要求，也是对在现代社会，与大金融等企业相比处于弱势地位的储蓄人的保护倾斜。[1]请求投资人缴付出资的请求权之所以不受诉讼时效的限制，主要是为了对公司等法人的债权人予以保护，以确保交易安全，防止公司等企业法人利用法人有限责任侵害债权人的正当利益。

就基于亲属关系等所产生的纯粹以身份利益为内容的请求权不适用诉讼时效乃是世界各国和地区的通行做法，其理由主要是："亲属关系不因时效而有变更，其关系存续中，事实关系与权利关系有不符者，随时得请求回复之，而且亲属关系有关于善良风俗道德上

---

〔1〕 耿卓："追问与解答：对诉讼时效客体的再论述"，载《比较法研究》2008 年第 4 期。

的义务，亦不因时效而消灭。"〔1〕当然，如果当事人之间基于亲属关系而产生的财产性请求权也适用诉讼时效的规定，此时该种请求权已经独立于亲属关系而成为债权性请求权之一种。本条第3项的规定即在于将纯粹的身份性请求权排除在诉讼时效适用范围之外。

争议最大的是物权性请求权是否可以适用诉讼时效。也就是说，《物权法》第34条规定的返还原物请求权、第35条所规定的停止侵害请求权（妨害排除请求权）和消除危险请求权（即学理上的妨害预防请求权）是否适用诉讼时效？我国现有法律体系不承认物权性请求权作为诉讼时效的客体，我国学说上对此则存在截然相反的观点。然而，此次编撰民法典又不能回避这一问题。对此，不但各国和地区立法和司法实践做法有所不同，而且学说上也难以达成一致意见。《瑞士债法》明定仅债权适用消灭时效，《日本民法典》虽然没有否认物上请求权得适用消灭时效，但有关判例和学说则认为物上请求权不适用消灭时效。而德国、我国台湾地区则认为物上请求权作为请求权之一种，也属于消灭时效的客体。反对物上请求权适用消灭时效的主要理由是：物权请求权依附于物权而存在，既然物权不罹于诉讼时效，则物权请求权一直伴随物权而发生，故亦不罹于诉讼时效。其中，就返还原物请求权在适用诉讼时效的情况下有可能与取得时效的效果不相衔接的"尴尬"所作揭示，如果返还原物请求权的诉讼时效短于占有物的取得时效，则有所有权而无所有物，所有权将有名无实，系最为有力之论据。〔2〕物上请求权不适用诉讼时效，在我国曾经是主要观点，最高人民法院《诉讼时效规定》也将物上请求权排除于诉讼时效的客体之外即为明证。然而时至今日，赞成物上请求权作为请求权之一种原则上应当适用诉讼时效的观点已然渐渐占了上风，认为应当在一定范围内对物上请求权适用诉讼时效。梁慧星先生认为，应将不同物上请求权区别对待，返还财产请求权与恢复原状请求权这两种物上请求权适用诉讼时效，其他的

---

〔1〕 马俊驹、余延满：《民法原论》（第4版），法律出版社2010年版，第255页。

〔2〕 参见尹田："论诉讼时效的适用范围"，载《法学杂志》2011年第3期。

物上请求权皆不适用。[1]陈华彬教授认为，已经登记的不动产物权所生的物上请求权不宜因诉讼时效而消灭，但未登记的不动产物权所生的物上请求权及由动产物权所生的物上请求权则适用之。[2]有的学者更是认为所有的物上请求权均应当适用诉讼时效。[3]本建议稿赞成在一定范围内将物上请求权纳入诉讼时效的范围，即只承认动产物权的物上请求权应当适用诉讼时效，因不动产物权而产生的物上请求权不适用诉讼时效。因不动产物权而产生的物上请求权不适用诉讼时效并非基于逻辑上的原因，而系基于价值衡量：对于我国一般社会大众，不动产物权主要是自有住房的所有权和作为基本生产资料的土地承包经营权等，具有生存保障的功能，如果使基于这些不动产物权而产生的物上请求权受诉讼时效的限制，势必严重影响这些权利人的生活和生产，从而为社会带来大量难以解决的问题。此外，不动产物权由于需要进行登记，不论权利人多长时间不行使返还请求权等物上请求权，均不会使权利归属的证据消灭从而发生诉讼不经济的问题，一般第三人也能够通过查阅登记簿而获知谁是真正的不动产权利人，因此也不存在对其信赖利益的保护，故对其适用诉讼时效也与诉讼时效的制度价值有所不符。

第一百七十八条 【普通诉讼时效期间】

请求权的诉讼时效期间为五年，法律另有规定的除外。

【条文含义与立法理由】

本条规定的是普通诉讼时效期间。

时效可以分为普通时效与特别时效，普通时效是法律没有特别规定时所适用的时效，而特别时效则是法律对某种特殊请求权基于一定的理由而规定的不同于一般时效的时效期间。特别时效的期间

---

〔1〕 梁慧星：《民法总论》，法律出版社 1996 年版，第 242 ~ 243 页。
〔2〕 陈华彬：《物权法原理》，国家行政学院出版社 1998 年版，第 102 页。
〔3〕 参见程啸、陈林："论诉讼时效客体"，载《法律科学》2000 年第 1 期；朱虎："返还原物请求权适用诉讼时效研究"，载《法商研究》2012 年第 6 期。

可能较普通时效的期间长，此种特别时效被称为"长期时效"；特别时效的期间也可能较普通时效的期间短，此种特别时效则被称为"短期时效"。

就普通诉讼时效的期间而言，我国《民法通则》第 135 条将其规定为两年。尽管由于社会的急剧变化，各立法例在消灭时效的期间上都有缩短的趋势，但是我国《民法通则》所规定的两年期间与世界各主要国家和地区的做法相比仍然过短。《德国民法典》原第 195 条规定的普通消灭时效当然也是最长的时效期间是 30 年，后来在 2002 年修订民法典时将普通诉讼时效期间缩短为 3 年，但是仍然将很多请求权的诉讼时效规定为 10 年（修订后的《德国民法典》第 196 条）乃至 30 年（修订后的《德国民法典》第 197 条）的长期时效。《日本民法典》第 167 规定的一般债权之消灭时效期间为 10 年。2008 年修订后的《法国民法典》第 2224 条将普通诉讼时效期间由 30 年缩短为 5 年。《瑞士债法》规定为 10 年，而《泰国民商法典》亦规定为 10 年。我国台湾地区"民法典"第 125 条规定的一般消灭时效则为 15 年。

对于两年的普通诉讼时效期间，无论是一般社会大众还是司法实务抑或是学说，均认为该期限过短。[1]过短的诉讼时效期间不但不利于对权利人的保护，而且还诱发了大量的债务人投机行为[2]，从而有悖于时效制度的初衷。于此，我国学者魏盛礼提出了详细而有力的论证，指出："过短的普通诉讼时效期间，违反了诉讼时效制度的初衷，更使得权利人的正当利益受到不公平对待，也与中国的本土法律文化资源格格不入。诉讼时效制度的立法目的不是为了提高司法效率，更不是为了惩罚'躺在权利上睡觉'者，而是为了防止出

---

〔1〕 参见王利明：《民法总则研究》（第 2 版），中国人民大学出版社 2012 年版，第 739 页；梁慧星主编：《中国民法典草案建议稿附理由·总则编》，法律出版社 2013 年版，第 385～386 页；魏盛礼："我国诉讼时效期间设置的根本性缺陷与制度重构——诉讼时效基本理论的反思与我国诉讼时效立法的重新选择（之五）"，载《河北法学》2006 年第 12 期；高圣平："诉讼时效立法中的几个问题"，载《法学论坛》2015 年第 2 期。

〔2〕 参见刘俊："诉讼时效制度的二元价值——再评我国诉讼时效制度的缺失"，载《河北法学》2007 年第 10 期；冯恺：《诉讼时效制度研究》，山东人民出版社 2007 年版，第 112 页。

现权利人长期怠于行使权利，从而传递关于义务人财产信用的错误信息，导致第三人对义务人的信用做出错误判断，最终危害交易安全。这种权利的不行使状态必须持续相当长的时间，才可能放射出错误信号。只有债权人怠于行使权利经过相当的时间，才需要以诉讼时效制度弱化或者消灭权利人权利的方式，切断产生于久远岁月的债务对当事人财产信用产生的破坏。需要以诉讼时效制度加以限制的债权必须是产生于久远岁月，权利人怠于行使权利的时间长到使得一般的第三人很难收集到相关该信息，令一般人甚至债务人本身也可能感觉不到还存在这种债务的程度。"[1]有鉴于此，我们在总结各立法意见以及参考世界各国和地区立法例的基础上将普通诉讼时效期间设定为 5 年。

第一百七十九条　【短期诉讼时效期间】

下列请求权的诉讼时效期间为二年：

（一）供应人基于供应电、水、气、热力合同及提供电信、网络、有线电视服务合同享有的各期费用支付请求权；

（二）定作人基于承揽合同享有的瑕疵修补请求权、修补费用偿还请求权、损害赔偿请求权，及承揽人基于承揽合同享有的损害赔偿请求权；

（三）保管人基于保管合同享有的报酬支付请求权、费用偿还请求权、损害赔偿请求权，及寄存人基于保管合同享有的损害赔偿请求权；

（四）托运人或者收货人基于运输合同享有的损害赔偿请求权。

【条文含义与立法理由】

本条规定的是短期诉讼时效期间。

查世界各国和地区之法律，在消灭时效期间上规定了较长的普通诉讼期间的，一般都规定有短期诉讼时效期间。这是因为"更短

---

〔1〕 魏盛礼："我国诉讼时效期间设置的根本性缺陷与制度重构——诉讼时效基本理论的反思与我国诉讼时效立法的重新选择（之五）"，载《河北法学》2006 年第 12 期。

的时效期间适用于大量的、多半与日常生活有关的事务的债法上的请求权,它们主要是与货物的销售和提供服务有关的请求权;这种短期时效期间还适用于商人、工厂主或手工业者由于提供货物或者劳务的垫款请求权、运费请求权、工人或雇员的工资请求权和薪金请求权"以及自由职业者的劳务报酬请求权。原来《德国民法典》将一般时效期间规定为 30 年,故在此基础上规定了大量的短期时效期间。而 2002 年《债法现代化法》将普通时效期间缩短为 3 年后,就没有再行规定短期时效期间。我国民法总则在将普通诉讼时效期间加长的基础上,必须针对特殊的请求权设定较短的诉讼时效期间,以督促权利人尽快行使权利,并促进交易关系的快速了结,提高经济效益。比较法上规定短期诉讼时效期间的,多规定有多种短期诉讼时效期间,我们认为这样的做法过于复杂,而且也没有什么理论上的恰当依据,所以本建议稿将短期时效期间统一规定为两年。本条规定的四种短期时效期间所适用的对象,均为由日常生活中频繁发生的交易关系所产生的给付请求权,此种交易应当尽早予以了结,从而维护法律关系的稳定性。

第一百八十条 【长期诉讼时效期间】

下列请求权的诉讼时效期间为十年:

(一) 因生命、身体、健康、自由受侵害产生的损害赔偿请求权;

(二) 旨在设立、移转、变更、消灭不动产物权的请求权;

(三) 基于动产物权产生的返还原物请求权;

(四) 基于劳动或者雇佣关系产生的报酬请求权。

【条文含义与立法理由】

本条规定的是长期诉讼时效期间。

如前所述,将普通诉讼时效期间予以缩短已然成为世界各国和地区立法的最新趋势,在此背景下,法律仍然基于一定的目的针对某些对于权利人而言特别重要的——往往是涉及权利人基本生存保障的——给付请求权给予比普通诉讼时效长的期间保障。虽然本建议稿将普通诉讼时效期间延长至 5 年，但是与世界各国和地区的长期时效期间相比（10～30 年）仍然较短，所以特设本条规定长期诉讼时效期间。由于人身权非属请求权，故人身权本身不受诉讼时效的限制。而人身权受侵害之后的损害赔偿请求权在理论上被归结于债权的范畴，因而亦得适用诉讼时效。然而生命、身体、健康、自由这四项人身权对人来说是最为基本的权利，是其他一切权利的基础，是法律需要特别保护的权利，其受到侵害后，权利人要求损害赔偿的权利的诉讼时效理应比单纯的财产性请求权要长，否则不但将人之尊严降到和一般财产性权利同等的地位，而且使被侵权人在较短的时间过后就丧失了请求赔偿的机会，从而难以用此等损害赔偿金来进行治疗。故德国 2002 年《债法现代化法》在将普通消灭时效由 30 年缩短为 3 年后，又于第 197 条明确规定："对于因故意侵害生命、身体、健康以及性自主决定的请求权适用 30 年的消灭时效。"正是基于这样的理由，本建议稿也于本条第 1 项明定："因生命、身体、健康、自由受侵害产生的损害赔偿请求权"适用 10 年的诉讼时效期间。

本条第 4 项之所以规定基于劳动或者雇佣关系产生的报酬请求权也适用长期诉讼时效，理由在于：多数请求权人须以此等报酬请求权作为生活的基本来源，一旦该种报酬请求权因为较短的时效而无法行使，作为社会弱势群体的劳动者就会无以为生，这样不但使劳动者陷入困境，而且在我国社会保障制度尚不完善的今天，必将成为影响社会安定团结的隐患，故本建议稿特将其作为长期诉讼时效的适用对象。

就本条第 2 项所规定的旨在设立、移转、变更、消灭不动产物权的请求权而言，其之所以也适用长期诉讼时效，主要是基于我国目前经济发展这一现状。目前，多数人取得住房等不动产都是为了自己生活居住而非用于投资，由于土地供应严重不足等原因所共同决定的房价持续高涨，很多人甚至穷其毕生积蓄尚无法购买一套像样的住房以为居住之用，而拥有一套自己的住房又是人能够获得安全感、幸福感并且在其基础上使人格得以自由发展的必备条件。可见不动产物权对于权利人而言关系重大，当前很多社会矛盾也是由不动产归属引发的。若法律仍然将旨在设立、移转、变更、消灭不动产物权的请求权作为一般请求权而适用普通诉讼时效期间，必然会遭到人民群众的反对，有鉴于此，本建议稿参照修订后的《德国民法典》第196条的规定，将此项请求权的诉讼时效规定为10年长期时效。

就本条第3项所规定之基于动产物权产生的返还原物请求权而言，之所以为其规定长期诉讼时效，基本考虑如下：长期以来，我国法律上不承认返还原物请求权这一物上请求权适用诉讼时效，故人民群众对于返还原物请求权不适用诉讼时效已经形成了较为稳定的预期。本建议稿基于对诉讼时效基本制度的价值考量，将诉讼时效的适用范围作了适度扩张——扩及于动产物权的返还原物请求权，而若将此种物上请求权与普通债权请求权做同样处理，显然难以让社会各界所接受，此其一也。其次，尽管债权性请求权与物上请求权作为请求权有其共同之处，但是物权性请求权毕竟是基于物权这一绝对权性支配权而发生的，是物权之效力的体现，因此其诉讼时效也应当较适用于债权性请求权的普通诉讼时效长。最后，将返还原物请求权的诉讼时效作为长期诉讼时效也是为了在技术上与取得时效相互协调。学说上反对返还原物请求权适用诉讼时效的理由之一是，诉讼时效期间届满后，无权占有人得以拒绝返还标的物，但却不是权利人，而真正权利人虽然不能请求无权占有人返还标的物，但却仍然是标的物的所有人，此时出现了权利真空的问题。这样的问题主要是由消灭时效期间比取得时效期间短造成的，而若将消灭时效期间适当延长从而与取得时效期间一致，那么这一问题将在某种程度上获得解决。鉴于应当在立法上承认取得时效，我们特将基于动产物权所产生的返还请求权的诉讼时效规定为10年长期时效，以与其相协调。

第一百八十一条 【诉讼时效期间的一般起算规则】

诉讼时效期间从权利人可以行使请求权之日起计算，法律另有规定的除外。

【条文含义与立法理由】

本条规定的是诉讼时效期间起算的一般规则。

诉讼时效期间之起算有主观标准和客观标准，前者以债权人主观上对适用诉讼时效的权利发生异常情况的知晓程度来确定时效期间的起算；后者从某一特定的客观时间（请求权成立之时、权利可以行使之时等）开始计算诉讼时效期间，而不管债权人主观上是否知道其权利。[1]就客观标准而言，又有两种不同的立法例，一种是从请求权成立之时起算，而另一种则是从权利可以行使之时起算。仔细研究采用客观主义的各国和地区立法例可以看出，在客观主义立法例下，诉讼时效的期间通常较长。如《法国民法典》第2262条规定的一般诉讼时效期间为30年。《日本民法典》第167条对债权规定了10年的诉讼时效，对债权或所有权以外的财产权则规定了20年的消灭时效。我国台湾地区"民法典"第125条规定："请求权，因15年间不行使而消灭。但法律所定的期限较短者，依其规定。"相对于客观主义立法例，采用主观主义的立法例在诉讼时效制度立法上的显著特点是其所规定的诉讼时效期间一般相对较短，如俄罗斯采取主观主义的立法例，主要是因为《俄罗斯联邦民法典》所规定的诉讼时效期间仅为3年，相对于其他采取客观主义的立法例而言，其普通时效期间显然要短得多。[2]这其中最有代表性的是德国。《德国民法典》修订之前，由于其普通消灭时效的期间为30年，相对来说非常长，所以在起算时点上采纳了客观主义的做法。而德国债法在2002年改革后由于社会各界对消灭时效过长的批评，一举将普通消灭时效的期间缩短为3年，相应地则在对普通消灭时效的起算点上改采主观主义。

我国《民法通则》第137条规定，诉讼时效期间从知道或者应

---

〔1〕 参见冯恺：《诉讼时效制度研究》，山东人民出版社2007年版，第124页以下，转引自高圣平："诉讼时效立法中的几个问题"，载《法学论坛》2015年第2期。

〔2〕 参见李蕊："诉讼时效期间立法模式之我见"，载《河北法学》2008年第3期。

当知道权利被侵害时起计算，显然采取的是主观说。之所以如此，乃是由于《民法通则》所规定的普通诉讼时效期间仅为两年，大大短于国际上通行的做法。鉴于我国各界普遍认为现有诉讼时效的两年期间过短，我们将普通诉讼时效的期间延长至 5 年，相应地，我们也在诉讼时效的起算时点上将《民法通则》所采纳的主观说修改为客观说，即规定为"诉讼时效期间从权利人可以行使请求权之日起计算"。

第一百八十二条 【诉讼时效期间的特殊起算规则之一】

未确定义务履行期限的请求权，诉讼时效期间从权利人催告义务人履行的宽限期届满之日起计算，但义务人收到权利人的催告通知后明示拒绝履行义务的，诉讼时效期间从义务人明示拒绝履行义务之日起计算。

分期付款买卖中的价金等由义务人分期履行的请求权，诉讼时效期间从最后一期义务的履行期限届满之日起计算。

水电费等由义务人定期履行的请求权，诉讼时效期间从各期义务的履行期限届满之日起分别计算。

法律行为无效、被撤销、被解除后产生的返还不当得利或者赔偿损失的请求权，诉讼时效期间从法律行为被确认无效、被撤销或者被解除之日起计算。

因持续性侵权行为产生的请求权，诉讼时效期间从侵权行为终止之日起计算。

【条文含义与立法理由】

本条规定的是诉讼时效期间的特殊起算规则。

对于有明确履行期限的请求权，请求权得行使之日当然是请求期限届满时。但是对于没有明确履行期限的请求权，其诉讼时效期间将从何时起算，是无法自动从前条"权利人可以行使请求权之日起计算"的规定得出结论的。本条第 1 款就未确定履行期限的请求权的诉讼时效期间起算时点，结合《合同法》第 62 条与《诉讼时效规定》第 6 条的规定予以确定。依据《合同法》第 62 条，对于没有确定履行期限的债务，债权人得随时请求履行而债务人也可以随时提出履行，但是须给对方必要的准备时间。故经债权人催告债务人履行，债务人于催告期限届满后尚未履行义务，或者债务人于催告期限届满前即明确表明不再履行义务的，债权人即应当通过诉讼等方式保护其权利，因此也应当自此时起计算诉讼时效期间。

就分期付款买卖等分期履行的请求权，我们认为《诉讼时效规定》第 6 条的规定是正确的，故纳入到本条规定作为第 2 款。水电费等长期合同从表面上看也是分期履行的债务，但是其与分期付款买卖等一般分期履行的债务有所不同，此种长期性继续性合同事实上具有永续性，一般不会终止，故如果按照普通分期履行的债务对待，从最后一期的履行期限届满之日起算诉讼时效期间，将使诉讼时效制度形同虚设，因此本建议稿将此种定期支付的债务的诉讼时效期间规定为"从各期义务的履行期限届满之日起分别计算"。

要解决合同被确认为无效、撤销或者解除后当事人双方所产生的返还请求权的诉讼时效问题，首先要界定该请求权的法律性质。合同无效、被撤销或者解除后的返还请求权的性质取决于是否承认物权行为的独立性和无因性理论。如不承认物权行为理论，那么在买卖合同、赠与合同等合同被确认无效、被撤销或者解除后，相应的物权变动便失去了基础，从而即便动产已经交付、不动产已经完成了过户登记，其物权仍然未发生变动，转让人请求返还的权利系基于所有权的返还原物请求权。此种情形下，若立法体例上不承认返还原物的物上请求权受诉讼时效的限制，那么合同被确认为无效、撤销、解除后所产生的返还请求权就不适用诉讼时效的规定。相反，若承认物权行为理论，那么买卖合同、赠与合同等被作为负担行为（债权行为），合同生效不发生物权变动的效力；而物权变动需要再实施一个独立的物权行为，物权自物权行为生效时发生变动，这被称作物权变动的区分原则，在我国则被称为物权行为的独立性。物权行为理论除了区分负担行为之外还认为，物权行为的效力不受作为其原因行为的负担行为之效力的影响。换言之，作为负担行为的买卖合同、赠与合同等无效的，不影响引起物权变动的物权行为的效力，这被称作物权行为的抽象原则，在我国则被称作物权行为的无因性理论。基于物权行为的无因性理论，买卖合同等无效、被撤销、被解除的，不影响物权的变动，但是此时物权变动因缺乏原因而构成不当得利，当事人请求返还标的物的请求权基础是不当得利之债，因而返还请求权属于债权性请求权，故无论是否承认物上请求权得适用诉讼时效，均不影响该种请求权适用诉讼时效。尽管对于我国立法上是否承认物权行为理论，司法实务上态度尚不明确，学说上也远未形成一致意见，但是对于合同被确认无效、被撤销、被解除后的返还请求权适用诉讼时效则从未发生争议。本建议稿基于对物权行为理论的认可，同时也承认返还原物请求权适用诉讼时效，自然会规定合同无效、被撤销、被解除后的返还请求权适用诉讼时效。然而在理论上，合同无效系自始无效，而合同被撤销和被解除后亦认为溯及自始无效，那么返还请求权以及损害赔偿等请求权则自合同成立时即产生，因此有人认为此时的诉讼时效期间应当自合同成立时起算。我们认为，合同无效、被撤销、被解除后固然溯及自始无效，但是在被确认无效之前，当事人往往不知道合同是否无效，而可撤销的合同在撤销前、得解除之合同在当事人解除前仍然有效，当事人更是无法行使返还请求权，因此我们认为《诉讼时效规定》第7条的做法是非常正确的。不过该条仅仅规定了"合同被撤销，返还财产、赔偿损失请求权的诉讼时效期间从合同被撤销之日起计算"。我们认为其法律思想对于合同无效以及合同被解除亦属有效，故将此规定吸收并进行适度扩张，规定："法律行为无效、被撤销、被解除后产生的返还不当得利或者赔偿损失的请求权，诉讼时效期间从法律行为被确认无效、被撤销或者被解除之日起计算。"

本条最后一款规定了基于继续性侵权行为所产生的损害赔偿请求权的诉讼时效期间起算点。继续性侵权行为尚未终止的，该侵权行为所产生的损害尚不能确定，因此被侵权人的请求权亦不能确定，故此时诉讼时效不应当开始计算，而是应当自该继续性侵权行为终止时计算。

第一百八十三条 【诉讼时效期间的特殊起算规则之二】

夫妻之间在婚姻关系存续期间产生的人身损害赔偿请求权，从婚姻关系消灭之日起计算。

被监护人与监护人之间在监护关系存续期间产生的请求权，从监护关系消灭之日起计算。

【条文含义与立法理由】

本条规定的是诉讼时效期间的特殊起算规则。

夫妻之间在婚姻关系存续期间一方侵害他方的身体、健康而给对方造成人身伤害的，被害方亦取得相应的损害赔偿请求权。本条之所以规定夫妻之间在婚姻关系存续期间产生的人身损害赔偿请求权从婚姻关系消灭之日起算，是基于如下两个方面的考量：首先，鉴于夫妻关系继续存在之重大价值，为了防止双方的婚姻关系因此破裂，往往受害一方不会提起诉讼要求赔偿，若法律规定诉讼时效期间也从得行使损害赔偿请求权之日起算，则无异于将夫妻双方推向离婚的深渊；其次，在我国，夫妻双方往往系共同财产制，一方在婚姻关系存续期间所获得的财产将被纳入共同财产的范畴，因此若夫妻双方不解除婚姻关系而一方向对方行使损害赔偿请求，则对方只能用共同财产予以赔偿，这无异于用受害人自己的财产来赔偿受害人。

就监护人与被监护人之间的损害赔偿请求权而言，本条规定其诉讼时效期间从监护关系消灭之日起算的理由如下：在监护关系存续期间，监护人作为被监护人的法定代理人，被监护人的权利，需要由监护人代理其来行使，而被监护人的义务也需要监护人代理其来履行。因此若监护人侵害了被监护人的权利应当对被监护人承担损害赔偿请求权，那么在监护关系存续期间就开始计算诉讼时效会导致监护人不代理被监护人对自己行使权利，从而使该项请求权在被监护人取得完全行为能力之后因已经过了诉讼时效而无法行使，这显然违背了法律设立监护制度以及时效制度的初衷。

第一百八十四条 【最长诉讼时效期间】

任何诉讼时效期间，从请求权产生之日起计算，最长不得超过二十年。

前款规定的二十年期间不适用本法关于诉讼时效中断、不完成和延长的规定。但是，人身损害赔偿请求权的权利人从身体受到伤害之日起超过二十年才发现损害的，人民法院可以延长诉讼时效期间，但最长不得超过三十年。

【条文含义与立法理由】

本条规定的是请求权的最长诉讼时效期间。

本条是在《民法通则》第 137 条规定基础上所制定的。本条规定首先将《民法通则》第 137 条所规定的 20 年期间明定为诉讼时效，因此该期间经过后的法律效果与一般诉讼时效期间经过以后完全相同，也即义务人一方取得抗辩权，权利人的实体权利仍然存在。这就结束了长期以来关于《民法通则》第 137 条规定的 20 年期间性质的争议。本条所规定的最长诉讼时效期间与正常诉讼时效期间相比除了期间长度不同之外，还有如下两方面的不同：首先，起算时间不同。普通诉讼时效期间、短期时效期间以及长期时效期间等正常的诉讼时效期间都是从权利人能够行使请求权时开始计算，最长诉讼时效期间则是从请求权发生之日起算，而不论权利发生时该请求权是否能够行使。其次，是否属于可变期间。正常的诉讼时效期间可以发生终止、中断，甚至在特殊情形发生时人民法院可以延长，但是对于最长诉讼时效期间，无论权利人是否曾经行使过权利，也无论中间发生何种障碍，一旦经过这一最长保护期限，法律将不再允许权利人就此获得救济。对于最长诉讼时效期间，除了因身体受到侵害要求损害赔偿的请求权之外，法院也不得再行延长。

我国学者对此基本持相同的观点，如王利明教授主持起草的《中国民法典草案建议稿及说明》规定："无论权利人是否知道其权利受到侵害，自权利受到侵害之日起超过 20 年的，义务人可以拒绝履行其给付义务。前款规定的 20 年期间不发生中止、中断和延长。但人身损害赔偿的债权人在上述期间内因不可归责于自身的原因而不知道损害的发生，或者损害在 20 年后才显现的，人民法院可以基于公平原则予以适当延长。"高圣平教授也指出："最长时效期间宜相对统一，不再就不同请求权规定不同的最长时效期间，以使规则相对简约。就最长诉讼时效的具体期间，以维持现行的 20 年为宜。针对人身损害赔偿请求权的最长时效期间不足以保护特定情形下的债权人的问题，可赋予法官一定的自由裁量权使其能阻止时效的完成。"[1]

第二分节　诉讼时效的中断和不完成

第一百八十五条　【诉讼时效中断的事由】

在诉讼时效期间内，发生下列情形之一的，诉讼时效中断：

（一）权利人请求履行；

（二）义务人承认义务；

（三）权利人提起诉讼或者申请仲裁；

（四）权利人申请支付令；

（五）权利人申请义务人破产或者申报破产债权；

（六）权利人为行使请求权而申请宣告义务人失踪或者死亡；

（七）权利人申请诉前财产保全等诉前措施；

（八）权利人申请强制执行；

（九）权利人申请追加当事人或者被通知参加诉讼；

（十）权利人在诉讼中反诉或者仲裁中反请求主张抵销。

【条文含义与立法理由】

本条规定的是诉讼时效中断的事由。

诉讼时效中断，也称诉讼时效期间的中断，是指在诉讼时效期间进行中，因发生权利人积极行使请求权或者义务人承认义务等法

---

[1] 高圣平："诉讼时效立法中的几个问题"，载《法学论坛》2015 年第 2 期。

定的中断事由，导致已经过的诉讼时效期间全归无效，从中断事由终止时起重新计算诉讼时效期间。在诉讼时效期间进行中，无论是权利人积极行使请求权还是义务人承认义务，都表明权利人并未怠于行使请求权。于此情形，如果强令诉讼时效期间继续进行，一方面无助于实现诉讼时效制度旨在督促权利人及时行使请求权的立法目的，另一方面也会损害权利人的利益。有鉴于此，大陆法系国家和地区的民法典大多规定了消灭时效中断制度。

我国《民法通则》第 140 条规定了诉讼时效中断的事由及其法律效果，其中中断事由包括三项，即权利人提起诉讼（起诉）、提出要求（请求）和义务人同意履行义务（承认）。理论上认为，起诉作为诉讼时效中断的事由，具有两个重要特征：一是权利人希望通过享有审判权的公权力机关以国家司法强制力认可和保护其权利；二是权利人借此方式表达行使请求权的主张。符合这两个特征的事项不限于起诉，还包括申请仲裁等类似事项。[1] 有鉴于此，《诉讼时效规定》第 13 条列举了九项与提起诉讼具有同等诉讼时效中断效力的事项，包括申请仲裁、申请支付令、申请破产或申报破产债权、为主张权利而申请宣告义务人失踪或死亡、申请诉前财产保全或诉前临时禁令等诉前措施、申请强制执行、申请追加当事人或者被通知参加诉讼、在诉讼中主张抵销、其他与提起诉讼具有同等诉讼时效中断效力的事项。

本条延续我国现行法的成熟做法，并参考借鉴大陆法系国家和地区的相关立法例，对导致诉讼时效中断的事由作了详细的列举，以便避免争议并保护权利人。

【学理争议与立法例】

关于诉讼时效中断的事由具体包括哪些方面，大陆法系各国家和地区采取的立法例不完全相同。较为一致的做法是，义务人承认义务、起诉及与起诉类似的事项，一般被作为诉讼时效中断的事由。

---

〔1〕 参见奚晓明主编：《最高人民法院关于民事案件诉讼时效司法解释理解与适用》，人民法院出版社 2008 年版，第 255 页，张雪楳执笔。

各立法例的主要区别在于，中断事由中是否包括权利人于诉讼外提出请求。由此，关于诉讼时效中断事由的立法例就形成了三元主义与二元主义两种不同的模式。

一、采用三元主义的立法例

三元主义立法例规定的诉讼时效中断事由包括三个方面，即权利人请求履行、义务人承认义务、权利人起诉或实施与起诉具有同等效力的行为。采用该立法例的主要有我国大陆和台湾地区、日本、韩国、荷兰、意大利和加拿大魁北克省。

1. 《中华人民共和国民法通则》第 140 条

诉讼时效因提起诉讼、当事人一方提出要求或者同意履行义务而中断。从中断时起，诉讼时效期间重新计算。

2. 最高人民法院《关于审理民事案件适用诉讼时效制度若干问题的规定》第 13 条

下列事项之一，人民法院应当认定与提起诉讼具有同等诉讼时效中断的效力：

（一）申请仲裁；

（二）申请支付令；

（三）申请破产、申报破产债权；

（四）为主张权利而申请宣告义务人失踪或死亡；

（五）申请诉前财产保全、诉前临时禁令等诉前措施；

（六）申请强制执行；

（七）申请追加当事人或者被通知参加诉讼；

（八）在诉讼中主张抵销；

（九）其他与提起诉讼具有同等诉讼时效中断效力的事项。

3. 中国台湾地区"民法典"第 129 条［消灭时效之中断事由］

消灭时效，因左列事由而中断：

一、请求。

二、承认。

三、起诉。

左列事项，与起诉有同一效力：

一、依督促程序,声请发支付命令。

二、声请调解或提付仲裁。

三、申报和解债权或破产债权。

四、告知诉讼。

五、开始执行行为或声请强制执行。

4.《日本民法典》第 147 条〔时效中断的事由〕

时效因下列事由中断:

一、请求;[1]

二、扣押、假扣押或假处分;

三、承认。

5.《韩国民法典》第 168 条〔消灭时效的中断事由〕

消灭时效,因下列各项事由而中断:

(1)请求;

(2)扣押或假扣押、假处分;

(3)承认。

6.《荷兰民法典》第 3:316 条第 1 款

1. 诉讼时效因权利人的起诉或按要求的形式进行司法追索的任何其他行为而中断。

7.《荷兰民法典》第 3:317 条

1. 债务履行请求权,其诉讼时效因债权人作出明确表示保留其履行请求权的书面催告或书面通知而中断。

2. 其他请求权的诉讼时效因书面催告而中断,但该书面催告作出后 6 个月内必须作出前条规定的中断诉讼时效的行为。

《荷兰民法典》第 3:318 条

承认诉讼权利所保障的权利的,该权利的诉讼时效对承认人中断。

---

〔1〕此所谓请求,是权利人对得依时效获得利益者,主张其权利内容的裁判上及裁判外的行为的总称。参见〔日〕我妻荣:《新订民法总则》,于敏译,中国法制出版社 2008 年版,第 424 页。

8. 《意大利民法典》第 2943 条

消灭时效基于诉讼开始的通知而发生时效中断，它包括审理、保全或执行。

在诉讼过程中提出申请也将导致时效中断。

尽管法官无管辖权，但时效中断依然发生。

此外，消灭时效因债务人的任何其他的迟延履行和一方当事人的通知行为、仲裁协议或仲裁条款、自己准备提交仲裁的意图的声明、提出申请并进行提交以指定仲裁员均导致时效的中断。

《意大利民法典》第 2944 条

消灭时效因权利人的相对方对权利的承认而发生中断。

9. 加拿大《魁北克民法典》第 2891 条

过去不行使权利的权利持有人行使权利的，消灭时效自然中断。

加拿大《魁北克民法典》第 2892 条

在时效期间届满前提起诉讼请求构成民事中断，但以在不迟于时效期间届满之日起 60 日向阻止时效之人提出此等请求为条件。

反诉、参加诉讼、扣押、提出异议，都被视为诉讼请求。表明当事人将争议提交仲裁的意图的通知也视为诉讼请求，但以此等通知描述了待提交的讼争标的且依适用于诉讼请求的规则和时间被送达为条件。

加拿大《魁北克民法典》第 2893 条

某一债权人根据他参与的与其他债权人共同进行的分派提出的任何请求，也中断时效。

加拿大《魁北克民法典》第 2898 条

承认权利人的权利，以及抛弃已经经过的时间段的利益，均中断时效。

二、采用二元主义的立法例

二元主义立法例将义务人承认义务、权利人起诉或实施与起诉具有同等效力的行为规定为诉讼时效中断事由，但不承认权利人在裁判外的请求为诉讼时效中断事由。采用该立法例的主要有法国、德国、奥地利、瑞士、葡萄牙、俄罗斯、智利和美国路易斯安那州、我国澳门特别行政区。

1. 《法国民法典》第 2244 条

向他人欲对其阻止时效进行的人送达法院的传票,即使是紧急审理之传票,送达支付催告令或扣押命令,即中断时效的进行并且中断进行诉讼的期限。

《法国民法典》第 2245 条

为进行和解而传唤当事人至治安办公室,并且当事人此后在法定期间内向法院提出传唤状时,由此引起的时效中断,自为和解而进行传唤之日起计算。

《法国民法典》第 2246 条

法院传唤传票,即使是向无管辖权的法院起诉,亦中断时效。

《法国民法典》第 2248 条

债务人或占有人如承认"时效之进行于其不利之人"的权利,时效中断。

2. 《德国民法典》第 212 条 [时效的重新开始] 第 1 款

(1) 有下列情形之一时,消灭时效重新开始进行:

1. 债务人通过分期支付、支付利息、提供担保或以其他方式,向权利人承认请求权的;

2. 法院或行政机关的执行行为被实施或申请的。

3. 《奥地利普通民法典》第 1497 条

如果意欲主张时效的人在时效期间届满之前明示地或默示地承认对方的权利,或者其被权利人起诉,而且诉讼在适当地进行,则取得时效或消灭时效中断。如果生效的判决确定该起诉是不被允许的,则时效期间视为没有中断。

4. 《瑞士债法》第 135 条

在下列情况下,诉讼时效期间中断:

1. 债务人承认债务,尤其是利息、分期付款的支付或者提供担保证或者保证。

2. 债权人发动诉讼程序:提起诉讼,向法院或者仲裁法院提出请求、申请破产程序,以及治安法官传唤当事人双方进行调解。

5.《葡萄牙民法典》第 323 条第 1 款

一、时效因通过司法途径就任何能直接或间接表达行使权利意图之行为作出传唤或通知而中断，无须考虑该行为所属之诉讼种类以及该法院是否具有管辖权。

《葡萄牙民法典》第 324 条

一、仲裁协议使欲实现之权利之时效中断。

二、订有仲裁条款或法律规定须作仲裁审理时，时效于出现上条所指之任一情况时视为中断。

《葡萄牙民法典》第 325 条

一、权利人可行使权利予以针对之人，向权利人承认权利时，时效亦告中断。

二、默示承认系可从明确显示承认权利之事实中体现时，方产生效力。

6.《俄罗斯联邦民法典》第 203 条第 1 款

按规定程序提起诉讼以及义务人实施证明他承认债务的行为，则诉讼时效期限中断。

7.《智利共和国民法典》第 2518 条

消灭他人诉权的时效可以被自然中断或法定中断。

因债务人明示或默示承认债务的行为导致自然中断。

因向法院起诉导致法定中断，但第 2503 条列举的情形除外。

8. 美国《路易斯安那民法典》第 3462 条

所有权人对占有人，或者债权人对债务人在有管辖权的法院提起诉讼时，时效中断。如诉讼在无资格或无管辖权的法院被提起，时效仅在传票在时效期间内送达被告时中断。

美国《路易斯安那民法典》第 3464 条

如一方认可其主张时效的另一方的权利，则时效中断。

9.《中国澳门特别行政区民法典》第 315 条第 1 款

一、时效因透过司法途径就任何能直接或间接表达行使权利意图之行为作出传唤或通知而中断，无须考虑该行为所属之诉讼种类以及该法院是否具管辖权。

《中国澳门特别行政区民法典》第315条第5款

五、透过司法途径作出借以表达行使权利意图之诉讼以外之通知，并不中断时效，但导致有关时效在通知后两个月内不完成；如通知于声请后五日内仍未作出，且其原因不能归责于声请人，则视通知于该五日后即被作出。

《中国澳门特别行政区民法典》第316条

一、仲裁协议使欲实现之权利之时效中断。

二、订有仲裁条款或法律规定须作仲裁审理时，时效于出现上条所指之任一情况时视为中断。

《中国澳门特别行政区民法典》第317条

一、权利人可行使权利予以针对之人，向权利人承认权利时，时效亦告中断。

二、默示承认系可从明确显示承认权利之事实中体现时，方产生效力。

三、本条采用三元主义的立法例

本条之所以对诉讼时效中断的事由采用三元主义的立法例，主要理由有三个：第一，我国《民法通则》第140条及《诉讼时效规定》第13条已经采用了三元主义立法例，本条延续这种做法有利于保护人们的预期及维持法律的连续性和稳定性。第二，在其他大陆法系国家和地区的民法典中，也有不少立法例采用三元主义模式。本条采用三元主义立法例有例可循，并非特立独行。第三，在民众大多不了解法律以及普遍厌讼的现实背景下，将权利人在诉讼外请求履行作为诉讼时效中断的事由，有利于保护权利人。

第一百八十六条 【诉讼时效中断的一般效力】

诉讼时效中断的，从中断事由终止之日起，诉讼时效期间重新计算，法律另有规定的除外。

【条文含义与立法理由】

本条规定的是诉讼时效中断的一般效力。

诉讼时效中断的效力具体可分为及于时的效力和及于人的效力两方面。诉讼时效中断及于时的效力，是指诉讼时效自何时起中断以及自何时起重新计算。关于诉讼时效自何时起中断，需根据诉讼时效的不同中断事由而定，本条未作一般性规定。关于诉讼时效中断后自何时起重新计算诉讼时效期间，本条作了原则性规定，即"从中断事由终止之日起，诉讼时效期间重新计算"。详言之，在中断事由发生前，已经过的诉讼时效期间全归无效；在中断事由存续期间内，诉讼时效暂不进行；从中断事由终止时起，诉讼时效期间重新计算。[1]需要指出的是，本条所谓"诉讼时效期间重新计算"，是指按各请求权原来的诉讼时效期间重新计算，而非统一按本法规定的5年普通诉讼时效期间重新计算。诉讼时效期间重新起算后，如再度发生中断事由，仍再发生中断效力，其事由及次数在理论上并无限制，[2]仅在时间上受最长诉讼时效期间的限制。

诉讼时效中断及于人的效力，是指诉讼时效中断对哪些人具有法律效力。大陆法系国家和地区的有些立法例明确规定，时效中断仅在当事人及其承继人之间具有效力。例如，我国台湾地区"民法典"第138条规定："时效中断，以当事人、继承人、受让人之间为限，始有效力。"《日本民法典》第148条规定："依照前条规定的时效中断，只于当事人及其承继人间具有效力。"《韩国民法典》第169条规定："时效中断，仅于当事人与其承继人之间具有效力。"不过，多数立法例未设此类规定，其原因可能在于此乃不言自明之理，无须专门规定。

我国《民法通则》第140条第2句仅规定了诉讼时效中断及于时的效力，即"从中断时起，诉讼时效期间重新计算"，而未规定诉讼时效中断及于人的效力。从理论上说，诉讼时效制度既然直接影响请求权人和义务人，则诉讼时效中断的效力自应及于请求权人、义务人及其承继人。有鉴于此，本条仅规定诉讼时效中断及于时的

---

〔1〕 参见（台）王泽鉴：《民法总则》，北京大学出版社2009年版，第425页；施启扬：《民法总则》，中国法制出版社2010年版，第346页。

〔2〕 参见（台）施启扬：《民法总则》，中国法制出版社2010年版，第346页。

效力，而未规定诉讼时效中断及于人的效力。至于诉讼时效中断对于连带之债的当事人的影响以及主债务诉讼时效中断对于保证债务诉讼时效的影响，因不属于民法典中具有普遍性的问题，故不宜规定在民法总则中，而应放在债法有关连带之债及保证合同的内容中规定。

【学理争议与立法例】

在导致诉讼时效中断的事由发生后，关于应当从何时起重新计算诉讼时效期间的问题，大致存在两种立法例：一是，规定原则上自中断时起重新计算诉讼时效期间，如瑞士、葡萄牙、荷兰、我国澳门特别行政区及美国路易斯安那州；二是，规定原则上自中断事由终止时起重新计算诉讼时效期间，如日本、韩国及我国台湾地区。

一、采用原则上自中断时起重新计算诉讼时效期间的立法例

1. 《瑞士债法》第 137 条第 1 款

诉讼时效中断时，新的诉讼时效期间开始。

2. 《葡萄牙民法典》第 326 条第 1 款

一、对时效而言，中断使已经过之时间失去作用，且使时效期间在导致中断之行为作出后即重新开始进行，但不影响下条第 1 款及第 3 款规定之适用。

《葡萄牙民法典》第 327 条第 1 款

一、如中断系因传唤、通知或等同之行为所导致，又或因仲裁协议而导致，则时效期间在导致诉讼程序结束之裁判成为确定前不重新开始进行。

3. 《荷兰民法典》第 3：319 条第 1 款

1. 诉讼时效因提起被支持的诉讼以外的事由而中断的，从中断次日起开始计算新的诉讼时效期间。有拘束力的法院判决意见书经请求而获得的，新的诉讼时效期间从该意见书作出之次日起开始计算。

4. 《中国澳门特别行政区民法典》第 318 条第 1 款

一、对时效而言，中断使已经过之时间失去作用，且使时效期间在导致中断之行为作出后即重新开始进行，但不影响下条第一款及第三款规定之适用。

《中国澳门特别行政区民法典》第 319 条第 1 款

一、如中断系因传唤、通知或等同之行为所导致，又或因仲裁协议而导致，则时效期间在导致诉讼程序结束之裁判成为确定前不重新开始进行。

5. 美国《路易斯安那民法典》第 3466 条

时效中断的，已经过的时间不计算在内。时效从中断的第二日起重新起算。

二、采用原则上自中断事由终止时起重新计算诉讼时效期间的立法例

1. 《日本民法典》第 157 条［中断后时效的进行］

（一）中断的时效，自其中断的事由终止时起，重新开始进行。

（二）因裁判上请求而中断的时效，自裁判确定时起，重新开始进行。

2. 《韩国民法典》第 178 条［中断后时效的进行］

1. 于时效中断情形，中断过程中的时效期间不予计算，自中断事由消灭时起重新进行。

2. 因裁判上的请求而中断的时效，依前款规定，自裁判确定之时起重新进行。

3. 中国台湾地区"民法典"第 137 条［时效中断及于时之效力］

时效中断者，自中断之事由终止时，重行起算。

因起诉而中断之时效，自受确定判决，或因其他方法诉讼终结时，重行起算。

本条采用原则上自中断事由终止时起重新计算诉讼时效期间的立法例。我国《民法通则》第 140 条第 2 句规定："从中断时起，诉讼时效期间重新计算。"学理上认为，该规定宜解释为"待中断事由消失后，诉讼时效期间重新计算"，以免出现不适当的结果。[1]为求明确以避免争议，本条借鉴我国台湾地区及日本、韩国民法的规定，采用原则上自中断事由终止时起重新计算诉讼时效期间的立法例，规定："诉讼时效中断的，从中断事由终止之日起，诉讼时效期间重新计算，法律另有规定的除外。"

第一百八十七条 【权利人请求履行导致诉讼时效中断的一般效力】

诉讼时效因权利人请求履行而中断的，从请求履行的通知到达义务人之日起，诉讼时效期间重新计算。

权利人请求履行部分义务的，诉讼时效中断的效力及于全部请求权，但权利人明示放弃剩余请求权的除外。

【条文含义与立法理由】

本条规定的是权利人请求履行导致诉讼时效中断的一般效力。

权利人请求履行，也称请求，是指权利人在诉讼及仲裁程序外请求义务人履行义务。权利人请求义务人履行义务，表明权利人并未怠于行使请求权，是对诉讼时效进行的事实状态的否定，自应发生诉讼时效中断的效力。[2]请求是权利人直接向义务人要求实现权利内容的意思通知；权利人不必具有中断时效的意思，时效中断的效力系因法律规定而发生，故请求在性质上属于准法律行为。[3]请求的对象通常是义务人，也可以是义务人的代理人、财产代管人或者清算组织。请求的内容可以是请求义务人履行义务或提供担保。请求的方式可以是书面、口头、数据电文或其他方式。权利人请求履行的通知须到达义务人，才能发生积极行使请求权的效果，也即导致诉讼时效中断。相应地，从该通知到达义务人之日起，诉讼时

---

〔1〕 参见崔建远等：《民法总论》（第2版），清华大学出版社2013年版，第277~278页，崔建远执笔。

〔2〕 参见佟柔主编：《中国民法》，法律出版社1990年版，第614页，郭明瑞执笔。

〔3〕 参见（台）施启扬：《民法总则》，中国法制出版社2010年版，第340页。

效期间重新计算。为求明确以避免争议，本条特设第 1 款规定。

权利人请求义务人履行部分义务的，并不意味着放弃了剩余请求权。为保护权利人，此时宜认定诉讼时效中断的效力不仅及于已主张的部分请求权，也及于剩余请求权，即诉讼时效中断的效力应当及于全部请求权。当然，如果权利人明确表示放弃剩余请求权，则被放弃的剩余请求权归于消灭，自不生重新计算诉讼时效期间的问题。《诉讼时效规定》第 11 条规定："权利人对同一债权中的部分债权主张权利，诉讼时效中断的效力及于剩余债权，但权利人明确表示放弃剩余债权的情形除外。"该规定有利于保护权利人，故本条第 2 款沿用了这一规定。

【学理争议与立法例】

在将诉讼外请求规定为诉讼时效中断事由的立法例中，关于权利人是否须在请求后的一定期间内起诉，才能确定发生诉讼时效中断的效力，大陆法系国家和地区的做法不尽相同。总体而言，存在着以下两种立法例：一是相对中断主义，即权利人请求后须在一定期间内起诉，才能确定发生诉讼时效中断的效力，如荷兰、日本、韩国、我国台湾地区；二是绝对中断主义，即权利人请求后无须另行提起诉讼或者实施类似起诉的行为，即可确定地发生诉讼时效中断的效力，如我国和加拿大魁北克省。

一、采用相对中断主义的立法例

1. 《荷兰民法典》第 3：317 条

1. 债务履行请求权，其诉讼时效因债权人作出明确表示保留其履行请求权的书面催告或书面通知而中断。

2. 其他请求权的诉讼时效因书面催告而中断，但该书面催告作出后 6 个月内必须作出前条规定的中断诉讼时效的行为。

2. 《日本民法典》第 153 条 ［催告］

催告，非在六个月内作出裁判上请求、支付督促申请、和解申请、依据《民事调停法》或《家事审判法》的调停申请、参加破产、再生、更生程序、实行扣押、假扣押或假处分时，不发生时效中断的效力。

3. 《韩国民法典》第 174 条［催告和时效中断］

催告，若未于 6 个月内提出裁判上的请求，参加破产程序、和解传唤、任意出庭、扣押或假扣押、假处分，则不发生时效中断的效力。

4. 中国台湾地区"民法典"第 130 条［不起诉视为不中断］

时效因请求而中断者，若于请求后六个月内不起诉，视为不中断。

二、采用绝对中断主义的立法例

1. 《中华人民共和国民法通则》第 140 条

诉讼时效因提起诉讼、当事人一方提出要求或者同意履行义务而中断。从中断时起，诉讼时效期间重新计算。

2. 最高人民法院《关于审理民事案件适用诉讼时效制度若干问题的规定》第 10 条

具有下列情形之一的，应当认定为民法通则第一百四十条规定的"当事人一方提出要求"，产生诉讼时效中断的效力：

（一）当事人一方直接向对方当事人送交主张权利文书，对方当事人在文书上签字、盖章或者虽未签字、盖章但能够以其他方式证明该文书到达对方当事人的；

（二）当事人一方以发送信件或者数据电文方式主张权利，信件或者数据电文到达或者应当到达对方当事人的；

（三）当事人一方为金融机构，依照法律规定或者当事人约定从对方当事人账户中扣收欠款本息的；

（四）当事人一方下落不明，对方当事人在国家级或者下落不明的当事人一方住所地的省级有影响的媒体上刊登具有主张权利内容的公告的，但法律和司法解释另有特别规定的，适用其规定。

前款第（一）项情形中，对方当事人为法人或者其他组织的，签收人可以是其法定代表人、主要负责人、负责收发信件的部门或者被授权主体；对方当事人为自然人的，签收人可以是自然人本人、同住的具有完全行为能力的亲属或者被授权主体。

最高人民法院《关于审理民事案件适用诉讼时效制度若干问题的规定》第11条

权利人对同一债权中的部分债权主张权利，诉讼时效中断的效力及于剩余债权，但权利人明确表示放弃剩余债权的情形除外。

3. 加拿大《魁北克民法典》第2891条

过去不行使权利的权利持有人行使权利的，消灭时效自然中断。

加拿大《魁北克民法典》第2893条

某一债权人根据他参与的与其他债权人共同进行的分派提出的任何请求，也中断时效。

三、本条采用绝对中断主义的立法例

对于诉讼时效因权利人请求履行而中断的情况，本条第1款采用了绝对中断主义的立法例，规定"从请求履行的通知到达义务人之日起，诉讼时效期间重新计算"。之所以如此规定，主要出于两个方面的考虑：一是，我国《民法通则》第140条早已采用该规则，本条沿用此规则有利于保持法律的连续性和稳定性；二是，此一立法例既符合诉讼时效制度的宗旨，也有利于保护权利人。

第一百八十八条 【视为权利人请求履行的事由及其导致诉讼时效中断的效力】

权利人行使同时履行抗辩权、基于留置权或者质权拒绝返还担保物、行使选择之债的选择权或者将种类之债特定化的，视为权利人请求履行，诉讼时效从权利人实施相应行为之日起中断。

权利人对义务人行使抵销权的，视为权利人请求履行，抵销后剩余请求权的诉讼时效从抵销通知到达义务人之日起中断。

权利人请求人民调解委员会或者其他依法有权解决民事纠纷的国家机关、社会团体保护其民事权利的，视为权利人请求履行，诉讼时效从权利人提出保护请求之日起中断，但权利人撤回请求或者其请求未被受理的，诉讼时效视为不中断。经调处达成调解协议的，诉讼时效期间从调解协议约定的履行期限届满之日起重新计算；经调处达不成调解协议的，诉讼时效期间从调处程序终止之日

起重新计算。

权利人向公安机关、人民检察院、人民法院报案或者控告，请求保护其民事权利的，视为权利人请求履行，诉讼时效从权利人报案或者控告之日起中断，但权利人撤回报案或者控告的，诉讼时效视为不中断。公安机关、人民检察院、人民法院决定不立案、撤销案件、不起诉的，诉讼时效期间从权利人知道或者应当知道不立案、撤销案件或者不起诉之日起重新计算。刑事案件进入审理阶段的，诉讼时效期间从刑事裁判文书生效之日起重新计算。

【条文含义与立法理由】

本条规定的是视为权利人请求履行的事由及其导致诉讼时效中断的效力。

学说上认为，权利人实施的下列行为，因旨在主张其权利存在，并否定相对人的事实状态，此点与请求十分相似，故应参照请求而发生时效中断的效力：①主张抵销的意思表示；②行使同时履行抗辩权；③基于留置权或质权而拒绝返还担保物；④选择债权之选择、种类债权之特定或债权内容之变更。[1]这种观点符合诉讼时效中断制度的目的，也有利于保护权利人。本条第 1 款就是参考这种观点而设。当然，在权利人对义务人行使抵销权的情况下，因被抵销的请求权归于消灭，不会发生诉讼时效中断的问题，故仅对抵销后剩余的请求权才产生诉讼时效中断的效力。有鉴于此，本条第 2 款规定："权利人对义务人行使抵销权的，视为权利人请求履行，抵销后剩余请求权的诉讼时效从抵销通知到达义务人之日起中断。"

权利人虽未直接请求义务人履行，但请求人民调解委员会或者其他依法有权解决民事纠纷的国家机关、社会团体保护其民事权利的，亦足以证明权利人在积极行使请求权，符合诉讼时效中断制度的立法目的，故也应产生诉讼时效中断的效力。理论上认为，人民

---

〔1〕 参见史尚宽：《民法总论》，中国政法大学出版社 2000 年版，第 651～652 页。

调解委员会等有关单位对权利人提出的保护请求是否处理，不影响诉讼时效中断的效力。[1] 本条第 3 款是在借鉴《诉讼时效规定》第 14 条和《民通意见》第 174 条的基础上，参考权利人起诉后又撤回起诉或者起诉被裁定不予受理时诉讼时效视为不中断的规定而设。本条所谓"其他依法有权解决民事纠纷的国家机关、社会团体"，包括村民委员会、居民委员会、消费者协会、证券业协会、律师协会、公安机关交通管理部门等。[2]

此外，权利人虽未直接请求义务人履行，但向公检法机关提出刑事报案或者控告，请求公检法机关追究义务人的刑事责任，以达到保护其请求权的目的的，也足以证明权利人是在积极行使请求权。因此，按照诉讼时效中断制度的目的衡量，亦应产生诉讼时效中断的效力。本条第 4 款是在借鉴《诉讼时效规定》第 15 条的基础上，参考权利人起诉后又撤回起诉或者起诉被裁定不予受理时诉讼时效视为不中断的规定而设。

【学理争议与立法例】

一、采用申请调解可导致诉讼时效中断的立法例

权利人请求人民调解委员会等有关组织保护其民事权利的，人民调解委员会等有关组织依法只能进行调解，无权径直作出具有法律约束力的裁决。因此，将权利人请求人民调解委员会等有关组织保护其民事权利规定为诉讼时效中断的事由，实际上就是承认权利人在诉讼程序外申请调解可以产生诉讼时效中断的效力。

关于申请调解能否产生诉讼时效中断的效力，大陆法系国家和地区的民法典存在不同的做法。多数立法例未提及该问题。有些立法例规定申请调解可导致诉讼时效中断，如我国大陆及台湾地区、法国、日本、韩国。有的立法例规定申请调解可以导致诉讼时效停

---

〔1〕 参见奚晓明主编：《最高人民法院关于民事案件诉讼时效司法解释理解与适用》，人民法院出版社 2008 年版，第 271 页，段晓娟执笔。

〔2〕 参见《村民委员会组织法》第 2 条第 2 款、《城市居民委员会组织法》第 3 条第 3 项、《消费者权益保护法》第 39 条第 2 项、《证券法》第 176 条第 5 项、《律师法》第 46 条第 1 款第 7 项、《道路交通安全法》第 74 条。

止，如德国。

（一）规定申请调解可导致诉讼时效中断的立法例

1. 最高人民法院《关于贯彻执行〈中华人民共和国民法通则〉若干问题的意见（试行）》第174条

权利人向人民调解委员会或者有关单位提出保护民事权利的请求，从提出请求时起，诉讼时效中断。经调处达不成协议的，诉讼时效期间即重新起算；如调处达成协议，义务人未按协议所定期限履行义务的，诉讼时效期间应从期限届满时重新起算。

2. 最高人民法院《关于审理民事案件适用诉讼时效制度若干问题》第14条

权利人向人民调解委员会以及其他依法有权解决相关民事纠纷的国家机关、事业单位、社会团体等社会组织提出保护相应民事权利的请求，诉讼时效从提出请求之日起中断。

3. 中国台湾地区"民法典"第129条［消灭时效之中断事由］第2项

左列事项，与起诉有同一效力：

……

二、声请调解或提付仲裁。

……

中国台湾地区"民法典"第133条［因声请调解提付仲裁而中断时效之事由］

时效因声请调解或提付仲裁而中断者，若调解之声请经撤回、被驳回、调解不成立或仲裁之请求经撤回、仲裁不能达成判断时，视为不中断。

4.《法国民法典》第2245条

为进行和解而传唤当事人至治安办公室，并且当事人此后在法定期间内向法院提出传唤状时，由此引起的时效中断，自为和解而进行传唤之日起计算。

5.《日本民法典》第151条

在申请和解，以及依据《民事调停法》或《家事审判法》申请调停的场合，相对人不到庭或者和解、调停不成立时，如果没有在一个月以内提起诉讼，则不发生时效中断的效力。

6.《韩国民法典》第 173 条

为和解而进行的传唤，于相对人不到庭或和解不成时，若未于 1 个月内起诉，不发生时效中断的效力。于任意出庭情形，和解不成立时，亦同。

（二）规定申请调解可导致诉讼时效停止的立法例

《德国民法典》第 204 条

（1）消灭时效由于下列原因而停止：

……

4. 使递交给州司法行政部门设立或承认的调停机构的和解申请被通告，或者在双方当事人一致地进行协商的尝试的情况下，使递交给其他从事争议解决的调停机构的和解申请被通告；递交申请后旋即通告的，在递交时发生消灭时效的停止。……

（2）在确定裁判或已开始的程序以其他方式终结后，第 1 款所规定的停止状况经过 6 个月而结束。因双方当事人不进行程序，致使程序处于休止状态的，以双方当事人、法院或其他处理程序的机构最终的程序行为代替程序的终结。当事人中的一方继续进行程序的，重新开始停止。

本条第 3 款采用申请调解可导致诉讼时效中断的立法例。

本条第 3 款之所以采用申请调解可导致诉讼时效中断的立法例，主要理由有三个：一是，与《民通意见》第 174 条和《诉讼时效规定》第 14 条保持一致，体现法律的连续性和稳定性；二是，与我国目前实行的多元化纠纷解决机制相适应，有利于当事人通过非诉途径解决纠纷；三是，有利于保护权利人。

二、承认刑事报案可导致诉讼时效中断的立法例

多数大陆法系国家和地区的民法典未将权利人进行刑事报案规定为诉讼时效中断的事由。我国《诉讼时效规定》第 15 条承认权利人进行刑事报案可导致诉讼时效中断，这与我国目前处理刑事案件和民事案件的机制以及民众的法制观念密切相关。本条第 4 款系参考《诉讼时效规定》第 15 条而设，一方面可以保持法律的连续性和稳定性，另一方面也符合人们的社会观念，并有利于保护权利人。

最高人民法院《关于审理民事案件适用诉讼时效制度若干问题的规定》第 15 条

权利人向公安机关、人民检察院、人民法院报案或者控告，请求保护其民事权利的，诉讼时效从其报案或者控告之日起中断。

上述机关决定不立案、撤销案件、不起诉的，诉讼时效期间从权利人知道或者应当知道不立案、撤销案件或者不起诉之日起重新计算；刑事案件进入审理阶段，诉讼时效期间从刑事裁判文书生效之日起重新计算。

第一百八十九条 【义务人承认义务导致诉讼时效中断的一般效力】

诉讼时效因义务人承认义务而中断的，从承认义务的通知到达权利人之日起，诉讼时效期间重新计算。

义务人承认部分义务的，诉讼时效中断的效力及于全部请求权，但义务人明示不承认剩余义务的除外。

【条文含义与立法理由】

本条规定的是义务人承认义务导致诉讼时效中断的一般效力。

义务人承认义务，也称承认，是指义务人通过实际履行义务或承诺履行义务的行为而承认权利人享有请求权。"义务人承认对方权利的存在，愿意履行义务，当事人之间的权利义务重新得以明确，已经过了的时效期间也就无再继续的必要，因此，诉讼时效中断。"[1] 大陆法系国家和地区的民法典大都将义务人承认规定为诉讼时效中断的事由。

理论上认为，承认是义务人向权利人表示认识权利存在的观念

---

[1] 佟柔主编：《中国民法》，法律出版社 1990 年版，第 614 页，郭明瑞执笔。

通知，仅因义务人一方的行为而发生效力，无须权利人的同意。[1]义务人承认时不必具有中断时效的效果意思，时效的中断系基于法律规定而发生，故承认的性质为准法律行为。[2]承认的方式可以是明示，也可以是默示。以默示方式承认时，须有一定的外在行为，足以认定有承认的意思，单纯的沉默不能认为是默示。义务人的行为如抵偿利息、清偿部分债务、请求缓期清偿、提供担保或抵偿其一部分贷款，均可认为系默示的承认。[3]义务人既可通过单独行为承认债务，如出具承诺函或确认函，也可与权利人签订合同以承认义务。

义务人承认义务的，从承认的通知到达权利人之日起，权利人的请求权就重新得到明确，诉讼时效即失去继续进行的意义，故诉讼时效应当中断，并重新开始计算。为求明确以避免争议，本条第 1 款规定："诉讼时效因义务人承认义务而中断的，从承认义务的通知到达权利人之日起，诉讼时效期间重新计算。"

义务人承认部分义务的，通常可以推定系承认全部义务，诉讼时效中断的效力原则上应及于全部请求权。如此处理也有利于保护权利人。当然，义务人仅承认部分义务且明示不承认剩余义务的，则不被承认的剩余义务并未重新得到确定，故部分承认对该剩余义务不发生诉讼时效中断的效力。为求明确以保护权利人，参考《诉讼时效规定》第 11 条关于"权利人对同一债权中的部分债权主张权利，诉讼时效中断的效力及于剩余债权，但权利人明确表示放弃剩余债权的情形除外"的规定，本条第 2 款规定："义务人承认部分义务的，诉讼时效中断的效力及于全部请求权，但义务人明示不承认剩余义务的除外。"

---

〔1〕 参见史尚宽：《民法总论》，中国政法大学出版社 2000 年版，第 670 页；（台）施启扬：《民法总则》，中国法制出版社 2010 年版，第 341 页；（台）王泽鉴：《民法总则》，北京大学出版社 2009 年版，第 424 页。

〔2〕 参见史尚宽：《民法总论》，中国政法大学出版社 2000 年版，第 670 页；（台）施启扬：《民法总则》，中国法制出版社 2010 年版，第 341 页。

〔3〕 参见（台）施启扬：《民法总则》，中国法制出版社 2010 年版，第 341～342 页。

【学理争议与立法例】

大陆法系国家和地区的民法典大都规定，义务人承认债务或者说承认请求权的，诉讼时效中断。此时应适用诉讼时效中断的一般规则，即从中断时起或者从中断事由终止时起，诉讼时效期间重新计算。相关立法例如下：

1.《中华人民共和国民法通则》第 140 条

诉讼时效因提起诉讼、当事人一方提出要求或者同意履行义务而中断。从中断时起，诉讼时效期间重新计算。

2. 中国台湾地区"民法典"第 129 条［消灭时效之中断事由］第 2 项

消灭时效，因左列事由而中断：

……

二、承认。

……

3.《法国民法典》第 2248 条

债务人或占有人如承认"时效之进行于其不利之人"的权利，时效中断。

4.《奥地利普通民法典》第 1497 条

如果意欲主张时效的人在时效期间届满之前明示地或默示地承认对方的权利，或者其被权利人起诉，而且诉讼在适当地进行，则取得时效或消灭时效中断。如果生效的判决确定该起诉是不被允许的，则时效期间视为没有中断。

5.《德国民法典》第 212 条第 1 款第 1 项

（1）有下列情形之一时，消灭时效重新开始进行：

1. 债务人通过分期支付、支付利息、提供担保或以其他方式，向权利人承认请求权的；……

6.《瑞士债法》第 135 条第 1 项

在下列情况下，诉讼时效期间中断：

1. 债务人承认债务，尤其是利息、分期付款的支付或者提供担保或者保证；

……

7.《意大利民法典》第 2944 条

消灭时效因权利人的相对方对权利的承认而发生中断。

8.《葡萄牙民法典》第 325 条

一、权利人可行使权利予以针对之人，向权利人承认权利时，时效亦告中断。

二、默示承认系可从明确显示承认权利之事实中体现时，方产生效力。

9.《中国澳门特别行政区民法典》第 317 条

一、权利人可行使权利予以针对之人，向权利人承认权利时，时效亦告中断。

二、默示承认系可从明确显示承认权利之事实中体现时，方产生效力。

10.《荷兰民法典》第 3：318 条

承认诉讼权利所保障的权利的，该权利的诉讼时效对承认人中断。

11.《俄罗斯联邦民法典》第 203 条第 1 款

按规定程序提起诉讼以及义务人实施证明他承认债务的行为，则诉讼时效期间中断。

12.《日本民法典》第 147 条第 3 项

时效因下列事由中断：

……

三、承认。

13.《日本民法典》第 156 条

在作出应发生时效中断效力的承认时，就相对人的权利的处分，无须具有行为能力或权限。

14.《韩国民法典》第 168 条第 3 项

消灭时效，因下列各项事由而中断：

……

（3）承认。

《韩国民法典》第 177 条

作时效中断的效力的承认，无须相对人对权利有处分能力或有权限。

15.《智利共和国民法典》第 2518 条第 2 款

因债务人明示或默示承认债务的行为导致自然中断。

16.《巴西民法典》第 202 条第 6 项

诉讼时效仅能中断一次，在以下情形发生：

……

（6）因债务人任何明确的意味着承认权利的行为，在司法程序以外实施的，亦同。

17.《阿根廷共和国民法典》第 3989 条

债务人或占有人对于时效的进行对其不利之人的权利给予明示或默示的承认时，时效被中断。

18. 加拿大《魁北克民法典》第 2898 条

承认权利人的权利，以及抛弃已经经过的时间段的利益，均中断时效。

19. 美国《路易斯安那民法典》第 3464 条

如一方认可其主张时效的另一方的权利，则时效中断。

第一百九十条 【义务人承认义务导致诉讼时效中断的特殊效力】

义务人履行部分义务的，视为承认剩余义务，诉讼时效期间从义务人履行部分义务之日起重新计算。

义务人作出分期履行或者延期履行的承诺的，诉讼时效期间从义务人承诺的履行期限届满之日起重新计算，但权利人拒绝其分期履行或者延期履行的，诉讼时效期间从拒绝通知到达义务人之日起重新计算。

义务人为履行义务提供担保或者承诺提供担保的，诉讼时效期间从提供担保的意思表示到达权利人之日起重新计算。

【条文含义与立法理由】

本条规定的是义务人承认义务导致诉讼时效中断的特殊效力。

义务人履行部分义务的，被履行的义务归于消灭，不发生诉讼时效中断的问题。义务人主动履行部分义务时，往往兼有默示承认剩余义务的意思；权利人也可能会认为双方的权利义务关系已得到明确，从而在一段时期内暂不主张剩余请求权。为保护权利人，应当将义务人履行部分义务的行为视为承认剩余义务，从而使剩余义务发生诉讼时效中断的效力。为求明确以避免争议，本条第 1 款规定："义务人履行部分义务的，视为承认剩余义务，诉讼时效期间从义务人履行部分义务之日起重新计算。"

义务人作出分期履行或者延期履行的承诺时，如果权利人接受该承诺，诉讼时效期间自应从义务人承诺的履行期限届满之日起重新计算，以便尊重双方当事人的意思自治。不过，如果权利人拒绝接受义务人分期履行或者延期履行的承诺，则诉讼时效期间就不应从义务人承诺的履行期限届满之日起重新计算，而应从权利人拒绝接受的通知到达义务人之日起重新计算。本条第 2 款即针对这种情况而设。

义务人为履行义务而向权利人提供担保或者承诺提供担保的，双方的权利义务关系由此得以明确，诉讼时效期间自应从义务人提供担保的意思表示到达权利人之日起计算。本条第 3 款即针对这种情况而设。

【学理争议与立法例】

在将义务人的承认规定为诉讼时效中断事由的立法例中，有些立法例规定，债务人可通过分期支付、支付利息或者提供担保的方式承认债务，如我国、德国、瑞士。有些立法例则规定，债务人可以默示地承认债务或者承认权利，如奥地利、葡萄牙、智利、阿根廷、我国澳门特别行政区。本条在借鉴前一种立法例的基础上，对义务人履行部分义务、承诺分期履行或者延期履行、为履行义务提供担保或者承诺提供担保这三种情况下重新计算诉讼时效期间的起算点作了具体规定。

一、规定债务人可通过分期支付、支付利息或者提供担保的方式承认债务的立法例

1. 最高人民法院《关于审理民事案件适用诉讼时效制度若干问题的规定》第 16 条

义务人作出分期履行、部分履行、提供担保、请求延期履行、制定清偿债务计划等承诺或者行为的，应当认定为民法通则第一百四十条规定的当事人一方"同意履行义务"。

2.《德国民法典》第 212 条第 1 款第 1 项

（1）有下列情形之一时，消灭时效重新开始进行：

1. 债务人通过分期支付、支付利息、提供担保或以其他方式，向权利人承认请求权的；

……

3.《瑞士债法》第 135 条第 1 项

在下列情况下，诉讼时效期间中断：

1. 债务人承认债务，尤其是利息、分期付款的支付或者提供担保或者保证；……

二、规定债务人可默示地承认债务或者承认权利的立法例

1.《奥地利普通民法典》第 1497 条

如果意欲主张时效的人在时效期间届满之前明示地或默示地承认对方的权利，或者其被权利人起诉，而且诉讼在适当地进行，则取得时效或消灭时效中断。如果生效的判决确定该起诉是不被允许的，则时效期间视为没有中断。

2.《葡萄牙民法典》第 325 条第 2 款

二、默示承认系可从明确显示承认权利之事实中体现时，方产生效力。

3.《智利共和国民法典》第 2518 条第 2 款

因债务人明示或默示承认债务的行为导致自然中断。

4.《阿根廷共和国民法典》第 3989 条

债务人或占有人对于时效的进行对其不利之人的权利给予明示或默示的承认时，时效被中断。

5.《中国澳门特别行政区民法典》第 317 条第 2 款

二、默示承认系可从明确显示承认权利之事实中体现时，方产生效力。

第一百九十一条　【权利人提起诉讼导致诉讼时效中断的一般效力】

诉讼时效因权利人提起诉讼而中断的，在诉讼程序终结前，诉讼时效期间不开始计算。从人民法院作出的判决、调解书生效之日起，诉讼时效期间重新计算。

诉讼时效因权利人提起诉讼而中断后，权利人撤回起诉、起诉被裁定驳回或者不予受理的，诉讼时效视为不中断。于此情形，如果起诉状已经送达义务人，诉讼时效期间从送达之日起重新计算。

【条文含义与立法理由】

本条规定的是权利人提起诉讼导致诉讼时效中断的一般效力。

权利人提起诉讼，也称起诉，是指权利人通过向法院依法提起民事诉讼的方式行使请求权。权利人向法院提起民事诉讼，表明其在积极行使请求权，与诉讼时效进行的事实状态相反，故应发生诉讼时效中断的效力。[1]权利人提起诉讼，包括提起民事诉讼、刑事附带民事诉讼及行政附带民事诉讼。至于权利人提起诉讼的种类，不论为本诉或反诉，给付之诉、确认之诉或形成之诉，均发生诉讼时效中断的效力。[2]权利人提起诉讼的，自其向法院提交起诉状之日起发生诉讼时效中断的效力，而无须等待起诉状送达于相对人，

---

〔1〕参见佟柔主编：《中国民法》，法律出版社 1990 年版，第 613 页，郭明瑞执笔。

〔2〕此为我国台湾地区通说，参见（台）王泽鉴：《民法总则》，北京大学出版社 2009 年版，第 424 页；（台）施启扬：《民法总则》，中国法制出版社 2010 年版，第 342 页。我国大陆司法实践中的主流观点亦持此说。参见奚晓明主编：《最高人民法院关于民事案件诉讼时效司法解释理解与适用》，人民法院出版社 2008 年版，第 241 页，张雪楳执笔。也有学者认为，权利人起诉仅限于给付之诉，不可能是确认之诉或形成之诉。参见（台）姚瑞光：《民法总则论》，中国政法大学出版社 2011 年版，第 341~342 页。

因为以起诉状记载诉讼标的及应受判决事项的声明，即为行使请求权的明确表示。[1]从诉讼时效中断后到诉讼程序终结前，因诉讼程序一直在持续进行中，或者说权利人持续处于行使请求权的状态，故不需要开始计算诉讼时效期间。从法院作出的判决、调解书生效之日起，权利人与义务人之间的权利义务关系即告确定，自应重新计算诉讼时效期间。为求明确以避免争议，本条第 1 款对此作了相应规定。

权利人提起诉讼后又撤回起诉的，表明权利人放弃通过诉讼途径行使请求权。权利人提起诉讼后，因起诉不符合民事诉讼法规定的受理条件而被法院裁定不予受理或者被驳回起诉的，表明权利人通过诉讼途径行使请求权的行为不被认可。在这三种情况下，如果仍令起诉发生诉讼时效中断的效力，就会与诉讼时效中断制度的目的不符，对义务人也不公平。因此，应当将原已因起诉而中断的诉讼时效视为不中断，以便保护义务人。我国《海商法》第 267 条第1 款第 2 句关于"请求人撤回起诉、撤回仲裁或者起诉被裁定驳回的，时效不中断"的规定，已经采纳了这种做法。大陆法系国家和地区的民法典往往也设有类似规定。为求明确以避免争议，本条第 2款第 1 句规定："诉讼时效因权利人提起诉讼而中断后，权利人撤回起诉、起诉被裁定驳回或者不予受理的，诉讼时效视为不中断。"

不过，在权利人撤回起诉或者法院依法裁定不予受理或者驳回起诉前，如果起诉状已经由法院送达给义务人，则权利人行使请求权的意思仍会到达义务人并使其知晓。鉴于这种情况与权利人在诉讼外请求义务人履行类似，故应视为权利人请求履行，使其发生诉讼时效中断的效力，以便保护权利人。[2]当然，此时诉讼时效期间并非从起诉之日起重新计算，而应从起诉状送达义务人之日起重新计算。这是规定本条第 2 款第 2 句的理由。

---

〔1〕 参见（台）施启扬：《民法总则》，中国法制出版社 2010 年版，第 342 页。

〔2〕 参见奚晓明主编：《最高人民法院关于民事案件诉讼时效司法解释理解与适用》，人民法院出版社 2008 年版，第 245～250 页，张雪楳执笔。

【学理争议与立法例】

大陆法系国家和地区的民法典均将权利人起诉作为诉讼时效中断的事由。不过，关于在诉讼时效因权利人起诉而中断后，从何时起重新计算诉讼时效期间，以及按照何种时效期间重新计算诉讼时效期间，则存在着不同的立法例。另外，关于权利人起诉后又撤诉或者被驳回起诉的，起诉是否仍发生诉讼时效中断的效力，也存在着不同的立法例。

一、关于从何时起重新计算诉讼时效期间的立法例

在因权利人起诉导致诉讼时效中断的情况下，有些立法例对于重新计算诉讼时效期间的起算点未作专门规定；有些立法例则明确规定从裁判确定时起重新计算诉讼时效期间，如日本、韩国、葡萄牙、意大利、加拿大魁北克省、我国澳门及台湾地区。为求明确以避免争议，本条第 1 款采纳了后一种立法例。此种立法例的详情如下：

1. 《日本民法典》第 157 条 ［中断后时效的进行］第 2 款

（二）因裁判上请求而中断的时效，自裁判确定时起，重新开始进行。

2. 《韩国民法典》第 178 条第 2 款

因裁判上的请求而中断的时效，依前款规定，自裁判确定之时起重新进行。

3. 《葡萄牙民法典》第 327 条第 1 款

一、如中断系因传唤、通知或等同之行为所导致，又或因仲裁协议而导致，则时效期间在导致诉讼程序结束之裁判成为确定前不重新开始进行。

4. 《意大利民法典》第 2945 条第 2 款

如果消灭时效是根据第 2943 条前两款规定的行为之一而发生中断，则直到作出终审判决的时刻止，消灭时效不计算。

5. 加拿大《魁北克民法典》第 2896 条第 1 款

根据具体情况，在判决获得既判力前或在当事人达成和解前，

因诉讼请求引起的时效中断继续。

6.《中国澳门特别行政区民法典》第 319 条第 1 款

一、如中断系因传唤、通知或等同之行为所导致，又或因仲裁协议而导致，则时效期间在导致诉讼程序结束之裁判成为确定前不重新开始进行。

7. 中国台湾地区"民法典"第 137 条〔时效中断及于时之效力〕第 2 项

因起诉而中断之时效，自受确定判决，或因其他方法诉讼终结时，重行起算。

二、关于按照何种时效期间重新计算诉讼时效期间的立法例

在诉讼时效因权利人起诉而中断后，应当按照何种时效期间重新计算诉讼时效期间？多数立法例对此问题未作明文规定，如法国、奥地利、德国、俄罗斯、智利、阿根廷等国，实际上是按照原来的时效期间重新计算诉讼时效期间。有些立法例明确规定按原来的时效期间重新计算诉讼时效期间，如加拿大魁北克省。有些立法例规定按另外的时效期间重新计算诉讼时效期间，如瑞士、日本、韩国。还有些立法例规定原则上按原来的时效期间、例外情况下按另外的时效期间重新计算诉讼时效期间，如葡萄牙、我国澳门和台湾地区。

（一）明确规定按原来的时效期间重新计算诉讼时效期间的立法例

加拿大《魁北克民法典》第 2903 条

中断之后，时效就同样的期间重新进行。

（二）规定按另外的时效期间重新计算诉讼时效期间的立法例

1.《瑞士债法》第 137 条第 2 款

由法院的执行文件承认或者法院判决设定的债权，新的诉讼时效一般为 10 年。

2.《日本民法典》第 174 条之 2

（一）依据确定判决确定的权利，即使有短于十年的时效期间的规定存在，其时效期间亦为十年。关于依据裁判上的和解、调停等

与确定判决具有同一效力的程序确定的权利，亦同。

（二）前项的规定，对于确定之时清偿期尚未届满的债权，不予适用。

3.《韩国民法典》第 165 条

1. 依判决确定的债权，即使符合短期消灭时效的规定，其消灭时效亦为 10 年。

2. 依破产程序确定的债权及依裁判上的和解、调解及其他与判决具有同一效力的程序确定的债权，亦同。

3. 前 2 款规定，不适用于判决当时未届清偿期的债权。

（三）规定原则上按原来的时效期间、例外情况下按另外的时效期间重新计算诉讼时效期间的立法例

1.《葡萄牙民法典》第 326 条第 2 款

二、重新开始之时效受原时效期间所约束，但第 311 条所规定者除外。

《葡萄牙民法典》第 311 条

一、如法律就某权利之时效定出较一般时效期间为短之时效期间，且其后该权利经确定判决确认或有其他执行名义存在，则该权利受一般时效期间约束，即使上述受法律规定之时效仅属推定性质亦然。

二、然而，如上述判决或其他执行名义涉及尚未到期之给付，则针对该等给付之时效仍以较短之时效期间为准。

2.《中国澳门特别行政区民法典》第 318 条第 2 款

二、重新开始之时效受原时效期间所约束，但第 304 条所规定者除外。

《中国澳门特别行政区民法典》第 304 条

一、如法律就某权利之时效定出较一般时效期间为短之时效期间，且其后该权利经确定判决确认或有其他执行名义存在，则该权利受一般时效期间约束，即使上述受法律规定之时效仅属推定性质亦然。

二、然而，如上述判决或其他执行名义涉及尚未到期之给付，则针对该等给付之时效仍以较短之时效期间为准。

3. 中国台湾地区"民法典"第 137 条 ［时效中断及于时之效力］第 3 款

经确定判决或其他与确定判决有同一效力之执行名义所确定之请求权，其原有消灭时效期间不满五年者，因中断而重行起算之时效期间为五年。

本条第 1 款采用未明文规定按何种时效期间重新计算诉讼时效期间的立法例。本条第 1 款结合《民法通则》第 140 条的规定，并参考法国等国家的多数立法例，未明文规定按何种时效期间重新计算诉讼时效期间，实际上意味着按各请求权原来的时效期间重新计算诉讼时效期间。如此处理有助于保持我国法律的连续性和稳定性，并且对权利人和义务人均较为公平。

三、关于权利人起诉后又撤诉或者被驳回起诉的，起诉是否仍发生诉讼时效中断的效力的立法例

权利人起诉后又撤诉或者被驳回起诉的，起诉是否仍发生诉讼时效中断的效力？有些立法例明确规定，此时诉讼时效应视为不中断或者不发生诉讼时效中断的效力，如我国大陆及台湾地区、法国、日本、阿根廷。有些立法例则规定，此时原则上不发生诉讼时效中断的效力，但另外设有一些特别规定以保护权利人，如瑞士、荷兰、韩国、加拿大魁北克省。本条第 2 款系参考后一种立法例而设，以便平衡权利人与义务人之间的利益关系，并贯彻诉讼时效因权利人请求履行而中断的一般规则。

（一）规定诉讼时效应视为不中断或者不发生诉讼时效中断效力的立法例

1.《中华人民共和国海商法》第 267 条第 1 款

时效因请求人提起诉讼、提交仲裁或者被请求人同意履行义务而中断。但是，请求人撤回起诉、撤回仲裁或者起诉被裁定驳回的，时效不中断。

2.《法国民法典》第 2247 条

以下情形，不视为发生时效中断：

——如当事人的传唤状因不符合形式而无效；

——如原告撤诉；

——如原告听任诉讼逾期而不进行诉讼；

——或者，如原告的诉讼请求被驳回。

3.《日本民法典》第 149 条［裁判上请求］

裁判上请求，在起诉被驳回或撤回时，不发生时效中断的效力。

4.《阿根廷共和国民法典》第 3987 条

原告撤回其诉讼请求时，依程序法典的规定发生诉权的丧失时，或原告之诉被确定性地驳回时，不被认为因诉讼请求而发生时效的中断。

5. 中国台湾地区"民法典"第 131 条［因诉之撤回或驳回而视为不中断］

时效因起诉而中断者，若撤回其诉，或因不合法而受驳回之裁判，其裁判确定，视为不中断。

（二）规定原则上不发生诉讼时效中断的效力，但另外设有特别规定以保护权利人的立法例

1.《瑞士债法》第 139 条

起诉或者反诉因法院无管辖权，或者因可以修正的形式上的瑕疵，或者因提前起诉而被驳回，此时诉讼时效届满的，则适用一新的 60 天的诉讼时效。

2.《荷兰民法典》第 3：316 条第 2 款

已经提起的诉讼未被支持的，诉讼时效不中断，但在终局判决作出之后或以其他方式结案之后 6 个月内重新起诉并获得支持的除外。司法追索行为被撤回的，诉讼时效亦不中断。

3.《韩国民法典》第 170 条

1. 裁判上的请求于诉讼被驳回、拒绝或撤回情形，不发生时效中断的效力。

2. 前款情形，如于 6 个月内提出裁判上的请求，参加破产程序、扣押或假扣押、假处分时，视为时效因最初裁判上的请求而被中断。

4. 加拿大《魁北克民法典》第 2894 条

申请被驳回、诉讼终止或案件因时效消灭的，不发生时效中断。

加拿大《魁北克民法典》第 2895 条第 1 款

如当事人的申请被驳回，但未就案件的要点作出裁决，且在判决之日时效期间已届满或将在不足 3 个月内届满，原告自判决书送达之日起有 3 个月的额外期间主张其权利。

第一百九十二条 【权利人提起债权人代位权或者撤销权诉讼导致诉讼时效中断的效力】

权利人提起债权人代位权诉讼后，生效的判决或者调解书仅保全了部分债权的，剩余债权的诉讼时效期间从判决、调解书生效之日起重新计算。权利人因不符合债权人代位权的行使条件而受败诉判决的，全部债权的诉讼时效期间从判决生效之日起重新计算。

权利人提起债权人撤销权诉讼后，全部债权的诉讼时效期间从判决生效之日起重新计算。

【条文含义与立法理由】

本条规定的是权利人提起债权人代位权或者撤销权诉讼导致诉讼时效中断的效力。

在债权人代位权诉讼中，如果权利人的全部债权均通过代位权诉讼得以保全，则按照本法关于因权利人提起诉讼导致诉讼时效中断的规定可知，全部债权的诉讼时效期间均应自代位权诉讼的判决、调解书生效之日起重新计算。如果权利人的债权通过代位权诉讼仅得到部分保全，一方面，得到保全的部分债权的诉讼时效期间固然应当从判决、调解书生效之日起重新计算；另一方面，出于保护权利人的考虑，剩余债权的诉讼时效期间也应当从判决、调解书生效之日起重新计算，除非权利人明确表示放弃该剩余债权。这样处理也可以与本法关于因权利人请求履行部分义务而导致诉讼时效中断的效力原则上及于全部请求权的规定保持一致。另外，即便权利人因不符合债权人代位权的行使条件而败诉，例如债务人并未怠于行使对第三人的到期债权或者债务人对第三人的债权尚未到期，也不能由此否定其积极行使请求权的行为，故仍应使全部债权的诉讼时效期间从判决生效之日起重新计算。为求明确以避免争议，本条第 1

款对此作了相应规定。

在债权人撤销权诉讼中，只要权利人提起债权人撤销权诉讼，即便生效判决仅保全了部分债权，也应当使全部债权的诉讼时效期间从判决生效之日起重新计算，以便充分保护权利人。这样处理也可以与本法关于因权利人请求履行部分义务而导致诉讼时效中断的效力原则上及于全部请求权的规定保持一致。为求明确以避免争议，本条第 2 款对此作了相应规定。

【学理争议与立法例】

关于权利人提起债权人代位权或者撤销权诉讼导致诉讼时效中断的效力，大陆法系国家和地区的民法典并未特别加以规定，解释上自应适用因权利人提起诉讼导致诉讼时效中断的一般规则。考虑到权利人提起债权人代位权或者撤销权诉讼与权利人提起一般的民事诉讼不完全相同，本条对权利人因提起债权人代位权或者撤销权诉讼导致诉讼时效中断的特殊效力专门作了规定，以求明确并避免争议。

第一百九十三条　【权利人申请仲裁导致诉讼时效中断的效力】

诉讼时效因权利人申请仲裁而中断的，在仲裁程序终结前，诉讼时效期间不开始计算。从仲裁机构作出的仲裁裁决或者调解书生效之日起，重新计算诉讼时效期间。

诉讼时效因权利人申请仲裁而中断后，权利人撤回仲裁申请或者仲裁申请被裁定不予受理的，诉讼时效视为不中断。于此情形，如果仲裁申请书已经送达义务人，诉讼时效期间从送达之日起重新计算。

【条文含义与立法理由】

本条规定的是权利人申请仲裁导致诉讼时效中断的效力。

权利人申请仲裁与权利人提起诉讼本质上类似，都是权利人积极行使请求权的行为，都旨在通过裁判机关居中裁判并作出生效裁判文书来保护权利人。不仅如此，仲裁通常实行一裁终局制度，[1] 在保护权利人方面甚至比诉讼程序更为便捷。基于"类似的事物，应相同处理"的法理，权利人申请仲裁的，应当与权利人提起诉讼一样具有中断诉讼时效的效力。因此，本条参考上一条规定的内容，对权利人申请仲裁导致诉讼时效中断的效力作了专门规定。

【学理争议与立法例】

关于权利人申请仲裁能否导致诉讼时效中断，有些立法例未明确加以规定，如法国、日本等国。有些立法例则明确规定权利人申请仲裁与提起诉讼具有同一效力，可以导致诉讼时效中断，如我国大陆、澳门及台湾地区、意大利、葡萄牙、朝鲜、加拿大魁北克省。

有关立法例如下：

1.《中华人民共和国海商法》第267条第1款

时效因请求人提起诉讼、提交仲裁或者被请求人同意履行义务而中断。但是，请求人撤回起诉、撤回仲裁或者起诉被裁定驳回的，时效不中断。

2. 最高人民法院《关于审理民事案件适用诉讼时效制度若干问题的规定》第13条第1项

下列事项之一，人民法院应当认定与提起诉讼具有同等诉讼时效中断的效力：

（一）申请仲裁；

……

3.《中国澳门特别行政区民法典》第316条

一、仲裁协议使欲实现之权利之时效中断。

二、订有仲裁条款或法律规定须作仲裁审理时，时效于出现上条所指之任一情况时视为中断。

4. 中国台湾地区"民法典"第129条［消灭时效之中断事由］第2项

左列事项，与起诉有同一效力：

---

[1] 参见《仲裁法》第9条。

......

二、声请调解或提付仲裁。

......

中国台湾地区"民法典"第 133 条 ［因声请调解提付仲裁而中断时效之效力］

时效因声请调解或提付仲裁而中断者，若调解之声请经撤回、被驳回、调解不成立或仲裁之请求经撤回、仲裁不能达成判断时，视为不中断。

5. 《意大利民法典》第 2943 条第 4 款

此外，消灭时效因债务人的任何其他的迟延履行和一方当事人的通知行为、仲裁协议或仲裁条款、自己准备提交仲裁的意图的声明、提出申请并进行提交以指定仲裁员均导致时效的中断。

6. 《葡萄牙民法典》第 324 条

一、仲裁协议使欲实现之权利之时效中断。

二、订有仲裁条款或法律规定须作仲裁审理时，时效于出现上条所指之任一情况时视为中断。

7. 《朝鲜民法》第 265 条第 1 款第 1 项

1. 发生以下事由时，民事时效期间的计算中断：

（1）债权人提起诉讼或仲裁的；……

8. 加拿大《魁北克民法典》第 2892 条第 2 款

反诉、参加诉讼、扣押、提出异议，都被视为诉讼请求。表明当事人将争议提交仲裁的意图的通知也视为诉讼请求，但以此等通知描述了待提交的讼争标的且依适用于诉讼请求的规则和时间被送达为条件。

加拿大《魁北克民法典》第 2895 条

如当事人的申请被驳回，但未就案件的要点作出裁决，且在判决之日时效期间已届满或将在不足 3 个月内届满，原告自判决书送达之日起有 3 个月的额外期间主张其权利。

同一规则适用于仲裁。3 个月的期间自仲裁裁决作出之日、自仲裁员之指定结束之日或自宣告仲裁裁决无效的判决送达之日起计算。

本条采用权利人申请仲裁可导致诉讼时效中断的立法例。本条吸收《海商法》第 267 条第 1 款和《诉讼时效规定》第 13 条第 1 项的规定，借鉴明确规定权利人申请仲裁可导致诉讼时效中断的立法例，并参考本法关于权利人提起诉讼导致诉讼时效中断的一般效力的规定，详细规定了权利人申请仲裁导致诉讼时效中断的效力以及权利人撤回仲裁申请或者仲裁申请被裁定不予受理对诉讼时效中断的影响。

第一百九十四条　【权利人申请支付令导致诉讼时效中断的效力】

诉讼时效因权利人申请支付令而中断的，在人民法院发出支付令或者裁定驳回申请前，诉讼时效期间不开始计算。权利人撤回申请或者申请被裁定驳回的，诉讼时效视为不中断。

人民法院发出的支付令因义务人提出异议而失效后，自动转入诉讼程序的，适用本法关于诉讼时效因权利人提起诉讼而中断的规定；债权人不同意提起诉讼的，诉讼时效期间从支付令失效之日起重新计算。

【条文含义与立法理由】

本条规定的是权利人申请支付令导致诉讼时效中断的效力。

权利人向法院申请支付令，本质上与权利人提起诉讼类似，都是由权利人向法院提起的诉讼行为，都是通过裁判途径积极地行使请求权，故应与权利人提起诉讼一样发生诉讼时效中断的效力。在权利人撤回支付令申请或者申请被裁定驳回的情况下，也应与权利人撤回起诉或者起诉被驳回的情况一样，使已经中断的诉讼时效视为不中断。这是规定本条第 1 款的理由。

与一般的权利人提起诉讼有所不同，权利人向法院申请支付令之后，法院依法发出支付令的，并不必然导致诉讼程序终结，而是要看义务人在法定期间内是否提出异议。详言之：其一，义务人在收到支付令后的法定期间内既不提出异议又不履行支付令的，债权人可以向法院申请强制执行，此时应适用本法关于因权利人申请强制执行导致诉讼时效中断的规定。其二，义务人在收到支付令后的法定期间内向法院提出书面异议，法院经审查认定异议成立的，应当裁定终结督促程序，支付令自行失效。支付令失效后，如果自动转入诉讼程序，应参照本法关于因权利人提起诉讼导致诉讼时效中断的规定处理，唯该诉讼时效期间仍系因权利人申请支付令而中断，转入诉讼程序并不导致诉讼时效期间再次中断。支付令失效后，如果因权利人不同意提起诉讼而未能转入诉讼程序，自无从适用本法关于因权利人提起诉讼导致诉讼时效中断的规定，而应自支付令失效之日起重新计算诉讼时效期间。为求明确以避免争议，本条第2款结合《民事诉讼法》第十七章关于督促程序的规定，对法院发出的支付令因义务人提出异议而失效后的不同情况分别作了规定。

【学理争议与立法例】

关于权利人向法院申请支付令能否导致诉讼时效中断的问题，大陆法系多数国家和地区的民法典未设专门规定，解释上自应适用其关于因起诉导致诉讼时效中断的一般规则。有些立法例明确承认申请支付令可导致诉讼时效中断，如我国大陆及台湾地区、日本、韩国。有的立法例则将申请支付令规定为诉讼时效停止的事由，如德国。

一、规定申请支付令可导致诉讼时效中断的立法例

1. 最高人民法院《关于审理民事案件适用诉讼时效制度若干问题的规定》第13条第2项

下列事项之一，人民法院应当认定与提起诉讼具有同等诉讼时效中断的效力：

……

（二）申请支付令；

……

2.《日本民法典》第150条

支付督促，因债权人没有在《民事诉讼法》第三百九十二条规定的期间内就假执行的宣告提出申请而丧失其效力时，不发生时效

中断的效力。

3.《韩国民法典》第 172 条

支付命令，因债权人未于法定期间内申请临时执行而丧失其效力时，不发生时效中断的效力。

4. 中国台湾地区"民法典"第 129 条 [消灭时效之中断事由] 第 2 项

左列事项，与起诉有同一效力：

一、依督促程序，声请发支付命令。

……

中国台湾地区"民法典"第 132 条 [因送达支付令而中断时效之限制]

时效因声请发支付命令而中断者，若撤回声请，或受驳回之裁判，或支付命令失其效力时，视为不中断。

二、将申请支付令规定为诉讼时效停止事由的立法例

《德国民法典》第 204 条

（1）消灭时效由于下列原因而停止：

……

3. 在督促程序中送达支付令。

……

（2）在确定裁判或已开始的程序以其他方式终结后，第 1 款所规定的停止状况经过 6 个月而结束。因双方当事人不进行程序，致使程序处于休止状态的，以双方当事人、法院或其他处理程序的机构最终的程序行为代替程序的终结。当事人中的一方继续进行程序的，重新开始停止。

本条采用申请支付令可导致诉讼时效中断的立法例。本条吸收我国《诉讼时效规定》第 13 条第 2 项的规定，借鉴规定申请支付令可导致诉讼时效中断的立法例，并结合《民事诉讼法》第十七章关于督促程序的规定，对权利人申请支付令导致诉讼时效中断的效力作了详细规定。如此设计的主要理由有三个：一是保持我国法律的连续性和稳定性；二是有利于保护权利人；三是能够与《民事诉讼法》关于督促程序的规定相衔接。

第一百九十五条　【权利人申请义务人破产或者申报破产债权导致诉讼时效中断的效力】

诉讼时效因权利人申请义务人破产而中断的，在破产程序终结前，诉讼时效期间不开始计算。权利人撤回破产申请或者破产申请被驳回的，诉讼时效视为不中断，但破产申请已经送达义务人的，诉讼时效期间从送达之日起重新计算。

诉讼时效因权利人申报破产债权而中断后，权利人撤回申报的，诉讼时效视为不中断。

【条文含义与立法理由】

本条规定的是权利人申请义务人破产或者申报破产债权导致诉讼时效中断的效力。

权利人申请义务人破产或者申报破产债权，本质上与权利人提起诉讼类似，都是权利人通过法院裁判程序积极行使请求权的行为，故应与权利人提起诉讼一样发生诉讼时效中断的效力。本条第 1 款主要是参考本法关于权利人提起诉讼导致诉讼时效中断的一般效力的规定而设，以求明确并保护权利人。

考虑到权利人申报破产债权与权利人申请义务人破产不完全相同，前者是权利人加入到已经开始的破产程序中去，并且不存在申请被驳回的问题，故本条第 2 款仅规定："诉讼时效因权利人申报破产债权而中断后，权利人撤回申报的，诉讼时效视为不中断。"

【学理争议与立法例】

在大陆法系国家和地区的民法典中，对于权利人申请义务人破产或者申报破产债权导致诉讼时效中断的效力，多数立法例虽然未设明文规定，但解释上显然应作为权利人提起诉讼对待。有些立法例明确将权利人申请义务人破产或者申报破产债权规定为诉讼时效中断的事由，如我国大陆及台湾地区、日本、韩国、瑞士。还有的立法例将权利人申报破产债权规定为诉讼时效停止的事由，如德国。

一、明确将权利人申请义务人破产或者申报破产债权规定为诉讼时效中断事由的立法例

1. 最高人民法院《关于审理民事案件适用诉讼时效制度若干问题的规定》第 13 条第 3 项

下列事项之一，人民法院应当认定与提起诉讼具有同等诉讼时效中断的效力：

……

（三）申请破产、申报破产债权；

……

2.《日本民法典》第 152 条

在参加破产程序、再生程序或更生程序时，如果债权人撤销其请求或其请求被驳回时，则不发生时效中断的效力。

3.《韩国民法典》第 171 条

破产程序的参加人，如于债权人撤销或其请求被驳回情形，不发生时效中断的效力。

4.《瑞士债法》第 135 条第 2 项

在下列情况下，诉讼时效期间中断：

……

2. 债权人发动诉讼程序：提起诉讼，向法院或者仲裁法院提出请求、申请破产程序，以及治安法官传唤当事人双方进行调解。

《瑞士债法》第 138 条

1. 诉讼时效因提起诉讼或者提出请求中断的，新的诉讼时效开始于诉讼程序中当事人的诉讼行为和法院的判决以及决定。

2. 诉讼时效因执行或者破产程序中断的，新的诉讼时效期间依相关法律规定开始起算。

3. 债权因破产受偿而时效中断的，新的诉讼时效开始于债权依破产法再次被提出之时。

5. 中国台湾地区"民法典"第 129 条［消灭时效之中断事由］第 2 项

左列事项，与起诉有同一效力：

……

三、申报和解债权或破产债权。

……

中国台湾地区"民法典"第 134 条［因申报和解或破产债权而中断时效之限制］

时效因申报和解债权或破产债权而中断者，若债权人撤回其申报时，视为不中断。

二、将权利人申报破产债权规定为诉讼时效停止事由的立法例

《德国民法典》第 204 条

（1）消灭时效由于下列原因而停止：

……

10. 在支付不能程序中或在航运法上的分配程序中申报请求权。

……

（2）在确定裁判或已开始的程序以其他方式终结后，第 1 款所规定的停止状况经过 6 个月而结束。因双方当事人不进行程序，致使程序处于休止状态的，以双方当事人、法院或其他处理程序的机构最终的程序行为代替程序的终结。当事人中的一方继续进行程序的，重新开始停止。

本条采用明确将权利人申请义务人破产或者申报破产债权规定为诉讼时效中断事由的立法例。本条吸收《诉讼时效规定》第 13 条第 3 项的规定，借鉴明确将权利人申请义务人破产或者申报破产债权规定为诉讼时效中断事由的立法例，并参考本法关于权利人提起诉讼导致诉讼时效中断的一般效力的规定，对权利人申请义务人破产或者申报破产债权导致诉讼时效中断的效力作了详细规定。如此设计的主要理由有三个：一是保持我国法律的连续性和稳定性；二是有利于保护权利人；三是能够与《企业破产法》的相关规定保持

一致。

第一百九十六条 【权利人为行使请求权而申请宣告义务人失踪或者死亡导致诉讼时效中断的效力】

诉讼时效因权利人为行使请求权而申请宣告义务人失踪或者死亡而中断的，在诉讼程序终结前，诉讼时效期间不开始计算。权利人撤回申请的，诉讼时效视为不中断。

诉讼时效因权利人为行使请求权而申请宣告义务人失踪或者死亡而中断后，人民法院作出宣告失踪、宣告死亡的判决或者驳回申请的判决的，诉讼时效期间从判决送达权利人之日起重新计算。

【条文含义与立法理由】

本条规定的是权利人为行使请求权而申请宣告义务人失踪或者死亡导致诉讼时效中断的效力。

权利人为行使请求权而申请宣告义务人失踪或者死亡，虽然只是权利人行使请求权的预备程序，与权利人提起诉讼以直接实现请求权有所不同，但毕竟表明权利人为行使请求权采取了积极的诉讼措施，故应与权利人提起诉讼一样发生诉讼时效中断的效力。在权利人撤回宣告申请时，也应与权利人撤回起诉一样，使已经中断的诉讼时效视为不中断。本条第 1 款就是参考本法关于权利人提起诉讼导致诉讼时效中断的一般效力的规定而设。

还应看到，在权利人提起诉讼的场合，通常需经过一审甚至二审程序，由法院作出生效判决或调解书后，才能使权利人的请求权得以确定。并且，法院的生效判决或者调解书具有终局性，权利人无须再提起其他诉讼来行使请求权。与此不同，在权利人为行使请求权而申请宣告义务人失踪或者死亡时，实行一审终审，[1] 并且法院作出宣告失踪、宣告死亡的判决或者驳回申请的判决时，权利人并不能直接根据这些判决行使请求权，而需另外提起给付之诉以实现其请求权。有鉴于此，本条第 2 款结合此类判决的特殊性，对重

----

[1] 参见《民事诉讼法》第 178 条。

新计算诉讼时效期间的起算点作了明确规定。

【学理争议与立法例】

关于权利人为行使请求权而申请宣告义务人失踪或者死亡能否导致诉讼时效中断的问题，大陆法系其他国家和地区的民法典并无明文规定，仅我国《诉讼时效规定》第13条第4项持肯定态度。为求明确以避免争议，本条以《诉讼时效规定》第13条第4项为基础，结合《民事诉讼法》第十五章第三节关于宣告失踪、宣告死亡案件的规定，并参考本法关于权利人提起诉讼导致诉讼时效中断的一般效力的规定，对权利人为行使请求权而申请宣告义务人失踪或者死亡导致诉讼时效中断的效力作了具体规定。

最高人民法院《关于审理民事案件适用诉讼时效制度若干问题的规定》第13条第4项

下列事项之一，人民法院应当认定与提起诉讼具有同等诉讼时效中断的效力：

……

（四）为主张权利而申请宣告义务人失踪或死亡；

……

第一百九十七条 【权利人申请诉前财产保全等诉前措施导致诉讼时效中断的效力】

诉讼时效因权利人申请诉前财产保全等诉前措施而中断的，在诉讼程序终结前，诉讼时效期间不开始计算。权利人撤回申请的，诉讼时效视为不中断。人民法院裁定驳回申请的，诉讼时效期间从裁定送达权利人之日起重新计算。

人民法院裁定采取诉前财产保全等诉前措施后，权利人依法提起诉讼或者申请仲裁的，适用本节关于诉讼时效因权利人提起诉讼或者申请仲裁而中断的规定。权利人不在法定期限内提起诉讼或者申请仲裁，导致人民法院裁定解除保全的，诉讼时效期间从裁定送达权利人之日起重新计算。

【条文含义与立法理由】

本条规定的是权利人申请诉前财产保全等诉前措施导致诉讼时效中断的效力。

权利人申请诉前财产保全等诉前措施，与权利人提起诉讼本质上类似，都表明权利人在通过诉讼途径积极行使请求权，故应发生诉讼时效中断的效力。权利人撤回申请时，也与权利人撤回起诉类似，表明权利人放弃通过诉讼途径行使请求权，故应将已中断的诉讼时效视为不中断。本条第 1 款即系参考本法关于权利人提起诉讼导致诉讼时效中断的一般效力的规定而设。

与权利人提起诉讼有所不同的是，权利人申请诉前财产保全等诉前措施并经法院裁定采取诉前措施后，并不能立即重新计算诉讼时效期间，而是要根据不同情况分别讨论：其一，权利人如在法定期间内提起诉讼或申请仲裁，诉讼时效期间的中断即应按权利人提起诉讼或申请仲裁的情形处理，唯其诉讼时效期间仍系因权利人申请诉前措施而中断，提起诉讼或申请仲裁并不导致诉讼时效期间再次中断。其二，权利人如未在法定期间内提起诉讼或申请仲裁，法院应当解除保全措施。[1]于此情形，诉讼时效期间的中断无法再按照权利人提起诉讼或申请仲裁处理，而只能从解除保全的裁定送达权利人之日起重新计算。为与《民事诉讼法》关于诉前财产保全等诉前措施的规定以及诉讼时效中断的理论相衔接，本条第 2 款对此作了详细规定。

【学理争议与立法例】

对于权利人申请诉前财产保全等诉前措施，大陆法系国家和地区的有些立法例明确规定为诉讼时效中断的事由，如我国、法国、加拿大魁北克省、日本、韩国。有的立法例则将其规定为诉讼时效停止的事由，如德国。

---

[1] 参见《民事诉讼法》第 101 条第 3 款。

一、采用诉讼时效中断事由的立法例

1. 最高人民法院《关于审理民事案件适用诉讼时效制度若干问题的规定》第 13 条第 5 项

下列事项之一，人民法院应当认定与提起诉讼具有同等诉讼时效中断的效力：

……

（五）申请诉前财产保全、诉前临时禁令等诉前措施；

……

2.《法国民法典》第 2244 条

向他人欲对其阻止时效进行的人送达法院的传票，即使是紧急审理之传票，送达支付催告令或扣押命令，即中断时效的进行并且中断进行诉讼的期限。

3. 加拿大《魁北克民法典》第 2892 条第 2 款

反诉、参加诉讼、扣押、提出异议，都被视为诉讼请求。表明当事人将争议提交仲裁的意图的通知也视为诉讼请求，但以此等通知描述了待提交的讼争标的且依适用于诉讼请求的规则和时间被送达为条件。

4.《日本民法典》第 147 条第 2 项

时效因下列事由中断：

……

二、扣押、假扣押或假处分；

……

《日本民法典》第 154 条

扣押、假扣押及假处分，因权利人的请求，或因非依法律规定被撤销时，不发生时效中断的效力。

5.《韩国民法典》第 168 条第 2 项

消灭时效，因下列各项事由而中断：

……

（2）扣押或假扣押、假处分；

……

《韩国民法典》第 175 条

扣押、假扣押及假处分，因权利人的请求或未依法律规定而被撤销时，不发生时效中断的效力。

二、采用诉讼时效停止事由的立法例

《德国民法典》第 204 条

（1）消灭时效由于下列原因而停止：

……

9. 送达要求发布假扣押、假处分或假命令的申请，或者申请不被送达的，递交申请，但以假扣押命令、假处分或假命令自宣布或送达于债权人时起，1 个月以内被送达于债务人为限。……

（2）在确定裁判或已开始的程序以其他方式终结后，第 1 款所规定的停止状况经过 6 个月而结束。因双方当事人不进行程序，致使程序处于休止状态的，以双方当事人、法院或其他处理程序的机构最终的程序行为代替程序的终结。当事人中的一方继续进行程序的，重新开始停止。

本条吸收我国《诉讼时效规定》第 5 项的内容，借鉴将权利人申请诉前财产保全等诉前措施规定为诉讼时效中断事由的立法例，并结合《民事诉讼法》关于申请诉前财产保全等诉前措施的相关规定，对权利人申请诉前财产保全等诉前措施导致诉讼时效中断的效力作了详细规定。如此设计的主要理由有三个：一是保持我国法律的连续性和稳定性；二是有利于保护权利人；三是能够与《民事诉讼法》关于诉前财产保全等诉前措施的规定相衔接。

第一百九十八条 【权利人申请强制执行导致诉讼时效中断的效力】

诉讼时效因权利人申请强制执行而中断的，从人民法院受理申请之日起，诉讼时效期间重新计算。

权利人申请强制执行仲裁裁决或者公证债权文书，被人民法院裁定不予执行的，诉讼时效期间从裁定送达权利人之日起重新计算。

【条文含义与立法理由】

本条规定的是权利人申请强制执行导致诉讼时效中断的效力。

权利人取得生效判决、仲裁裁决、调解书、公证债权文书等执行依据后，依法向法院申请强制执行的，目的是通过法院的强制执行行为来实现请求权。因此，该行为本质上与权利人提起诉讼类似，都是权利人通过法院积极行使请求权的行为，故应发生诉讼时效中断的效力。本条第 1 款即系参考本法关于权利人提起诉讼导致诉讼时效中断的效力的规定而设。须注意的是，对于权利人申请强制执行的问题，本法不采《民事诉讼法》第 239 条规定的申请执行时效制度，而是借鉴我国台湾地区、德国、意大利民法典的规定，适用诉讼时效及其中断制度。因此，诉讼时效中断后，不仅要按照原来的时效期间重新计算诉讼时效期间，而且适用本法规定的诉讼时效中断、不完成及延长制度。

在权利人申请强制执行仲裁裁决或者公证债权文书的情况下，根据《民事诉讼法》第 237 条第 2 款、第 238 条第 2 款的规定可知，在出现法定情形时，法院可以裁定不予执行仲裁裁决或者公证债权文书。当法院裁定不予执行时，权利人的请求权未能通过执行程序得到实现，请求权的诉讼时效期间自应从裁定送达权利人之日起重新计算。为与《民事诉讼法》的上述规定相衔接，本条第 2 款规定："权利人申请强制执行仲裁裁决或者公证债权文书，被人民法院裁定不予执行的，诉讼时效期间从裁定送达权利人之日起重新计算。"

【学理争议与立法例】

关于权利人申请强制执行的法律效果，大陆法系国家和地区的民法典大多未作明确规定。有些立法例则规定适用诉讼时效中断制度，如德国、意大利及我国台湾地区。

1. 中国台湾地区"民法典"第 129 条第 2 项［消灭时效之中断事由］

左列事项，与起诉有同一效力：

……

五、开始执行行为或声请强制执行。

中国台湾地区"民法典"第 136 条 [因执行而中断时效之限制]

时效因开始执行行为而中断者，若因权利人之声请，或法律上要件之欠缺而撤销其执行处分时，视为不中断。

时效因声请强制执行而中断者，若撤回其声请，或其声请被驳回时，视为不中断。

2.《德国民法典》第 212 条

（1）有下列情形之一时，消灭时效重新开始进行：

……

2. 法院或行政机关的执行行为被实施或申请的。

（2）根据债权人的申请或因欠缺法定要件，执行行为被废止的，因执行行为而引起的消灭时效重新开始进行，视为未发生。

（3）实施执行行为的申请未获准许，或申请在执行行为之前被撤回，或已实行了的执行行为被依照第 2 款废止的，由实施执行行为的申请导致的消灭时效重新开始进行，视为未发生。

3.《意大利民法典》第 2943 条第 1 款

消灭时效基于诉讼开始的通知而发生时效中断，它包括审理、保全或执行。

本条采用诉讼时效中断制度的立法例。对于权利人申请强制执行的问题，我国《诉讼时效规定》第 13 条第 6 项采用了诉讼时效中断制度，规定申请强制执行与提起诉讼具有同等诉讼时效中断的效力。不过，《民事诉讼法》第 239 条却采用了申请执行时效制度，规定："申请执行的期间为二年。申请执行时效的中止、中断，适用法律有关诉讼时效中止、中断的规定。前款规定的期间，从法律文书规定履行期间的最后一日起计算；法律文书规定分期履行的，从规定的每次履行期间的最后一日起计算；法律文书未规定履行期间的，从法律文书生效之日起计算。"为解决二者之间的冲突，并与诉讼时效及其中断制度的立法目的保持一致，本条借鉴采用诉讼时效中断制度的立法例，对权利人申请强制执行导致诉讼时效中断的效力作了详细规定。

第一百九十九条 【权利人申请追加当事人或者被通知参加诉讼导致诉讼时效中断的效力】

诉讼时效因权利人申请追加当事人或者被通知参加诉讼而中断的，适用本法关于诉讼时效因权利人提起诉讼而中断的规定。权利人撤回申请或者参加诉讼的通知被撤销的，诉讼时效视为不中断。

【条文含义与立法理由】

本条规定的是权利人申请追加当事人或者被通知参加诉讼导致诉讼时效中断的效力。

在已经进行的诉讼中，权利人申请追加当事人或者被法院通知参加诉讼的，表明权利人旨在通过诉讼程序行使对义务人的请求权，其本质上与权利人提起诉讼类似，故应发生诉讼时效中断的效力。相应地，诉讼时效期间应当自权利人向法院提交申请之日或者被通知参加诉讼之日起中断。权利人撤回申请或者参加诉讼的通知被撤销的，与权利人撤回起诉类似，诉讼时效也应视为不中断。参照本法关于权利人提起诉讼导致诉讼时效中断的效力的规定，本条设计了上述条文，以求明确并避免争议。

【学理争议与立法例】

关于权利人申请追加当事人或者被通知参加诉讼能否导致诉讼时效中断，大陆法系国家和地区的多数立法例未作明文规定。从解释上来说，权利人申请追加当事人或者被通知参加诉讼，属于权利人提起诉讼的特殊表现形式，自应发生诉讼时效中断的效力。为求明确，有的立法例明文规定，权利人申请追加当事人、告知诉讼或者被通知参加诉讼的，与权利人提起诉讼具有同等诉讼时效中断的效力，如我国大陆及台湾地区。本条采纳了后一种立法例。该立法例的详情如下：

1. 最高人民法院《关于审理民事案件适用诉讼时效制度若干问题的规定》第 13 条第 7 项

下列事项之一，人民法院应当认定与提起诉讼具有同等诉讼时效中断的效力：

……

（七）申请追加当事人或者被通知参加诉讼；

……

2. 中国台湾地区"民法典"第 129 条 ［消灭时效之中断事由］第 2 项

左列事项，与起诉有同一效力：

……

四、告知诉讼。

……

中国台湾地区"民法典"第 135 条 ［因告知诉讼而中断时效之限制］

时效因告知诉讼而中断者，若于诉讼终结后，六个月内不起诉，视为不中断。

第二百条 【权利人在诉讼中反诉或者仲裁中反请求主张抵销导致诉讼时效中断的效力】

诉讼时效因权利人在诉讼中反诉或者仲裁中反请求主张抵销而中断的，在诉讼或者仲裁程序终结前，诉讼时效期间不开始计算。

诉讼时效因权利人在诉讼中反诉或者仲裁中反请求主张抵销而中断后，从判决、仲裁裁决、调解书生效之日起，抵销后的剩余债权或者因不符合抵销要件而未消灭的债权的诉讼时效期间重新计算。

【条文含义与立法理由】

本条规定的是权利人在诉讼中反诉或者仲裁中反请求主张抵销导致诉讼时效中断的效力。

关于权利人主张抵销对诉讼时效中断的影响，可以区分为三种情况：其一，权利人在诉讼或者仲裁程序之外主张抵销的，适用本法关于视为权利人请求履行的事由及其导致诉讼时效中断的效力的规定；其二，权利人作为原告在诉讼中或者作为申请人在仲裁中主张抵销的，适用本法关于因权利人提起诉讼或者申请仲裁导致诉讼时效中断的效力的规定；其三，权利人作为被告在诉讼中反诉或者作为被申请人在仲裁中反请求主张抵销的，因无法按照前两种情况处理，本条专门设立了解决规则。

被告在诉讼中主张抵销时，只能先对原告提出反诉，然后再主张抵销。这与权利人提起诉讼本质上类似。被告反诉主张抵销的，无论是否符合抵销的要件、能否发生抵销的效果，都表明被告在通过诉讼途径积极行使请求权，故应发生诉讼时效中断的效力。不过，被告反诉主张抵销后，因抵销而消灭的债权无从重新计算诉讼时效期间，只有对抵销后剩余的债权以及因不符合抵销要件而未能消灭的债权才产生诉讼时效中断的效力，并且在诉讼终结前也不应重新开始计算诉讼时效期间。在仲裁程序中，被申请人提出反请求并主张抵销的，与被告在诉讼中反诉主张抵销类似。为求明确以避免争议，本条专门规定了权利人在诉讼中反诉或者仲裁中反请求主张抵销导致诉讼时效中断的效力。

【学理争议与立法例】

关于权利人在诉讼中反诉或者仲裁中反请求主张抵销能否导致诉讼时效中断，大陆法系国家和地区的多数立法例未作规定，解释上不妨适用其关于因权利人提起诉讼或者申请仲裁导致诉讼时效中断的规定。我国《诉讼时效规定》第13条第8项将权利人"在诉讼中主张抵销"规定为诉讼时效中断的事由。理论上认为，此所谓"在诉讼中主张抵销"，不是指原告将其债权作为主动债权与被告的债权相抵销，而是指被告将其债权作为主动债权与原告的债权进行抵销。[1] 与此不同，德国民法将权利人在诉讼中主张抵销规定为诉讼时效停止的事由。

一、采用诉讼时效中断事由的立法例

最高人民法院《关于审理民事案件适用诉讼时效制度若干问题

---

〔1〕 参见奚晓明主编：《最高人民法院关于民事案件诉讼时效司法解释理解与适用》，人民法院出版社2008年版，第262页，张雪楳执笔。

的规定》第 13 条第 8 项

下列事项之一，人民法院应当认定与提起诉讼具有同等诉讼时效中断的效力：

……

（八）在诉讼中主张抵销；

……

二、采用诉讼时效停止事由的立法例

《德国民法典》第 204 条［消灭时效因权利追及而停止］

（1）消灭时效由于下列原因而停止：

……

5. 在诉讼中主张请求权的抵消。

……

（2）在确定裁判或已开始的程序以其他方式终结后，第 1 款所规定的停止状况经过 6 个月而结束。因双方当事人不进行程序，致使程序处于休止状态的，以双方当事人、法院或其他处理程序的机构最终的程序行为代替程序的终结。当事人中的一方继续进行程序的，重新开始停止。

本条借鉴我国《诉讼时效规定》第 13 条第 8 项的规定，并结合权利人在仲裁中反请求主张抵销的情况，采用了诉讼时效中断事由的立法例，对权利人在诉讼中反诉或者仲裁中反请求主张抵销导致诉讼时效中断的效力作了详细规定。

第二百零一条 【诉讼时效因不可抗力而不完成】

在诉讼时效期间的最后六个月内，因不可抗力导致权利人不能行使请求权的，从不可抗力造成的障碍消除之日起六个月内，诉讼时效不完成。

【条文含义与立法理由】

本条规定的是诉讼时效因不可抗力而不完成。

在因不可抗力导致权利人不能行使请求权的情况下，如果继续计算诉讼时效期间，一方面无法起到督促权利人行使请求权的作用，另一方面也会损害无辜权利人的利益。对此问题，《民法通则》第139条规定了诉讼时效中止制度："在诉讼时效期间的最后六个月内，因不可抗力或者其他障碍不能行使请求权的，诉讼时效中止。从中止时效的原因消除之日起，诉讼时效期间继续计算。"理论上认为，规定中止事由须发生在诉讼时效期间的最后6个月内，既符合诉讼时效制度旨在督促权利人及时行使请求权的立法目的，也不损害权利人的利益。[1]中止事由发生在诉讼时效期间的最后6个月之前，但延续至诉讼时效期间的最后6个月之内的，诉讼时效期间自该最后6个月的第一日起中止。[2]诉讼时效中止的法律效果是：中止事由发生后，诉讼时效期间暂停计算；从中止事由消除之日起，诉讼时效期间继续计算。

与我国大陆现行法采用的诉讼时效中止制度不同，我国澳门和台湾地区及日本、韩国的民法典采用了消灭时效不完成制度。我国台湾地区实务及学说认为，所谓消灭时效不完成，是指在时效期间将近终止之际，因有请求权无法或不便行使的事由，法律使已应完成的消灭时效在该事由终止后的一定期间内暂缓完成，俾因时效完成而受不利益的当事人得利用此不完成之期间行使请求权，以中断时效的制度。[3]于该时效不完成的一定期间内，如无时效中断事由发生，其时效即告完成。[4]此项期间在性质上并非原时效期间的再进行，而是将时效期间酌予延长适当期间，此项期间经过后时效始告完成。[5]

我国大陆现行法采用的诉讼时效中止制度的不足在于，如果导

---

〔1〕　参见佟柔主编：《中国民法学·民法总则》，中国人民公安大学出版社1990年版，第323页。

〔2〕　参见崔建远等：《民法总论》（第2版），清华大学出版社2013年版，第274页，崔建远执笔。

〔3〕　参见1991年台上字第2497号判决；（台）王泽鉴：《民法总则》，北京大学出版社2009年版，第426页。

〔4〕　参见（台）王泽鉴：《民法总则》，北京大学出版社2009年版，第428页。

〔5〕　参见（台）施启扬：《民法总则》，中国法制出版社2010年版，第354页。

致诉讼时效中止的事由消除后，诉讼时效期间的剩余时间不多，就可能会使权利人缺乏充分的时间行使请求权。为了弥补此一缺陷，本条借鉴日本、韩国、我国澳门和台湾地区民法典的规定，采纳了诉讼时效不完成制度，规定"从不可抗力造成的障碍消除之日起六个月内，诉讼时效不完成"，以便更好地保护权利人。

【学理争议与立法例】

关于在诉讼时效期间届满前的一定期限内，因不可抗力导致权利人不能行使请求权的，应当采用何种时效制度来保护权利人，大陆法系国家和地区的民法典中存在着不同立法例。有些立法例采用诉讼时效中止制度，规定此时应暂停计算诉讼时效期间，待不可抗力造成的障碍消除后再继续计算诉讼时效期间，如我国、德国、葡萄牙。有些立法例则采用诉讼时效不完成制度，规定在不可抗力造成的障碍消除后的一定期间内诉讼时效不完成，如日本、韩国及我国澳门和台湾地区。本条采纳后一种立法例。

一、将不可抗力规定为诉讼时效中止事由的立法例

1.《中华人民共和国民法通则》

在诉讼时效期间的最后六个月内，因不可抗力或者其他障碍不能行使请求权的，诉讼时效中止。从中止时效的原因消除之日起，诉讼时效期间继续计算。

2.《德国民法典》第 206 条

只要债权人在消灭时效期间的最后 6 个月以内，因不可抗力而不能追及权利，消灭时效就停止。

《德国民法典》第 209 条

消灭时效停止的那段时间，不算入消灭时效期间。

3.《葡萄牙民法典》第 321 条第 1 款

基于不可抗力之原因，债权人在其权利之时效期间最后 3 个月内不能行使其权利者，时效在该段不能行使权利之存续期间内中止。

二、将不可抗力规定为诉讼时效不完成事由的立法例

1. 《日本民法典》第 161 条

在时效期间届满的当时，因天灾或其他不可避免的事变，致使时效不能中断的，自其妨碍终止时起经过两周之间，时效不完成。

2. 《韩国民法典》第 182 条

因天灾及其他事变，无法中断消灭时效时，自该事由消灭之时起 1 个月内，时效不完成。

3. 《中国澳门特别行政区民法典》第 313 条第 1 款

基于不可抗力之原因，债权人在其权利之时效期间最后三个月内不能行使其权利者，时效在该段不能行使权利之存续期间内中止，且不在该中止原因终止后一个月内完成。

4. 中国台湾地区"民法典"第 139 条 [时效因事变而不完成]

时效之期间终止时，因天灾或其他不可避之事变，致不能中断其时效者，自其妨碍事由消灭时起，一个月内，其时效不完成。

第二百零二条 【诉讼时效因无行为能力人或者限制行为能力人没有法定代理人而不完成】

在诉讼时效期间的最后六个月内，没有法定代理人的无行为能力人或者限制行为能力人享有的请求权或者对其享有的请求权，从其取得完全行为能力或者法定代理人确定之日起六个月内，诉讼时效不完成。

【条文含义与立法理由】

本条规定的是诉讼时效因无行为能力人或者限制行为能力人没有法定代理人而不完成。

权利人或者义务人为无行为能力人或者限制行为能力人时，因其缺乏充分的意思能力和诉讼行为能力，难以独立行使请求权或者对其行使请求权，故其享有的请求权一般应由其法定代理人代为行使，对其享有的请求权也应当向其法定代理人行使。在诉讼时效期间届满前的一定期限内，如果无行为能力人或者限制行为能力人没

有法定代理人，则其享有的请求权或者他人对其享有的请求权就难以行使。在这种情况下，继续计算诉讼时效期间不但无法督促权利人行使请求权，还会给无辜的权利人造成损害。为贯彻诉讼时效制度的立法目的，保护无辜的权利人，我国《民法通则》第 139 条和《诉讼时效规定》第 20 条第 1 项将"权利被侵害的无民事行为能力人、限制民事行为能力人没有法定代理人，或者法定代理人死亡、丧失代理权、丧失行为能力"规定为诉讼时效中止的事由，"从中止时效的原因消除之日起，诉讼时效期间继续计算"。

这种诉讼时效中止制度虽能起到保护权利人的作用，但如果导致诉讼时效中止的事由消除后，诉讼时效期间的剩余时间不多，就可能会使权利人缺乏充分的时间行使请求权。再者，《诉讼时效规定》第 20 条第 1 项仅就欠缺法定代理人的无行为能力人或者限制行为能力人充当权利人的情形加以规定，而未涉及其他人对其享有请求权的情形，不利于保护其他权利人的利益。为了弥补这些缺陷，本条借鉴德国、日本、韩国及我国澳门和台湾地区民法典的规定，采纳了诉讼时效不完成制度，规定"在诉讼时效期间的最后六个月内，没有法定代理人的无行为能力人或者限制行为能力人享有的请求权或者对其享有的请求权，从其取得完全行为能力或者法定代理人确定之日起六个月内，诉讼时效不完成"，以便更好地保护权利人。

【学理争议与立法例】

关于无行为能力人或者限制行为能力人享有的请求权或者对其享有的请求权因其欠缺法定代理人而无法行使的问题，有些立法例采用了诉讼时效停止进行的制度，如法国、葡萄牙、加拿大的魁北克省。有些立法例采用了诉讼时效不完成制度，如德国、日本、韩国及我国澳门和台湾地区。我国现行法则采用诉讼时效中止制度。

一、采用诉讼时效停止进行制度的立法例

1. 《法国民法典》第 2252 条

对于未解除亲权的未成年人以及受监护的成年人，时效停止进行，但第 2278 条所规定以及法律确定的其他特别情形，不在此限。

2.《葡萄牙民法典》第 320 条第 1 款

在未成年人未有代理人或财产管理人前，时效不开始亦不进行计算，但涉及未成年人有行为能力作出之行为除外，此外，即使未成年人有法定代理人或财产管理人，在未成年人的无行为能力终止时起 1 年内，针对未成年人的时效不完成。

3. 加拿大《魁北克民法典》第 2904 条

某人事实上不能自己或由他人代理采取行动的，时效不得为其不利益进行。

二、采用诉讼时效不完成制度的立法例

1.《德国民法典》第 210 条

（1）无行为能力人或限制行为能力人没有法定代理人的，正在进行而对其发生利益或不利益的消灭时效，不在其成为完全行为能力人或代理的欠缺被消除后 6 个月以内完成。消灭时效期间短于 6 个月的，为消灭时效而定的时间代替 6 个月。

（2）限制行为能力人有诉讼能力的，不适用第 1 款。

2.《日本民法》第 158 条第 1 款

在时效期间届满前六个月以内的时间里，未成年人或成年被监护人没有法定代理人时，自未成年人或成年被监护人成为行为能力人时或自其法定代理人就任时起至经过六个月之间，对于未成年人或成年被监护人，其时效不完成。

3.《韩国民法典》第 179 条

于消灭时效的期间终止前 6 个月内，无行为能力人的法定代理人不存在时，自其成为行为能力人或自法定代理人就任时起 6 个月内，时效不完成。

4.《中国澳门特别行政区民法典》第 312 条

在未成年人有法定代理人或财产管理人后之两年内，又或未成年人取得完全行为能力后之两年内，针对未成年人之时效不完成，但涉及未成年人有行为能力作出之行为除外。

5. 中国台湾地区"民法典"第 141 条 [时效因欠缺代理人而不完成]

无行为能力人或限制行为能力人之权利，于时效期间终止前六个月内，若无法定代理人者，自其成为行为能力人或其法定代理人就职时起，六个月内，其时效不完成。

三、采用诉讼时效中止制度的立法例

1. 最高人民法院《关于贯彻执行〈中华人民共和国民法通则〉若干问题的意见（试行）》第 172 条

在诉讼时效期间的最后六个月内，权利被侵害的无民事行为能力人、限制民事行为能力人没有法定代理人，或者法定代理人死亡、丧失代理权，或者法定代理人本人丧失行为能力的，可以认定为因其他障碍不能行使请求权，适用诉讼时效中止。

2. 最高人民法院《关于审理民事案件适用诉讼时效制度若干问题的规定》第 20 条第 1 项

有下列情形之一的，应当认定为民法通则第一百三十九条规定的"其他障碍"，诉讼时效中止：

（一）权利被侵害的无民事行为能力人、限制民事行为能力人没有法定代理人，或者法定代理人死亡、丧失代理权、丧失行为能力；

……

第二百零三条 【诉讼时效因继承人或者遗产管理人未确定而不完成】

在诉讼时效期间的最后六个月内，被继承人生前享有的请求权或者对于被继承人的请求权，因继承人或者遗产管理人未确定而不能行使的，从继承人或者遗产管理人确定之日起六个月内，诉讼时效不完成。

【条文含义与立法理由】

本条规定的是诉讼时效因继承人或者遗产管理人未确定而不完成。

从继承开始后至继承人或者遗产管理人得到确定之前，被继承人生前享有的请求权无法由适格的权利人行使，被继承人的权利人也无从向适格的继承人或遗产管理人主张请求权。[1]此时如果继续计算诉讼时效期间，不但无法督促权利人行使请求权，还会给无辜的权利人造成损害。为贯彻诉讼时效制度的立法目的，保护继承人和被继承人的债权人的利益，我国《民法通则》第139条和《诉讼时效规定》第20条第2项将"继承开始后未确定继承人或者遗产管理人"规定为诉讼时效中止的事由，"从中止时效的原因消除之日起，诉讼时效期间继续计算"。

这种诉讼时效中止制度虽能起到保护权利人的作用，但如果导致诉讼时效中止的事由消除后，诉讼时效期间的剩余时间不多，就可能会使权利人缺乏充分的时间行使请求权。为了弥补这一缺陷，本条借鉴德国、日本、韩国、葡萄牙及我国澳门和台湾地区民法典的规定，采纳了诉讼时效不完成制度，规定"从继承人或者遗产管理人确定之日起六个月内，诉讼时效不完成"，以便更好地保护权利人。

【学理争议与立法例】

关于被继承人生前享有的请求权或者对于被继承人的请求权因继承人或者遗产管理人未确定而不能行使的问题，大陆法系国家和地区的有些民法典未作专门规定。德国、日本、韩国、葡萄牙及我国澳门和台湾地区的民法典采用诉讼时效不完成制度。我国现行法采用了诉讼时效中止制度。本条采纳了诉讼时效不完成制度。

一、采用诉讼时效不完成制度的立法例

1.《德国民法典》第211条

属于遗产或针对遗产的请求权，在继承人接受继承或关于遗产的支付不能程序开始后，或自该项请求权可由一个代理人或可对代

---

[1] 参见奚晓明主编：《最高人民法院关于民事案件诉讼时效司法解释理解与适用》，人民法院出版社2008年版，第343页，段晓娟执笔。

理人主张时起，6 个月以内，消灭时效不完成。消灭时效期间短于 6 个月的，为消灭时效而定的时间代替 6 个月。

2.《日本民法》第 160 条

关于继承财产，自继承人确定、管理人已经选定时或破产程序开始已经决定时起至经过六个月之间，时效不完成。

3.《韩国民法典》第 181 条

属于继承财产的权利或对继承财产的权利，自确定继承人、选任管理人或宣告破产时起 6 个月内，消灭时效不完成。

4.《葡萄牙民法典》第 322 条

遗产中之权利或针对遗产之权利，其时效自得主张权利之人或主张权利所针对之人被确定时起 6 个月内不完成。

5.《中国澳门特别行政区民法典》第 314 条

遗产中之权利或针对遗产之权利，其时效自得主张权利之人或主张权利所针对之人被确定时起六个月内不完成。

6. 中国台湾地区"民法典"第 140 条［时效因继承人、管理人未确定而不完成］

属于继承财产之权利或对于继承财产之权利，自继承人确定或管理人选定或破产之宣告时起，六个月内，其时效不完成。

二、采用诉讼时效中止制度的立法例

最高人民法院《关于审理民事案件适用诉讼时效制度若干问题的规定》第 20 条第 2 项

有下列情形之一的，应当认定为民法通则第一百三十九条规定的"其他障碍"，诉讼时效中止：

……

（二）继承开始后未确定继承人或者遗产管理人；

……

第二百零四条 【诉讼时效因权利人被义务人控制无法主张权利而不完成】

在诉讼时效期间的最后六个月内，因权利人被义务人控制无法主张权利而不能行使请求权的，从权利人脱离控制之日起六个月内，诉讼时效不完成。

【条文含义与立法理由】

本条规定的是诉讼时效因权利人被义务人控制无法主张权利而不完成。

在诉讼时效期间届满前的一定期限内，如果权利人因被义务人控制无法主张权利而不能行使请求权，则继续计算诉讼时效期间非但不能督促权利人行使请求权，反倒会鼓励义务人控制权利人，令其无法行使请求权，从而给无辜的权利人造成损害。为贯彻诉讼时效制度的立法目的，充分保护无辜的权利人，我国《民法通则》第139条和《诉讼时效规定》第20条第3项将"权利人被义务人或者其他人控制无法主张权利"规定为诉讼时效中止的事由，"从中止时效的原因消除之日起，诉讼时效期间继续计算"。

这种诉讼时效中止制度虽能起到保护权利人的作用，但如果权利人脱离义务人的控制后，诉讼时效期间的剩余时间不多，就可能会使权利人缺乏充分的时间行使请求权。为了弥补这一缺陷，本条借鉴德国、日本、韩国及我国澳门和台湾地区等民法典的规定，采纳了诉讼时效不完成制度，规定"从权利人脱离控制之日起六个月内，诉讼时效不完成"，以便更好地保护权利人。

本条所谓"权利人被义务人控制无法主张权利而不能行使请求权"，主要包括以下情形：其一，义务人是权利人的法定代表人或负责人、控股股东或实际控制人，利用其控制权阻止权利人行使请求权；其二，权利人被义务人限制人身自由，导致无法主张权利；[1]其三，权利人因与义务人之间存在同居关系或者家庭生活关系等而在经济上、精神上受其控制，导致权利人不能正常行使请求权。

【学理争议与立法例】

关于在诉讼时效期间届满前的一定期限内，权利人因被义务人

---

[1] 参见奚晓明主编：《最高人民法院关于民事案件诉讼时效司法解释理解与适用》，人民法院出版社2008年版，第343～344页，段晓娟执笔。

控制无法主张权利而不能行使请求权的，如何保护权利人以避免诉讼时效的完成，大陆法系国家和地区的民法典大多未设特别规定。我国陆现行法采用了诉讼时效中止制度来保护权利人。对于类似的情况，我国澳门特别行政区民法采用诉讼时效不完成制度来保护权利人；荷兰民法则采用诉讼时效延长制度来保护权利人，其实际效果与诉讼时效不完成制度相同。

一、采用诉讼时效中止制度的立法例

最高人民法院《关于审理民事案件适用诉讼时效制度若干问题的规定》第 20 条第 3 项

有下列情形之一的，应当认定为民法通则第一百三十九条规定的"其他障碍"，诉讼时效中止：

......

（三）权利人被义务人或者其他人控制无法主张权利；

......

二、采用诉讼时效不完成制度的立法例

《中国澳门特别行政区民法典》第 311 条第 1 款

在下列期间，时效不完成：

......

c）就担任家务工作之人与其雇主间所存在之一切债权，在此种工作关系存续期间直至关系终止后两年；对于其他工作关系之当事人之间就该工作关系而产生之债权，在工作关系存续期间直至关系终止后一年；

d）因法律规定或法院或第三人之指定，财产须由他人管理之人与执行管理人之间，在此种关系存续期间直至最后管理报告核准后两年；

e）法人与其行政管理机关成员之间就后者因在法人内出任职务而须承担之责任，在此种关系存续期间直至有关行政管理人员职务终止后两年；

f）债务人与债权人之间，且债务人为债权之用益权人或对债权拥有质权，在此种关系存续期间直至该用益权或质权消灭后两年。

三、采用诉讼时效延长制度的立法例

《荷兰民法典》第 3：320 条

时效期间将在时效延长事由存续期间届满，或在该延长事由消灭后 6 个月内届满的，从该延长事由消灭之日起，时效期间延长 6 个月。

《荷兰民法典》第 3：321 条第 1 款

时效延长发生于：

a. 没有分居的夫妻之间；

b. 法定代理人和其代理的无行为能力人之间；

c. 管理人和受益人之间，涉及关于管理的请求权；

d. 法人和其董事之间；

e. 享有财产清单利益的取得遗产的人与继承人之间；

f. 债权人和故意隐瞒债务或隐瞒债务到期的债务人之间。

本条采用诉讼时效不完成制度的立法例。本条在吸收《诉讼时效规定》第 20 条第 3 项的基础上，借鉴《中国澳门特别行政区民法典》第 311 条第 1 款规定的诉讼时效不完成制度，并参考德国、日本、韩国及我国台湾地区等的民法典规定的其他类型的诉讼时效不完成制度，采用了诉讼时效不完成制度的立法例。

第三分节　诉讼时效完成的法律效果

第二百零五条 【诉讼时效完成的法律效果】

诉讼时效期间届满后，义务人有权拒绝履行。

前款规定的诉讼时效抗辩权只能由义务人决定是否行使，人民法院或者仲裁机构不得向当事人释明，也不得主动适用法律关于诉讼时效的规定进行裁判。

【条文含义与立法理由】

本条规定的是诉讼时效的效力。

关于诉讼时效的效力，1986 年颁布的《民法通则》第 135 条规

定："向人民法院请求保护民事权利的诉讼时效期间为二年，法律另有规定的除外。"不少学者曾认为，《民法通则》的这一规定采取的是"胜诉权消灭说"。

《诉讼时效规定》第 1 条前段规定："当事人可以对债权请求权提出诉讼时效抗辩。"第 3 条规定："当事人未提出诉讼时效抗辩，人民法院不应对诉讼时效问题进行释明及主动适用诉讼时效的规定进行裁判。"最高人民法院的上述规定采取的是"抗辩权发生说"，即诉讼时效完成的法律效果是债务人取得抗辩权。

我们认为，将诉讼时效经过的效力规定为义务人取得抗辩权，比规定为请求权人丧失胜诉权更为合理。首先，民事诉讼中的当事人能否胜诉取决于是否有足够的证据支撑其主张，在裁判作出之前，没有任何一方享有所谓的胜诉权。其次，在民事审判中，法院应扮演中立的角色，不得直接干预私人之间的关系；而如果将诉讼时效完成的法律效果规定为请求权人丧失胜诉权，必将为法院主动介入私法关系大开方便之门。此种结果显然与民法所奉行的私法自治精神相悖。因此，已为司法实践确立的"抗辩权发生说"值得肯定。

基于以上理由，本条第 1 款规定，诉讼时效经过后，请求权人的任何权利均不丧失，只是相对人取得了可以对抗请求权的抗辩权。抗辩权行使与否，完全取决于抗辩权人的意思自治。如果抗辩权人行使抗辩权，则可以永久性地阻止请求权的实现；而如果抗辩权人不行使该项权利，请求权人的权利也可以借助公权力强制实现。

鉴于人民法院或者仲裁机构在诉讼时效问题上可能会偏离应有的中立立场，故第 2 款规定，这些机构"不得向当事人释明，也不得主动适用法律关于诉讼时效的规定进行裁判"。

第二百零六条 【诉讼时效完成对从权利的效力】

请求权诉讼时效期间届满的效力及于利息债权等从权利，法律另有规定的除外。

【条文含义与立法理由】

本条规定的是诉讼时效完成对从权利的效力。

在存在几项相互关联的权利时，不以其他权利的存在为前提而能独立存在的权利为主权利，以主权利的存在为前提而存在的权利为从权利。比如，债权有担保物权或者保证来担保其实现时，被担保的债权是主权利，担保物权或者保证债权是从权利。

由于从权利具有对主权利的从属性，所以如果主权利的诉讼时效完成，从权利的相对人也享有时效抗辩权。例如，1995 年 10 月 1 日起施行的《中华人民共和国担保法》的第 20 条第 1 款规定："一般保证和连带责任保证的保证人享有债务人的抗辩权。债务人放弃对债务的抗辩权的，保证人仍有权抗辩。"这里所说的抗辩权，包括因时效完成而产生的抗辩权。《诉讼时效规定》第 21 条对此作了进一步的明确规定："（第 1 款）主债务诉讼时效期间届满，保证人享有主债务人的诉讼时效抗辩权。（第 2 款）保证人未主张前述诉讼时效抗辩权，承担保证责任后向主债务人行使追偿权的，人民法院不予支持，但主债务人同意给付的情形除外。"

关于在担保物权作为主债权的从权利的情形中，主债权罹于时效后，债权人（担保物权人）是否仍然可以行使抵押权、质权或留置权，各个国家或地区的立法多有不同。最高人民法院《关于适用〈中华人民共和国担保法〉若干问题的解释》（以下简称《担保法解释》）第 12 条曾规定："担保物权所担保的债权的诉讼时效结束后，担保权人在诉讼时效结束后的二年内行使担保物权的，人民法院应当予以支持。"但是，最高人民法院的这一规定未被《物权法》采纳，因为该法的第 202 条规定："抵押权人应当在主债权诉讼时效期间行使抵押权；未行使的，人民法院不予保护。"虽然关于质权和留置权，该法没有作出相似的规定，但是从立法目的角度看，第 202 条理应准用于质权和留置权。根据《物权法》的上述规定，主债权罹于诉讼时效，担保物权随之消灭，这样担保人便不会承担大于债务人的责任，更不会产生物上担保人向债务人追偿的问题。我们认为，此种选择堪称妥当，故建议沿用。

为了给之后的特别立法留下余地，本条的后段增加了但书的规定。

第二百零七条 【诉讼时效完成对抵销权的影响】

请求权在诉讼时效期间届满前已经符合抵销条件的，在诉讼时效期间届满后，权利人仍可以以该请求权与义务人享有的请求权进行抵销。

【条文含义与立法理由】

本条规定的是诉讼时效完成对抵销权的影响。

抵销分法定抵销与约定抵销。本条的抵销指的是法定抵销，即在当事人互负到期债务，且债务的标的物种类和品质相同时，任何一方当事人使自己的债务与对方的债务在等额的范围内归于消灭的意思表示。

一般而言，一方债权人不得以自己已罹于时效的债权作为主动债权而主张抵销，否则将损及相对方的时效利益。但是，如果债权在诉讼时效期间届满前已经符合抵销条件，债权人原本可以随时行使抵销权来等额地消灭债权，此时的债权人极易因为粗心大意而未及时抵销债权，以至于时效期间经过。对于这种原本可以通过抵销消灭自己部分债务的债权人，如果仅因为时效的经过而使其抵销权消灭，不免有失公允，所以本条特作此例外规定，以使这种在时效期间届满前原本可以抵销的债权仍然可以作为主动债权抵销。如此规定，与《德国民法》原第 390 条第 2 句（该规定已被《债法现代化法》废止）、《瑞士债法》第 120 条第 3 项以及《日本民法典》第 508 条、我国台湾地区"民法典"第 337 条的规定相同。

需要提请注意的是，本条仅是针对主动债权而作出的规定。如果被动债权罹于时效，债务人可以抛弃时效利益而主张抵销，自不待言。

第二百零八条 【诉讼时效抗辩权的放弃】

诉讼时效期间届满后，义务人可以放弃诉讼时效抗辩权。义务人虽不知诉讼时效期间届满的事实，但已经履行义务、承诺履行义务、为履行义务提供担保、将义务移转给他人的，视为放弃诉讼时效抗辩权。

诉讼时效期间届满后，义务人以承诺履行义务、为履行义务提供担保或者将义务移转给他人的方式放弃诉讼时效抗辩权的，请求权的诉讼时效期间依其原有时效期间重新计算。

【条文含义与立法理由】

本条规定的是义务人放弃抗辩权。

基于本建议稿第 205 条的规定，诉讼时效期间届满的法律效果是义务人取得时效抗辩权。抗辩权作为一项权利，其权利主体（即请求权指向的义务人）当然可以通过放弃权利而放弃利益。对此，《诉讼时效规定》第 22 条已经规定，当事人一方可以在诉讼时效期间届满后向对方当事人作出同意履行义务的意思表示。此种放弃，应当理解为在知晓诉讼时效期间已经届满、抗辩权因此产生的情况下的自由意志的表达，符合私法自治的理念，应当肯认。

如果义务人明知权利人的权利已经罹于时效，却仍然履行自己的义务，则可以认为是义务人以自己的行为放弃了时效抗辩权。如果义务人不知道时效已经完成而作出了给付，则给付行为仍然可以导致清偿的效果，因为时效的经过并不导致请求权的消灭，而只是使义务人取得了抗辩权，因此，对于义务人履行的结果，权利人的保有并非没有法律上的原因，相应地，义务人也就不能以权利人不当得利为由请求予以返还。对此，《民法通则》第 138 条规定："超过诉讼时效期间，当事人自愿履行的，不受诉讼时效限制。"《民通意见》第 171 条规定："过了诉讼时效期间，义务人履行义务后，又以超过诉讼时效为由翻悔的，不予支持。"我们认为，上述规定科学合理，应予以承继。义务人承诺履行义务、为履行义务提供担保或将义务移转给他人的，同理。因为这三类情况都表明了债务人同意自己或让他人履行债务，故根据诉讼时效中断的一般原理，"时效期间重新计算"。

第二百零九条 【诉讼时效制度的强制性】

当事人不得约定排除、缩短或者延长诉讼时效期间，也不得约定诉讼时效期间的适用范围、计算方法、完成效果及诉讼时效的中断、延长、不完成的事由及其效果。

诉讼时效期间届满前，义务人所做的抛弃诉讼时效抗辩权的意思表示无效。

【条文含义与立法理由】

本条规定的是诉讼时效制度的性质。

关于诉讼时效制度的规范性质，不同国家和地区的法律规定多不一致。有规定诉讼时效制度属于强制性规范的，如1942年《意大利民法典》第2936条规定："任何旨在变更消灭时效法律规定的协议均无效。"且该法第2937条第2款还规定："只有在时效期间届满后，方可放弃时效利益。"《瑞士债法》第129条规定："本章规定的诉讼时效期间不得由当事人协议变更。"该法第141条还规定："一方当事人不得事先放弃适用诉讼时效的规定。"我国台湾地区"民法典"147条规定："时效期间，不得以法律行为加长或缩短之。并不得预先抛弃时效之利益。"《中国澳门特别行政区民法典》第293条："法律行为旨在变更法定时效期间者属无效；法律行为旨在以其他方式促使或阻碍时效产生效力之条件成就者，亦属无效。"也有规定当事人可以缩短时效期限的，如《德国民法典》原第225条规定："不得以法律行为排除或加重诉讼时效。允许减轻诉讼时效，尤其是缩短时效期间。"也有将诉讼时效制度几乎规定为任意性规范的，如德国《债法现代化法》通过后，现在《德国民法典》的第202条规定："（第1款）在故意责任的情形，不得以法律行为减轻时效。（第2款）不得以法律行为将时效加重至从法定起算点起超过30年的时效期间。"

我国《民法通则》未就诉讼时效制度的性质作出明确规定，但是《诉讼时效规定》第2条规定："当事人违反法律规定，约定延长或者缩短诉讼时效期间、预先放弃诉讼时效利益的，人民法院不予认可。"最高人民法院的这一规定明确了诉讼时效制度属强制性规范。

考虑到诉讼时效关系到社会成员的一般利益，且司法实践中多年将该制度作为强制性规范对待似未产生不良效果，故建议沿袭司法解释的规定。

第三节 除斥期间

第二百一十条 【除斥期间的确定】

撤销权、解除权、追认权、优先购买权等形成权的行使期间，法律有强制性规定的，按照法律规定处理；法律未设强制性规定，但当事人有约定的，按照约定处理；既无法律规定也无当事人约定的，行使期间为权利人知道或者应当知道权利发生之日起的合理期间。

【条文含义与立法理由】

本条规定的是除斥期间的确定。

本条是对除斥期间的确定的规定，也是对除斥期间适用范围的规定。除斥期间属于期间的一种，指在法律规定或者当事人意定的民事权利存续期间内，权利人不行使权利的，期间届满，该特定权利便告消灭的法律制度。除斥期间适用于形成权，因为形成权依一方当事人的意思表示即可使民事法律关系产生、变更或消灭，进而影响相对人，其效力强于请求权。因此，对除斥期间应当作出时间上的限制，以达到利益上的平衡、维护交易秩序，对此无争议，只是各形成权成立的情形不同，有法律规定的，也有当事人约定的，甚至有时会出现对于除斥期间既无法律规定，当事人也未约定的情形，立法上对此应予明确。

我国现行的民事立法并未直接采用"除斥期间"这一概念，而是对受到除斥期间限制的形成权加以单独规制，如本条中关于撤销权的除斥期间规定在《合同法》第 55 条："有下列情形之一的，撤销权消灭：（一）具有撤销权的当事人自知道或者应当知道撤销事由之日起一年内没有行使撤销权……"关于解除权的除斥期间规定在《合同法》第 95 条："法律规定或者当事人约定解除权行使期限，期限届满当事人不行使的，该权利消灭。法律没有规定或者当事人没有约定解除权行使期限，经对方催告后在合理期限内不行使的，该权利消灭。"《合同法》第 104 条第 2 款将债权人领取提存物的除斥期间规定为 5 年。《继承法》第 25 条规定，受遗赠人在知道受遗赠的两个月内不作出接受遗赠的意思表示的，视为放弃受遗赠，这里的两个月也属于接受遗赠权利的除斥期间。同时应当注意，现行司法解释中曾明确使用"除斥期间"这一概念，如《诉讼时效规定》第 7 条第 1、2 款规定："享有撤销权的当事人一方请求撤销合同的，应适用合同法第 55 条关于一年除斥期间的规定。对方当事人对撤销合同请求权提出诉讼时效抗辩的，人民法院不予支持。"除法律有强制性规定外，当事人也可以以意思自治原则约定一定的期限而对当事人的形成权行使进行限制；在既无法律的强制性规定，当事人又无相关约定的情况下，也不能使形成权人的权利无期间限制，所以，本条最后规定了一个"合理期间"。由此可见，不同情形下的形成权除斥期间各不相同，立法无法作出统一规定，在总则中只能明确除斥期间的确定途径，并原则性说明除斥期间适用于形成权。

除了对形成权进行规制之外，民法中有一些权利的行使期限亦具备除斥期间的特征，如《物权法》第 245 条第 2 款规定："占有人返还原物的请求权，自侵占发生之日起一年内未行使的，该请求权消灭。"依据该条规定，占有回复请求权未在法定期限内行使则归于消灭，而且，此"一年"期间不适用中止、中断或延长，因此该期限在性质上属于除斥期间。但占有回复请求权并非属于形成权，因此对除斥期间的规定还要考虑法律特别规定。

【学理争议与立法例】

对除斥期间的具体期间少有作同一规定的立法例，理论上除个别观点认为"除斥期间的主要特点在于：它是由法律明确规定的权利存续期间。也就是说，除斥期间都必须是由法律规定的期限，不可能是当事人约定的"[1]外，多数人认为需针对不同的形成权规定不同的除斥期间，并允许当事人约定除斥期间。在适用范围上，对除斥期间适用于形成权没有争议。存在争议的是，除斥期间的适用范围是否仅仅限于形成权？一种观点认为，除斥期间仅限于形成权，不能扩大适用到其他权利；另一种观点认为，形成权是除斥期间主要的适用范围，但不限于此。从立法例来看，除斥期间的适用范围主要是形成权，但不仅仅限于形成权。

《德国民法典》第 121 条对错误、误传的撤销其间规定："自意思表示作出时起已经过 10 年的，该项撤销即被排除。"第 124 条对欺诈或胁迫的撤销期间规定："自意思表示作出时起已经过 10 年的，该项撤销被排除。"第 382 条规定："债权人请求提存额的权利，在受领提存的通知后经过 30 年而消灭，但债权人之前向提存所报告的除外；即使债务人已抛弃取回权，他也有权取回。"

前两条的规定可谓对行使撤销权的除斥期间规定，而第三条所规定的 30 年的除斥期间的适用对象是提存人的请求权，由此可见，除斥期间的适用范围并不仅仅限于形成权。

《日本民法典》第 547 条规定："就解除权的行使没有约定期间的，相对人可以规定一定的期间，催告有解除权的人在该期间内作出是否解除的确切答复。这种情形下，在该期间内没有接到解除通知的，解除权消灭。"该法典第 637 条规定："前三条规定的下次修补或损害赔偿及合同的解除，应当自工作标的物交付起一年内进行。"

通过上述规定可以看出，关于承揽合同中的瑕疵担保期间，《日本民法典》将其作为除斥期间加以规定，而根据《德国民法典》第634a 条规定，第 634 条第 1 项、第 2 项、第 4 项请求权均适用消灭时效。首先，根据《日本民法典》的规定可以看出，除斥期间并不仅仅适用于形成权；其次，对于同一个请求权，不同立法例将其区别对待而适用于不同的时效制度，值得我国在制定相关法律时注意。

---

〔1〕　王利明等：《民法学》（第 3 版），法律出版社 2011 年版，第 162～163 页。

第二百一十一条 【除斥期间的起算点】

除斥期间从权利人知道或者应当知道权利发生之日起开始计算，法律另有规定或者当事人另有约定的除外。

【条文含义与立法理由】

本条规定的是除斥期间的起算点。

我国现行法有关除斥期间的规定主要散见于《合同法》中，但除《合同法》规定的撤销权、解除权、终止权之外，形成权还存在于民法其他领域，如法定代理人以及无权代理中被代理人享有的追认权。关于除斥期间的起算，法律的规定不尽一致。本款之所以作如此规定，有以下几点考虑：

1. 起算点。目前很多学者认为，除斥期间作为法定的不变期间，应该自权利发生之日起计算。本条之所以采"知道或应当知道权利发生之日"为起算点，是因为：

（1）正如梅迪库斯所言，形成权偏重对权利人的保护。《德国民法典》在总则中对除斥期间作统一规定的同时，将除斥期间的起算点确定为"权利人知悉之后"，其价值取向很明显，就是要强化对形成权人的保护。这种价值立场在日本法和我国台湾地区"民法典"中均有体现。我国未来民法典既然已经基本确定采用"潘德克吞"体系，在总则中做如此规定也是合情合理。

（2）综合各国有关除斥期间起算的不同规定可以看出，对于撤销权等由于相对人过错而产生的形成权，法律一般规定除斥期间自权利人知道或应当知道之日起算；而对于如追认权这种相对人无过错，仅是由于行为主体瑕疵产生的形成权，法律更倾向于尽快结束权利不确定的状态，以权利发生之日作为除斥期间起算点。出于以上考虑，本条最后加入了"法律另有规定的"除外内容，以增加条文适用的灵活性。

2. 是否应当允许当事人约定除斥期间。王利明教授等学者认为，除斥期间是法定期间，不能由当事人约定。本建议稿不同意上述观点。形成权多为法定权利，但作为其中重要组成部分的合同解除权，完全可能因为当事人约定而产生。既然允许当事人约定解除事由，法律自然无必要干涉其进一步约定解除权的除斥期间。此处的"法定期间"应作狭义理解，即对于法律明确规定的除斥期间，如撤销权、追认权等，不允许当事人作变通约定；但对于约定产生的解除权，应该充分尊重意思自治，允许当事人自主决定该解除权的起算点和存续时间。

【学理争议与立法例】

关于除斥期间的起算，学理上观点基本一致：如江平主编的《民法学》主张除斥期间从权利成立起计算；王泽鉴教授在《民法总则》中认为除斥期间为不变期间，除法律另有规定外（第93条、第245条），自权利发生时起算；魏振瀛主编的《民法》认为除斥期间为不变期间，故除斥期间的计算主要涉及起算时间的问题。法律对有些除斥期间规定了起算时间。例如《合同法》第55条第1款规定，当事人自知道或者应当知道撤销事由之日起一年内没有行使撤销权的，撤销权消灭。法律对有些除斥期间没有规定起算时间，对此，学者通说认为自权利发生时起算。因为除斥期间是对权利存续期间的限制，因此权利发生之日为其期间开始计算之时。而王利明、杨立新、王轶、程啸编著的《民法学》认为：除斥期间只是权利的存续期间，它并不考虑权利是否行使的问题，所以，除斥期间一般自权利成立之日起计算。

以上学者观点虽然在起算时间上基本意见一致，即应当自权利发生之日起计算，但在除斥期间是否可依约定产生上有分歧。本条赞同大部分学者的观点，即除斥期间可以由当事人约定产生，其起算点和时间长短，在当事人意思自治范围内，也是可以明确约定的。

目前关于除斥期间的规定主要有三种立法例，一种是德国采用的总则和债法结合规定的模式；一种是其他国家普遍采用的在债法中分散规定的模式；还有一种比较特殊，是意大利采用的模式。《意大利民法典》在其第六编"权利保护"的第五章"消灭时效"下单设第二节"失权"，对不变期间作了总结性规定，同时又在民法典各编中作了许多具体性规定。

有关立法例如下：

1. 《德国民法典》第 121 条 ［撤销期间］

（1）在第 119 条、第 120 条的情形下，撤销必须在撤销权人知悉原因后，在没有过错的迟延的情况下（不迟延地）为之。……

（2）自意思表示作出时起已经过十年的，该项撤销即被排除。

《德国民法典》第 124 条第 2、3 款

（2）恶意欺诈的情形下，撤销其间自撤销权人发现欺诈时起算，在胁迫的情形下，自急迫情势停止时起算。……

（3）自意思表示作出时起已经过十年的，该项撤销即被排除。

《德国民法典》第 350 条

未就合同所定解除权的行使约定某一期间的，另一方可以就该解除权的行使向解除权人指定适当期间。不在期间届满前表示解除的，该项解除权消灭。

《德国民法典》第 355 条 ［消费者合同情形的撤销权］

……

（2）撤回期间为 14 天，以不另有规定为限，撤回期间自合同订立时起算。

……

2. 《意大利民法典》第 2964 条

当权利应当在一定期间内行使否则失权时，不适用有关消灭时效中断的规定；有关中止的规定同样不适用，除非有其他的规定。

《意大利民法典》第 80 条

退还赠与的请求，应当自拒绝举行婚礼或允诺结婚的人死亡之日起 1 年内提出。

《意大利民法典》第 507 条

如果继承人未准备任何清算文件，则可以在申报债权的期限届满之后 1 个月的时间内将全部遗产交给债权人和受遗赠人。

《意大利民法典》第 1501 条

买回期间在动产买卖中不得超过 2 年，在不动产买卖中不得超过 5 年。如果当事人确定了更长的期间，该期间将减至法定期间。

法定的期间不可推迟也不可延长。

3.《日本民法典》第126条［撤销权的消灭时效］

撤销权，自可追认时起五年不行使时，因时效而消灭。自行为之时起，经过二十年，亦同。

《日本民法典》第246条

第244条的撤销权（欺诈行为撤销权），自债权人知有撤销原因时其两年间不行使时，因时效而消灭。自行为时起经过二十年，亦同。

4. 中国台湾地区"民法典"第245条［撤销权之除斥期间］

前条撤销权，自债权人知有撤销原因时起，一年间不行使，或自行为时起，经过十年而消灭。

中国台湾地区"民法典"第257条［解除权之消灭——未于期限内行使解除权］

解除权之行使，未定有期间者，他方当事人得定相当期限，催告解除权人于期限内确答是否解除；如逾期未受解除之通知，解除权即消灭。

第二百一十二条 【除斥期间的不变性】

除斥期间不适用本法关于诉讼时效中断、延长或者不完成的规定，法律另有规定的除外。

【条文含义与立法理由】

本条规定的是除斥期间是否适用时效的中断、延长或不完成。

除斥期间属于"不变期间"，其是指权利的存续期间，针对的是形成权，除斥期间期限届满，权利就相应地产生和消灭。法律设立除斥期间的目的在于维持已经存在的法律关系，督促权利人尽快行使权利。

1. 民法典规定权利行使或存续的期间是为了更好地维护民事主体的权利，然而，仅有时效的规定，尚不足以达到此目的，因为时效并不适用于一切民事法律关系，它可以中止、中断或者延长，导致在某些情形下民事法律关系处于不确定状态，所以各国立法在时效规定之外，均有关于除斥期间的规定。而目前我国的《民法通则》中没有统一、系统的关于除斥期间的相关规定，所以需在民法典中规定除斥期间规则以完善民法体系，更好地保证民事权利的行使。

2. 我国现行民事立法关于除斥期间是否适用中断和延长的规定散见于：《合同法司法解释（一）》第 8 条："合同法第五十五条规定的'一年'、第七十五条和第一百零四条第二款规定的'五年'为不变期间，不适用诉讼时效中止、中断或者延长的规定。"《担保法解释》第 31 条："保证期间不因任何事由发生中断、中止、延长的法律后果。"最高人民法院《关于审理买卖合同纠纷案件适用法律问题的解释》第 17 条第 2 款："合同法第一百五十八条第二款规定的'两年'是最长的合理期间。该期间为不变期间，不适用诉讼时效中止、中断或者延长的规定。"由此可见，有必要将这些分散的、效力层次参差不齐的规定加以整合，在总则中规定除斥期间不适用"中断、延长或不完成"的一般规则。

除此之外，由于《担保法解释》第 31 条规定："保证期间不因任何事由发生中断、中止、延长的法律后果。"这一点与《担保法》第 25 条第 2 款存在冲突，该款规定："在合同约定的保证期间和前款规定的保证期间，债权人未对债务人提起诉讼或者申请仲裁的，保证人免除保证责任；债权人已提起诉讼或者申请仲裁的，保证期间适用诉讼时效中断的规定。"故由于现行法律规定的不一致，产生了关于保证期间到底是诉讼时效期间还是除斥期间的争议。基于保证期间的性质和作用，其应属于除斥期间，因此对除斥期间立法的过程中必须要明确保证期间的属性，将其纳入到除斥期间的体系中来，以统一保证期间的有关规定。

【学理争议与立法例】

关于除斥期间是否适用中断、延长或者不完成的规定，学理上一直存在着争论。早在 19 世纪，德国学者就存在两种不同观点：以德国学者葛莱维为代表的学者们认为除斥期间在性质上为预定的权利期限，其期限是不变的，因此不适用中止、中断或延长的规定；

而以罗森博格为代表的则否认时效与除斥期间在性质上的差异，认为除斥期间可适用中止、中断或延长的规定。

现代通说认为除斥期间为不变期间，不能适用中断、延长和不完成的规定。

有学者认为除斥期间是不变期间。但是，在特殊情形下，为了保护权利人免受除斥期间的不利益，可适用中断、延长或不完成的规定。例如，台湾地区学者刘得宽先生认为，在权利终止之际遇到天灾事变等不可抗力时，可以适用不完成的规定。

相关立法例如下：

1. 《德国民法典》第 124 条［撤销期间］

（1）依第 123 条可予撤销的意思表示，只能在 1 年的期间内予以撤销。

（2）在恶意欺诈的情形下，撤销期间自撤销权人发现欺诈时起算，在胁迫的情形下，自急迫情势停止时起算。第 206 条、第 210 条和第 211 条关于消灭时效的规定准用于期间的经过。

（3）自意思表示做出时起已经过 10 年的，该项撤销被排除。

从该法典第 124 条第 1、2 款中可以看出，《德国民法典》关于除斥期间规定了不同情形，其中第 1 款规定不适用中断和不完成，第 2 款容许在恶意欺诈、胁迫的情形下准用关于时效中断之规定，前者称为纯粹的除斥期间，后者称为混合的除斥期间。我国民法则不存在此种区分。由此可见，在《德国民法典》中，除斥期间在一定条件下可以适用消灭时效的中止、中断或延长的规定，而不是完全排除中止、中断、延长的适用。此外，德国法律允许当事人约定除斥期间，也可能使除斥期间因当事人的意思表示而中止、中断及延长。

2. 《意大利民法典》第 1501 条

买回期间在动产买卖中不得超过 2 年，在不动产买卖中不得超过 5 年。如果当事人确定了更长的期间，在该期间将减至法定期间。法定的期间不可推迟也不可延长。

《意大利民法典》第 2964 条

当权利应当在一定期间内行使否则失权时，不适用有关消灭时效中断的规定；有关中止的规定同样不适用，除非有其他规定。

从上述规定可以看出，《意大利民法典》明确规定了除斥期间不适用中止、中断和延长。而且，该法典除在第六编第五章的第二节中对失权作了一般性的规定外，还在其他编中就除斥期间作了具体的规定。

3.《日本民法典》第 580 条

（1）买回期间不得超过 10 年，订于超过 10 年的期间时，缩短为 10 年。

……

《日本民法典》第 724 条

对于侵权行为而产生的损害赔偿请求权，自受害人或其他法定代理人知悉损害及加害人起，3 年间不行使时，因时效而消灭。自侵权行为时起，经过 20 年时，亦同。

《日本民法典》中未明确规定除斥期间相关规则。关于 724 条的规定，公认前半段 3 年的期间属于消灭时效，没有异议；对于后半段 20 年的期间，通说认为是除斥期间，但是也存在不同的意见。

第二百一十三条 【除斥期间届满的法律效果】

除斥期间届满后，权利本身归于消灭。

除斥期间届满的法律效果无须由当事人主张，人民法院或者仲裁机构应当依职权适用。

【条文含义与立法理由】

本条规定的是除斥期间届满的法律效果。

从除斥期间的概念可以看出，除斥期间的规范功能在于使相关权利本身消灭，而且此种权利消灭是绝对消灭、当然消灭，此与诉讼时效期间届满原权利仍然存在，仅导致公权力救济消灭不同。当然，在有些国家和地区，消灭时效届满后也产生权利消灭的后果。但是，二制度目的不同，消灭时效期间届满所消灭的权利，"以其行使为原秩序之维持，以其不行使为新秩序之建立故也"；而除斥期间届满所消灭的权利，盖因"以其行使为原秩序之变更，以其不行使为原秩序之维持故也"。[1] 此处"权利本身归于消灭"不仅说明其后果与诉讼时效有区别，而且也说明无论除斥期间规定的权利类型为何，该权利本身消灭。如《个人独资企业法》第 28 条规定："个人独资企业解散以后，原投资人对个人独资企业存续期间的债务仍应承担偿还责任，但债权人在五年内未向债务人提出偿债请求的，该责任消灭。"此时，期间届满消灭的是债权请求权。最高人民法院曾经在《担保法解释》第 12 条规定了"二年内行使担保物权"，否则期限届满担保物权消灭，只不过后被《物权法》第 202 条否定。

除斥期间主要适用于形成权，该权利本身由权利人自己的意志即可实现，其消灭则是于期间届满后，无论当事人是否主张，人民法院或仲裁机构都应当直接适用，当然其适用也需要对期间是否届满等予以审查。

【学理争议与立法例】

关于除斥期间届满的效力，理论上争议不大，只个别学者因对除斥期间究竟是"权利存续期间"还是"权利行使期间"有不同观点，而对期间届满的后果有不同认识，前者主张导致权利本身消灭，后者主张导致权利不能再行使。因绝大多数人认为，除斥期间是一个权利存续的期间，所以，期间届满的后果当然是权利消灭。国外立法对除斥期间并未集中规定，而是分散于各具体条文中，而且从效力角度看基本一致——形成权消灭。

如《德国民法典》第 121 条第 2 款对错误、误传的撤销期间规定："自意思表示做出时起已经过 10 年的，该项撤销即被排除"。

---

〔1〕（台）郑玉波：《民法总则》，中国政法大学出版社 2003 年版，第 494 页。

《日本民法典》第 547 条规定："就解除权的行使没有约定期间的，相对人可以规定一定的期间，催告有解除权的人在该期间内作出是否解除的确切答复。这种情形下，在该期间内没有接到解除通知的，解除权消灭。"

附：

中华人民共和国民法典总则编草案

（专家建议稿）*

中国政法大学民商经济法学院民法研究所"中国民法典研究小组"

组长：李永军　副组长：刘家安

第一章　一般规定

第一条【立法目的】

为给民商事案件的审理提供裁判依据，正确处理私法主体之间的纠纷，特制定本法。

第二条【调整对象】

本法调整自然人的人身关系以及自然人、法人和非法人团体之间在民商事活动中形成的财产关系。

第三条【法律渊源】

人民法院裁判案件，本法及其他法律有规定的，从其规定；没有规定的，依习惯；没有习惯的，依法理。

前款所称习惯，以不违背公共秩序和善良风俗为限。

第四条【权利行使的一般准则】

行使权利、履行义务，应当遵循诚实与信用方法。

---

* 中国政法大学民商经济法学院民法研究所"中国民法典研究小组"。组长：李永军。副组长：刘家安。成员：于飞、陈汉、费安玲、刘智慧、田士永、迟颖、戴孟勇、尹志强、席志国、翟远见。

第五条 【权利保护的私力救济方式】

为保护自己或他人的合法权益，可以实施正当防卫、紧急避险、自助行为，但以不逾越必要程度为限。

第六条 【一般法与特别法的关系】

同一法律关系，本法与其他特别民商事法律规范有不同规定的，适用特别规定。

第七条 【法院不得拒绝裁判】

人民法院不得以本法及其他民商事法律规范没有规定为由，拒绝案件的受理与裁判。

第八条 【时间效力】

本法的效力不溯及既往。

本法实施之前的民商事活动，当时的法律没有规定的，适用本法，但法律另有规定的除外。

第九条 【地域效力】

本法适用于中华人民共和国领域内发生的民商事活动，但法律另有规定的除外。

第十条 【对人效力】

本法关于主体的规定，适用于中华人民共和国领域内的本国主体、外国主体和无国籍自然人，但法律另有规定的除外。

第十一条 【举证义务】

当事人对其主张有提供证据的义务，法律另有规定的除外。

第十二条 【法律解释】

只有立法机关有权对本法及其他民商事法律作出具有普遍约束力的解释。

人民法院裁判案件，应当兼顾法律文义、法律体系以及法律目的，在宪法确定的价值体系内，对法律条文含义不明确之处进行解释。

第二章　自然人

第一节　权利能力

第十三条【权利能力的存续】

自然人的权利能力，始于出生，终于死亡。

自然人的权利能力一律平等。

第十四条【出生与死亡的时间】

户籍上登记的出生时间，推定为出生时间。有证据证明户籍登记的出生时间错误的，以证据证明的出生时间为准。

死亡证明上记载的死亡时间，推定为死亡时间。有证据证明死亡证明上记载的死亡时间错误的，以证据证明的死亡时间为准。

第十五条【胎儿利益的保护】

涉及胎儿利益保护时，视为胎儿已出生，但胎儿娩出时为死体者除外。

第二节　宣告失踪、宣告死亡

第十六条【宣告失踪的要件】

自然人下落不明满两年的，利害关系人可以向人民法院申请宣告其为失踪人。

前款所称利害关系人，包括被申请宣告失踪人的配偶、父母、子女、兄弟姐妹、祖父母、外祖父母、孙子女、外孙子女以及其他与被申请宣告失踪人有民商事权利义务关系的人。

第十七条【宣告失踪期间的起算】

自然人下落不明的时间，从其离开住所地或最后居住地的次日开始起算；战争期间下落不明的，从战争结束之日开始起算；意外事故中下落不明的，从意外事故发生的次日开始起算。

第十八条【宣告失踪的公告】

人民法院审理宣告失踪的案件，应当依照民事诉讼法的相关规定发出公告。公告期间届满，人民法院根据被宣告失踪人失踪的事实是否得到确认，作出宣告失踪的判决或者终结审理的裁定。

第十九条【宣告失踪的法律效果】

人民法院在宣告自然人失踪的同时，应当根据有利于保护失踪人财产的原则，指定失踪人的财产代管人。

前款所称财产代管人，可以是失踪人的配偶、父母、成年子女或其他关系密切的亲属；没有以上规定的人或以上规定的人不能、不愿代管的，人民法院可以指定其他人或组织担任代管人。

失踪人有意定代理人的，财产代管人的职责不得与意定代理人的代理权限相冲突。

第二十条【财产代管人的职责】

财产代管人应当妥善保管失踪人的财产，维护失踪人的财产利益，了结失踪人的债权债务，建立必要的账目，并在有关失踪人的诉讼中担任法定代理人。

财产代管人因故意或重大过失造成失踪人财产损害的，应当承担赔偿责任。

第二十一条【财产代管人的变更】

财产代管人不履行代管职责、侵害失踪人财产利益或丧失代管能力的，失踪人的利害关系人可以向人民法院申请变更财产代管人。

第二十二条【失踪宣告的撤销】

被宣告失踪的人重新出现或者确知其下落的，本人或者利害关系人可以向人民法院申请撤销失踪宣告。

失踪宣告被撤销后，失踪人的财产代管人应当停止代管行为，及时向本人移交相关财产及财产账目、报告代管情况，但代管行为仍显有必要的除外。

第二十三条【宣告死亡的要件】

自然人有下列情形之一的，利害关系人可以向人民法院申请宣告其死亡：

（一）下落不明满四年的；

（二）因意外事故下落不明，自事故发生之日起满两年的；经有关机关证明该自然人不可能生存的，不受两年期限限制。

战争期间下落不明的，适用前款第（一）项规定。

第二十四条【申请宣告死亡的利害关系人】

申请宣告死亡的利害关系人，包括被申请宣告死亡人的配偶、父母、子女、兄弟姐妹、祖父母、外祖父母、孙子女、外孙子女，以及其他与宣告死亡有密切关系的人。

申请宣告死亡不受前款所列人员顺序的限制。

第二十五条【宣告失踪与宣告死亡的关系】

自然人下落不明符合申请宣告失踪和申请宣告死亡条件，利害关系人中有人申请宣告失踪，有人申请宣告死亡的，人民法院应当受理宣告死亡的申请。

第二十六条【死亡时间的确定】

人民法院应当在宣告死亡的判决中确定死亡的时间：

（一）根据本法第二十三条第一款第（一）项的规定被宣告死亡的，其死亡时间为法定期间届满之日；

（二）根据本法第二十三条第一款第（二）项的规定被宣告死亡的，其死亡时间为意外事故结束之日；

（三）战争期间下落不明被宣告死亡的，其死亡时间为战争结束之日。

第二十七条【宣告死亡的法律效果】

对于婚姻关系的终止及继承的开始，宣告死亡发生与自然死亡相同的法律效果，但配偶反对宣告死亡申请的，其婚姻关系不受宣告死亡影响。

自然人的权利能力及其在宣告死亡期间实施的法律行为效力，不受宣告死亡的影响。

第二十八条【死亡宣告的撤销】

被宣告死亡的人重新出现或确知其没有死亡，本人或利害关系人可以向人民法院申请撤销对他的死亡宣告判决。

第二十九条【死亡宣告撤销的财产法律后果】

被撤销死亡宣告的人有权请求返还财产。依照继承法取得他的财产的自然人或组织，应当返还原物；原物不存在的，应当返还尚存利益。但合法取得财产的第三人不负返还义务。

第三十条【恶意利害关系人的责任】

利害关系人隐瞒真实情况使他人被宣告死亡而取得财产的，应返还原物及孳息；造成损害的，应承担损害赔偿义务。

第三十一条【死亡宣告撤销的身份法律效果】

死亡宣告被人民法院撤销，其配偶尚未再婚的，夫妻关系从撤销死亡宣告之日起自行恢复，但其配偶反对的除外；其配偶再婚的，夫妻关系自再婚之日起消灭。

被宣告死亡人在被宣告死亡期间，其子女被他人依法收养的，在死亡宣告被撤销后，不得仅以未经本人同意而主张解除收养关系，但收养人和被收养人同意的除外。

第三节　自然人的人格权益

第三十二条【自然人的人格利益】

自然人的生命、身体、健康、自由、肖像、名誉、隐私等人格利益受法律保护。

第三十三条【自然人人格利益的利用】

自然人利用其人格利益，不得违反法律及公序良俗。

第三十四条【自然人的姓名权】

自然人享有姓名权，有权决定、使用和依法改变自己的姓名，有权排除他人干涉、盗用、假冒其姓名或对其姓名进行侮辱、贬损、不正当称呼。

达到与姓名同等识别程度的笔名、艺名、网名等，适用前款规定。

第四节 自然人的住所

第三十五条【住所的确定】

自然人以其户籍所在地的居住地为住所。

经常居住地与住所不一致，或户籍所在地不明以及不能确定其户籍所在地的，经常居住地视为住所。自然人离开户籍地最后连续居住一年以上的地方，为经常居住地，但住院治疗的除外。

自然人由其户籍所在地迁出后至迁入另一地之前，无经常居住地的，仍以原户籍所在地为住所。

第三十六条【无行为能力人、限制行为能力人的住所】

无行为能力人、限制行为能力人以其法定代理人的住所为其住所。

第五节 监护

第三十七条【适用范围】

本节所规定的监护，是指亲权之外对无行为能力人或者限制行为能力人的监护。基于亲权而形成的监护，本法亲属编另有规定的，从其规定；没有规定的，可以准用本节规定。

第三十八条【监护人】

无行为能力人或限制行为能力人，由下列人员按照顺位担任监护人：

（一）配偶；

（二）父母；

（三）成年子女；

（四）其他近亲属。

没有上述四类监护人的，由民政部门或社会福利机构担任监护人。

对担任监护人有争议的，由被监护人所在单位，或住所地的居民（村民）委员会、民政部门在上述人员中选任。对选任不服提起诉讼的，由人民法院根据有利于被监护人生活的原则进行裁决。

同一顺位有多位具有监护人资格的，应当由其中一人担任监护人，但父母担任监护人的除外。

第三十九条【自愿监护人】

如依据上条未确定自然人监护人，关系密切的其他亲属、朋友拟自愿承担监护责任的，经被监护人的所在单位或住所地的居民（村民）委员会、基层民政部门同意后可以成为监护人。

第四十条【监护人的变更】

未经全体有资格的监护人同意，不得自行变更监护人。擅自变更的，由原被选任的监护人和变更后的监护人共同承担监护责任。

监护人死亡，或者因主客观原因不履行监护职责，或者侵害了被监护人的合法权益，或者其他有监护资格的人或者单位认为自己更适合担任监护人的，可以向人民法院起诉要求变更监护人。

监护人本人也可以向人民法院起诉要求变更监护人。在人民法院判决变更之前，原监护人仍应履行其监护职责。

第四十一条【监护人的监护职责】

监护人的监护职责包括：

（一）照顾被监护人的生活；

（二）管理和保护被监护人的财产；

（三）代理被监护人实施法律行为；

（四）代理被监护人诉讼或者仲裁；

（五）其他职责。

第四十二条【财产管理】

被监护人有个人财产的，监护人应当在担任监护人之日起造具清册，在监护关系终止时清算。

监护人不得处分被监护人的财产，但是为了被监护人的直接利益目的进行的处分除外。

监护人管理被监护人的财产时，不得进行风险性投资。

第四十三条【意定监护】

成年人可以依照自己的意思选择监护人，并与其签订书面委托监护合同，将本人的人身、财产监护职责全部或者部分授予监护人。意定监护人在该成年人丧失或者部分丧失行为能力后承担监护人职责。

意定监护人的职责范围，仅限于委托监护合同中有明确约定的部分。

意定监护人必须亲自履行其监护职责。

第四十四条【本人意愿优先】

如果被监护人在丧失行为能力之前关于在特定情况下是否继续治疗、是否捐献器官、遗体等有明确意愿的，此等意愿对知晓的法定监护人、意定监护人、医院都有约束力。

第四十五条【遗嘱指定】

父母一方死亡后，生存方可以在遗嘱中为未成年子女指定监护人。

第四十六条【监护关系的终止】

有下列情形之一的，监护关系终止：

（一）被监护人取得完全行为能力的；

（二）被监护人死亡的；

（三）监护人死亡或丧失监护能力的；

（四）监护人有正当理由辞去监护职责的；

（五）经被监护人近亲属请求，监护人被人民法院撤销其监护资格的。

第四十七条【监护终止时的财产清算与移交】

监护关系终止，监护人应对被监护人的财产进行清算，并根据不同的终止原因将财产移交下列人员：

（一）被监护人取得完全行为能力的，移交给被监护人；

（二）被监护人死亡的，移交给被监护人的继承人；

（三）监护人死亡或丧失监护能力的，移交给新监护人；

（四）变更监护人的，移交给新监护人。

监护人死亡的或者被宣告失踪的，其清算及移交义务由其继承人或财产代管人履行。

第六节　个体工商户、个体承包经营户

第四十八条【个体工商户】

自然人在法律允许范围内，依法经核准登记从事工商业经营的，为个体工商户。

第四十九条【个体工商户的住所】

个体工商户在登记机关登记的经营场所为其住所。

第五十条【农村承包经营户】

农村集体经济组织的成员，在法律允许的范围内，按照承包合同规定从事商品经营的，为农村承包经营户。

第五十一条【个体工商户、农村承包经营户的债务】

个体工商户、农村承包经营户的债务，个人经营的，以个人财产承担；家庭经营的，以家庭财产承担。

第三章　　法人、非法人团体

第一节　一般规定

第五十二条【法人的定义】

法人是依法设立的独立享有民事权利和承担民事义务的组织。

第五十三条【法人的设立】

申请设立法人，应当符合下列条件：

（一）有自己的名称、组织机构和场所；

（二）有自己的章程；

（三）目的事业不违反法律、不危害公序良俗；

（四）有符合法律规定的独立财产或经费；

（五）履行法律规定的法人设立程序。

非依本法或者其他法律规定，不得设立法人。

第五十四条【法人的能力】

法人的权利能力自法人成立时产生，于法人终止时消灭。

第五十五条【设立中的法人】

设立中的法人仅能从事与其设立目的相适应的民事活动。

设立人应当对法人设立过程中的债务承担责任；设立人为两人以上的，承担连带责任。

法人成立后，设立中法人从事民事活动产生的法律后果由法人承受。

第五十六条【法人机关和法定代表人】

法人机关应当依据法律和章程行使职权。

依照法律或者章程规定，代表法人行使职权的负责人，是法人的法定代表人。

第五十七条【法人的分支机构】

分支机构经法人授权，可以自己的名义从事民事活动，由此产生的债务，由法人承担责任。法律有特别规定的，依据特别规定。

第五十八条【法人的住所】

法人以其登记的住所为住所；无须登记的，以其主要办事机构所在地为住所。

第五十九条【法人的责任承担】

法人以其全部财产承担民事责任，法律另有规定的除外。

第六十条【法定代表人和其他工作人员职务行为致人损害的责任承担】

法定代表人和其他工作人员执行工作任务致人损害，由法人承担民事责任。

法人承担民事责任之后，有权依据法律规定或法人章程或者组织规章的规定，向有过错的法定代表人及其他工作人员追偿。

第六十一条【超越法人目的的法律行为】

法人实施的法律行为不因超越章程规定的目的范围而无效，但法律另有规定的除外。

第六十二条【法人的解散事由】

有下列情形之一的，法人解散：
（一）目的事业已经完成或确定无法完成；
（二）章程规定的存续期间届满；
（三）章程规定的其他解散事由出现；
（四）法律规定的其他情形。

第六十三条【法人的清算与终止】

法人解散的，应当依法进行清算。在清算期间，法人应当停止清算目的范围以外的一切活动。

法人未经清算即终止的，由清算义务人承担责任。

第六十四条【清算程序的法律适用】

法人的清算程序准用公司法关于公司法人清算程序的规定，法人章程或法律另有规定的除外。

第六十五条【公法人的定义】

公法人是以履行公共职能和维护公共利益为目的的事业的机关、

团体。

公法人，仅得依法律或者行政法规的规定设立。

第六十六条【公法人的法律适用】

公法人的民事权利能力、成立、债务清偿等事项，依其据以设立的法律和行政法规确定，无特别规定的，可以参照适用本法的一般规定。

第二节　社团法人

第六十七条【社团法人的定义和类型】

社团法人是以自然人、法人或者其他非法人团体作为成员，依照法律规定成立的法人。

社团法人可以是营利性的，也可以是非营利性的。

第六十八条【社团法人的设立】

设立营利性社团法人，须遵循法律、行政法规的规定，并于依法办理登记时成立。法律规定应当办理批准手续的，依照其规定。

设立非营利性社团法人，应当依法经主管机关批准，并办理登记手续，法律另有规定的除外。

第六十九条【社团法人的章程】

社团法人的章程应记载以下事项：

（一）社团法人的名称；

（二）社团目的；

（三）董事或理事的人数、任期及任免规则。设有监事的，需载明监事的人数、任期及任免规则；

（四）社员大会的召集、议事及决议规则；

（五）社员的出资或会费缴纳义务；

（六）社员资格的取得与丧失；

（七）解散社团法人的事由；

（八）不违反法律规定的其他事项。

第七十条 【社团法人的机关】

社员大会是社团法人的意思机关，有权依法制定、修改章程，选举或者更换执行机关、监督机关成员，并行使章程规定的其他职权。

董事会或理事会是社团法人的执行机关，由社员大会产生，并对社员大会负责，根据章程的规定行使职权。

法律对社团法人的机关另有特别规定的，优先适用特别规定。

第七十一条 【社员的退社与除名】

社员可随时退社，但法律另有规定的除外。以不违反强行性规范及公序良俗为限，章程可对社员退社作出限制。

章程可就社员的除名事由及程序作出规定，但以不违反强行性规范及公序良俗为限。

第七十二条 【社团法人的变更】

社团法人存续期间发生登记事项变更的，须向法人登记机关申请变更登记，法律另有规定的除外。

未依前款进行变更登记的，法人登记事项的变更不得对抗善意第三人。

第七十三条 【社团法人的消灭】

社团法人经清算完毕，完成注销登记，法人消灭，法律另有规定的除外。

第七十四条 【社团法人消灭后的财产归属】

营利性社团法人清算完毕后，剩余财产依章程规定处理，章程没有规定的，按成员的出资比例处理。

非营利性社团法人清算完毕后，剩余财产依章程规定处理；章程没有规定的，依法律规定处理。章程和法律均未规定的，准用本章第三节关于财团法人的规定处理。

第三节　财团法人

第七十五条【财团法人的定义】

财团法人，是指利用自然人、法人或者其他非法人团体捐助的财产，以从事慈善、社会福利、宗教等社会公益事业为目的，依照法律规定成立的非营利性法人。

第七十六条【财团法人的设立程序】

设立财团法人应当依法经主管机关批准并办理登记。法律另有规定的，从其规定。

第七十七条【财团法人的捐助章程】

财团法人的设立人应当制定捐助章程。

捐助章程应当载明捐助目的以及所捐财产情况。

第七十八条【以遗嘱捐助方式设立财团法人】

以遗嘱捐助方式设立财团法人的，应当在遗嘱中写明捐助目的，并指定遗嘱执行人。未指定遗嘱执行人的，由主管机关指定。

第七十九条【财团法人的机关】

财团法人应当依照捐助章程设立执行机关和监督机关。

执行机关和监督机关依法行使捐助章程规定的职权。

第八十条【违反捐助章程行为的法律效力】

对于财团法人的执行机关违反捐助章程的行为，主管机关或者捐助人等利害关系人可以请求人民法院予以撤销。

第八十一条【财团法人消灭后剩余财产的处理】

财团法人消灭后的剩余财产应当依照捐助章程的规定用于公益目的；无法依照捐助章程规定处理的，由主管机关划归与该财团法人性质、宗旨相同或者相近的财团法人，并向社会公告。

第八十二条【宗教团体法人的性质】

依法登记的宗教团体，具有法人资格。

宗教团体法人得以其宗旨为限，依法从事民事活动。

第八十三条【社团法人规定的准用】

本章第二节关于社团法人的规定，凡与财团法人的规定不相抵触者，准用于财团法人。

第四节 非法人团体

第八十四条【非法人团体的定义】

本法所称非法人团体，是指虽不具有法人资格但依法能够以自己的名义享有权利、承担义务的营利或非营利团体。

法律规定非法人团体应登记的，自登记时成立。法律规定非法人团体须经有关部门批准才能设立的，依照其规定。

法律对特定非法人团体有特别规定的，依其规定。

第八十五条【合伙的法律调整】

法律规定须经登记的商事合伙，适用法律有关合伙企业的规定。

法律规定须经登记但未登记，或法律规定无须登记的合伙组织，适用本节规定以及法律有关合伙合同的规定。

第八十六条【非法人团体的认定】

具备下列条件的，可以认定为非法人团体：

（一）有自己的名称和组织机构；

（二）有自己的章程或组织规则；

（三）有必要的财产或经费。

第八十七条【非法人团体成员的财产权】

营利性非法人团体的成员享有与出资相应的财产权利，并可在退出或团体解散时请求分割团体的财产，但章程或组织规则另有规定的除外。

非营利性非法人团体的成员对于团体的财产不享有财产权利，在退出或团体解散时，成员不得请求分割团体财产，但章程或组织规则另有规定且不违反法律禁止性规定的除外。公益性非法人团体解散或终止时，参照财团法人终止时的财产处理规则处理剩余财产。

第八十八条【营利性非法人团体的财产责任】

营利性非法人团体以其财产承担民事责任，团体财产不足以承担责任的，由成员承担连带责任，但法律另有规定的除外。

第八十九条【非营利性非法人团体的财产责任】

对非营利性非法人团体的有权代理所产生的债务，由团体以其财产承担责任，其成员不承担责任。

非营利性非法人团体的财产不足以承担责任的，由代理人承担连带责任。

法律对于非营利性非法人团体的责任承担另有规定的，依其规定。

第九十条【非法人团体的机关】

非法人团体的机关，依章程或组织规则确定，并可参照法律有关法人机关的规定。

第四章　法律行为

第一节　一般规定

第九十一条【法律行为的概念】

法律行为是民事主体依其意思表示设立、变更、消灭民事权利义务的行为。

第九十二条【法律行为的拘束力】

法律行为自成立时起具有法律拘束力，行为人非依法律规定或者当事人约定，不得擅自变更或者解除。

第九十三条【其他法律另有规定时的法律适用】

其他法律对法律行为另有规定的，适用其规定。

第二节　行为能力

第九十四条【完全行为能力】

十八周岁以上的自然人是成年人，具有完全行为能力。

十六周岁以上不满十八周岁的自然人，以自己的劳动收入为主要生活来源的，视为完全行为能力人。

第九十五条【无行为能力】

不满七周岁的未成年人、不能辨认自己行为的成年人，是无行为能力人。

无行为能力人的意思表示无效。

无行为能力人由其法定代理人代为意思表示。

第九十六条【视为无行为能力】

在无意识或者暂时性精神错乱状态时作出的意思表示，视为无行为能力人作出的意思表示。

第九十七条【限制行为能力】

七周岁以上的未成年人、不能完全辨认自己行为的成年人，是限制行为能力人。

限制行为能力人作出的意思表示，经法定代理人同意后生效，但与其年龄、智力相适应或者使其纯获法律利益的除外。

第九十八条【限制行为能力人未经法定代理人同意的单方法律行为】

限制行为能力人未经法定代理人同意的单方法律行为，无效。

第九十九条【限制行为能力人未经法定代理人允许的合同】

限制行为能力人未经法定代理人允许的合同，非经法定代理人追认，不生效力。追认的意思表示应当在合理期限内作出。

相对人可以催告法定代理人在十五日内予以追认。法定代理人未作表示的，视为拒绝追认。意思表示被追认之前，善意相对人有撤回的权利。撤回的意思表示可以向未成年人作出。

第一百条【零用钱条款】

未成年人未经法定代理人同意而订立的合同，如果未成年人已经以金钱履行了合同中的给付，而其金钱系法定代理人为此目的或者为未成年自由处分而给予的，或者是第三人经法定代理人同意而给予的，不适用第九十六条的规定。

第一百零一条【限制行为能力原因消灭后的承认】

限制行为能力人在限制行为能力原因消灭后承认所订立合同的，其承认与法定代理人的追认具有相同效力。

第一百零二条【法定代理人】

无行为能力人、限制行为能力人的监护人是其法定代理人。

第三节　意思表示

第一百零三条【意思表示的基本方式】

意思表示可以采用明示方式，也可以采用默示方式。

第一百零四条【沉默】

沉默不构成意思表示，但依照法律规定、交易习惯或者当事人约定具有意思表示的意义的除外。

第一百零五条【无相对人的意思表示之生效】

无相对人的意思表示，自意思表示完成时起生效。

第一百零六条【对话意思表示和非对话意思表示】

以对话方式作出的意思表示，自相对人了解时生效。以其他方式作出的意思表示，自意思表示到达相对人时生效，但撤回通知同时或者先于意思表示到达的除外。以公告方式作出的意思表示，自公告发布时起生效。

采用数据电文形式订立合同，收件人指定特定系统接收数据电文的，该数据电文进入该特定系统的时间，视为到达时间；未指定特定系统的，该数据电文进入收件人的任何系统的首次时间，视为到达时间。

第一百零七条 【意思表示受行为能力变化的影响】

表意人发出意思表示通知后死亡、丧失行为能力或者其行为能力受限制的,其意思表示不因此而失去效力。

第一百零八条 【受领人行为能力瑕疵】

向无行为能力人或者限制行为能力人作出的意思表示,自其通知到达其法定代理人时生效,但依照第九十六条第二款向未成年人撤回意思表示的除外。

第一百零九条 【送达代替到达】

表意人非因自己的过失,不知道相对人的姓名、居所的,可以依照民事诉讼法关于送达的规定,以公告送达作出意思表示的通知。

第一百一十条 【真意保留的意思表示】

表意人故意在内心保留的真实意思与表示出的意思不一致的,不得主张其意思表示无效。需要他人受领的意思表示,相对人明知表意人真意保留的,该意思表示无效。

第一百一十一条 【通谋虚伪的意思表示】

表意人与相对人通谋实施虚伪意思表示的,其意思表示无效,但不得以其无效对抗善意第三人。

虚伪意思表示隐藏他项法律行为的,适用关于该项法律行为的规定。

第一百一十二条 【戏谑的意思表示】

表意人非出于真意并且预期他人可以认识到欠缺真意的,其意思表示无效。

根据意思表示时的具体情况有理由认为系表意人意思表示的,可以请求表意人赔偿因此而受到的损失。

第一百一十三条 【意思表示错误】

意思表示的内容有错误,或者表意人若知道真实情况即不为意思表示的，表意人可以撤销其意思表示。

对于交易有重大影响的主体或者客体的性质错误，视为意思表示内容的错误。

第一百一十四条【传达错误】

意思表示，因传达人或者传达机关传达不实的，视为表意人的错误。

第一百一十五条【因错误撤销】

因意思表示错误而作出的意思表示，撤销权人在意思表示作出后经过一年未撤销的，其撤销权消灭。

因意思表示错误、传达错误而撤销意思表示的，表意人对因信赖其意思表示有效而受损害的相对人或者第三人，应当承担赔偿责任，但受害人知道或者应当知道撤销原因的除外。

第一百一十六条【因受诈欺、受胁迫而可撤销】

因受诈欺或者受胁迫而作出违背真实意思的意思表示的，表意人可以撤销其意思表示。因第三人诈欺而作出违背真实意思的意思表示，相对人知道或者应当知道该事实的，表意人可以撤销其意思表示。

第一百一十七条【因受诈欺、受胁迫而撤销的期间】

因受诈欺或者受胁迫而作出意思表示的，表意人在发现诈欺或者胁迫终止后经过一年未撤销的，或者在意思表示作出后经过十年的，其撤销权消灭。

第一百一十八条【意思表示的解释】

意思表示的解释不应当拘泥于文句，应当探求表意人的真实意思。

第四节　法律行为的内容

第一百一十九条【内容违法】

法律行为违反法律、行政法规的禁止性规定的，无效，但法律另有规定的除外。

第一百二十条【内容不当】

法律行为违反公共秩序或者善良风俗的，无效。

第一百二十一条【恶意串通行为】

双方恶意串通损害国家、集体或者第三人利益的法律行为，无效。

第一百二十二条【显失公平行为】

乘他人急迫、轻率或者无经验实施的财产法律行为，依当时情形显失公平的，利害关系人可以在法律行为作出后一年内向人民法院申请撤销该法律行为或者减轻其给付。

第五节 法律行为的形式

第一百二十三条【形式自由】

法律行为可以采用书面形式、口头形式或者其他形式。

第一百二十四条【书面形式】

书面形式是指合同书、信件和数据电文（包括电报、电传、传真、电子数据交换和电子邮件）等可以有形地表现所载内容的形式。

第一百二十五条【要式行为及形式瑕疵补正】

法律、行政法规规定或者当事人约定应当采用特定形式的法律行为，在完成该形式前，推定法律行为不成立，但一方已经完成法律行为所指向的内容并且对方接受的，不影响法律行为的效力。

第六节 法律行为无效、可撤销

第一百二十六条【自始无效】

无效法律行为，自行为成立时起没有法律约束力。

第一百二十七条【转换】

无效法律行为具备其他法律行为要件的，如果可以认为当事人知道该法律行为无效就会实施其他法律行为的，其他法律行为有效。

第一百二十八条【部分无效】

法律行为部分无效的，全部无效，但除去无效部分仍然成立法律行为，并且可以推知当事人仍然有意实施该法律行为的，其他部分不受影响。

第一百二十九条【撤销的效果】

法律行为被撤销的，视为自行为成立时起无效，但法律另有规定的除外。

第一百三十条【撤销的意思表示】

撤销的意思表示，应当向相对人作出。对方有异议的，可以请求确认撤销的效力。

第一百三十一条【撤销权的消灭】

有下列情形之一的，撤销权消灭：
（一）撤销权人在法定期间内没有行使撤销权；
（二）撤销权人放弃撤销权。

第七节　双方法律行为

第一百三十二条【合意】

当事人意思表示一致，双方法律行为成立。

当事人对于双方法律行为的必要内容意思表示一致，但对于非必要内容未作表示的，推定双方法律行为成立。

第一百三十三条【要约与承诺达成合意】

当事人可以采取要约、承诺的方式达成意思表示一致。

第一百三十四条【要约】

要约是希望和他人成立双方法律行为的意思表示。

要约应当符合下列规定：

（一）内容具体确定；

（二）表明经受要约人承诺，要约人即受该意思表示约束。

第一百三十五条【要约的撤回】

撤回要约的通知应当在要约到达受要约人之前或者与要约同时到达受要约人。

第一百三十六条【要约的撤销】

要约可以撤销，但有下列情形之一的除外：

（一）要约人确定了承诺期限或者以其他形式明示要约不可撤销；

（二）受要约人有理由认为要约是不可撤销的，并已经为履行双方法律行为作了准备工作。

撤销要约的通知应当在受要约人发出承诺通知之前到达受要约人。

第一百三十七条【要约失效】

有下列情形之一的，要约失效：

（一）拒绝要约的通知到达要约人；

（二）要约人依法撤销要约；

（三）承诺期限届满，受要约人未有效承诺；

（四）受要约人对要约的内容作出实质性变更。

第一百三十八条【承诺】

承诺是受要约人同意要约的意思表示，其内容应当与要约的内容一致。

承诺对要约的内容作出非实质性变更的，除要约人及时表示反对或者要约表明承诺不得对要约的内容作出任何变更的以外，该承诺有效，双方法律行为的内容以承诺的内容为准。

受要约人对要约的内容作出实质性变更的，为新要约。

第一百三十九条【承诺期限】

承诺应当在要约确定的期限内到达要约人。

要约没有确定承诺期限的，承诺应当依照下列规定到达：

（一）要约以对话方式作出的，应当即时作出承诺，但当事人另有约定的除外；

（二）要约以非对话方式作出的，承诺应当在合理期限内到达。

第一百四十条【承诺期限的起算】

要约以信件或者电报作出的，承诺期限自信件载明的日期或者电报交发之日开始计算。信件未载明日期的，自投寄该信件的邮戳日期开始计算。要约以电话、传真等快速通讯方式作出的，承诺期限自要约到达受要约人时开始计算。

第一百四十一条【承诺生效】

承诺达到要约人时生效。承诺生效时双方法律行为成立，但法律另有规定的除外。

第一百四十二条【推定承诺】

依照当事人约定或者交易习惯，承诺不需要通知的，在一定期间内有可以推定为承诺的事实的，双方法律行为成立。

第一百四十三条【承诺迟到】

受要约人在承诺期限内发出承诺，按照通常情形能够及时到达要约人，但因其他原因承诺到达要约人时超过承诺期限的，除要约人及时通知受要约人因承诺超过期限不接受该承诺的以外，该承诺有效。

第一百四十四条【双方法律行为的成立地点】

承诺生效的地点为双方法律行为成立的地点。

采用数据电文形式的，收件人的主营业地为双方法律行为成立的地点；没有主营业地的，其经常居住地为双方法律行为成立的地点。当事人另有约定的，按照其约定。

第一百四十五条【双方法律行为的解释】

当事人对双方法律行为的理解有争议的，应当按照双方法律行为所使用的词句、有关条款、行为目的、交易习惯以及诚实信用原则，确定其真实意思。

第一百四十六条【格式条款的解释】

双方法律行为采用格式条款的，应当按通常理解进行解释。对格式条款的意思表示有两种以上解释的，应当作出不利于提供格式条款一方的解释。格式条款和非格式条款的意思表示不一致的，应当采用非格式条款的意思表示。

第一百四十七条【多方法律行为】

多方法律行为，参照适用双方法律行为的规定，但法律另有规定或者当事人另有约定的除外。

第八节 附条件 附期限

第一百四十八条【附条件、附期限的法律行为】

当事人可以约定法律行为附条件或者附期限，但法律另有规定的除外。

第一百四十九条【附条件的法律行为】

附生效条件的法律行为，自条件成就时生效。附解除条件的法律行为，自条件成就时失效。

当事人为自己的利益不正当地阻止条件成就的，视为条件已成就；不正当地促成条件成就的，视为条件不成就。

第一百五十条【附期限的法律行为】

附生效期限的法律行为，自期限届至时生效。附终止期限的法律行为，自期限届满时失效。

第九节 代理和意定代理权

第一百五十一条【代理人意思表示的效力】

行为人在代理权限内以被代理人名义作出的意思表示，直接对被代理人产生效力。该意思表示既可以明示地以被代理人名义作出，也可以基于事实情形推定以被代理人名义作出。

代理人旨在以他人名义实施法律行为，但该意思不明显的，其行为视为代理人以自己名义实施的法律行为，直接对代理人产生效力。

代理人代理他人受领意思表示的，准用第一款的规定。

第一百五十二条【限制行为能力人作为代理人】

代理人作出或者受领的意思表示的效力，不因其为限制行为能力人而受影响。

第一百五十三条【意思表示瑕疵和知情】

代理人的意思表示，因意思表示瑕疵或者因知道或应当知道特定情况，致其效力受到影响的，应当以代理人而非被代理人的意思表示是否存在瑕疵或代理人在作出意思表示时是否知道或应当知道特定情况为准。

在意定代理情形，代理人按照被代理人的特定指示实施行为的，被代理人不得以代理人不知情为由进行抗辩。

第一百五十四条【意定代理权的授予】

以法律行为授予的代理权称为意定代理权。

授予意定代理权的意思表示既可以向被授权人作出，也可以向旨在与其实施代理行为的相对人作出。

授予代理权无须具备特定形式。

第一百五十五条【意定代理权的有效期】

授予意定代理权的意思表示向第三人作出的，意定代理权自第三人收到授权人关于意定代理权消灭的通知时起失效，但第三人在实施法律行为时知道或者应当知道代理权已经消灭的除外。

第一百五十六条【以通知方式授予的意定代理权的有效期】

意定代理权以特别通知或者公告方式告知第三人的，被授权人在向第三人通知情形对该第三人具有代理权，在公告情形对任何第三人具有代理权，但第三人在实施法律行为时知道或者应当知道代理权已经消灭的除外。

代理权在被撤回之前持续有效。

第一百五十七条【授权书】

代理人向第三人出示授权人给予的授权书的，视为授权人发出代理权授予特别通知。

授权书在被返还给授权人或被宣告无效之前持续有效，但第三人在实施法律行为时知道或者应当知道代理权已经消灭的除外。

第一百五十八条【意定代理权的消灭】

意定代理权因其自身原因而消灭。授予意定代理权的基础法律关系的消灭导致意定代理权的消灭。意定代理权可以在基础法律关系存续期间被撤回，除非该基础法律关系中有不同约定。撤回的意思表示既可以向被授权人作出，亦可以向代理行为的相对人作出。

第一百五十九条【授权书的返还】

意定代理权消灭后，被授权人必须将授权书返还给授权人。

第一百六十条【授权书的宣告无效】

授权人可以公告方式宣告授权书无效，自公告发出之后 15 日，无效宣发生效力。

意定代理权不可撤回的，无效宣告不发生效力。

第一百六十一条【被授权人实施单方法律行为的效力】

代理人实施单方法律行为但未出示授权证书，相对人立即拒绝的，单方法律行为不发生效力。被代理人已经将授予代理权告知相对人的，相对人不得拒绝。

第一百六十二条【自己代理】

非经被代理人许可，代理人同时以被代理人的名义和自己的名义或者同时以被代理人的名义和第三人的名义与自己实施法律行为，损害被代理人利益的，被代理人可以撤销该行为。

第一百六十三条【无权代理人实施双方法律行为的法律效力】

没有代理权而以他人名义实施的双方法律行为，自被代理人追认时起对被代理人发生效力。被代理人知道他人以自己名义实施法律行为而不作否认表示的，视为同意。

被代理人拒绝追认的，对于知道或者应当知道自己无代理权而以他人名义实施法律行为的无权代理人，相对人既可以选择要求该无权代理人履行义务，也可以选择要求无权代理人赔偿其因不履行义务所遭受的损失；代理人不知道代理权限欠缺的，应当赔偿相对人因信赖代理权而遭受的损失，该损失以有效履行后相对人应获得的利益为限。相对人知道或应当知道代理权欠缺的，代理人无须承担责任。

代理人为限制行为能力人的，不承担责任，但代理人经其法定代理人同意而实施的行为除外。

第一百六十四条【合同相对人的催告和撤回】

相对人催告被代理人追认的，被代理人应当向相对人作出追认的意思表示。

催告前被代理人向代理人作出的追认或拒绝追认的意思表示因催告而失效。追认的意思表示应当在受领催告后十五日内作出，过期未追认的，视为拒绝追认。

在被追认之前，相对人有权相对于被代理人或代理人撤回订立合同的意思表示，但相对人在订立合同时知道代理权欠缺的除外。

第一百六十五条【无权代理人实施的单方法律行为】

无权代理人实施的单方法律行为无效。但在实施单方法律行为时，相对人未就代理人所声称的代理权提出异议，或相对人同意代理人实施无权代理行为的，准用上述关于无权代理人订立合同的规定。单方法律行为系经无权代理人的同意而相对于其实施的，亦同。

第一百六十六条【法定代理】

法定代理准用关于意定代理的规定，但法律另有规定的除外。

第十节　第三人同意

第一百六十七条【同意】

法律行为应当经第三人同意才发生效力的，同意或者拒绝的意思表示应当向当事人作出。

第一百六十八条【允许】

允许是指事先同意。允许可以在法律行为成立前随时撤回，但当事人意思表示另有规定的除外。

第一百六十九条【追认】

追认是指事后同意。法律行为经追认的，溯及自法律行为成立时发生效力，但法律另有规定或者当事人另有约定的除外。

第一百七十条【无权处分】

无处分权的人处分他人财产，经权利人同意或者无处分权的人实施处分后取得处分权的，该处分行为有效，但法律另有规定的除外。

第五章　民法上的时间

第一节　期间

第一百七十一条【期间的计算单位】

民法所称的期间，以公历年、月、星期、日、小时为计算单位。

当事人可以约定期间的计算单位。约定的期间不是以月、年的第一日起算的，一个月为三十日，一年为三百六十五日。

当事人未约定期间的计算单位的，以公历年、月、星期、日、小时为计算单位。

第一百七十二条【期间的起算点】

以小时为单位计算期间的，从规定之时起开始计算。

以日、星期、月、年为单位计算期间的，开始的当日不算入，从次日起开始计算，法律另有规定或者当事人另有约定的除外。

第一百七十三条【期间末日的确定】

以日计算期间的，从起算点算足至该期间之日，为期间的末日。

以星期、月、年计算期间的，如以星期、月、年的第一日为起算点，则相应地以星期日、月末、年末为期间的末日；如不以星期、月、年的第一日为起算点，则相应地以最后一星期、月、年中与起算点相当之日的前一日为期间的末日。

以月、年计算期间的，如最后一月没有与起算点相当之日，则以该月的末日为期间的末日。

第一百七十四条【期间末日的顺延】

期间的末日是法定休假日、经省级以上人民政府批准的临时休假日或者调休后的休假日的，以休假日结束的次日为期间的末日。

第一百七十五条【期间末日的终止点】

期间末日的截止时间为当日二十四时，但当事人有固定业务时间的，截止时间为停止业务活动之时。

第一百七十六条【期间的逆算】

法定或者约定的期间须自一定的起算点溯及往前进行逆算的，准用本节规定的期间计算规则。

第二节　诉讼时效

第一分节　一般规定

第一百七十七条【诉讼时效的客体】

请求权受诉讼时效的限制，但下列请求权除外：

（一）基于不动产物权产生的停止侵害、排除妨害、消除危险、返还原物请求权；

（二）基于物权以外的其他支配权产生的停止侵害、排除妨害、消除危险请求权；

（三）基于亲属关系产生的请求权；

（四）请求金融机构支付存款本息的请求权；

（五）请求债券发行人兑付公开发行债券本息的请求权；

（六）请求投资人缴付出资的请求权。

第一百七十八条【普通诉讼时效期间】

请求权的诉讼时效期间为五年，法律另有规定的除外。

第一百七十九条【短期诉讼时效期间】

下列请求权的诉讼时效期间为二年：

（一）供应人基于供应电、水、气、热力合同及提供电信、网络、有线电视服务合同享有的各期费用支付请求权；

（二）定作人基于承揽合同享有的瑕疵修补请求权、修补费用偿还请求权、损害赔偿请求权，及承揽人基于承揽合同享有的损害赔偿请求权；

（三）保管人基于保管合同享有的报酬支付请求权、费用偿还请求权、损害赔偿请求权，及寄存人基于保管合同享有的损害赔偿请求权；

（四）托运人或者收货人基于运输合同享有的损害赔偿请求权。

第一百八十条【长期诉讼时效期间】

下列请求权的诉讼时效期间为十年：

（一）因生命、身体、健康、自由受侵害产生的损害赔偿请求权；

（二）旨在设立、移转、变更、消灭不动产物权的请求权；

（三）基于动产物权产生的返还原物请求权；

（四）基于劳动或者雇佣关系产生的报酬请求权。

第一百八十一条【诉讼时效期间的一般起算规则】

诉讼时效期间从权利人可以行使请求权之日起计算，法律另有规定的除外。

第一百八十二条【诉讼时效期间的特殊起算规则之一】

未确定义务履行期限的请求权，诉讼时效期间从权利人催告义务人履行的宽限期届满之日起计算，但义务人收到权利人的催告通知后明示拒绝履行义务的，诉讼时效期间从义务人明示拒绝履行义务之日起计算。

分期付款买卖中的价金等由义务人分期履行的请求权，诉讼时效期间从最后一期义务的履行期限届满之日起计算。

水电费等由义务人定期履行的请求权，诉讼时效期间从各期义务的履行期限届满之日起分别计算。

法律行为无效、被撤销、被解除后产生的返还不当得利或者赔偿损失的请求权，诉讼时效期间从法律行为被确认无效、被撤销或者被解除之日起计算。

因持续性侵权行为产生的请求权，诉讼时效期间从侵权行为终止之日起计算。

第一百八十三条【诉讼时效期间的特殊起算规则之二】

夫妻之间在婚姻关系存续期间产生的人身损害赔偿请求权，从婚姻关系消灭之日起计算。

被监护人与监护人之间在监护关系存续期间产生的请求权，从监护关系消灭之日起计算。

第一百八十四条【最长诉讼时效期间】

任何诉讼时效期间，从请求权产生之日起计算，最长不得超过二十年。

前款规定的二十年期间不适用本法关于诉讼时效中断、不完成和延长的规定。但是，人身损害赔偿请求权的权利人从身体受到伤害之日起超过二十年才发现损害的，人民法院可以延长诉讼时效期间，但最长不得超过三十年。

第二分节　诉讼时效的中断和不完成

第一百八十五条【诉讼时效中断的事由】

在诉讼时效期间内，发生下列情形之一的，诉讼时效中断：

（一）权利人请求履行；

（二）义务人承认义务；

（三）权利人提起诉讼或者申请仲裁；

（四）权利人申请支付令；

（五）权利人申请义务人破产或者申报破产债权；

（六）权利人为行使请求权而申请宣告义务人失踪或者死亡；

（七）权利人申请诉前财产保全等诉前措施；

（八）权利人申请强制执行；

（九）权利人申请追加当事人或者被通知参加诉讼；

（十）权利人在诉讼中反诉或者仲裁中反请求主张抵销。

第一百八十六条【诉讼时效中断的一般效力】

诉讼时效中断的，从中断事由终止之日起，诉讼时效期间重新计算，法律另有规定的除外。

第一百八十七条【权利人请求履行导致诉讼时效中断的一般效力】

诉讼时效因权利人请求履行而中断的，从请求履行的通知到达义务人之日起，诉讼时效期间重新计算。

权利人请求履行部分义务的，诉讼时效中断的效力及于全部请求权，但权利人明示放弃剩余请求权的除外。

第一百八十八条【视为权利人请求履行的事由及其导致诉讼时效中断的效力】

权利人行使同时履行抗辩权、基于留置权或者质权拒绝返还担保物、行使选择之债的选择权或者将种类之债特定化的，视为权利人请求履行，诉讼时效从权利人实施相应行为之日起中断。

权利人对义务人行使抵销权的，视为权利人请求履行，抵销后剩余请求权的诉讼时效从抵销通知到达义务人之日起中断。

权利人请求人民调解委员会或者其他依法有权解决民事纠纷的国家机关、社会团体保护其民事权利的，视为权利人请求履行，诉讼时效从权利人提出保护请求之日起中断，但权利人撤回请求或者其请求未被受理的，诉讼时效视为不中断。经调处达成调解协议的，诉讼时效期间从调解协议约定的履行期限届满之日起重新计算；经调处达不成调解协议的，诉讼时效期间从调处程序终止之日起重新计算。

权利人向公安机关、人民检察院、人民法院报案或者控告，请求保护其民事权利的，视为权利人请求履行，诉讼时效从权利人报案或者控告之日起中断，但权利人撤回报案或者控告的，诉讼时效视为不中断。公安机关、人民检察院、人民法院决定不立案、撤销案件、不起诉的，诉讼时效期间从权利人知道或者应当知道不立案、撤销案件或者不起诉之日起重新计算。刑事案件进入审理阶段的，诉讼时效期间从刑事裁判文书生效之日起重新计算。

第一百八十九条【义务人承认义务导致诉讼时效中断的一般效力】

诉讼时效因义务人承认义务而中断的，从承认义务的通知到达权利人之日起，诉讼时效期间重新计算。

义务人承认部分义务的，诉讼时效中断的效力及于全部请求权，但义务人明示不承认剩余义务的除外。

第一百九十条【义务人承认义务导致诉讼时效中断的特殊效力】

义务人履行部分义务的，视为承认剩余义务，诉讼时效期间从义务人履行部分义务之日起重新计算。

义务人作出分期履行或者延期履行的承诺的，诉讼时效期间从义务人承诺的履行期限届满之日起重新计算，但权利人拒绝其分期履行或者延期履行的，诉讼时效期间从拒绝通知到达义务人之日起重新计算。

义务人为履行义务提供担保或者承诺提供担保的，诉讼时效期间从提供担保的意思表示到达权利人之日起重新计算。

第一百九十一条【权利人提起诉讼导致诉讼时效中断的一般效力】

诉讼时效因权利人提起诉讼而中断的，在诉讼程序终结前，诉讼时效期间不开始计算。从人民法院作出的判决、调解书生效之日起，诉讼时效期间重新计算。

诉讼时效因权利人提起诉讼而中断后，权利人撤回起诉、起诉被裁定驳回或者不予受理的，诉讼时效视为不中断。于此情形，如起诉状已经送达义务人，诉讼时效期间从送达之日起重新计算。

第一百九十二条【权利人提起债权人代位权或者撤销权诉讼导致诉讼时效中断的效力】

权利人提起债权人代位权诉讼后，生效的判决或者调解书仅保全了部分债权的，剩余债权的诉讼时效期间从判决、调解书生效之日起重新计算。权利人因不符合债权人代位权的行使条件而受败诉判决的，全部债权的诉讼时效期间从判决生效之日起重新计算。

权利人提起债权人撤销权诉讼后，全部债权的诉讼时效期间从判决生效之日起重新计算。

第一百九十三条【权利人申请仲裁导致诉讼时效中断的效力】

诉讼时效因权利人申请仲裁而中断的，在仲裁程序终结前，诉讼时效期间不开始计算。从仲裁机构作出的仲裁裁决或者调解书生效之日起，重新计算诉讼时效期间。

诉讼时效因权利人申请仲裁而中断后，权利人撤回仲裁申请或者仲裁申请被裁定不予受理的，诉讼时效视为不中断。于此情形，如果仲裁申请书已经送达义务人，诉讼时效期间从送达之日起重新计算。

第一百九十四条【权利人申请支付令导致诉讼时效中断的效力】

诉讼时效因权利人申请支付令而中断的，在人民法院发出支付令或者裁定驳回申请前，诉讼时效期间不开始计算。权利人撤回申请或者申请被裁定驳回的，诉讼时效视为不中断。

人民法院发出的支付令因义务人提出异议而失效后，自动转入诉讼程序的，适用本法关于诉讼时效因权利人提起诉讼而中断的规定；债权人不同意提起诉讼的，诉讼时效期间从支付令失效之日起重新计算。

第一百九十五条【权利人申请义务人破产或者申报破产债权导致诉讼时效中断的效力】

诉讼时效因权利人申请义务人破产而中断的，在破产程序终结前，诉讼时效期间不开始计算。权利人撤回破产申请或者破产申请被驳回的，诉讼时效视为不中断，但破产申请已经送达义务人的，诉讼时效期间从送达之日起重新计算。

诉讼时效因权利人申报破产债权而中断后，权利人撤回申报的，诉讼时效视为不中断。

第一百九十六条【权利人为行使请求权而申请宣告义务人失踪或者死亡导致诉讼时效中断的效力】

诉讼时效因权利人为行使请求权而申请宣告义务人失踪或者死亡而中断的，在诉讼程序终结前，诉讼时效期间不开始计算。权利人撤回申请的，诉讼时效视为不中断。

诉讼时效因权利人为行使请求权而申请宣告义务人失踪或者死亡而中断后，人民法院作出宣告失踪、宣告死亡的判决或者驳回申请的判决的，诉讼时效期间从判决送达权利人之日起重新计算。

第一百九十七条【权利人申请诉前财产保全等诉前措施导致诉讼时效中断的效力】

诉讼时效因权利人申请诉前财产保全等诉前措施而中断的，在诉讼程序终结前，诉讼时效期间不开始计算。权利人撤回申请的，诉讼时效视为不中断。人民法院裁定驳回申请的，诉讼时效期间从裁定送达权利人之日起重新计算。

人民法院裁定采取诉前财产保全等诉前措施后，权利人依法提起诉讼或者申请仲裁的，适用本节关于诉讼时效因权利人提起诉讼或者申请仲裁而中断的规定。权利人不在法定期限内提起诉讼或者申请仲裁，导致人民法院裁定解除保全的，诉讼时效期间从裁定送达权利人之日起重新计算。

第一百九十八条【权利人申请强制执行导致诉讼时效中断的效力】

诉讼时效因权利人申请强制执行而中断的，从人民法院受理申请之日起，诉讼时效期间重新计算。

权利人申请强制执行仲裁裁决或者公证债权文书，被人民法院裁定不予执行的，诉讼时效期间从裁定送达权利人之日起重新计算。

第一百九十九条【权利人申请追加当事人或者被通知参加诉讼导致诉讼时效中断的效力】

诉讼时效因权利人申请追加当事人或者被通知参加诉讼而中断的，适用本法关于诉讼时效因权利人提起诉讼而中断的规定。权利人撤回申请或者参加诉讼的通知被撤销的，诉讼时效视为不中断。

第二百条【权利人在诉讼中反诉或者仲裁中反请求主张抵销导致诉讼时效中断的效力】

诉讼时效因权利人在诉讼中反诉或者仲裁中反请求主张抵销而中断的，在诉讼或者仲裁程序终结前，诉讼时效期间不开始计算。

诉讼时效因权利人在诉讼中反诉或者仲裁中反请求主张抵销而中断后，从判决、仲裁裁决、调解书生效之日起，抵销后的剩余债权或者因不符合抵销要件而未消灭的债权的诉讼时效期间重新计算。

第二百零一条【诉讼时效因不可抗力而不完成】

在诉讼时效期间的最后六个月内，因不可抗力导致权利人不能行使请求权的，从不可抗力造成的障碍消除之日起六个月内，诉讼时效不完成。

第二百零二条【诉讼时效因无行为能力人或者限制行为能力人没有法定代理人而不完成】

在诉讼时效期间的最后六个月内，没有法定代理人的无行为能力人或者限制行为能力人享有的请求权或者对其享有的请求权，从其取得完全行为能力或者法定代理人确定之日起六个月内，诉讼时效不完成。

第二百零三条【诉讼时效因继承人或者遗产管理人未确定而不完成】

在诉讼时效期间的最后六个月内，被继承人生前享有的请求权或者对于被继承人的请求权，因继承人或者遗产管理人未确定而不能行使的，从继承人或者遗产管理人确定之日起六个月内，诉讼时效不完成。

第二百零四条【诉讼时效因权利人被义务人控制无法主张权利而不完成】

在诉讼时效期间的最后六个月内，因权利人被义务人控制无法主张权利而不能行使请求权的，从权利人脱离控制之日起六个月内，诉讼时效不完成。

第三分节　诉讼时效完成的法律效果

第二百零五条【诉讼时效完成的法律效果】

诉讼时效期间届满后，义务人有权拒绝履行。

前款规定的诉讼时效抗辩权只能由义务人决定是否行使，人民法院或者仲裁机构不得向当事人释明，也不得主动适用法律关于诉讼时效的规定进行裁判。

第二百零六条【诉讼时效完成对从权利的效力】

请求权诉讼时效期间届满的效力及于利息债权等从权利，法律另有规定的除外。

第二百零七条【诉讼时效完成对抵销权的影响】

请求权在诉讼时效期间届满前已经符合抵销条件的，在诉讼时效期间届满后，权利人仍可以以该请求权与义务人享有的请求权进行抵销。

第二百零八条【诉讼时效抗辩权的放弃】

诉讼时效期间届满后，义务人可以放弃诉讼时效抗辩权。义务人虽不知诉讼时效期间届满的事实，但已经履行义务、承诺履行义务、为履行义务提供担保、将义务移转给他人的，视为放弃诉讼时效抗辩权。

诉讼时效期间届满后，义务人以承诺履行义务、为履行义务提供担保或者将义务移转给他人的方式放弃诉讼时效抗辩权的，请求权的诉讼时效期间依其原有时效期间重新计算。

第二百零九条【诉讼时效制度的强制性】

当事人不得约定排除、缩短或者延长诉讼时效期间，也不得约定诉讼时效期间的适用范围、计算方法、完成效果及诉讼时效的中断、延长、不完成的事由及其效果。

诉讼时效期间届满前，义务人所做的抛弃诉讼时效抗辩权的意思表示无效。

第三节 除斥期间

第二百一十条【除斥期间的确定】

撤销权、解除权、追认权、优先购买权等形成权的行使期间，法律有强制性规定的，按照法律规定处理；法律未设强制性规定，但当事人有约定的，按照约定处理；既无法律规定也无当事人约定的，行使期间为权利人知道或者应当知道权利发生之日起的合理期间。

第二百一十一条【除斥期间的起算点】

除斥期间从权利人知道或者应当知道权利发生之日起开始计算，法律另有规定或者当事人另有约定的除外。

第二百一十二条【除斥期间的不变性】

除斥期间不适用本法关于诉讼时效中断、延长或者不完成的规定，法律另有规定的除外。

第二百一十三条【除斥期间届满的法律效果】

除斥期间届满后，权利本身归于消灭。

除斥期间届满的法律效果无须由当事人主张，人民法院或者仲裁机构应当依职权适用。